先秦历史与
文化的多维度思考

Multi-dimensional Thinking on
History and Culture in the Pre-Qin Period

晁天义 著

中国社会科学出版社

图书在版编目(CIP)数据

先秦历史与文化的多维度思考/晁天义著.—北京：中国社会科学出版社，2021.12

ISBN 978-7-5203-8735-4

Ⅰ.①先… Ⅱ.①晁… Ⅲ.①文化史—研究—中国—先秦时代 Ⅳ.①K220.3

中国版本图书馆 CIP 数据核字(2021)第 186436 号

出 版 人	赵剑英
责任编辑	刘　芳
责任校对	郭若男
责任印制	王　超

出　　版	中国社会科学出版社
社　　址	北京鼓楼西大街甲 158 号
邮　　编	100720
网　　址	http://www.csspw.cn
发 行 部	010-84083685
门 市 部	010-84029450
经　　销	新华书店及其他书店
印　　刷	北京君升印刷有限公司
装　　订	廊坊市广阳区广增装订厂
版　　次	2021 年 12 月第 1 版
印　　次	2021 年 12 月第 1 次印刷

开　　本	710×1000　1/16
印　　张	24
插　　页	2
字　　数	431 千字
定　　价	128.00 元

凡购买中国社会科学出版社图书，如有质量问题请与本社营销中心联系调换
电话：010-84083683
版权所有　侵权必究

国家社科基金后期资助项目

出 版 说 明

后期资助项目是国家社科基金设立的一类重要项目，旨在鼓励广大社科研究者潜心治学，支持基础研究多出优秀成果。它是经过严格评审，从接近完成的科研成果中遴选立项的。为扩大后期资助项目的影响，更好地推动学术发展，促进成果转化，全国哲学社会科学工作办公室按照"统一设计、统一标识、统一版式、形成系列"的总体要求，组织出版国家社科基金后期资助项目成果。

全国哲学社会科学工作办公室

目 录

绪 论 ……………………………………………………………… (1)

第一章 理论与方法（上）：社会科学的视角 ………………… (7)
 第一节 什么是"历史事实" ……………………………………… (7)
 第二节 从"拒斥形而上学"看历史学的科学化 ………………… (20)
 第三节 实验方法在历史研究中的价值 ………………………… (48)

第二章 理论与方法（下）：阐释学的视角 …………………… (70)
 第一节 历史研究面临两大问题 ………………………………… (71)
 第二节 阐释学对历史认识论的启示 …………………………… (79)
 第三节 阐释学对历史研究的方法论意义 ……………………… (89)

第三章 走出古典：从人类学角度看中国国家起源独特性 … (98)
 第一节 古典进化论与"地域组织标志说"的终结 ……………… (98)
 第二节 酋邦理论与中国古代国家产生方式 …………………… (119)
 第三节 "亲亲"与"尊贤"：前国家时代的政治遗产 …………… (150)
 第四节 重新认识国家起源与血缘、地缘因素的关系 ………… (169)

第四章 文明"早熟"与中国古代亲属称谓的泛化 …………… (185)
 第一节 中国古代亲属称谓泛化举例 …………………………… (186)
 第二节 "早熟的小孩"与亲属称谓泛化现象的盛行 …………… (192)
 第三节 亲属称谓泛化的影响："推爱的家族主义" …………… (197)

第五章 用社会学方法阐释中国古代文明特质 ……………… (205)
 第一节 孝道的社会学分析 ……………………………………… (205)
 第二节 乱伦禁忌与家庭组织之间的"共变" …………………… (221)

第三节　东周时期的道德虚伪与周礼的名实分离 ………………（229）
　　第四节　礼乐兴衰与中国古代相人术流变 …………………………（238）

第六章　人类学视阈中的宗教、图腾与巫术 ………………………（259）
　　第一节　宗教、图腾与巫术研究基本情况 …………………………（259）
　　第二节　弗雷泽"巫术时代论"与中国的巫术研究 ………………（284）
　　第三节　"巫术时代论"对古史研究造成的不良影响 ……………（292）
　　第四节　道家哲学庸俗化与早期道教巫术的形成 …………………（304）

第七章　历史神话化：中国古代神话的基本形成路径 ……………（312）
　　第一节　中国神话研究的基本问题 …………………………………（312）
　　第二节　从"乘蹻"术看古代神话流变的复杂性 …………………（319）
　　第三节　禹步与大禹的神话化 ………………………………………（326）
　　第四节　老子长寿神话再认识 ………………………………………（333）

第八章　"大一统"含义流变的历史阐释 …………………………（347）
　　第一节　"通三统"与"大一统"说的辩证关系 …………………（349）
　　第二节　"三统说"在秦汉之际的遭遇 ……………………………（358）
　　第三节　作为"大统一"的"大一统"及其合理性 ………………（368）

后　记 …………………………………………………………………（377）

绪　论

与那种认为自然科学与人文学科（"精神科学"）在理论、方法上壁垒森严，势同水火，不能兼容并用的看法不同，笔者主张历史学家可以（也应当）根据研究目的在二者之间自主选择、灵活运用。在笔者看来，研究手段是服务于研究目的的。正是研究者所设定的研究目的——而不是学科或研究对象——决定了他应当采用何种研究工具。因此，当史家以获得历史、文化的一般性规则为职志时，他应该（也完全可以）借鉴自然科学的立场、观点和方法开展历史研究；而当史家的兴趣在于理解历史和文化的内涵、属性、价值和意义时，就应该（也完全可以）采取人文学科的立场、观点与方法开展历史研究。如果说前者旨在解释历史或文化现象之间的因果关系的话，后者则在于理解历史或文化的意义。在前者当中，发挥作用的是归纳方法，在后者当中，发挥作用的则是理解的或阐释学的方法。因而可以说，研究者的主体性（而非研究对象的特点）以及由研究主体确定的研究目标，对于确定学科性质、选择学科方法，具有最根本性的影响。通往真理的道路不止一条，问题的关键在于研究者所要追求的真理是哪种类型。

本书的主要内容，是破除僵硬的学科划分，利用人类学、社会学、神话学、阐释学等多学科资源，从不同维度对先秦历史与文化的内涵和特质加以考察。之所以选择这一研究主题，主要出于以下几点考虑。

第一，作为研究对象，历史客体存在的特点决定了研究者必须具备多学科的思维、知识和眼光。或者说，历史作为史学的研究对象本身就是多学科地存在着的。一方面，历史客体是一个整体，一个朝代、一个时期、一个民族乃至一个人的历史通常以整体的面貌呈现在研究者面前。另一方面，作为整体的历史客体由许多不同部分构成。比如就先秦历史而言，其中既包括政治层面，也包括信仰层面，还包括经济层面，又包括生活习俗方面……这一切层面的内容交织在一起，相互作用，共同构成史家统称的"历史客体"。

恩格斯指出："历史从哪里开始，思想进程也应当从哪里开始，而思想进程的进一步发展不过是历史过程在抽象的、理论上前后一贯的形式上的反映；这种反映是经过修正的，然而是按照现实的历史过程本身的规律修正的，这时，每一个要素可以在它完全成熟而具有典型性的发展点上加以考察。"[①] 历史研究同样要遵循历史与逻辑相统一的路径。正因为历史客体是由复杂的层面、众多的因素构成的一个整体，历史学家就有必要、有可能从这些层面和因素入手展开研究，否则的话，我们的历史认知便如同"老虎吃天，无从下口"。准此路径，按照研究对象的内在逻辑将其划分为"宗教史""神话史""政治史""社会史""制度史"……便成为最为可取的办法（这也是我们通常所惯用的办法）。要对这些更加细致、涉及更多专门知识的领域加以认识，就有赖于更加专门的知识。从这个意义上讲，任何一项历史问题的具体研究都有赖于专门的知识，因此可以说或多或少都与多学科思考有关。

第二，近代以来诸多学科的分化及丰富成就，为历史研究的多学科思考提供了可能和依据。在中西方历史上，学科门类随着人类历史的发展不断趋于细化和复杂，这种现象不仅存在于自然科学领域，同时也广泛发生于人文学科、社会科学中。导致这一趋势的根本原因，在于随着人类认识能力和认知水平的提高，尤其是随着认识成就的不断积累，我们得以将知识的触角深入到几乎所有可能的自然和社会领域。古希腊时期，西方人只有哲学、文学、数学、历史学、几何学、物理学等有限的几门学科，而到了17世纪之后，自然科学领域则陆续出现化学、生物学、细胞学、天文学、工程学、海洋学、生态学、统计学、农学、食品学……在人文社会科学领域则相继出现文化人类学、社会学、民族学、宗教学、神话学、阐释学……就中国而言，先秦时期仅有礼、乐、射、御、书、数所谓"六艺"之说，后人从文献分类角度又提出"经史子集"四部分类等法，可见中国古代的学科分类与西方同期相类，也较为粗糙简单。近代以来，在西方学术学科文化的影响下，中国一方面实现了中西学术体系的对接和融合，一方面发展起更加完善的学术学科体系。

学科门类不断分化，以及各学科成就的不断取得，为历史认识的推进提供了重要资源。以文化人类学为例，19世纪以来，经过数代文化人类学家对大量野蛮社会的调查研究，人们对前国家时代的社会组织、文化习俗、道德观念、宗教信仰、婚姻家庭等一系列内容有了深入了解，并建立

[①] 《马克思恩格斯选集》第2卷，人民出版社2012年版，第14页。

起各种各样的解释体系。尤其是20世纪六七十年代以来，随着新进化论人类学的兴起，研究者通过对"酋邦"的发现解决了史前平等社会向不平等阶级社会"飞越"的秘密，极大程度上刷新了我们的认知。人类学家所关注的这些野蛮人的材料，就像历史发展进程中的"活化石"一样，对我们理解与解决文明和国家起源等历史问题有极大启示意义。比如说，中国早期国家的发展走过了怎样的一条道路？这条道路与马克思主义经典作家所揭示的西方古典国家（希腊、罗马、德意志）起源道路有何异同？这些问题的回答不仅事关学术研究，更关系到我们如何认识中国历史发展道路的特色及其现实合理性。20世纪前半叶以来，在一大批中国学者的不断努力下，我们关于中国文明和国家起源道路的认知不断更新。正是借助于包括人类学、考古学等在内的多学科知识，研究者才逐渐突破并摆脱了此前的教条式、刻板化观点，意识到中国国家起源走过了一条既符合人类历史一般性，同时又极具自身鲜明特色的道路。正是这条具有特色的起源之路，很大程度上影响甚至规约了先秦以后中国历史和中华民族的发展走向。实际上，所谓"历史决定了我们"，正是基于这种历史的延续性而言的。这方面的例子还有不少，详细讨论可参见本书三至八章所举具体个案。

第三，只有借助于多学科思考，才能有效破除历史研究在理论和实践方面面临的困局。19世纪以来，很大程度上受西方自然科学重要成就的刺激和影响，历史学阵营中出现了认识论和方法论的双重撕裂。在历史认识论方面，以客观主义史学和实证主义史学为代表的一方，与以后现代主义为代表的一方各执一词；前者为了追求历史认识的"唯一真相"，否认历史认识多样性的合理价值，后者则过分强调认识主体的能动性而放弃对历史认知客观性的追求。这是认识论方面的对峙。相应地在方法论方面，崇尚自然科学方法的一方（很大程度上也是以客观主义史学和实证主义史学为代表）与崇尚文学修辞、叙事方法的一方（很大程度上以后现代主义为代表）同样势不两立；前者极力鼓吹自然科学方法在史学中的运用，认为唯有如此才能使史学成为一门不折不扣的科学，后者则认为史学与文学在本质上没有区别，它们使用的都是同样的比喻、修辞等叙事手段，目的都是讲述一个由先入之见所预设的理想类型的故事。以上两方面的对峙，将历史学这门原本统一的学科一分为二，或者使持不同史观的史学家道不同不相为谋，或者使历史学家的工作分为前后属性不同的两个部分。关于后者，巴勒克拉夫曾概括道：

4　先秦历史与文化的多维度思考

> 在理论上，大多数历史学家接受唯心主义的立场，将历史学与科学严格地加以区别，强调直觉（Erlebnis）是历史学家处理历史的最终手段；但在实际上，大多数历史学家的方法论却以实证主义为依据，也就是说，历史学家的主要目标有两个，一是发现"新事实"，一是"通过历史的批判"来消除谬误。……这种不自在的结合由以下方法解决了，即将历史学家的工作分为前后两个阶段，第一个是搜集和准备资料阶段，第二个是解释资料和表述成果阶段。前一个阶段以实证主义为主；在后一个阶段中，历史学家的直觉本能和个性起主要作用。①

这种带有折中色彩的处理办法造成的问题就是使历史学的一半儿成了科学，而另一半儿则成了其他学科（文学或者艺术？）。更重要的是，这种对峙和撕裂还造成一系列新的问题。比如说，历史认识到底有没有追求客观性的必要和可能？历史学自身究竟是一门科学还是艺术？历史学的价值何在？它应该以什么样的角色和方式为现实"服务"？以及历史研究中到底应该（像其他社会科学学科那样）采取类似于自然科学的研究方法，还是应该（像人文学科那样）采用类似于解释的方法？……这些历史学的元问题，长期折磨着有良知的历史学家。

在先秦史研究中，以上问题非但没有淡化，相反体现得更为突出。比如说，对于距离我们如此遥远的研究对象，我们有没有可能真正认识它？我们凭什么相信古人经过不知多少次编纂而留下的史料具有可信性？如果可以的话，我们应该采用什么样的方法去走近历史的真相？我们研究几千年之前那段历史的目的仅仅是恢复它的"本来面目"，还是其他？终身皓首于这些断简残篇之中，于我们当下的生活和现实有何裨益？……在笔者看来，这些历史学的基本问题同样是每一位上古史研究的从业者应该审问慎思的，然而却被遮蔽在大量看似繁荣热闹的考证或叙述当中，没有得到真正的重视和解决。实际上，在多学科的思考当中，我们恰好可以借助其中的理论、方法、视角、观点乃至材料，提供解答以上历史认识论、方法论疑问的思路。

第四，多学科研究有助于解决因学科过分细化而导致的所谓"碎片化"问题。近年来，历史研究中出现了一些新的变化：一方面，我们关于

---

① 〔英〕杰弗里·巴勒克拉夫：《当代史学主要趋势》，杨豫译，上海译文出版社 1987 年版，第 7 页。

历史细节的认识越来越清晰，我们在越来越小的地方知道越来越多的东西，历史的血肉在我们面前呈现得越来越丰满；另一方面，我们对于那些超出一隅之外的东西，或者对于那些被称为"宏大叙事"的历史一般性、规律性问题的关注却越来越少。历史学领域高度集中的学科分化，让我们在获得"显微镜"的同时，却失去了"望远镜"。这样一种研究路径必然造成新的问题，从而制约历史学的发展。詹姆斯·哈威·鲁滨孙曾经说：

> 而且历史能否进步同能否有用，都取决于历史是否能够克制它自己，不要企图成为一个独立的学科，同时也是去抵抗其他学科的侵犯，这些科学时常会出现在它的周围。假设历史企图这样作，那他就会误解近世科学发展的情况。因为科学研究工作者是不能要求独占一个即使是很小的科学范围的。说实在的，再没有比成功地抗拒这种要求更使他们致于死命了。人类各种学问的范围本来是临时的、无定的、常常变化的。各种学问的界线是互相交错的。……一切的科学都是永远互相依赖的。每一门科学的生命都是从其他科学中吸取来的；而且它取得的进步绝大可能性也都是有意地或无意地靠着其他科学的帮助。①

怎样才能避免历史学"致于死命"？或者说，怎样才能避免21世纪的历史研究重复乾嘉考据学家走过的那条相对狭义上的历史研究之路，也不简单地做19世纪客观主义史学家"那高贵的梦想"呢？显然，如果对近代以来人类学、社会学、神话学、阐释学等相关领域取得的丰硕成绩视而不见，甚至出于学科的偏见而对之加以排斥，这真是一种愚不可及的做法。实际上，多学科的知识、视角、理论与方法正可以为当代历史学的发展提供弯道超车、登高望远的机会。只要从历史理论的高度统御和利用多学科知识，打破狭隘的学科区隔，辩证处理细节勾勒与宏大叙事的关系，历史学就有可能臻于新境、开出新义。当然，所谓打破学科界限，并不是对多学科知识的生吞活剥，更不是笼统回到学科分化之前的混沌状态，而是有待于我们的充分扬弃和批判吸收。

根据以上几点考虑，本书在内容上包括两个部分。第一个部分是关于历史理论与方法的思考（第一、二章），占据了全书大约四分之一的篇幅。其中第一章讨论自然科学方法（也是众多社会科学类学科所采用的方法）

---

① 〔美〕詹姆斯·哈威·鲁滨孙：《新史学》，齐思和等译，商务印书馆1964年版，第53页。

在历史学中运用的必要性和可能性，第二章则以阐释学为切入点，讨论人文科学（或学科）的理论方法对历史研究的重要启示。笔者的结论是，研究方法是服务于研究目的的。历史学既可以采用自然科学的归纳或说明方法，也可以采用人文科学的阐释或解释方法。具体采用哪种研究方法，取决于研究者准备完成何种研究任务。

第二部分是以这些理论与方法为遵循展开的个案研究（第三至八章），其中重点讨论中国古代国家起源、亲属称谓、文明特质、宗教信仰、神话以及"大一统"历史观六个问题。笔者希望通过这些问题的讨论，一方面推进关于先秦时期历史发展道路及文化特质的认识，另一方面对本书第一、二章所倡导的理论与方法加以检验。

本书的思考只是一个初步尝试，其中的不足显而易见。首先，笔者虽然立志于以"先秦历史与文化"为研究对象，但由于学力和兴趣所限，真正涉及的内容不过是非常有限的几个方面。即使在这有限的几个方面，也只是提出若干浅薄的意见而已。毫无疑问，要想通过这种蜻蜓点水的方式对先秦历史与文化这个主题深入认识是并不现实的。因此，笔者给自己设定的目标只在于通过个案分析，证明这种认识的可能性而已。其次，所谓"多维度思考"的概念也存在同样的问题。先秦史研究是中国史学中积淀最深，成果最多，研究难度最大的学科领域之一，也是多学科研究十分必要且可以大显身手的舞台。先秦史研究相关的其他学科，举起荦荦大者，至少有文化人类学、宗教学、神话学、政治学、语言学、古文字学、考古学、天文学，等等。要在先秦史研究的任何一个领域有所获益，就不能不重视以上这些学科的知识和视角。本书涉及的学科，主要有文化人类学、神话学、阐释学等有限几个学科，自然难以深入发掘多学科思考在历史研究中的潜力，也不足以体现多学科、多维度视野中先秦史研究的真正魅力。

对于这样一个宏大的主题来说，作者的期望高于所得，理论甚于实践，教训多于经验。尽管如此，这项尝试似足以证明多学科思考能够给历史研究投去一束独特的光芒，帮助史家从"他者"视角"于平常处见奇崛""化腐朽为神奇"。管见刍言，期待得到学界同好的批评和指正。

第一章 理论与方法（上）：
社会科学的视角

第一节 什么是"历史事实"

什么是历史事实？为什么要讨论历史事实？如何正确理解历史事实？在漫长的中西方史学发展史上，这些以"历史事实"为核心的理论问题长期以来并没有得到人们的足够重视。这种情况直至19世纪之后才得到改变，随着历史学科的进步，越来越多的学者认识到有必要就史学研究的哲学前提进行思考和审查。在谈到哲学对史学进步的推动作用时，卡尔形象地比喻说："对于西欧知识分子来说，19世纪是一个散发着自信与乐观的、令人轻松自在的世纪。……这是天真的时代，历史学家行走于伊甸园之中，没有哲学这块布来遮身，赤裸且大方地站在历史这座神祇面前。自那时以来，我们知道了什么是罪恶（Sin），也体验到堕落（Fall）；今天，那些佯称要摈弃历史哲学的历史学家就像一群裸体主义者一样仅仅在尽力但徒劳且忸怩地在郊区花园里重建伊甸园。今天已经没有人能够逃避这一棘手的问题了。"① 就这样，历史事实同史学理论的其他问题一样，也有待人们为它补发一张"合法证明书"。关于历史事实的讨论绝非无关紧要，因为它将决定历史学有没有资格迈入科学行列，分享"科学"的荣誉，或者永远被排斥于科学殿堂之外。

在此背景之下，近代以来先后有不少史学家和哲学家讨论过历史事实，仅笔者目力所及的西方学者至少有朗格诺瓦、瑟诺博司、傅舲、卡尔、布莱德雷、李凯尔特、克罗齐、柯林武德，中国学者则有李大钊、张荫麟、杜维运、许冠三等人。众多名家的参与改变了长期以来历史事实乏人问津的状况，相关问题也被相继引申出来，并在某种程度上得到澄清。

---

① 〔英〕E. H. 卡尔：《历史是什么？》，陈恒译，商务印书馆2007年版，第103—104页。

尽管这样，关于历史事实的思考和解释非但没有因此而宣告结束，相反还暴露出更多问题。波兰历史学家耶日·托波尔斯基曾抱怨研究者将大量功夫用于技术性方法的介绍，而对史实的确定重视不够，他说："确定历史事实的问题在著名的历史方法教科书中是作为枝节问题处理的，尽管事实上确定事实是历史学家所从事的基本工作之一。传统上几乎只把注意力集中在原始资料考证上，因而，继介绍考证原则之后，紧接着就是描述材料处理（形成综合）的方法。有些注意到论述原始考证的章节中的确定事实的程序，确定事实在那儿被看作是原始资料'解释'工作的结束，它通常包括所谓对原始材料的理解。"[1] 我们相信托氏所说的情况在实践的历史学家那里更为严峻，试想真正有几人在动笔之前会反思史实的性质和来源呢？人们之所以看重技术性方法的介绍而轻视史实审查，可能源于长期以来一个根深蒂固的偏见，即唯有方法论才是将史学研究推向进步的关键。强调方法的重要性当然无可非议，但我们也应看到只有方法施于可靠的研究对象时，史学研究才能达到预期目的。史实与方法对于史学研究犹如车之二轮，缺一不可，以强调方法为由而轻视史实的做法显然失之偏颇。

"重视不够"只是问题的一个方面，另一方面是历史理论家们往往以发挥一家之言见长，而对史实性质、来源等问题缺乏整体考察。因此我们从史学理论家们关于史实的评论中了解更多的是他们心目当中的史实，而不是对历史事实的总体性认识。总的看来，如何在总结前人研究成果的基础上对历史事实进行一次总体性探讨，无疑是一项颇有价值的工作。

一 什么是历史事实？

（一）两种误解

长期以来，人们往往将"历史事实"进行过于简单化的理解。误解之一，就是望文生义地将它视为人类既往活动的全体。实际上，史学理论层面的"历史事实"一词具有其特定内涵，它通常是指经由历史学家选择之后的研究对象。试图把人类过去的活动一股脑儿地装进"历史事实"的大口袋，这是19世纪客观主义史学家的典型做法。在19世纪那个"注重事实的伟大时代"[2]，总体史的理想几乎吸引了史家的全部注意力，似乎很少有人思考不加选择的"历史"怎样被研究者有效地消化和处理。正是对

---

[1] 〔苏〕耶日·托波尔斯基：《历史学方法论》，张家哲等译，华夏出版社1990年版，第448页。
[2] 卡尔语，参见〔英〕E. H. 卡尔《历史是什么？》，陈恒译，第89页。

"史实"不加限制的追求，最终葬送了客观主义史学的美好前景，兰克开创的史学道路使后人在"史实"的重压下像蜗牛一样举步维艰。英国客观主义史学家阿克顿勋爵曾如是描写乃师德林格尔对史实之求全责备：他是不肯用不完全的材料进行写作的，而对他说来，材料总是不完全的。这种无奈也发生在阿克顿本人身上，在他逝世后不久发表的剑桥近代史第一卷的序言里，他就曾哀叹压在历史学家身上的要求，大有迫使他从一个饱学之士变成一个百科全书的编纂者之势。历史上发生的事件数不胜数，假如不加别择而力图统统纳入史实范围的话，可以想见研究者该承担多么巨大的压力！难怪卡尔曾讽刺说，除非刻意追求史实之完备详尽的做法有所改变，否则历史学家就只有两条路可走，"要么把历史当作一件不好的工作加以放弃，沉溺于集邮或其他爱好古董的方式，要么积劳成癫，在疯人院终其天年"①。

无独有偶，这种"我生也有涯，而知也无涯"的矛盾也曾引起意大利历史哲学家克罗齐的思考。面对大量茫昧不明的历史领域，史学研究有没有存在的价值？我们必须把它们都理解为历史事实吗？或者历史学家只有对所有事件都了如指掌时才能开始他的工作？克罗齐设问道："我们当然知道我们自己的历史和周围世界的历史，但和我们无限的求知欲比起来，我们所知的是多么少、多么微不足道啊！"论者给出的答案是这样的：

> 结束这种精神上的烦恼的最好方法是我所采取过的方法，就是，把这种烦恼推进到极限，然后暂时设想：提出的问题和可能提出的其他无限问题都已得到满足，像人们在无穷的正在发生中的问题中所能得到的满足一样，就是说，立即一个一个地答复它们，使精神踏上一条永远获得无数正确答案的令人眼花缭乱的道路。现在，如果全部疑问都得到了满意的答复，如果我们掌握了所有的答复，我们又该怎么办呢？通向无限的道路跟通向地狱的道路一样宽广，如果它不导向地狱，它就必然会导向疯人院。②

我们并不赞成克罗齐对史实的理解方式，但他化解人类认识能力与研究对象之间矛盾的这种策略却值得借鉴。克罗齐以哲学家独有的敏锐眼光

---

① 〔英〕E. H. 卡尔：《历史是什么？》，陈恒译，第97—98页。
② 〔意〕贝内戴托·克罗齐：《历史学的理论和实际》，〔英〕道格拉斯·安斯利英译，傅任敢译，商务印书馆1982年版，第37页。

告诫人们，除非把史实理解为研究者从大量事件或史料中选择的结果，否则历史研究就无法有效展开。因为那样的话未等研究者开展工作，他就已经沉没到事实的大洋中去了。

由此不难看出，无论出于对研究的可操作性或实际价值的考虑，历史事实都应被理解为历史素材中那些"有意义"的内容。卡尔警告说，有人常把"历史事实"理解为那些对于所有历史学家而言全是一样的基本事实，但这种看法并不正确，其实"并不是所有关于过去的事实都是历史事实，或者过去的事实也并没有全部被历史学家当作历史事实来处理"①。由此足见"素材"与"史实"不可混为一谈，客观主义历史学家的错误就在于没有将历史素材与历史事实加以有效区别。

与此相关的第二个误解是，人们往往以"史料自己会说话"为借口，反对选择史实。实际上，这种做法同样不利于人们正确地理解历史事实。史料是人们研究历史的媒介而非史实本身，然而不少考证学者通常将史料与史实混为一谈，甚至误以史料为史实。朗格诺瓦、瑟诺博司曾如是描述那种仅重视史料搜集而轻视乃至反对史实择取的做法：

> 一切校雠考证家，皆习于搜集一切事实之有关于其专门特殊研究者，未尝自为抉择去取，遂视完全精确客观的事实之搜集为首要之事。凡一切历史事实，其在历史中之位置，皆有平等之权利，若保留其颇为重要之若干，而摒弃其比较不重要之若干，是乃一种主观的选择作用，随个人之幻想而各相殊异者。凡历史之事，决不能牺牲任何一单独之事实。②

考证家反对史家择取史实的理由之一，是维护史实的所谓"完全精确客观"。那么史学研究的客观性是否会因为史实的选择而丧失呢？古朗治曾说："我不立成见，不作假设，不但不取哲学的假设，就是科学的假设也不取。"③ 这种做法貌似"客观"，然而有学者就批评古氏其实是历史上成见最深的学者之一，"古朗其的长处似乎便在想象，没有人再比得过他，立疑问表，提出问题，及选择研究的题目"④。足见结论客观与否取决于研

---

① 〔英〕E. H. 卡尔:《历史是什么？》，陈恒译，第 91 页。
② 〔法〕朗格诺瓦、瑟诺博司:《历史研究导论》，李思纯译，中国人民大学出版社 2011 年版，第 145 页。
③ 转引自李幼椿《历史学与社会科学》，大陆书局 1932 年版，第 7—10 页。
④ 〔法〕施亨利:《历史之科学与哲学》，黎东方译，商务印书馆 1930 年版，第 101—102 页。

究者能否摒除成见，客观性不会因为选择史实而丧失，那种反对史实选择的主张不过是考证学家的陋见而已。卡尔批评道："过去常说，让事实本身说话。当然，这话是不确切的。只有当历史学家要事实说话的时候，事实才会说话：由哪些事实说话、按照什么秩序说话或者在什么样的背景下说话，这一切都是由历史学家决定的。……历史学家当然对事实有所选择。相信历史事实的硬核客观独立于历史学家解释之外的信念是一种可笑的谬论，但这也是一种难以根除的谬论。"① 卡尔认为合格的历史学家具有双重任务：一方面他要发现少数意义重大的事实并把它们转变为历史事实；另一方面，把许多影响不大的事实当作非历史加以摈弃。② 总之，史实不会自动呈现于史家面前，而是研究者从历史素材库中进行选择的结果，这是显而易见的道理。至于如何选择历史事实，以及界定历史事实"有意义"的标准是什么，这都与研究者的史学观念有不可分割的关系。

（二）史实源自史家"既有的"决定

历史素材中哪些属于史实，哪些不属于史实，这取决于研究者的史学观念和研究目标，"构建这些基本事实不是依据这些事实本身的任何特性，而是依据历史学家'先验的'（$a\ priori$）决定"③。值得注意的是，史实虽出自史家"既有的决定"，但决非主观臆造、无据可依。除考证家常以史料充史实外，分析的历史哲学家、叙事史家、政治史家亦各有其殊异而相对明确的史实择取标准。

首先，把人类历史视为精神演化过程的分析历史哲学家们，通常以"思想""精神"之有无作为判断史实的准则。比如新黑格尔主义历史哲学家认为，历史事实就是（也只能是）那些与人类思想紧密相关的内容。克罗齐说："既然一件事实只有当它被人想起时才是一件历史的事实，既然思想之外什么也不存在，问什么是历史的事实和什么是非历史的事实这个问题就毫无意义了。一件非历史的事实将是一件没有被思想过的事实，因而是不存在的，而谁也没有见过一件不存在的事实。一件历史思想与另一件历史思想相联系，并跟随着另一件历史思想，然后又与另一件联系并跟随另一件，再与另一件联系并跟随另一件；我们在'存在'的海洋中不论航行多远，我们决离不开界限分明的思想海洋。"④ 是以"思想"为

---

① 〔英〕E. H. 卡尔：《历史是什么？》，陈恒译，第93页。
② 参见〔英〕E. H. 卡尔《历史是什么？》，陈恒译，第97页。
③ 〔英〕E. H. 卡尔：《历史是什么？》，陈恒译，第92页。
④ 〔意〕贝内戴托·克罗齐：《历史学的理论和实际》，〔英〕道格拉斯·安斯利英译，傅任敢译，第83页。

历史事实的鲜明界标。在同书另一处,他又以自问自答的方式解释道:

> 在无限的事实中我们怎样能不迷失方向呢?有什么标准能把"历史的"事实从"在历史上无价值的事实"分开呢?但是,在历史中是不必怕迷失方向的,因为,在每一种情况下,问题都是生活所提出的,我们已经知道,问题在每一种情况下,都是被思想所解决的,从混乱的生活过渡到清晰的意识;一定的问题有个一定的解决:那是一个可以引起其他问题的问题,但绝不是一个在两种或多种事实中进行选择的问题,而是每一次都由惟一的事实,即思想过的事实所造出的。①

对于如何择取有意义的历史事实,坚持"一切历史都是思想史"的柯林武德给出大同小异的答案,"如果我们提出这一问题:对于什么东西才能有历史知识?答案就是:对于那种能够在历史学家的心灵里加以重演的东西",因为"除了思想之外,任何事物都不可能有历史"②。对于克罗齐和柯林武德来说,所谓历史事实的意义显然就是思想的意义。

其次,对于政治史家而言,唯独能劝人为善、裨益鉴戒者才有入选史实的资格。大致而言,中国自司马迁、西方自希罗多德至近代之间的多数史家都是政治史学观念及其史实择取标准的忠实贯彻者。不仅如此,择取史实的政治标准还时而得到当代一些著名史家的肯定,近人张荫麟总结传统史家"笔削"史实的六项标准,③ 其中第四、五项分别为"文化价值的标准"与"训诲功用的标准"④。继张氏之后,台湾学者杜维运又提出五项选择史实的标准,⑤ 以发前人未尽之义,其中第一、二项亦分别为"美善的标准"与"鉴戒的标准"⑥。张、杜二人的观点既可视为对传统政治史学史实观的总结和批判,也可视为对古老学说的继承和发扬。

在叙述史家看来,构成史实的关键在于它能否构造出完整细致的历史过程或引人入胜的故事情节。朗格诺瓦、瑟诺博司宣称:

---

① 〔意〕贝内戴托·克罗齐:《历史学的理论和实际》,〔英〕道格拉斯·安斯利英译,傅任敢译,第85页。
② 〔英〕柯林武德:《历史的观念》,何兆武等译,商务印书馆1997年版,第415、417页。
③ 参见张荫麟《中国史纲》,上海古籍出版社1999年版,第3—7页。
④ 参见张荫麟《论史实之选择与综合》,载杜维运、黄俊杰编《史学方法论文选集》,华世出版社1987年版,第161—170页。
⑤ 参见杜维运《史学方法论》,北京大学出版社2006年版,第21—27页。
⑥ 参见杜维运《史学方法论》,第21—23页。

然则吾人将如何择取以为编裁乎？各人之特殊嗜好与爱国爱乡之心，每使吾人好取彼惬意与地方乡土有关之事件。然有一选择之原则，为一切历史家所共通适用者，乃择取之事，须以有关于人事进化者为准。吾人于选择人物事件时当择其于进化有明白可见之影响者。其最可注重者，吾人若不举陈此人物此事件，则吾人不能叙述一进化之事。吾人所选择之人物，乃彼能创造或导起一种国民惯习之人，（艺术家、科学家、发明家、创始事业家、宗教使徒等），或一种运动之指挥人，及邦国党派之首领皆是。吾人所选择之事件，乃彼对于一社会惯习，或社会定象，能造变迁者。①

这是说那些人物与事件中的进化迹象，是叙事史学选择史实的通用标准，故而"此等研习方法，自从历史学仅为文学之一旁支时，以迄于今，尚为人所重视"②。论者之所以坚持这项标准，显然是因为此类内容能作为复原历史和讲述故事的有益材料，史实的"意义"在这里体现为满足叙事的需要。

二　正确理解历史事实的意义

历史学的进步经历了漫长的过程，因此在不同背景下人们理解历史事实的方式并不相同。正确地理解和选择史实对于历史学的进步具有深刻影响，有学者甚至认为："大史学家与一般史学家的分野在此。"③ 此说也许不无夸张之处，但它形象地表明史实理解在历史研究中的重要性。

第一，史实的选择和正确理解能将史家从史料海洋中解脱出来，使史学研究具有可操作性。朗格诺瓦、瑟诺博司反对考证家轻视史实择取的主要理由是后者的主张将导致工作的低效，甚至使史学研究无法进行。对于那种极端做法，他们批评道：

对于此等合理见解，吾人除却搜弋材料之困难外，更无其他理由可示反抗。然即此一端，已觉充分，盖此乃一切科学之实际动机，质言之，吾人之意，即谓彼完全知识之获得及其通晓，乃为不可能可

---

① 〔法〕朗格诺瓦、瑟诺博司：《历史研究导论》，李思纯译，第150—151页。
② 〔法〕朗格诺瓦、瑟诺博司：《历史研究导论》，李思纯译，第151页。
③ 杜维运：《史学方法论》，第20—21页。

也。凡一种历史,其中决不牺牲一事实者,是乃包含一切时间一切人物之一切动作一切思想一切劳役。是将范成一总额全量,将无一人足以融贯而悉通之,盖非缺乏材料,乃缺乏时间也。……每一科学皆须就人生实际研究之情形以为审度,至少既自命为真正科学,即当使人有肄习通晓之可能。任何理想,若其结果使知识成为不可能,则足以阻碍其科学之成立。①

论者认为个体面对大量史料只能有两种选择:一是"欲其完全具备而成为不能通晓",这是一条皓首穷经、劳而无功的道路;二是"不可以通晓而不完全具备",这是正确的科学研究路数。明智的史家自应取其后者,"彼皆简缩凝聚,宁将各事实加以割裂截取,而不愿其不能明了通晓或转达于人"②。因为只有经过史家带有目的性的挑选之后,那些与主题无关的内容才会在研究者笔下消失。克罗齐说,"当我们乍一接触无限时,无限就变大了,它对我们是没有用处的;它只会使我们望而生畏。只有可怜的有限才对我们有帮助,才是有定的、具体的,才能被思想所掌握,才能成为我们的存在基础和我们的行动起点"③。不少学者很早就已经意识到,通过缩小研究范围以增强史学工作的可操作性,这是确定历史事实的首要意义。④

第二,史实的选择和正确理解可以帮助研究者卓有成效地达到预定目标。史家从素材中确定史实,就像矿工从矿石中提炼矿物,只有经过卓有成效的选择,驳杂无谓的内容才不会阻碍研究者的视线,有研究价值的成分才会凸现出来。实际上从来没有一个实践的史学家能逃避史实选择的义务,这种义务古人谓之"笔削"。当研究者以讲述故事愉悦大众为目的时,主人公的行为细节成为关心的焦点,与此无关者就归于删削之列;当研究者以传布道德戒律或意识形态为目的时,英雄事迹、成功经验就是最有价值的史实,其余内容则被视为无关紧要……克罗齐把这种历史学称作"实用性历史",他说道:"希腊和罗马的办法是提出政治家、将领和英勇女性的形象作为心灵的范例,中世纪的办法是重述荒漠中的圣徒的隐士或富有

---

① 〔法〕朗格诺瓦、瑟诺博司:《历史研究导论》,李思纯译,第 145—146 页。
② 〔法〕朗格诺瓦、瑟诺博司:《历史研究导论》,李思纯译,第 146 页。
③ 〔意〕贝内戴托·克罗齐:《历史学的理论和实际》,〔英〕道格拉斯·安斯利英译,傅任敢译,第 37 页。
④ 其中最具代表性的史家之一是张荫麟。参见张荫麟《论史实之选择与综合》,载杜维运、黄俊杰编《史学方法论文选集》,华世出版社 1987 年版。

膂力及忠诚不贰的生平，我们近代的办法则是推荐人们去读有关发明家、商人、探险家、百万富翁的传记和'稗史'，认为读了是有教育和激励作用的。"① 克罗齐是以讽刺的口吻来说这段话的，因为这与他心目中理想的历史学背道而驰。尽管如此，如果我们能用历史的眼光看待上述问题的话，就会发现上述确定史实的方式对于"实用性历史"本身而言是合理而有效的。传统史学之所以能够在数千年中相当成功地充当道德训诲与政治鉴戒的工具，谁能否认史实选择在其中所发挥的积极作用呢？

正确理解史实的另一项意义在于它有助于科学史学的建立和发展，因为历史学能否真正从艺术转向科学，史实的理解是一个先决条件。在这里我们不妨结合社会学的成功经验，对近代史学科学化的艰难历程略加考察。涂尔干（又译作迪尔凯姆）在谈到社会学的建立时如此说道："我的方法并无任何革命的内容，从某种意义上讲，它在本质上甚至是保守的，因为它把社会事实作为物来考察，而这个物的性质，尽管十分柔韧和可塑，但不能随意改变。"他又说："关于应当把社会事实视为物这个命题，是我的方法的基础。"② 涂尔干用"物"指称社会事实，并认为只有这些从大量社会现象中斟酌择取的内容才能作为科学研究的对象。上述结论建立在一个人所共知的基础之上，即真正的科学往往只能以一般性的经验事实，而不是游移不定的观念作为研究对象。

研究对象性质的转变有可能导致学科属性的变化，最早意识到这个问题的历史学家是朗格诺瓦、瑟诺博司以及美国人傅舲（Fred Morrow Fling），然而在传统史学思维方式的制约下，他们却无一例外地将由此而引起的史学科学化倾向作为一种危险加以防范。朗、瑟二氏认为："凡直接观察之科学，皆甚固定，而由特殊之事实起始，且为有方法的劳作，而将普遍概括之事实，使之益趋于坚实。故为汇集事实之故，必须引之以纳于一种普通概况之共同标准下。"③ 他们认为历史事实缺乏这些特征，因为"历史事实乃由时与地而区分者，每一事实皆属于一时间与一地域也。若人抹却其所属之时代与地域，则彼遂失其历史也，而仅能贡献一种普遍人类之知识而已（例如彼不知原始之普通人类智识然）。此种区分时地之必需性，亦为其他普通科学所未闻者。盖唯此等描写记述之科学，乃常从事于舆地画分与现象演变之事。故历史家将属于殊时异地之事实，分别离立

---

① 〔意〕贝内戴托·克罗齐：《历史学的理论和实际》，〔英〕道格拉斯·安斯利英译，傅任敢译，第30页。
② 〔法〕E. 迪尔凯姆：《社会学方法的准则》，狄玉民译，商务印书馆1995年版，第3、7页。
③ 〔法〕朗格诺瓦、瑟诺博司：《历史研究导论》，李思纯译，第112页。

而研究之，盖不得已也"①。是科学通过分析一般事实得出普遍结论，而历史学只能分析特殊事实得出特殊结论。论者断言，正是"研究此等单独特件事实之必要，因使历史学不能成为一纯粹科学，盖凡科学皆以普遍为目的也。历史学于此，其位置颇如宇宙学地质学及研究动物种类之科学然，彼并非各事实间普通关系之抽象知识，而为以说明真实为目的之学问"②。傅斯的看法与此略同，他认为：

> 如果我们注意到特殊性——就是过去社会事实的个性，如果我们因为它们对于人类社会活动的特殊的演化多么重要，而认为它们有关系，那么去选择事实而且类集成复杂的发展的整体，我们便应用历史的方法；我们工作的结果便是历史。反之，如果我们注意过去社会事实所共有的东西，注意社会事实自身重演的状态，如果我们的目的是构成通性，就是社会活动的法则，我们便采用别种逻辑的方法——自然科学的方法。我们选择事实不为它们的个性，它们的个性对于复杂的整体的重要，而为每种事实与其他事实所共有的东西，而且所成的综合不是复杂的，特殊的整体，而是通性，其中没有留下过去社会事实的个性的痕迹。我们工作的结果是社会学，而非历史。③

从这些论述中不难看出，历史学与社会学研究对象属性的不同导致研究方法的殊异，方法的殊异又决定了学科属性的不同；研究对象的选择对学科属性的形成具有能动而直接的作用。他们极力将历史学从一般科学中分离出来的理由其实并不充分，因为面对历史素材中大量的内容，史实选择的主动权始终操之于研究者之手。既然如此，历史学家为什么不能从素材库中选择那些足以用科学方法加以处理的史实？既然历史学总是处于不断的变化和发展中，而每个时期的历史学都有其特定的内涵，那么我们有什么理由苛求它只能如过去那样一成不变地以关注具体和特殊为"本分"，而将大量一般性的史实抛在一边呢？究其实质，这种试图将一般性排斥于历史事实之外，并最终将史学驱逐出科学殿堂的做法无非这样一种心态在作怪：即试图以传统的叙事史学思维模式维护史学的地位，以防止社会学的吞噬。于此我们不难明白论者何以时时将史实的"独特性""具体性"

---

① 〔法〕朗格诺瓦、瑟诺博司：《历史研究导论》，李思纯译，第112—113页。
② 〔法〕朗格诺瓦、瑟诺博司：《历史研究导论》，李思纯译，第133—134页。
③ 〔美〕傅斯：《历史研究法》，李树峻译，北平立达书局1933年版，第2—3页。

挂在嘴边，他们宁可因为坚持这一原则而使史学永远停留在"记述之科学"的水平上，也不愿意越雷池一步。传统史家在选择史实时可谓忧心忡忡，因此他们一边暗示史实属性的变化将可能使历史学成为像社会学那样的科学，一边又极力在历史事实与科学事实之间划上一道戒备森严的属性之界，以防止一般性、普遍性的历史素材进入史实的领域。论者的担忧是多余的，因为历史学并不会因为采取科学的研究方法而不成其为历史学，或消失于社会学之中。论者的努力也属徒劳无益，因为他们在试图将一般性的史实从科学研究对象中划分出来的同时，反倒为历史学的科学化指出一条门径。

三　科学史学视野中的历史事实

通过上面的讨论，我们不仅发现历史事实应该被理解为史家所确定的研究对象，而且对传统史家理解史实的方式有所了解。然而总的看来，目前学术界在这方面的研究成果并不令人满意，科学史学应如何确定历史事实的问题尤其值得深入探讨。杜维运在谈到这个话题时指出："选择事实的标准，是最重要的。凭灵感选择，凭兴趣选择，凭天赋的才慧选择，都无法将最富意义的历史事实选择出来。中外史学家绝少有系统的谈及这方面的标准……有人甚至认为选择事实的过程是神秘而不可捉摸的，于是史学家选择事实，流于漫无目标。史学的不能到达崇高水准，这是最重要的关键。"西方学界在这方面的认识水平，大致可由杜氏所引美国史学家费臣（David H. Fischer）的话反映出来，费氏说："写历史，纵或读历史，一直在选择之中。没有另外部分更难，更重要，也没有另外部分较此更缺乏系统研究，更缺乏实践的方法。大量的事实搜集来了，很少根据明确合理的事实意义（factual significance）的标准以选择。"[①] 笼统地断言以往的史学家选择事实时"流于漫无目的"，"缺乏实践的方法"也许失之公允，因为如叙事史家追求史实之全面细致，政治史家追求史实之鉴戒教益，道德史家追求史实之惩恶扬善，分析历史哲学家追求史实之思想深刻……凡此种种，其实未尝不是在遵循一定标准，"漫无目的"，或"缺乏实践的方法"之说又从何谈起？因此问题的关键在于传统标准已丧失效用，甚至成为制约史学发展的障碍，当务之急则是需要为科学史学确定择取史实的新标准。

如上所说，经验性、一般性事物作为研究对象，这是近代科学实践得

---

① 转引自杜维运《史学方法论》，第21页。

出的一项基本结论。这意味着要将历史学从"记述性的科学"提升到真正科学的地位,首先必须对于作为研究对象的历史事实有一个不同于先前的理解:是继续满足于根据灵感、兴趣、才慧等因素选择历史事实,使历史学停留于原先的水平之上,还是以具备他种特征的史实作为科学处理的对象,从而将历史学在科学的道路上继续推向前进?科学史学应如何恰当地理解历史事实?目前我们不可能提出一个全面无遗的看法,然而至少有两种经验值得参考。

第一种,像社会学那样以历史上的社会事实作为研究对象,而将个体性、表象性的内容摒弃于历史事实之外。涂尔干曾经指出:"实际上,从这个意义上来说,我们可以认为,也许除了数学的对象以外,一切科学的对象都是物。至于数学的对象,从其最简单的到最复杂的都是由我们自己确立的,所以要知道它是什么,只需研究我们的内心活动,从内部分析由此产生的精神过程就足够了。但是,至于严格意义上的事实,当我们试图对它们进行科学研究时,我们所面对的必然是一些未知的、不理解的物,因为人们在生活中所能形成的表象,在形成时既缺乏系统,又缺乏批判,没有科学的价值,应该排除在外。"[①]涂尔干所说的"物",其实就是前引朗格诺瓦、瑟诺博司所谓"普遍概括之事实",或傅斯年所谓"社会事实所共有的东西",亦即社会现象中具有相对稳定性的部分。涂尔干在《社会学方法的准则》第一章开宗明义地讨论了"什么是社会事实?"这个问题,并认为社会事实的确定是其方法论的重要前提。涂尔干指出,前人关于"社会事实"的看法笼统而含糊——就像历史学家曾经将"历史事实"误解为一个大而无当的总体那样——他们一度力图把凡与"社会"有关的现象都纳入其中,然而这是一种失之草率的做法。实际上,尽管人类社会存在各种各样纷纭庞杂的现象,但只有其中一部分才能够为社会学所把握,也只有它们才具有科学研究的价值。与那些一般现象不同,社会事实相对稳定地存在于个体之外,同时又对个人行为具有一定强制力。社会事实主要表现为人们的行为方式、思维方式和感觉方式,"一切行为方式,不论它是固定的还是不固定的,凡是能从外部给予个人以约束的,或者换一句话说,普遍存在于该社会各处并具有其固有存在的,不管其在个人身上的表现如何,都叫做社会事实"[②]。是"非个体性"与"强制性"可以作为辨别社会事实的两项基本特征。

[①] 〔法〕E. 迪尔凯姆:《社会学方法的准则》,狄玉民译,第 8 页。
[②] 〔法〕E. 迪尔凯姆:《社会学方法的准则》,狄玉民译,第 34 页。

在历史学家庞大而丰富的资料库里,具备以上特征的现象非常普遍,诸如宗教、婚姻、经济、道德、分工等都属于此类具有强制性的非个体事实。既然社会学能够以现实生活中的此类事实作为合法的研究对象,历史学为什么不能以同样的方式处理历史时期的社会事实呢?如前所述,历史学界的前辈们在很长一个时期以来都是将上述想法视为一个危险的倾向而加以防范的,朗格诺瓦、瑟诺博司、傅斯年等人之所以不愿意学习社会学择取"事实"的经验,主要理由就是担心这种做法会使历史学因不再关注生动的具体问题而失去生动性,从而使历史学丧失独立地位。关于前者,看来这的确是一种令人无奈的选择:历史学家只能在科学家和牧师两种职业之间选择一个,为探求历史的规律他就必须忍痛割舍对故事细节和道德臧否的偏好。至于那种认为研究对象的变化将导致历史学与社会学浑然无别,甚至丧失其独立性的顾虑,在我们看来也纯属多余。历史学赖以成立的庞大资料库,历史学强烈的时空特点,这些都是它区别于社会学的显著特点,无论观念的改进或方法的借鉴,都不会使历史学放弃这些优势。相反只有在有效地处理研究对象之后,历史学才能立足于现代科学之林,才能更有力地应对其他社会科学的挑战。

第二种,将具有普遍意义的文化现象作为历史事实。人们都知道传统史学多以复原历史为职志,以客观叙事为形式,然而很少有人指出,追求客观与真实对现代科学而言仅为前提与基础,而非本质与目标。历史学的客观与求真前提无疑应该坚持,但问题是对二者的过分执着往往转化为对具体历史人物与特殊历史事件的迷信,甚至使人们只见树木不见森林,忘记历史学还应该有更高的追求。有鉴于此,已故知名文化史学家常金仓先生汲取文化人类学方法论的有关思想,大力倡导现象史学的研究策略,其用意就在于矫正传统之失,提示人们将历史学的研究重点由特殊事件、具体人物转向一般性的现象。在常先生看来,以展现人类既往特殊活动为宗旨的叙述史并不是最理想的一种史学形式,这种形式也并非亘古不变。在历史上它虽亦谋求改变,由编年而纪传,由纪传而本末,但万变不离其宗,始终不能突破叙事的传统。实际上,历史学不仅应该,而且完全能够随着科学思想的增长,根据新的社会要求更新表现形式。这种更新首先要求人们变研究对象之特殊性、具体性而为一般性,因为讲故事最多只能给人以道德的教益而不是科学的规则,科学结论只能由现象的归纳分析而来。现象来源于事件,但与事件之间又具有不可忽视的区别。首先,事件是某人或某几个人共同参与的一个独特活动过程,而现象则是社会成员,至少是某地区、某阶层、某团体行为中显示出来的共相。其次,事件在历史上总是一次性发生的,现象则不像事件那样变动不居,而具有相对稳定性,现象也不像事件那样个别而独特,而具有普遍性。① 显而易见,只有这些从事件中抽绎而来的一般性、普遍性现象才能为经验科学所把握,它们构成科学史学合法研究对象的另一部分。

综上可知,当代历史学在理解历史事实时所考虑的重点不再是研究者的个人兴趣、灵感、才慧,或其他"神秘而不可捉摸"的标准,而是如何使之成为经验科学所能把握的对象,社会学与文化学选择研究对象的方式对我们不无启发意义。历史事实的确认是科学史学研究的基础,因为只有将一套行之有效的方法论施之于坚实可靠的研究对象时,历史学的科学价值才会真正体现出来。从这个意义来看,近年来历史学界广为流行的史学跨学科研究、"引社会科学入史"等倡议无疑具有极为深刻的意义。

第二节 从"拒斥形而上学"看历史学的科学化

19世纪法国哲学家奥古斯特·孔德认为,我们所有的思辨,无论是个人的或是群体的,都不可避免地先后经历三个不同的理论阶段,即神学阶段、形而上学阶段和实证阶段。第一阶段是临时性的和预备的阶段,第二阶段只是解体性的变化阶段,只有第三个阶段才是唯一完全"正常"的阶段,人类理性的定型体制的各个方面均寓于此阶段之中。② 孔德认为思维的进化与人类科学的进化呈正比关系,依照各领域进步次序的不同,可以罗列出数学、天文学、物理学、化学、生物学和社会学六门基本学科;这六门学科之间的序列既是历史的和学理的,同时又是科学的和逻辑的。他说,"第一门必然作为独一无二的出发点,最后一门是整个实证哲学的唯一基本目标","为了对个人迅速传授或是为了对集体长时间传授,实证精神都必须从最初的数学状态逐步过渡到最终的社会学状态,先后通过中间四个阶梯:数学的,天文学的,物理学的,生物学的。将来仍然必须如此"③。这是说只有首先完成对形而上学思维方式的清理,科学才能获得扎实的思想基础,数学、天文学等六门科学之所以依次取得进步,与它们完成拒斥形而上学任务的先后顺序有关。

---

① 常金仓:《论现象史学》,《宝鸡文理学院学报》2001年第3期。
② 〔法〕奥古斯特·孔德:《论实证精神》,黄建华译,商务印书馆1996年版,第1—2页。
③ 〔法〕奥古斯特·孔德:《论实证精神》,黄建华译,第74页。

联想迄今为止历史学的理论与实践中存在的种种歧见，科学在自然及人类社会研究领域取得的上述成绩，无疑具有一定启发意义。想必不会有人否认，相对于社会学、文化学（更不用说其他自然科学）在科学方法论方面取得的成绩和共识而言，当下的历史学还处于一种难以令人满意的状态。有感于不少人以考证为史学研究之职志的做法，以及史学研究沦为自由谈的趋势，常金仓教授从20世纪90年代开始就不止一次发出向社会学、文化学等社会科学学习的倡议，希望能够建立起一种从文化学角度探讨人类历史的史学研究策略，进而揭示真正意义上的历史规律。[1] 遗憾的是，多年过去，除在一些年轻学者当中引起关注之外，常先生的良苦用心似乎并未真正得到学界的普遍认可。相反地，在后现代主义思潮来势汹汹的围攻下，不少学者认为就连历史学的客观性、学科合法性都需"再议"，更休提什么"宏大叙事"乃至"历史科学""历史规律"。正因为如此，为考证而考证的史学研究所导致的"碎片化"，以及单纯强调所谓"历史构建""历史写作"的主张甚嚣尘上，受到不少人的追捧呼应。[2] 为推进历史学的科学化，回击关于历史学的种种不实之词，近代以来已有不少学者展开"为历史学辩护"或"捍卫历史"的工作，并取得显而易见的成绩。[3] 面对敌人，以攻为守当然不失为一种可取的策略。不过在笔者看来，历史科学化的根本之道，恐怕还在于反思来路，端正历史学的学科观，强化方法论的建设。首要任务，便是将形而上学这个史学科学化道路上的障碍认识清楚并清理出去。下面我们先从什么是形而上学说起。

一　什么是形而上学？

形而上学是哲学史上通用的概念，然而在不同场合、不同哲学家眼中，它的内涵往往可以作不尽一致的理解。[4] 有学者概括出它的两种基本含义：一是在近似于"哲学"的意义上使用这个概念，指一种追求和论证超验的"存在"，即超越经验的关于世界的统一性原理的理论；二是在与"辩证法"相对立的意义上使用"形而上学"这个概念，指一种以否认矛

---

[1] 参见常金仓《穷变通久：文化史学的理论与实践》，辽宁人民出版社1998年版；《论现象史学》，《二十世纪古史研究反思录》，中国社会科学出版社2005年版。

[2] 参见〔英〕理查德·艾文斯《捍卫历史》，张仲民等译，广西师范大学出版社2009年版，第9页。

[3] 参见〔法〕马克·布洛赫《历史学家的技艺》（张和声、程郁译，上海社会科学院出版社1992年版）和〔英〕理查德·艾文斯《捍卫历史》相关内容。

[4] 参见〔德〕韦尔海姆·狄尔泰《人文科学导论》，赵稀方译，华夏出版社2004年版，第117—122页。

盾的观点看待世界的哲学理论，一种在"绝对不相容的对立中思维"的思维方式。① 本书所谓"形而上学"，属于上述第一层含义：指那种追求和论证超验的"存在"，即超越经验的关于世界的统一性原理的理论。从前人的讨论中，我们不难得出它的四个基本特点。

第一，形而上学关注的主要问题是事物的"本源""本体""终极原因"等，而不是事物或现象之间的关系。亚里士多德将形而上学定义为"第一哲学"，就是因为它与具体科学不同，是将整个存在，或存在之为存在作为其对象。② 按照孔德的话来说："事实上形而上学也像神学那样，主要试图解释存在物的深刻本质和万事万物的起源和使命，并解释所有现象的基本产生方式。"③ 现代意义上的科学研究则不是这样，它将研究目标瞄准规律，或者事物之间的关系。用孔德的话来说："简言之，作为我们智慧成熟标志的根本革命，主要是在于处处以单纯的规律探求，即研究被观察现象之间存在的恒定关系，来代替无法认识的本义的起因。不管是微末的或重大的效应，不管是撞击或是重力，也无论是思想或道德，我们实际上只能了解它们形成的各种相互关系，而永远不会了解它们产生的奥秘。"④

第二，形而上学强调乃至过分倚重思辨在认识事物过程中的意义，甚至排斥经验分析的价值。康德就曾提醒人们，要注意所有的形而上学都具有超出于经验之外的特征。⑤ 孔德也说：由于存在着热衷于推论而不是热衷于观察的顽固倾向，思辨的成分一开始就被过分夸大；形而上学精神，在所有方面，通常便都以这种倾向为其特征，即便在最杰出的人物当中也是如此。⑥ 那么单纯依靠思辨（而不是经验），究竟能否获得科学的认识呢？答案显然是否定的，有学者形象地说：在一个盲人的种族那里不可能有任何天文学，不管设想该种族如何聪慧。⑦ 科学史家卡尔·皮尔逊也曾说：形而上学是建在空气或流沙上的——它们或者从根本没有事实的地基上开始，或者在事实的准确分类中未找到基础之前就耸起上层建筑。⑧

第三，形而上学总是试图谋求对所有学科或科学的指导性地位。作为

---

① 参见孙正聿《哲学通论》，人民出版社2010年版，第75—76页。
② 〔德〕韦尔海姆·狄尔泰：《人文科学导论》，赵稀方译，第118页。
③ 〔法〕奥古斯特·孔德：《论实证精神》，黄建华译，第6页。
④ 〔法〕奥古斯特·孔德：《论实证精神》，黄建华译，第10页。
⑤ 参见〔德〕韦尔海姆·狄尔泰《人文科学导论》，赵稀方译，第119页。
⑥ 〔法〕奥古斯特·孔德：《论实证精神》，黄建华译，第7页。
⑦ 〔法〕奥古斯特·孔德：《论实证精神》，黄建华译，第10页。
⑧ 〔英〕卡尔·皮尔逊：《科学的规范》，李醒民译，华夏出版社1999年版，第18—19页。

一种历史的产物,尽管形而上学也有其产生、发展和消亡的过程,但它却始终试图取得对其他学科的控制,而且的确在很长时间中取得成功。正如狄尔泰所言:"在我们知识发展的目标系统中,其他精神生命的现象早于它而存在,形而上学伴随着其他现象而产生,并取得了对于它们的控制。……这些其他现象包括宗教、神话、神学、具体自然和社会历史现实的科学及最后的自我反省及起源于此的认识论。"① 在他看来,对于人文科学而言,形而上学的这种"皇后"式的控制至少延续至15世纪。② 受基督教文化背景的影响,形而上学在西方学术的发展中尽管未必有上帝的名号,但却往往带有浓厚的神学色彩。因此,有人将之比作"受瓦解性简化冲击而变得软弱无力的一种神学",或人类个体、集体从童年至成年的精神演变过程中自然固有的"一种慢性病"③。同孔德一样,狄尔泰也倾向于将形而上学视为欧洲民族知识发展的一个必要阶段,并主张在科学研究中将该因素坚决清除出去。他说:"只有将形而上学作为区分哲学和经验的人文科学的基础,追踪这种区别在形而上学的历史上的后果的人,才会在理性和经验科学的区别中认识到形而上学的遗壳,并坚决地将它清除出去,以便为彻底理解人文科学的相互关联性创造空间。"④

第四,形而上学或多或少与人类中心论或自由意志说有关。从主观意志出发或受自身情感、既定认识模式的影响去揣度经验世界,是人类认识史上的一种古老传统。这种传统对于人们构建世界的秩序性、合理性,无疑具有其历史意义,但却不符合近代以来科学认识的基本准则。英国哲学家培根较早对形而上学中蕴含的人类中心论进行了分类和批评,他将"围困人们心灵"的因素分为"族类的假象""洞穴的假象""市场的假象"及"剧场的假象"。在培根看来,这些假象或表现为幻想、先入为主、意志和情绪,或表现为"极端地崇古""如饥如渴地爱新",或表现为名实混乱,或表现为思想教条的构建,要之都源于人类(包括群体和个体)的本性。⑤ 与以上四类假象紧密相关的是三类形而上学,即诡辩的哲学、经

---

① 〔德〕韦尔海姆·狄尔泰:《人文科学导论》,赵稀方译,第121页。
② 参见〔德〕韦尔海姆·狄尔泰《人文科学导论》,赵稀方译,第114页。
③ 〔法〕奥古斯特·孔德:《论实证精神》,黄建华译,第8页。
④ 〔德〕韦尔海姆·狄尔泰:《人文科学导论》,赵稀方译,第115页。狄尔泰是西方哲学史上一位带有过渡性质的重要哲学家,他对许多问题的看法并没有贯彻始终的结论。在形而上学问题方面,他一方面主张拒斥形而上学,一方面却又不自觉地迈入新的形而上学之中(参见谢地坤《狄尔泰:在形而上学与非形而上学之间》,《哲学研究》2002年第12期)。
⑤ 参见〔英〕培根《新工具》,许宝骙译,商务印书馆1984年版,第18—34页。

验的哲学以及迷信的哲学。

无独有偶，美国文化人类学家莱斯利·A.怀特在分析不同学科进步程度差异的原因时也发现，在那些与人类自身情感、利益关系较为疏远的领域（自然界），人们摆脱形而上学思维控制的难度较低；相反在那些与人类自身利益密切相关的地方（人类社会及相关领域），人们往往很难摆脱形而上学的控制。其中原因何在？怀特认为，秘密就在于人类中心主义在我们的研究对象中分布的程度不同。他说：

> 在回顾科学发展和进步的过程中，我们遇到了科学的先行者和竞争者：拟人化的哲学，人类中心说和自由意志。……与科学针锋相对，寸土必争的对象正是这类哲学，我们不得不继续反对的正是这一古老而原始的哲学，直到把它的盘根错节彻底地清除干净。[1]

在科学发展道路上，人类中心说、自由意志学说与形而上学如影随形，几乎成为一组伴生物："多少世纪以来，这种哲学就一直抚慰着人们的内心，并仍然鼓舞并滋润着社会科学者以及一般人的心灵。这便是古老而仍备受敬重的人类中心论和自由意志哲学。"[2] 职是之故，科学的进步首先取决于能否成功地将过时的形而上学思维驱逐出境。[3]

二 告别形而上学是确立科学合法性的必要前提

孔德关于人类思维进步三阶段的划分，以及关于人类科学进步次序的排列，带有浓厚的古典进化论色彩，因而不可能完全准确契合某一种国家乃至文明的发展实际。但从长时段角度看，孔德的理论却并非面壁虚构。相反，这一理论可以说既是论者通过观察人类知识发展形态及进程得出的一般认识，也是对人类经验研究发展趋势的整体预言。

按照孔德的说法，人类社会初期人们的思维主要受神学思潮左右，当神学的魅影退居幕后之后，占据人类思维重心的是形而上学思维；形而上

---

[1] 〔美〕莱斯利·A.怀特：《文化科学——人和文明的研究》，曹锦清等译，浙江人民出版社1988年版，第2页。

[2] 〔美〕莱斯利·A.怀特：《文化科学——人和文明的研究》，曹锦清等译，第391页。

[3] 科学的进步是否必然以"告别形而上学"为前提？并非所有学者都持肯定态度。彼得·温奇就不赞成"社会科学尚处幼年……是由于社会科学无法与自然科学匹敌，而且社会科学本身还没有从哲学的魔掌中获得解放"的提法，并宣称要攻击这种处理社会科学、哲学和自然科学之间关系的观念（参见〔英〕彼得·温奇《社会科学的观念及其与哲学的关系》，张庆熊、张缨等译，上海人民出版社2004年版，第1—2页）。

学也像神学那样试图解释存在物的本质、万事万物的起源和使命，以及所有现象的基本产生方式。孔德说：

> 归根结底，形而上学实际上不过是受瓦解性简化冲击而变得软弱无力的一种神学，这自然而然使之失去阻碍实证观念专门发展的直接权威，而同时又令其保留着用以维持一定程度必须运用归纳的智力的临时能力，直至归纳的智力最后能获得进一步的充实为止。……因此，归根结底，我们可以把形而上学状态视作是一种慢性病，那是我们个人或集体从童年至成年的精神演变过程中自然固有的。①

形而上学虽然脱去了神学的外衣，但仍以模式化的形式桎梏着人们的思想，使人们习惯于从人的观念（而不是从经验）出发去认识事物。更严重的是，它通常以本体的面貌影响人们的判断，让人们难以将自己的情感（自我）与要考察的对象（非我）之间做出明确区分。

在近代以前，形而上学和科学通常是彼此不分的，科学也没有分化成众多的门类。② 但是，从16世纪开始这种情况逐渐发生变化：人们试图把来自观察或经验事实的理论同离这些材料较远的进一步理论分别开来；前者被归属于科学的范畴（即通常所称的自然哲学），后者则被归属于思辨哲学的范畴（神学、形而上学或第一哲学）。这样，经验上可证实的自然知识，便同因无法证实或不能充分证实而令人可疑的思辨得以区分。科学史家亚·沃尔夫说："近代科学的先驱者们坚持不懈地致力于使科学和哲学摆脱神学以及随后又使科学同哲学分离……他们都本能地试图保持他们的科学工作脱离他们的神学和哲学，取得了程度不等的成功。"③ 换句话说，科学同哲学分离了。

在所有将形而上学拒斥于科学的经验之外的案例当中，弗兰西斯·培根的贡献不容忽视。人们多关心培根提出了区别于传统的实验方法的一般原理，但很少注意到他在拒斥形而上学方面作出的积极努力。培根说，人们在为自己的哲学采取材料时，不是从少数事物中取得很多，就是从多数事物中取得很少；这样，无论从哪一个方面说，哲学总是建筑在一个过于狭窄的实验史和自然史的基础上，而以过少的实例为权威来作出判定。以

---

① 〔法〕奥古斯特·孔德：《论实证精神》，黄建华译，第8页。
② 〔英〕亚·沃尔夫：《十六、十七世纪科学、技术和哲学史》，周昌忠译，商务印书馆1997年版，第5页。
③ 〔英〕亚·沃尔夫：《十六、十七世纪科学、技术和哲学史》，周昌忠译，第760—761页。

上做法的结果，便形成三类形而上学：

> 唯理派的哲学家们只从经验中攫取多种多样的普通事例，既未适当地加以核实，又不认真地加以考量，就一任智慧的沉思和激动来办理一切其余的事情。另有一类哲学家，在辛勤地和仔细地对于少数实验下了苦工之后，便由那里大胆冒进去抽引和构造出各种体系，而硬把一切其他事实扭成怪状来合于那些体系。还有第三类的哲学家，出于信仰和敬神之心，把自己的哲学与神学和传说糅合起来；其中有些人的虚妄歪邪到这种地步以致要在精灵神怪中去寻找科学的起源。①

他认为，以上三者可分别称为诡辩的哲学、经验的哲学以及迷信的哲学。② 他认为，以上三种形而上学是现代科学发展的巨大障碍，也可以说是人类认识中诸多错误的"母树"③。长期以来，这些障碍劫持着人类的理解力并在其中扎下深根的假象和错误概念，不仅围困着人们的心灵以致真理不得其门而入，而且即便在得到门径以后，它们也还要在科学刚刚更新之际聚拢一起来搅扰我们。④ 因此，只有从根本上剔除它们，才有可能建构现代科学："我们必须以坚定的和严肃的决心把所有这些东西都弃尽屏绝，使理解力得到彻底的解放和洗涤；因为建立在科学之上的人国的大门和天国的大门无甚两样，那就是说，没有人会走得进去，除非象一个小孩一样。"⑤ 相反，如果一个人带着形而上学的先入之见进入经验研究的话，他就会或者不得科学之门而入，或者在实际研究过程中时时受到偏见的左右。实际上，正是遵循培根所指示的道路，近代天文学、物理学、植物学、动物学、数学等科学的基础得以于18世纪中期以前建立起来。那时候，关于这些科学知识的范围和正确性已经大大超过古代希腊人和罗马人的水平。从前建立在《圣经》和古典著作基础上的迷信和巫术最后衰落、消灭了；代之而起的是一种自由批评的精神和对实验科学及其应用的信仰。⑥

值得指出的是，这一趋势并未在自然科学的领地边界戛然止步，它同

---

① 〔英〕培根：《新工具》，许宝骙译，第34—35页。
② 参见〔英〕培根《新工具》，许宝骙译，第35页。
③ 〔英〕培根：《新工具》，许宝骙译，第35页。
④ 〔英〕培根：《新工具》，许宝骙译，第18页。
⑤ 〔英〕培根：《新工具》，许宝骙译，第44页。
⑥ 〔美〕詹姆斯·哈威·鲁滨孙：《新史学》，齐思和等译，第86页。

样适用于社会科学。在科学精神和方法的适用性方面，自然科学与社会科学并无二致，正像有学者所说的那样：实证精神坚持使社会科学与其他全部基础科学协调起来，而不是像神学和形而上学那样，使社会科学落进空洞无用的孤立状态中。① 按照孔德的看法，社会学是科学逻辑锁链上的最后一个环节，是科学发展的最高阶段，也是人类科学之林中的最后一名成员。这是因为在他所处的时代，社会学已在学科观念、研究方面等方面取得长足进步，走到科学的大门口。在孔德的时代及稍后，法国乃至整个欧洲范围内一批社会学创始人和领军人物（如夏尔·德·赛孔达·孟德斯鸠、卡尔·马克思、亚历克西·德·托克维尔以及19世纪末20世纪初的涂尔干、维尔弗雷多·帕累托、马克斯·韦伯等）的涌现，可以说为孔德的断言作了最好的注脚。事实上，形而上学从社会科学领域中的隐遁，正是从社会学领域开始的。如果说培根率先成功地在自然科学领域完成了拒斥形而上学的任务的话，那么社会学领域内完成同样任务的也不乏其人。

作为近代社会学方法论的重要奠基者，涂尔干的工作是从廓清社会学研究中的形而上学因素入手的。他通过《社会劳动分工论》《自杀论》《社会学方法的准则》等著作，从实证和理论层面极大地推动了社会学的进步，最终确立了它的科学地位。在《社会学方法的准则》一书的第二版序言中，涂尔干指出：他所确定的准则既不包括任何形而上学的设想，又不包括任何关于存在的本质的思辨，它只要求社会学家保持物理学家、化学家和生物学家在他们的学科开辟新的研究领域时所具有的那种精神状态。社会学家应在进入社会世界时，意识到自己进入了一个未知世界；他们应该认识到，自己所要处理的事实的规律和生物学尚未形成以前生命的规律一样是不可猜测的；他们应随时准备去做会使他们惊讶和困惑的发现。② 他说："由于人们习惯于将哲学思维形式用于社会学的对象，所以总是认为我以前的定义是一种关于社会事实的哲学。……我给自己规定的任务，不是以哲学的观点来预先做出社会学的结论，而只是指出用什么外部特征可以认识社会学所要研究的事实，以使科学家能够原原本本地发现事实，而不是将它们与其他事实混淆。"③ 在该书结论部分，涂尔干索性将"独立于一切哲学"作为其社会学方法的第一条特点。他说："社会学无须使用那些使形而上学者们发生意见分歧的重要假说。……它的全部要求，

---

① 〔法〕奥古斯特·孔德：《论实证精神》，黄建华译，第41页。
② 参见〔法〕E. 迪尔凯姆《社会学方法的准则》，狄玉民译，第9页。
③ 〔法〕E. 迪尔凯姆：《社会学方法的准则》，狄玉民译，第16页。

是叫人们承认可把因果律的原理运用于社会现象的研究。"形而上学与社会学之间的这种剥离，是否会对两者造成损害呢？不然。在涂尔干看来，形而上学与社会学之间划清界限对双方都有好处。他说："社会学的这种解放，对于哲学本身也极为有利，因为只要社会学家没有充分摆脱哲学的影响，他就只能从社会事物的最普遍的方面，即从同宇宙间的其他事物极其相似的方面来认识社会事物。即便处于这种状态的社会学能够用新奇的事实注释哲学，那它也不可能用新的观点来充实哲学，因为它丝毫不能给研究对象增添新的内容。"①

在某种程度上讲，孔德和涂尔干的断言是正确的，因为社会学虽然姗姗来迟，但终于成功地确立了它的科学地位；但他们的断言又是不准确的，因为社会学并非人类科学之林中的最后的一个成员。20世纪50年代前后，文化学被明确作为一门新的科学纳入现代知识体系之林。1949年，怀特质疑说：

> 根据孔德、斯宾塞以及自那个时代以来的另外一些社会学家的观点，社会学是科学的逻辑锁链上的最后的一个环节，是科学发展的最高阶段。……但是，难道我们乐意接受这一结论吗？我们不能相信。相反我们发现它是不充分的和不成熟的。在心理学及大部分社会学之外，存在着另外一类人行为的决定因素。这就是传统的风尚习俗、典章制度、工具、哲学、语言等等，这些我们统称为文化。②

怀特认为科学并未止步于社会学，而是进一步向文化领域拓展，由此催生出一门新的学科。怀特说："社会学，或说社会的科学，并不是科学之路的终端，象孔德和其他许多学者曾料想的那样。要研究的还有一类人类行为的决定因素，而且是人类行为的全部决定因素中最密切最强大的决定因素：即文化。……所以在今天，我们在科学的悠长而激动人心的历史中亲眼看到一个最关键、最戏剧性的发展阶段。……现在剩下的是去发现一百万年的文化发展的原则，详细地阐明这一发展的规律。这一任务一旦完成，科学将占领古老科学的最后一个堡垒：它将达到它的最后疆界。"③像多年前涂尔干宣布社会学的"终结者"地位一样，怀特认为文化学才是

---

① 〔法〕E. 迪尔凯姆：《社会学方法的准则》，狄玉民译，第152—153页。
② 〔美〕莱斯利·A. 怀特：《文化科学——人和文明的研究》，曹锦清等译，第69页。
③ 〔美〕莱斯利·A. 怀特：《文化科学——人和文明的研究》，曹锦清等译，第109—110页。

人类科学领域的最后一位成员。怀特的成功之处在于，他借鉴数百年科学史的经验成功驱逐了形而上学，为文化学的学科建设提供了基础。不啻如此，在回顾近代科学的发展历程之后，怀特还发现一个重要现象，那就是科学首先是从距离人们最为"遥远"的领域（自然界）开始生长，最后才逐步占领与我们自身利益切实相关的部分（人类社会生活领域）。怀特还发现，孔德和斯宾塞都已用本质上相同的顺序来描述科学，先是物理科学，接着是生物科学，最后是社会科学。①

如上所述，科学与形而上学的目标并不一致：科学家探求特殊的实在事物和过程的本身、原因和结果，而哲学家则关心实在本身及其一般意义上的性质。② 从这个意义上看，似乎二者的分道扬镳是人类认识规律的大势所趋。尽管如此，这一过程却并非像人们想象的那样自然而然、一帆风顺。实际上，人们要从形而上学的固有势力范围中"解放"出科学的领地绝非易事。比如物理学在从哲学的阴霾下获得解放的过程中，就遭到黑格尔等哲学家的全力抵制，两派学者之间唇枪舌剑的拉锯也未能避免。有学者说，黑格尔的"同一性哲学"从一种假说出发，以为不但精神现象，就是实际世界（自然与人）也是创造性的心灵的一个思想活动的结果，它认为这个创造性的心灵在种类上与人的心灵相似。根据这一假说，人的心灵，即使没有外界经验的引导，似乎也能揣度造物者的思想，并通过它自己的内部的活动，重新发现这些思想。"同一性哲学"就是从这一观点出发，用先验的方法构造其他科学的成果。黑格尔的自然体系，至少在自然哲学家的眼里乃是绝对的狂妄。和他同时代的有名的科学家，没有一个人拥护他的主张。因此，黑格尔自己觉得，在物理科学的领域里为他的哲学争得像他的哲学在其他领域中赢得的认可，是十分重要的。于是，他就异常猛烈而尖刻地对自然哲学家，特别是牛顿，大肆进行攻击，因为牛顿是物理研究的第一个和最伟大的代表。哲学家指责科学家眼界窄狭；科学家反唇相讥，说哲学家发疯了。其结果，科学家开始在某种程度上强调要在自己的工作中扫除一切哲学影响，其中有些科学家，包括最敏锐的科学家，甚至对整个哲学都加以非难，不但说哲学无用，而且说哲学是有害的梦幻。这样一来，不但黑格尔体系要使一切其他学术都服从自己的非分妄想遭到唾弃，而且，哲学的正当要求，即对于认识来源的批判和智力的功

---

① 参见〔美〕莱斯利·A. 怀特《文化科学——人和文明的研究》，曹锦清等译，第52、55页。
② 参见〔英〕彼得·温奇《社会科学的观念及其与哲学的关系》，张庆熊、张缨等译，第9页。

能的定义，也没有人加以注意了。①

如果将以上争论置于科学史（尤其是近代科学史）的大背景之下的话，我们就会对形而上学家的狂妄和暴怒不难理解了，因为被他们控制成百上千年的领地迄今竟然要求"独立"，声称一向被公认的真理居然不再发生效用。有学者评述说，近代科学要求比在未经侵扰的领地中留给它的还要多的东西，而神学家和哲学家一向乐于把那个领地称为它的"合法的领域"。科学宣称，整个心理的以及物理的现象范围，即全宇宙都是它的领域。它断言，科学方法是通向整个知识区域的唯一门径。科学的试金石在于，它的结果对于所有正常构造的和正式受教育的心智来说是普遍有效的。因为形而上学体系虽然闪闪发光，但当用这个试金石一试，它们就变成渣滓，所以我们不得不把它们归类为想象力的有趣作品，而不是对人类知识的可靠贡献。②

科学与形而上学之间的分歧和较量，并未随着近代科学的建立而偃旗息鼓。实际上，只要人类的知识还有继续推进的余地，这种较量就不可能停止。正如卡尔·皮尔逊所说：

> 教条和神话总希望在科学还未有效占据的领土四周设置围栏，科学不能同意人的发展在某一天再次受到这些围栏的阻碍。它不会容许神学家或哲学家这些知识界的葡萄牙人到无知的海滩建立强权，从而在适当的时机阻止在广大的、迄今未知的思想大陆拓展殖民地。③

在社会学领域，形而上学的思维方式通常表现为形形色色的个人感情或信仰，它们以一种先入之见的形式维护着自己的领地。比如一位能言善辩的宗教史学家曾主张，学者在研究神的事情之前，应当在意识的深处，在有祖先灵魂安息的、自己的存在不灭的秘府，建起香烟缭绕的未名神殿，写下一行赞美歌……非如此则是非常不幸的事情。科学的研究真应如此吗？涂尔干对此持否定态度。他说："我们对于政治信仰、宗教信仰和道德规范形成的观念同它们所代表的客体一样，深深地印在我们的脑中，并具有一种不容反抗的权威。凡与此相反的观点，均被视为寇仇。……这些观念甚至能有一种拒绝接受科学检验的威力。只要对它们所支配的事实

---

① 赫尔姆霍茨语，转引自〔英〕W. C. 丹皮尔《科学史及其与哲学和宗教的关系》，李珩译，广西师范大学出版社 2001 年版，第 279—280 页。
② 〔英〕卡尔·皮尔逊：《科学的规范》，李醒民译，第 25—26 页。
③ 〔英〕卡尔·皮尔逊：《科学的规范》，李醒民译，第 26 页。

和它们所指的现象进行冷静严格的分析,就会使某些人感到不快。""这种神秘学说,同一切神秘主义一样,实际上只是一种伪装了的经验主义,是对全部科学的否定,无论怎样反对它都不算过分。"① 据怀特说,文化科学的创建也曾引起古老的自由意志哲学的捍卫者的抵制和愤懑。值得注意的是,对文化科学的反对并不局限于科学家圈子以外的人,某些社会学家也反对文化科学,甚至在人类文化学家自己的圈子里,也有相当的反对意见。②

不过,事情的演变最终还是朝着有利于科学的方向发展起来,虽然这种进步在不同学科中的程度不同,但趋势却是明显而令人鼓舞的。恰如一位科学史家用粗线条勾勒的那样:在希腊人看来,哲学和科学是一个东西,在中世纪,两者又和神学合为一体。文艺复兴以后,人们采用实验方法研究自然,哲学和科学才分道扬镳。自然哲学开始建立在牛顿力学的基础上,而康德和黑格尔的追随者则引导唯心主义的哲学离开当代科学,同时,当代的科学也很快地就对形而上学不加理会。③

三 历史学告别形而上学之难

如上指出,近代科学在人类经验世界不同领域的进步经历了一个逐步推进的过程。一个人所共见的现象是:在拒斥形而上学的进程中,自然科学进步的程度和速度要远远超过社会科学(有学者称之为"人文科学")。比如狄尔泰就发现:"形而上学观念解体及一种建立于公正经验之上的独立的因果知识系统的建立过程,人文科学较自然科学要慢得多。"④ 在这方面,历史学可以说提供了一个"反面典型"。在17世纪以降汹涌而来的科学潮流中,历史学当然没有完全置身事外,而是不断遭遇冲击并改变着自身;不过当想到时至今日人们甚至仍为"历史学是否为科学"争得面红耳赤时,我们对这门科学所取得的成就便不敢自夸了。我们知道,19世纪曾被人们称作"历史学的世纪",当时历史学这门悠久的学问据称在科学化的道路上取得了不起的成绩,这些成绩已被乔治·皮博迪·古奇载入《十九世纪历史学与历史学家》一书。不过相对其他学科而言,这本书中所记载的成就便显得并不那么耀眼。在某种程度上可以说,历史学在近代科学发展的过程中多少处于一种半游离的"特殊化"状态。历史学"特殊化"

---

① 〔法〕E. 迪尔凯姆:《社会学方法的准则》,狄玉民译,第52—53页。
② 〔美〕莱斯利·A. 怀特:《文化科学——人和文明的研究》,曹锦清等译,第90—91页。
③ 〔英〕W. C. 丹皮尔:《科学史及其与哲学和宗教的关系》,李珩译,第1页。
④ 〔德〕韦尔海姆·狄尔泰:《人文科学导论》,赵稀方译,第145页。

的表现之一,即在于它很难摒弃形而上学的思维方式。

(一) 两种不成功的"科学崇拜"

我们知道,兰克拒绝传统的神学、哲学和伦理学指定给史学的任务。有学者将兰克对近代史学所作的最大贡献概括为三点。第一,尽最大可能把研究过去同当时的感情分别开来,并描写事实的实际情况。兰克本人在为格维纳写的讣告中隐约透露出自己关于科学与"生活"关系的看法,他说:"他(格维纳)常常说,科学必须同生活建立关系。说得很对,但那必须是真正的科学。如果我们先选定一个观点,而后把它放到科学里去,那么,就是生活对科学起作用,而不是科学对生活起作用了。"[1]可见他是主张将感情与史学研究相分离的。第二,建立了论述历史事件必须严格依据同时代的资料的原则。第三,创立了"考证的科学"[2]。以上几点,都可以理解为兰克为与传统的形而上学思维划清界限而不懈努力的成果。不过总体看来,兰克对于科学的追求是隐晦的,[3]他对形而上学的拒斥也并不彻底,或者说他甚至没有抵制形而上学的理论自觉或兴趣。当兰克提出他的史学主张时,黑格尔正享有盛名,但可以肯定的是两者并未发生直接而激烈的冲突,因为"他(黑格尔——引者注)对兰克既无助益,兰克对黑格尔来说也无用处"[4]。兰克对于科学和形而上学的态度似乎可用一段话来总结:"兰克把历史学看作是一种严格的科学这一概念是以一种紧张的对立关系为其特征的,即一方面是显然要求严格排斥一切价值判断和形而上学地思辨的客观研究,另一方面又有实际上在左右着他的研究的隐然的哲学上和政治上的前提设定。"[5]

除兰克的客观主义史学之外,19世纪还有另一种以"科学"为标榜的史学研究模式,那就是以英国学者巴克尔为代表的"实证主义范式"。实证主义范式可以追溯到培根以及孔德,不过将这一思想真正运用于史学实践的,则首推巴克尔。巴克尔在《英国文明史》中运用了他所认为的历史著述的科学方法。在他看来,科学只有一种,即自然科学,"没有自然

---

[1] 〔英〕乔治·皮博迪·古奇:《十九世纪历史学与历史学家》,耿淡如译,商务印书馆1989年版,第214—215页。

[2] 〔英〕乔治·皮博迪·古奇:《十九世纪历史学与历史学家》,耿淡如译,第215页。

[3] 古奇评价说:"兰克一般对自己的坚定看法是秘而不宣的。在他的剧本里,英雄既很少,歹徒也不多。"转引自〔英〕乔治·皮博迪·古奇《十九世纪历史学与历史学家》,耿淡如译,第215页。

[4] 〔英〕乔治·皮博迪·古奇:《十九世纪历史学与历史学家》,耿淡如译,第27页。

[5] 〔美〕伊格尔斯:《二十世纪的历史学——从科学的客观性到后现代的挑战》,何兆武译,辽宁教育出版社2003年版。

科学便没有历史学"。历史学必须使用与自然科学同样的方法,通过对经验证据的分析找到普遍规律。巴克尔坚信进步的文明所具有的明显趋势增强了我们对秩序、方法和规律普遍使用的信念,① 他的雄心是要对政治和文化的整个广袤领域进行比较和归纳,以此为基础把文明史从编纂转化为一种类似科学的东西。②

然而遗憾的是,无论是以兰克为代表的德国历史学派的范式,还是以巴克尔为代表的实证主义范式,尽管都以科学相标榜,但并未真正实现史学的科学化。有学者评述说:"每种科学的历史学都声称自己摆脱了过去史学中的哲学和形而上学,从严格的意义上讲是科学的,然而……它们都是根植于未经经验证明的哲学主张。"③ 也就是说,他们虽试图把历史学从形而上学中解放出来,但在历史研究中都使用了形而上学的观点;他们的工作都建立在他们并不承认却藐视经验证明的形而上学的假设上。④ 就这样,19 世纪的历史学虽然有明确的科学化意识,并且在摒弃形而上学方面作出了努力,但将"科学"做了简单化的理解,因此刚刚从传统的形而上学中脱出,又一头扎进新的形而上学之中。如有学者所说,实证主义虽然在黑格尔之后掀起一种反形而上学的思潮,这一思潮鼓舞 19 世纪历史学家的热情,刺激历史档案的鉴定和历史资料的搜集与批判考证,不过最终却走向两种结局:或是回到形而上学的老路上,用幻想的某种"规律"作为适用于一切历史过程的普遍法则;或是根本怀疑真实地认识历史的可能性,从而陷入历史相对论。

怀特认为,社会科学之所以久久难以摆脱形而上学的羁绊,是因为它在很长时间里难以将自我与非我区分清楚。⑤ 这一解释,对于理解历史学与形而上学之间的关系不无启发。历史学的研究对象虽是人类既往的活动,但人类历史发展的模式化思维却长期控制着人们的头脑,与我们的民族、宗教、伦理、自尊等情感纠缠在一起。在某种程度上,这些因素在史学领域的泛滥要比在社会学、文化学领域更为严重。在这种情况下,历史研究当然不可能轻易地冲破形而上学的牢笼而跃入科学王国。

---

① 〔美〕格奥尔格·伊格尔斯、王晴佳著,苏普里娅·穆赫吉参著:《全球史学史:从 18 世纪至当代》,杨豫译,北京大学出版社 2011 年版,第 128 页。
② 〔英〕乔治·皮博迪·古奇:《十九世纪历史学与历史学家》,耿淡如译,第 876 页。
③ 〔美〕格奥尔格·伊格尔斯、王晴佳著,苏普里娅·穆赫吉参著:《全球史学史:从 18 世纪至当代》,杨豫译,第 127 页。
④ 参见〔美〕格奥尔格·伊格尔斯、王晴佳著,苏普里娅·穆赫吉参著:《全球史学史:从 18 世纪至当代》,杨豫译,第 135 页。
⑤ 参见〔美〕莱斯利·A. 怀特《文化科学——人和文明的研究》,曹锦清等译,第 66 页。

即使如此，当实践的历史学家萌生拒斥形而上学、促使史学科学化的念头的时候，哲学家也会体现出惊人的警惕性。哪怕对于上述那种心有余而力不足的拒斥形而上学运动，他们也要大加挞伐，全力围剿。他们这样做的理由已如上所述：历史学（就像其他学科一度那样）长期以来是形而上学的"合法"殖民地，而今竟有人斗胆倡导建立"历史科学"，褫夺这种"合法性"，形而上学者即将逝去固有领地，这是自负的哲学家们所不愿意看到和接受的。

（二）来自形而上学家的阻力

如果说在兰克和巴克尔的时代，形而上学家对历史学的科学化倾向只有一种朦胧的意识和本能的排斥的话，到 19 世纪末 20 世纪初情况就大为不同了。从那时开始，史学研究领域的科学化运动已呈来势凶猛之状，形而上学家的抨击随之愈演愈烈。法国史学家布列尔·莫诺（Gabriel Monod）在 1900 年"第一届国际历史学者大会"的开幕会议上的发言代表了历史学家的共识："我们再也不想牵涉假设的近似推论、无用的体系和理论，它们看上去堂而皇之，其实是虚有其表的骗人的道德教训。要事实、事实、事实，本身内在就含有教育和哲理的事实。要真相，全部的真相，除了真相其他一概不要。"① 为应对这种趋势，一大批形而上学家便聚集在"新康德主义"或"新黑格尔主义"的麾下，对历史学的新趋向发起猛烈攻击。也正是从那时开始，形而上学家突然间对历史学的性质、特点、研究手段等认识论、方法论问题产生浓厚兴趣，由此拉开西方史学史上"分析的和批判的历史哲学"研究的序幕。

新康德主义历史哲学代表人物狄尔泰、文德尔班、李凯尔特的基本观点是：历史学与自然科学不同，前者是一门艺术，或是一门研究具体性和个别性的学科，它的对象不是普遍现象，而是个人和独一无二的事件。以上观点的逻辑结论是，历史学不可能，也不应与形而上学划清界限；相反它应继续接受形而上学的指导，如越雷池一步就有丧失其学科属性之虞。有"19 世纪下半叶最重要的思想家""人文科学领域里的牛顿"之称的狄尔泰，② 十分强调自然科学和人文科学（即历史学）的划分。③ 他认为两者性质、研究对象等方面的不同，决定了将形而上学与史学分开的做法是徒劳的："孔德等实证主义者和穆勒（也译作密尔——引者注）等经验主义者为这

---

① 转引自〔美〕乔伊斯·阿普尔比、林恩·亨特、玛格丽特·雅各布《历史的真相》，刘北成、薛绚译，上海人民出版社 2011 年版，第 60 页。
② 参见谢地坤《狄尔泰：在形而上学与非形而上学之间》，《哲学研究》2002 年第 12 期。
③ 参见韩震《西方历史哲学导论》，北京师范大学出版社 2008 年版，第 347—348 页。

些问题提供的答案,在我看来是截短、毁伤历史现实以使其屈就于自然科学的概念和方法。"① 狄尔泰一方面对自然科学领域中形而上学的消退持赞成态度,另一方面又试图在人文科学(或精神科学)中建立新的形而上学。这种矛盾性,使得他试图限制实证主义的范围,消除抽象理论与自然科学和技术之间的隔阂和争论;注重对哲学传统的批判和继承,注重吸取历史学、心理学、人类学的最新内容,这在哲学上拓宽了认识论和方法论的范围。总之,狄尔泰想建立的是一门既不同于自然科学却又从其中吸取某些元素,既不同于以往形而上学却又不放弃哲学固有的关心人类、关心社会的传统的精神科学;因此被称为"处在形而上学与非形而上学之间的狄尔泰"②。

几乎与狄尔泰同时,在对历史认识论的研究中,德国新康德主义巴登学派(又称西南学派)代表人物 W. 文德尔班、H. 李凯尔特强调自然世界和人类世界的不同。文德尔班认为,科学的分类不应根据研究对象,而应根据方法论原则和认识目的进行。他说:"在自然研究中,思维是从确认特殊关系进而掌握一般关系,在历史中,思维则始终是对特殊事物进行亲切的摹写。……对于历史学家来说,任务则在于使某一过去事件丝毫不走样地重新复活于当前的观念中。……在自然科学思想中主要是倾向于抽象,相反地,在历史思想中主要倾向于直观。""有一些事实使我们看清了这一点,这就是有人以一种特殊的现代方式企图'从历史中建立一门自然科学',这是实证主义的所谓历史哲学所提出的口号。对人们生活的规律进行了这样一种归纳之后,最后得到的是什么东西呢?是几条不痛不痒的普遍规则,仅仅以仔细分析为名,来掩饰其车载斗量的例外。"③

李凯尔特认为,人们在直接谈到"历史"时,经常指的是某一事件的一次性的、个别的过程;而且,把历史作为特殊的东西和自然作为普遍的东西对立起来的做法,恰恰在哲学中颇为流行。"历史的"权利是与"自然的权利"相对立的,前者是一次性的、个别的权利,后者是大家共有的或应当共有的权利。总之,把作为个别化方法的历史方法与作为普遍化方法的自然科学方法对立起来,这不是随心所欲地做出的。④ 他借用柏格森的一个巧妙的比喻说:自然科学只缝制一套对保罗和彼得都同样适合的现

---

① 〔德〕韦尔海姆·狄尔泰:《人文科学导论》,赵稀方译,第3页。
② 参见谢地坤《狄尔泰:在形而上学与非形而上学之间》,《哲学研究》2002年第12期。
③ 〔美〕王晴佳:《西方的历史观念——从古希腊到现代》,华东师范大学出版社2002年版,第178—179页。
④ 〔德〕H. 李凯尔特:《文化科学和自然科学》,涂纪亮译,杜任之校,商务印书馆1996年版,第54—55页。

成的衣服，因为这套衣服并不是按照这两个人的体型裁的。如果自然科学"按照每个人的体型"进行工作，那它就不许对自己所研究的每个对象构成新的概念。但这是与自然科学的本质相违背的。自然科学只是从个别之物中发现那种可以把个别之物隶属于其下的普遍之物的情况下，才去注意个别之物。在这个范围内，必须说现实的特殊性是任何自然科学概念形成的界限。[1] 既然历史学必须表现一次的、特殊的和个别的事物，那它如何能够成为科学呢？他断言："过去有人说，历史学或者表现个别性，因而变成为艺术，或者是一门科学，因而必须采用普遍化的方法。这种陈旧的说法是完全错误的。"[2]

总之，狄尔泰、文德尔班和李凯尔特的历史理论是与19世纪历史学家提倡的实证主义思想相违背的，有时他们也打着"精神科学""人文科学""文化科学"（与怀特所说的"文化科学"名同而实异）的旗号，但本质却是将形而上学牢牢地嵌入史学研究中。他们企图说服那些力求将形而上学驱逐出史学研究的实践者：历史学注定要以特殊性、具体性、一次性的事物为研究对象，只能以"移情""理解"的方式加以研究。与此同时，他们并未忘记用一些名不副实的理由安慰历史学家：尽管历史学与自然科学有众多不同，但这些不同只能说明历史学的特殊性，并不表明历史学不如自然科学。相反，他们所做的一切都是为了向人们说明，历史的个体性和主观性使它不能借鉴自然科学的概念，但由于这些个体所具有的价值的一般性，使得历史学家能对它进行理论观察，作出表述，证明它也是一门"科学"[3]。明眼人看得很清楚，这是怎样的一门科学啊？这种语言游戏的背后，只是形而上学家力图将史学留在自己阵营内的野心而已。

与狄尔泰、文德尔班、李凯尔特等人有着类似的兴趣和结论，布拉德雷、克罗齐、柯林武德等新黑格尔主义学派代表人物认为，应把历史学和自然科学看成性质不同的知识。布拉德雷认为，历史认识的标准来自历史学家的经验，所以只有实际运用历史思想，才能学会历史地去思考。这样一来，历史就应有自身的原则和独特的方法。布拉德雷的这一思想中蕴含着这样一种趋向，即把历史与自然科学明显区别并完全对立起来。[4]

在克罗奇看来，凡是把特殊变成一般概念者，就是科学；凡是按照事

---

[1] 〔德〕H. 李凯尔特：《文化科学和自然科学》，涂纪亮译，杜任之校，第42页。
[2] 〔德〕H. 李凯尔特：《文化科学和自然科学》，涂纪亮译，杜任之校，第70页。
[3] 〔美〕王晴佳：《西方的历史观念——从古希腊到现代》，华东师范大学出版社2002年版，第181—182页。
[4] 参见韩震《西方历史哲学导论》，第405页。

物本身的面貌看特殊者,这就是艺术。历史学不是创造一般概念,而是通过特殊的具体性再现特殊,所以历史学并非科学,而只能被视为艺术。[1]同黑格尔一样,克罗齐认为精神是唯一的实在,"精神之外不存在外在的事物"[2],"除非我们从这样一个原则出发,就是认定精神本身就是历史,在它存在的每一瞬刻都是历史的创造者,同时也是全部过去历史的结果,我们对历史思想的有效过程是不可能有任何理解的。所以,精神含有它的全部历史,历史和它本身是一致的"[3]。在克罗奇眼中,不仅精神本身即历史,而且历史与哲学也是同一的:"我们所已达成的历史观是,历史的文件不在本身之外而在本身之内,历史的究竟方面的和原因方面的说明不在本身之外而在本身之内,历史在本身以外无哲学,它和哲学是重合的,历史的确切形式和节奏的原由不在本身之外而在本身之内;这种历史观把历史和思想活动本身等同起来,思想活动永远兼是哲学和历史。"[4] 克罗齐主张不断"重写历史"[5],重写历史当然无可置疑,问题在于克罗齐所说的"重写"不是将历史学在19世纪的基础上进一步推向科学,而是以一种乔装打扮的形式让"世界精神"重新粉墨登场。其实质是在修订黑格尔历史哲学的基础上,用一种不同方式再次将历史学与形而上学捆绑在一起。

相比而言,柯林武德试图从"重演思想"的角度巩固历史学与形而上学之间的联盟关系。《历史的观念》一书的目的非常明显,那就是向19世纪以来史学研究中的拒斥形而上学倾向宣战。作者称,自然科学对于实证主义史学的形成负有重要责任,而它的责任就是与"实证主义的错误历史观念"不断斗争。柯林武德说:

> 近代历史学的各种研究方法是在它们的长姊自然科学的方法的荫蔽之下成长起来的……本文始终有必要对于可以称之为实证主义的历史概念,或者不如说是错误的概念,进行不断的斗争。这种概念把历史学当作是对于埋在死掉了的过去里面的各种连续事件的研究,要理解这些事件就应该像是科学家理解自然事件那样,把它们加以分类并

---

[1] 参见韩震《西方历史哲学导论》,第408页。
[2] 〔意〕贝内戴托·克罗齐:《历史学的理论和实际》,〔英〕道格拉斯·安斯利英译,傅任敢译,第9页。
[3] 〔意〕贝内戴托·克罗齐:《历史学的理论和实际》,〔英〕道格拉斯·安斯利英译,傅任敢译,第13页。
[4] 转引自韩震《西方历史哲学导论》,第413页。
[5] 参见韩震《西方历史哲学导论》,第418页。

确立这样加以规定的各个类别之间的关系。这种误解在近代有关历史的哲学思想中不仅是一种瘟疫性的错误,而且对历史思想本身也是一种经常的危险。只要历史学家屈服于它,他们就会忽视他们的本职工作乃是要深入到他们正在研究其行动的那些行动者们的思想里面去,而使自己只满足于决定这些行动的外部情况,——即它们那些能够从统计学上加以研究的事物。①

柯林武德的"斗争"是从对历史学与自然科学关系的清理展开的,他曾就此发表过一段饶有趣味的话:"在历史批判的故乡德国,到了19世纪末,对历史理论、而特别是对历史学与科学之间的区别的性质,产生了浓厚的兴趣并且此后日益增长。'自然'和'历史'在某种意义上是各有其自己的特征的两个截然不同的世界,这一观念是属于德国从她伟大的哲学时代、康德和黑格尔的时代,继承下来的传家宝。19世纪的哲学家们常常重复这种区别作为是一种老生常谈,它从手到口流传得太多了,以至于它的重要性在这个过程之中竟致被磨平了。"② 这是说从康德、黑格尔开始就已明确了历史学与自然科学分属本质不同的学科领域,言外之意人们不应丢了这个"传家宝",而应遵循前贤的意旨,绝不可将史学纳入科学领域。不过柯林武德的叙述显然是有纰漏的,因为在传统形而上学家的野心中,本来是要将自然和历史都纳入其哲学体系的。只是由于自然科学家的不断努力,才得以将形而上学驱逐出自己的领地。即使如此,康德、黑格尔等人试图将自然与社会都纳入其哲学系统的努力始终未曾放弃。这样看来,柯林武德对历史学与自然科学二分传统的强调,只是为构建自己的理论而伪造历史罢了。

对于历史学与自然科学的具体区别,柯林武德的论述乏善可陈,大体上沿用克罗齐等人的观点。③ 他认为,自然的过程可以被确切地描述为单纯事件的序列,而历史的过程则不能。历史的过程不是单纯事件的过程而是行动的过程,它有一个由思想的过程所构成的内在方面;而历史学家所要寻求的正是这些思想过程,一切历史都是思想史。但是历史学家怎样识别他所要努力去发现的思想呢?柯林武德认为只有一种方法可以做到,即在他心灵中重新思想它们,"思想史、并且因此一切的历史,都是在历史

---

① 〔英〕柯林武德:《历史的观念》,何兆武等译,第319—320页。
② 〔英〕柯林武德:《历史的观念》,何兆武等译,第238页。
③ 参见〔英〕柯林武德《历史的观念》,何兆武等译,第301—302页。

学家自己的心灵中重演过去的思想"①。同其他形而上学家一样，柯林武德也没有忘记将"科学"的称号赋予历史学，他说：历史学就是一种科学，但却是一种特殊的科学。它的任务乃是要研究为我们的观察所达不到的那些事件，而且从推理来研究这些事件；它根据的是另外某种为我们的观察所及的事物来论证它们，而这种事物，历史学家就称之为他所感兴趣的那些事件的"证据"②。

如上所述，哲学家赋予历史学的"科学"称号是徒有其名的，由此所产生的"荣誉"也是虚伪的。历史学发展的正道，仍在于彻底清除形而上学的影响。正如有人所说的那样，形而上学就像其他伟大的精神现象一样，虽然已经过时，但它的传统还延续着，我们只能通过理解而完全地克服它。"形而上学思想的结果，扩大了整个现代概念的范围。有关宗教、国家、法律和历史的研究，很多都发生于它的控制之下，即便剩余的也主要受它的影响，虽然并不情愿。只有阐明自己这一立场的全部力量的人……才能从形而上学的偏见中彻底解放出来，并在关于人文科学的研究中消除形而上学的影响。"③ 对于历史学而言，要完成这项任务，关键在于辨明并剔除该领域中形而上学崇拜的认识论根源。

四　史学领域形而上学崇拜的认识论根源

历史学与形而上学的特殊关系，很大程度上决定了它与形而上学划清界限绝非易事。那么，这是否意味着历史学既不可能也无必要与形而上学划清界限，更不可能成为一门真正意义上的科学呢？笔者并不这样认为。恰恰相反，笔者认为只要在 19 世纪以来史学科学成就的基础上更进一步，完成对形而上学残余势力的清理，并建立起以间接实验法为主的归纳方法，历史学的科学化就并非遥不可及。有了上文社会学、文化学等社会科学成功拒斥形而上学的基础，再来讨论历史学领域的问题就简单了许多。

（一）拒斥形而上学是史学发展大势所趋

形而上学思维很早以来就占据着人类思想的世界，中外历史上概莫能外。比如在中国古代，春秋时期人们已产生"据乱世，升平世，太平世"依次进步的社会发展理想，而从战国时期开始，以金木水火土"五行"相生相克解释朝代的兴衰更替，更成为数千年绵延不绝的观念。从班固《汉

---

① 〔英〕柯林武德：《历史的观念》，何兆武等译，第 303 页。
② 〔英〕柯林武德：《历史的观念》，何兆武等译，第 350 页。
③ 〔德〕韦尔海姆·狄尔泰：《人文科学导论》，赵稀方译，第 115 页。

书》创设《五行志》,其后千余年间"五行""符瑞""灵征"诸志受到史家的青睐,原因就是他们没有(也不可能)放弃于五行生克、天命陟罚中寻求历史解释的形而上学思维模式。西方的情况已大体如上所述。中世纪基督教笼罩下的神学史学自不必说,即使到18世纪神学退出历史舞台,康德、黑格尔等人的哲学粉墨登场的情况下,史学也成为形而上学家论证其哲学体系合法性的工具。狄尔泰说:"实用历史学家可能沉迷于个体力量的作用中,沉迷于自然、命运甚至更高力量的效应中;形而上学者则可能用抽象的表述代替这些力量,它们安置人类种族的过程,就像占星术(同样是一种形而上学的思想)安排天上的幽灵一样。"[1] 关于这点,我们看一看康德关于"历史的目的性",以及黑格尔关于民族精神与世界历史形成关系的论述,便可想见二人试图以各自的形而上学统摄人类历史发展进程本质的勃勃野心。说到底,这是一种以精致的形而上学思维为内核的历史观念,它类似于中世纪神学化的史学解释模式,只不过其中的"上帝""天国"等被"历史的目的性""民族精神"等概念所替代而已。

  基于史学界目前的基本情况,仅仅是将形而上学驱逐出史学研究领域这种想法本身,都会让不少正统的历史学家和哲学家觉得不可思议。好思的人们同样要问:这有无必要,是否可能?他们会说:历史学本身研究的就是人类的过去及其活动,这些内容与人类的思想、情感有着千丝万缕的联系,其中的很多成分又与当下的社会现实纠缠在一起。与此同时,历史学不正是通过对前言往行的褒扬或批判,实现其致用功能的吗?抛开这些,历史学还会有什么样的价值,它存在的合理性又在哪里呢?我们如果回想一下,就会发现社会学、文化学(甚至包括各种自然科学)在初创之际,无一例外都曾成为人们物议的对象。涂尔干说:"建立一门新的学科,每次都发生同样的抵抗……自然科学本身确实多次遇到障碍。而尤其是当人成为科学的对象的时候,抵抗就变得激烈了。"[2] 怀特在创立文化科学的时候也遇到同样的问题,他说:"这门新学科(指文化科学——引者注)得到有力支持的同时,也遭到了相当的反对。科学的观点扩展到人类习俗制度的领域,引起了古老的自由意志哲学的捍卫者们的抵制和愤懑。""对文化科学的反对并不局限于科学家圈子以外的人。我们曾经指出,某些社会学家也反对文化科学,甚至在人类文化学家自己的圈子内,也有相当的

---

[1] 〔德〕韦尔海姆·狄尔泰:《人文科学导论》,赵稀方译,第116页。
[2] 转引自〔美〕莱斯利·A. 怀特《文化科学——人和文明的研究》,曹锦清等译,第91页。

反对意见。"① 这样看来，人们之所以对历史学拒斥形而上学的想法嗤之以鼻，或者是这种想法冲撞了他们头脑中固有的观念，或者是触动了他们的学术自尊心。但是这种反应越是激烈，就越表明历史学的这一工作越加紧迫而必要。

　　这种工作的紧迫性，还体现在形而上学思维的长期盛行，已对历史学造成多方面的负面影响。举其荦荦大者，至少有这样几个方面。首先，它造成历史学在学科属性上与科学的隔膜。形而上学的思维方式引导人们将注意力集中于人、事、物所蕴含的精神内容（形而上学家称之为文化、人文）的价值。这种做法从出发点就蕴含了明显的先入之见，这种先入之见的目的在于服务于特定的思想形态或伦理观念。其次，它阻碍了历史学领域中科学方法论的建立。方法论的建立往往以相应的认识论为前提和保障，错误的认识论必然制约方法论的发展。当历史学家以此为职志的时候，他们自然就不会思考如何通过科学归纳的方式去关注那些普遍性现象——因为在形而上学家看来，脱离具体环境和特殊性的精神是苍白的、没有价值的。最后，与以上两点直接相关的是：历史学成为一个矛盾的结合体：它长期以来以"科学"之名一方面行形而上学之实，另一方面将"客观"仅仅落实在史料考证、史实复原的层面；结果却是既非"科学"也不"客观"，在很大程度上损害了历史学的尊严。如果不解决这一问题，历史学的学科尊严就无从谈起，它就是一门地地道道的"半吊子科学"：徘徊于科学与非科学之间，以科学的形式发挥着艺术（或伦理学、哲学）的功能。20世纪五六十年代以降，后现代主义兴起并在史学领域所向披靡、摧枯拉朽，不仅质疑历史学研究的"科学性""客观性"，甚至试图推翻其学科合法性。后现代主义者的这一系列举动，之所以令不少素来以"科学"自相标榜的历史学家百口莫辩、无力还手，不正是因为前者关于史学"客观性""科学性"的批判恰好击中了传统史学的软肋吗？

　　现在我们需要考虑这样一个问题，那就是既然包括社会学、文化学在内的社会科学都已经与形而上学划清界限，那么导致历史学长期以来与形而上学纠缠不清的原因究竟是什么？换言之，历史学研究中形而上学崇拜的内在根源是什么？唯有认清这点，才可能从根本上对其加以系统清理，也才有可能建立科学的史学方法论。

　　我们知道，任何一门研究无非涉及四种因素，即主体（研究者）、客体（研究对象）、手段（方法）以及媒介（材料），科学研究就是研究者

---

① 〔美〕莱斯利·A. 怀特：《文化科学——人和文明的研究》，曹锦清等译，第90—91页。

促使四种因素之间发生互动的过程。历史学迟迟未能如其他学科一样在拒斥形而上学方面取得显著进展，究竟是其中哪项因素、哪个环节上出了问题呢？有些人总喜欢强调历史学研究的"特殊性"，仿佛历史学的研究者、研究对象、研究手段及材料都是截然有别于一般科学的。事实真是如此吗？

（二）并不"特殊"的历史学

第一，关于研究材料。历史学之所以不能脱离形而上学的影响，是否与研究材料有关？我们知道，与自然科学以及其他社会科学通常由研究者通过实验或调查获取资料及实验报告不同，历史学的资料是由前人提供的。朗格诺瓦、瑟诺博司曾说，如果以历史学与其他学科相比较，就会发现其处境实至困难。不仅其自身不能像化学家那样直接观察事实，而且其勉力从事之史料，能出于正确之观察者亦至稀少，就更谈不上像其他学科一样得到系统的、足以起到直接观察作用的实验报告。历史学家的处境，正如一名化学家仅能通过实验室助手的报告而得到若干实验结果。历史学家实不得已而撷取此最粗陋的报告之一部，为无论何种学问家所未能满足者。更重要的是，为利用史料时之审慎撷取，必须摒除其中没有价值的部分，而辨别其足以代表正确之观察的部分。① 应该说，朗格诺瓦、瑟诺博司的话有一定道理但并不准确，因为他们忽视了考古资料、历史遗迹其实在很大程度上是人们可以亲眼看见和分析的——它们直接呈现在研究者面前，而不像"实验室助手"提供的"粗陋报告"那样。马克·布洛赫在谈到历史考察的一般特征时，也曾用了类似比喻。他说："有人肯定地说，历史学家绝对不可能直接观察到他所研究的事实。……我们只能通过目击者的记录来叙述以往的史事。因此，我们就处于一种困境，就如同警察要力图重构犯罪现场一样，又好像一位卧病在床的物理学家，只能通过实验师的报告来了解实验的结果。总之，与对现在的了解相反，对过去的了解必然是'间接'的。这些话确是有道理的，但仍有必要认真地加以修正。"②

这种经由前人获得的研究资料，在可靠性和代表性方面无疑是需要经过严格审查的，19世纪以来客观主义史学家极端重视史料考订问题，原因即在于此。但从本质上来说，经过严格的考证与辨伪，这种间接获得的史料便可以成为科学研究的可靠基础。从作为材料的可靠性方面，它们与文

---

① 〔法〕朗格诺瓦、瑟诺博司：《历史研究导论》，李思纯译，第27页。
② 〔法〕马克·布洛赫：《历史学家的技艺》，张和声、程郁译，第40页。

化学家取之于野蛮社会的田野调查,与社会学家取之于街区的走访问卷,具有同等效力。

后现代主义者批评说,史料所赖以构成的文本情况复杂,因为不透明的语言不可能直指史实本身。这一批评对于提醒史家高度重视文本与史实之间关系的复杂性无疑十分确当,但如果由此便说史料本身有别于其他学科的特殊性,我们却不敢苟同。试想何种文本不是由语言组成的,哪种文本中的语言又是真正"透明"的?可见史家的任务,应是充分估计文本和语言的复杂性,而不是以史料的"特殊性"为借口径直使史学滞留在形而上学的营垒当中。

第二,关于研究主体。我们知道,研究主体是科学诸要素中唯一具有能动性者。有人曾认为,历史学之所以在科学道路上迟滞不前,原因在于史学研究者不像其他学科的从业者那样富有才智或知识。[1] 这种说法是对古今中外所有史学从业者的侮辱,其荒谬性足以引起有尊严的史家的集体愤怒。不过我们看一眼科学史就会发现这种说法经不起推敲。在中外历史上,当其他学科尚处于迷信、巫术的包围中,当很多人还沉迷于炼丹、求雨时,当许多学科甚至雏形未具时,已有众多优秀的知识精英献身史学研究。笔者想谁也没有理由否认,希罗多德、修昔底德比当时的炼丹家更能代表时代的潮流,司马迁和班固比燕齐方士有更高的素质、更加理性的头脑。不唯古代如此,今天同样为然。我们看到,尽管科学在其他学科中的进步显著,成就令人艳羡,但就付出的精力和智力而言,史学家为搜集一条史料、考订一个文字、"复原"一件史实、评价一位人物等方面所下的功夫绝不次于实验室里的化学家,也不次于经年累月从事田野调查的人类学家。胡适说:"学问是平等的。发明一个字的古义,与发现一颗恒星,都是一大功绩。"[2] 此言虽有为史学家鸣屈的意味,但至少说明史学家并非如有人污蔑的那样是一帮脑笨手拙的低能者。这样看来,要从从业者素质角度分析史学滞后的原因,同样是找错了方向。

第三,有学者认为,问题的根源在于历史研究的客体及研究对象方面。换言之,历史学以人类过去的活动及其产物为研究对象,不同于其他学科能够面对和处理当下的客体。与其他学科相比,历史学的研究对象具有两项特点:一是它本身已随着时间流逝而从研究者面前消失;二是它与

---

[1] 巴克尔似乎就持此看法。参见〔美〕詹姆斯·哈威·鲁滨孙《新史学》,齐思和等译,第37页。

[2] 胡适:《论国故学(答毛子水)》,《胡适文存》第2集,上海亚东图书馆1923年版,第286页。

人类思想、情绪、精神、情感、道德等"主观因素"密切相关。有学者声称，这两个特点同时决定了史学家不可能像其他学科从业者那样直接对研究对象加以考量和裁断，并加以"客观的"认识。这种看法看似合理，其实却是一种误解。

首先，既往的人类及其产品虽不能直接呈现在史学家面前，但它们本身一旦发生便成为客观的事实，而且它们留下的蛛丝马迹绝非空穴来风（其价值当然需进行细致冷静的分析辨别），职业史家留下的记载也绝非自由谈。从"复原历史"的角度说，完全意义上的"客观真实"当然不可指望（也没有必要指望），但通过史家不断努力不断逼近历史的真实并不是空想。否则自古以来那些以实录为原则的记载，近代以来那些以求真为目标的考证，果真就没有任何价值了，而这是不可想象的。后现代主义者以人类历史已为往事为依据之一，遂断言所有解释都是"建构"，声称任何客观性为不可能，显然是不可苟同的。事实上，往事虽已消失，辨识固有难度，但它自身的真实性却是信而可征的。爱德华·卡尔说："不能因为从不同的角度去看，山会呈现出不同的形状，就推论说山在客观上根本没有形状或有许多形状。并不能因为解释在建构历史事实中起着必要的作用，也不能因为现有的解释不是完全客观的，就推论说这一解释同另一解释一样好，就推论说历史事实在原则上并没有服从客观解释的义务。"[①] 因为认识上的不足而彻底否认其价值，无疑荒唐且是不公平的。

其次，人类精神的确是历史研究中的重要组成部分，但这并不意味着研究本身就会流于主观。人类历史上的每一个个体都有其思想和意志，但历史本身并不是按照个体的思想和意志而延展的。相反地，每个人无论怎样表达他（她）的意志，都不得不受特定时代规律的限制。恩格斯指出：

> 历史是这样创造的：最终的结果总是从许多单个的意志的相互冲突中产生出来的，而其中每一个意志，又是由于许多特殊的生活条件，才成为它所成为的那样。这样就有无数互相交错的力量，有无数个力的平行四边形，由此就产生出一个合力，即历史结果，而这个结果又可以看做一个作为整体的、不自觉地和不自主地起着作用的力量的产物。因为任何一个人的愿望都会受到任何另一个人的妨碍，而最后出现的结果就是谁都没有希望过的事物。所以到目前为止的历史总是像一种自然过程一样地进行，而且实质上也是服从于同一运动规律

---

① 〔英〕H. 卡尔：《历史是什么？》，陈恒译，第112页。

的。但是，各个人的意志——其中每一个都希望得到他的体质和外部的、归根到底是经济的情况（或是他个人的，或是一般社会性的）使他向往的东西——虽然都达不到自己的愿望，而是融合为一个总的平均数，一个总的合力，然而从这一事实中决不应作出结论说，这些意志等于零。相反，每个意志都对合力有所贡献，因而是包括在这个合力里面的。①

涂尔干在讨论社会学研究的对象时也意识到这个问题。他举例说，当我尽兄弟、丈夫或公民的义务时，当我履行自己订立的契约时，即使我认为这些义务符合我自己的感情，从内心承认它们是实在的，也不能使这种实在性不是客观的，因为这些义务不是我创造的，而是教育让我接受的。同样地，我表达思想时使用的符号系统，我还债时利用的货币制度，我在商业往来中使用的信用手段，我在职业活动中遵行的惯例，等等，都不以我在这些方面的意志为转移而发挥作用。他说："行为或思想的这些类型不仅存在于个人意识之外，而且具有一种必须服从的，带有强制性的力量，它们凭着这种力量强加于个人，而不管个人是否愿意接受。当然，当我心甘情愿服从这种强制力时，我就感觉不到或者说很少感觉到它是强制的了，而它也就不成其为强制的了。"② 怀特也认为："在人类的行为中，我们在个人的和社会的心理因素之上，看到另一种决非心理上的因素，这就是超心理的或者说文化的因素。……这些事实，即这些文化特性，在任何人诞生以前就已存在。它们存在于人类有机体之外；它们如同气象事件一样，从外界对人类施加作用。"③ 这是说人类的情感、意志、伦理等一旦形成"合力"，就会具有自身特定的规律。个人在很大程度上也成为其产物，有时即使并不赞成但也只能遵守。无论是恩格斯的"合力说"、涂尔干的"社会事实说"，还是怀特的"文化的因素说"，都表明人类社会不是个体意志任意驰骋的自由王国。那种以历史研究对象的精神性而断言史学研究有别于社会科学、文化学等学科的学者，显然高估了自由意志在历史过程中的地位和影响。

（三）形而上学崇拜的认识论根源

既然以上任何一项因素的"特殊性"，都不足以构成将史学与其他科

---

① 《马克思恩格斯选集》第4卷，人民出版社2012年版，第605—606页。
② 〔法〕E. 迪尔凯姆：《社会学方法的准则》，狄玉民译，第24页。
③ 〔美〕莱斯利·A. 怀特：《文化科学——人和文明的研究》，曹锦清等译，第75页。

学区别开的鸿沟，那么到底是什么导致史学研究中形而上学思维的长期盘踞呢？在这里，我们仍不妨看看其他社会科学家是怎样思考这个问题的。

前文指出，文化科学的创立迟至 20 世纪五六十年代才提上日程。是什么因素决定了这一学科的姗姗来迟呢？同历史学家一样，早期的社会学家、人类学家也曾试图从研究对象的"特殊性"角度给出答案。比如孔德就曾认为，"在人类历史上较为普遍、较为简单的科学实际上首先出现，发展最快，随后才出现较为复杂而范围较为狭窄的科学"，"于是，我们必须从研究最普遍最简单的现象入手，进而研究更为特殊的复杂的现象。这必定是最有条理的方法，因为这一普遍性和简单性的顺序，是与研究现象中的简单程度相一致的，只要科学间的必然联系是由这些现象的序列归属所确定的"[1]。美国人类学家罗伯特·罗维也认为："社会的事实远比物理的事实来的复杂，因而迄今在社会领域没有发现规律。"[2] 事实真是如此吗？人们通常很少解释他们所说的"复杂性"究竟指的是什么，更不可能用一两项量化的指标来证明这种复杂性。怀特认为，在"难以科学地处理"的意义上，社会现象绝不比物理或生理现象更复杂。他甚至尖刻地讽刺说，社会科学家的有关"复杂性"的托词，常常是一种掩盖其无能的企图，毫无疑问，他们自己并没有意识到这一点：区别并不在于现象的复杂程度上，而在于懂得自己之问题的所在并如何去攻破它。比如说，物理学家懂得自己的问题是什么并知道如何去解决。社会学家则不是这样。[3]

由此可见，"复杂性"不足以解释社会学的滞后性。前文指出，怀特认为自由意志在很大程度上阻碍了人类科学的发展。在那些与人类自身情感、利益关系较为疏远的领域（自然界），人们通常较为容易摆脱形而上学思维的控制；相反在那些与人类自身利益密切相关的地方（人类社会及其相关领域），人们摆脱形而上学因素的难度则要大得多。正因为如此，科学的进步首先取决于能否成功地将形而上学思维驱逐出境。科学出现的先后顺序以及它们成熟的程度的原因，不在于普遍性或复杂性的不同程度，而在于人类在不同经验领域中区分自我与非我的不同能力。换言之，在对人类行为影响最弱最间接的领域内，科学最早出现，也最快成熟；相反在能找到最直接、最强大的人类行为的决定因素的经验领域内，科学产

---

[1] 转引自〔美〕莱斯利·A.怀特《文化科学——人和文明的研究》，曹锦清等译，第55—56页。
[2] 参见〔美〕莱斯利·A.怀特《文化科学——人和文明的研究》，曹锦清等译，第58页。
[3] 〔美〕莱斯利·A.怀特：《文化科学——人和文明的研究》，曹锦清等译，第58—59页。

生得最晚，也成熟得最缓慢。①

在历史学中，我们面对的不正是这样一种情况吗？历史学是一门悠久的学科，同时也是一门与人类情感关系最为密切的学科。可以这样说，除形而上学自身之外，人类历史上恐怕再也没有一门学科像历史学那样深刻地卷入人类情感、伦理、价值观的讨论和评价中，并长期以一两种模式化的观念作为自己的指导。历史学号称"述往事，思来者""鉴于往事，有资于治道"，从古至今的历史研究者都是一边思考过去，一边观照当下，一边展望未来。最要命的是，在处理这一关系的过程中，他们从来都是将当下的意志贯穿于客体的研究中。对于这种做法，多数历史学家不仅不以为非，反而认为天经地义。更有甚至，如果有人胆敢倡导历史学在研究过程中应将"自我"与"非我"加以有效区分时，就会引起固守传统者的激烈批判。怀特说："当人们能够象看待自然界众多事件那样看待心理过程的时候……对科学来说，真是个伟大的时刻。在这一时刻，人们对主客体之间做出了区分。但是，为自然主义而进行的战斗依然没有赢得全线的胜利，在许多领域中，心理的生活依然被称之为'人类精神'生活。甚至在今天，灵魂与心仍然在心理学、社会学和人类学中携手并进。"② 联想当下的历史学研究，我们不得不承认文化学家曾批判过的这种情况在我们的观念中仍盛行不衰。历史学不是一门强调借鉴的学问吗？我们建议心存此念的人们不妨借鉴一下其他学科的做法，至少耐心听听其他学者是怎样看待这个问题的。

因此，研究中"自我"与"非我"的混同，乃是历史研究中形而上学因素长期不得清除的认识论根源。马克·布洛赫曾说："从长远的观点看，科学越是进步，人们就越是自觉地抛弃以人为本位的善恶观。"他举例说，今天如果还有哪位化学家将气体分为恶的气（如氯气）和善的气（如氧气），那一定会遭到人们的嘲笑。③ 听上去的确很好笑，因为那是一门科学童年时期幼稚的表现。不过如果我们愿意认真反思的话，就不得不承认当下的许多历史研究仍在从事着同样招人嘲笑的工作。因此，将形而上学清除出史学研究，既是史学方法建设的前提，更是历史科学取得进步的必要条件。唯有如此，历史学才有可能成为继社会学、文化学之后跨入科学之门的又一门社会科学，而不是像以前一样以"半吊子科学"的身份徘徊于

---

① 〔美〕莱斯利·A. 怀特：《文化科学——人和文明的研究》，曹锦清等译，第66页。
② 〔美〕莱斯利·A. 怀特：《文化科学——人和文明的研究》，曹锦清等译，第65—66页。
③ 〔法〕马克·布洛赫：《历史学家的技艺》，张和声、程郁译，第104页。

科学大门之外。

在人类历史上科学不够发达的时候，不少科学问题是被宗教家或哲学家当作形而上学问题来解决的。比如前文提到的康德，就曾试图通过思辨的方式解决宇宙起源问题。然而，随着时间的推移，哲学家和宗教家的努力日渐被证明为无效的，形而上学的范围也变得越来越狭窄。所有这些，都是科学认识论和方法论不断挤压、逼近的结果。在这种情况下，真正意义上的科学才能出现。最后应该指出的是，科学方法论的建构与拒斥形而上学是一个问题的两个方面，只有在解决认识论问题的基础之上摸索出一套行之有效的科学方法，才有可能彻底清除形而上学的影响。本书的任务只是从认识论角度说明历史研究中清除形而上学因素的必要性和可能性，至于如何在史学实践中建立起一套可靠的研究方法，则属于另外一个问题。

第三节　实验方法在历史研究中的价值

以实验为主的自然科学方法是否适用于历史学研究，这是19世纪以来史学方法论问题的核心之一。不少学者认为，受研究对象、研究材料特点及研究者素质等因素影响，史学研究中不可能采用实验方法。尽管如此，20世纪以降马克·布洛赫、涂尔干、玛格丽特·米德等人利用实验方法原理，不同程度上合理解释了欧洲封建制度、历史时期的自杀、原始部落青春期等现象的成因和演变规律，却是大家有目共睹的事实。[①] 这样看来，对于实验方法与历史研究的关系有必要予以重审。

一　实验方法是科学合法性的保障

（一）自然科学领域中的实验方法

在科学史上，培根堪称自觉建立现代科学方法论的第一人。在培根看来，人们要正确地认识外界，就应从"单纯经验"入手："这种经验，如果是自行出现的，就叫作偶遇；如果是着意去寻求的，就叫作实验。"所谓"偶遇"是指人们对经验世界未加设计或改造的、自然的接触，相当于

[①] 马克·布洛赫、涂尔干观点见下文，玛格丽特·米德观点参见氏著《萨摩亚人的成年——为西方文明所作的原始人类的青年心理研究》，周晓红等译，浙江人民出版社1988年版，第4—5页。

下文的"观察";"实验"则意味着人为设计或带有目的性的创造;在培根看来,二者都是认识经验世界的必要手段。不过在培根的时代,人们尚未建立起严格、规范化的观察或"实验"手段。相反,更多人是在"暗中摸索,一如处在黑暗中的人触摸其周围一切以冀碰得一条出路"。这种做法随意性强,因此难免事倍功半,甚或劳而无功。培根说:"现在,说到经验的根据……我们不是还没有根据,就是只有极其薄弱的根据。还不曾有人做过搜索工作,去收集起一堆在数量上、种类上和确实性上,足够的、关于个别事物的观察,或者采用其它任何适当的方法来指教理解力。相反,有学问的人们,但亦是轻忽而又懒惰的人们,在建立或证实他们的哲学时,却采用了某些无稽的谣传,含糊的流言,或者经验的一些假态,并赋予它们以合法证据的重量。"培根建议,科学研究不能寄望于侥幸、误打误撞,而应依赖"真正的经验的方法",亦即"首先从适当的整列过和类编过的经验出发,而不是从随心硬凑的经验或者漫无定向的经验出发,由此抽获原理,然后再由业经确立的原理进至新的实验"。科学方法的建立,首先需要确定必要的原理:

> 我们不仅要谋求并占有更大数量的实验,还要谋求并占有一种与迄今所行的实验不同种类的实验;还必须倡导一种完全不同的、足以促进和提高经验的方法、程序和过程。因为经验当它循着自己的轨辙漫行时……只是一种暗中摸索,只足以淆惑人而不足以教导人。但是一旦它能照着确定的法则,守着有规则的秩序,并且中途不遭阻扰而向前行进时,那么,知识方面许多更好的事物是大可希望的。[1]

在《新工具》中,培根多次从多个角度、用不同术语阐明他的科学方法论,或称之为"新工具",或称之为"实验"(观察),或称之为"科学归纳"[2]。要之,都在强调这是一种有别于中世纪的、具有革命性意义的研究方法,它既不同于那种"幼稚的"归纳法(即简单枚举),[3] 也不同于那种"建在空气或流沙上"的形而上学思辨。[4] 培根批评说:"从来竟不

---

[1] 分见〔英〕培根《新工具》,许宝骙译,第60、77、79页。
[2] 归纳和实验在培根科学方法的不同阶段各有侧重,可理解为同一研究方法的不同环节。参见〔英〕培根《新工具》,许宝骙译,第117—118页。
[3] 〔英〕培根:《新工具》,许宝骙译,第82页。关于科学归纳法与简单枚举法的区别,参见〔英〕培根《新工具》,许宝骙译,第12—13页。
[4] 卡尔·皮尔逊语,参见氏著《科学的规范》,李醒民译,第18—19页。

曾有一个人认真地从事于借一种布置井然的实验程序径直从感官出发替人类理解力开辟一条道路;而竟把一切不是委弃于传说的迷雾,就是委弃于争论的漩涡,再不然就是委弃于机会的波动以及模糊而杂乱的经验的迷宫。"经验世界如此纷繁复杂,感官本身又具有很大局限性,怎样才能保证我们的认识穿透现象直达本质?培根认为,实验是一种可取的思路。他说:"感官本身就是一种虚弱而多误的东西;那些放大或加锐感官的工具也不能多所施为;一种比较真正的对自然的解释只有靠恰当而适用的事例和实验才能做到,因为在那里,感官的裁断只触及实验,而实验则是触及自然中的要点和事物本身的。"[1] 这是说自然界虽客观存在,但碍于人类认识的局限及自然界影响因素的复杂性,研究者很难径直从与外界的简单接触中发现现象间的真实联系。要避免堕入传统归纳法和形而上学方法的陷阱,关键在于有意识地选择和比较经验材料。

培根认为,实验(或观察)是一种认识策略,目的是为事实的分类和比较提供可能,以便认识事物的内在联系。实验方法的基本原理,体现在著名的"三表法"中。培根主张,无论研究哪种形制或者说物理性质,都须将有关资料编制成三张表。第一张是"肯定事例表"。第二张是"否定事例表"。第三张是"程度表或比较表"。需要指出的是,以上三表虽不够完善,但已勾勒出近代实验方法的基本原理,在某种程度上可以视为约翰·密尔"实验五法"的前身。[2] 这是科学方法论研究的一个不小成就。

在培根的基础之上,19世纪英国学者约翰·密尔将实验方法进一步完善。密尔《逻辑体系》第3卷表述了5条规则:即"求同法""察异法""求同察异并用法""剩余法"以及"共变法"。如用符号语句表述,"密尔实验五法"可简明表述如下。

    例一 察同法
    如果 有 A_1 就有 B 和 C 但无 D;
       有 A_2 就有 B 和 D 但无 C;
       诸如此类;
    则 B 是 A 的"原因(或结果)"。
    例二 察异法
    如果 有 A_1 就有 C 和 D……和 B;

---

[1] 分见〔英〕培根《新工具》,许宝骙译,第59、26页。
[2] 〔英〕亚·沃尔夫:《十六、十七世纪科学、技术和哲学史》,周昌忠译,第772—773页。

有非 A2 就有 C 和 D 但无 B；

诸如此类；

则　　B 是 A 的"结果或原因，或不可缺少的那部分原因"。

例三　求同察异并用法

如果　　有 A1，A2，就有 B；

有非 A3，非 A4……就无 B；

诸如此类；

则　　B 是 A 的"结果或原因，或不可缺少的那部分原因"。

例四　剩余法

如果　　B 加 C 构成 A；

D 和 E 之后有 A；

B 是 D 的"结果"；

则　　C 是 E 的"结果"。

例五　共变法

如果　　A 从 A1 变到 A2，B 就从 B1 变到 B2；

A 从 A3 变到 A4，B 就从 B3 变到 B4；

诸如此类；

则　　B 或者是 A 的"一个原因或一个结果"，"或由于某种因果关系联系而与 A 相联系"。

密尔不仅使实验方法的基本操作和分析原理获得完整解释，而且为该方法在自然科学中的推广注入动力。凭借"密尔实验五法"，真正意义上的实验方法在现代科学中取得丰硕成果，尤其是为人们揭示现象之间的关系作出重要贡献。那么，科学实验方法在社会科学领域又扮演何种角色呢？

（二）社会科学与实验方法

到 19 世纪为止，以实验为特征的归纳方法已在自然科学诸领域站稳脚跟，而它向社会科学领域的进军则遭遇重创。在实验方法能否用于社会科学研究这一问题上，当时的学界分为赞成和反对两派。大体而言，赞成者主要是一些科学史家和科学哲学家，反对者则以新黑格尔学派、新康德学派等形而上学色彩浓厚的哲学家为主。

赞成派方面的代表，有培根、密尔、亨普尔、涂尔干等人。培根的时代，形而上学思维和传统的研究方法还是自然科学进步的桎梏，因而论者的当务之急是解决这方面的问题。职是之故，培根阐释实验方法原理时所举都以物理学领域的例证为主。不过，培根仍数次提到科学方法与社会科学的关系问题。如《新工具》第 1 卷第 127 条说："人们问，我提倡这种方法，是只说自然哲学应当照此进行呢，还是说其他各种科学以及逻辑、伦理学、政治学等亦都应当照此进行呢？我回答说，我前面所讲当然是指着所有这些而言的。"由此不难推见思考实验方法与社会科学关系者，当时已不乏其人，培根就是其中的积极赞成者。又该书第 2 卷第 26 条举"记忆，或是刺起和帮助记忆的东西"为例，分析其相关因素。弗勒就此评论道："这个例子……表明培根之举例已不复限于其哲学改革的范围即通常所谓自然哲学之内。"[①] 是说培根的确主张实验方法不局于自然科学领域，这一评价是准确而敏锐的。

更加系统地讨论实验与社会科学关系的，是约翰·密尔。在《精神科学的逻辑》中，密尔首先确认"任何事实本身都适合于作为科学的主题，它们依照不变的规律而前后相继地出现，尽管那些规律可能没有被发现，甚至不能靠我们现有的资源来发现"，同时又认为某些科学还远没有达到"精确科学"的程度，如气象学、潮汐学以及"人性的科学"便是如此。密尔说："关于人性的科学……它远没达到天文学实现的那种精确性标准；但我们没有任何理由说它不会成为潮汐学那样的科学，或是像曾经的天文学；……这门科学研究的现象是思想、感受和人类行为，如果它能够以天文学使我们能预测天体的位置和掩星那样的确定性，来预测个体在其一生中会采用的思考、感受或行为方式，那么它就获得了科学所理想的完善性。"[②] 问题在于，在推进人性的科学迈向精确科学的道路中，实验方法究竟能否奏效？密尔笔锋一转否定了这种可能，理由是人们无法操控社会进行实验。他说：

> 确定自然规律的模式只有两种：演绎的和实验的，包括以实验研究为名的观察和人工实验。性格形成的规律是否可以通过实验方法获得满意的研究？显然不能，因为，即使我们可以不受限制地改变实验……也缺少一个更关键的条件：以科学的精确性来完成任何一个实验的能力。[③]

这是说社会科学不具备"实验"的条件：第一，人们不能按照意愿设

[①] 分见〔英〕培根《新工具》，许宝骙译，第 100、169—170 页。
[②] 〔英〕约翰·斯图尔特·密尔：《精神科学的逻辑》，李涤非译，浙江大学出版社 2009 年版，第 15、18 页。
[③] 〔英〕约翰·斯图尔特·密尔：《精神科学的逻辑》，李涤非译，第 40 页。

计实验过程，获得相应资料；第二，社会情况复杂，涉及因素繁多，人们缺乏精确把握每个因素的能力。在另一处，密尔进一步分析了实验方法用于社会科学的具体困难。他指出，在尝试把实验方法用于确定社会现象规律的过程中，即使我们能从容地设计实验，不受限制地实施这些实验，我们的处境也会极其不利：既因为我们不可能确定和记录每种情况中的所有事实；而且因为，等我们有足够时间用于确定实验的结果之前，由于那些事实处在不断变化中，因此某些关键环境总是变得不再相同。在笔者看来，密尔在这里显然是从狭义上理解了实验方法。不过密尔在多处又指出，社会科学家虽无法直接套用实验方法，但可通过观察弥补这一缺失："尽管用特意设计出来阐明性格形成规律的实验，来对它们进行研究是不可能的，但还是存在着简单观察这种资源。"① 可见，密尔并未将实验方法通向社会科学研究的道路封死。下文将提到，观察与实验其实具有本质上的一致性，二者的距离并不如有些学者所理解的那样巨大。

　　同密尔类似，亨普尔肯定社会研究是科学的合法领域，因而适用于科学研究方法。亨普尔强调："人们广泛地并根据许多不同的、值得注意的理由来断言这些广阔的领域（按：指自然科学与社会科学——引者注）之间有着基本的差别。……我们将会看到我们有关科学研究方法和科学探索原理的发现不但可以应用于自然科学而且可以应用于社会科学。"自然科学固然有开展实验的便利，但实验并不能将自然科学与社会科学一刀两断地划开。他说："自然科学有一个显著的特征，一个重大的方法论优点，就是它的许多假说承诺要接受实验的检验。不过假说的实验性检验并不能说成是所有自然科学并只能是自然科学具有的一个独特性特征。它不能在自然科学与社会科学之间画出一条分界线。"② 尽管仍是在狭义上理解实验与社会科学的关系，但亨普尔的见识显然比密尔更高一筹，这主要是因为前者所处的时代已提供了社会科学中运用实验研究方法的更多依据。

　　总的看来，培根、密尔和亨普尔都坚持自然科学与社会科学在方法论上的统一原则，都意识到不能简单套用自然科学的实验方法研究社会规律。在科学史上，最早试图彻底在社会科学中推行实验方法者，是涂尔干。涂尔干在现代西方社会学理论与方法建设方面的功劳人所共知，然而他在近代科学发展进程中扮演的另一种角色更值得关注，那就是将实验方

---

① 分见〔英〕约翰·斯图尔特·密尔《精神科学的逻辑》，李涤非译，第58、41—42页。
② 分见〔美〕卡尔·G. 亨普尔《自然科学的哲学》，张华夏译，中国人民大学出版社2006年版，第2—3、33—34页。

法引入社会科学领域。涂尔干这一举措,不仅将社会学建立在更加坚实的方法论基础上,也为文化学、历史学等其他社会科学的方法论建设提供了范例。涂尔干关于社会学方法论的思考,建立在培根、密尔关于实验理论的基础上,尤其是"密尔实验五法"更成为他批判和继承的核心内容。

涂尔干认为,社会学同自然科学学科一样,目的都是确定研究对象中的因果关系。那么在复杂多变的社会现象中,如何确定两种要素间的联系?由培根、密尔等人创立的实验法在这方面是否有用武之地?涂尔干认为,只有一个方法可以证明一个现象是另一个现象的原因,即比较它们同时出现或同时消失的情况,考察它们在不同环境下结合时表现出来的变化,"如果它们能够按观察者之意人为地再现,那就采用严格意义上的实验方法。如果相反,事实的产生并非我们所能支配,我们只能比较那些自发地产生的事实时,那就应该采用间接的实验方法或比较方法"。通过观察,选择人类社会中适当的案例进行比较而揭示事物间的因果联系,虽然这种策略并非人为设计,但却是一种广义上的科学实验,或可称之为"间接实验"。当然,人类社会研究对象的特殊性决定了并非所有实验原理都适用于它。通过逐一分析,涂尔干发现密尔实验五法中剩余法、求同法、察异法等多数方法均难以用于社会学。在这里,只有共变法是一个例外,涂尔干指出:

> 为使这种方法(共变法——引者注)有证明力,并不必把所有与用作比较的变化所不同的变化一律排除。两种现象的变化表现出来的价值具有简单的平行关系,只要被足够数量的变化事例所证实,那就证明这两种现象之间具有联系。……如果两个现象彼此有规律地发生变化,即使在某种情况下其中一个现象单独出现,那也应该承认它们之间有共存关系,因为很可能是一个现象的原因由于某些相反原因的阻碍而未能产生结果,或者它虽然存在,但表现的形式与我们以前观察到的形式不同。[①]

我们知道,培根曾批判过简单枚举,认为那是一种"幼稚的"归纳法。那么共变法在社会学中的施用是否会导致同样错误?涂尔干认为这样的顾虑是多余的,因为共变法既不要求我们进行支离破碎的列举,又不要求我们做肤浅的观察,为使共变法得出正确结果,有几个事实就足够了。

---

① 分见〔法〕E. 迪尔凯姆《社会学方法的准则》,狄玉民译,第138、143—144页。

只要证明在多数情况下两个现象是共变的，就可肯定其中有一个规律。社会学家运用共变法，无须很多材料就可进行选择并做细致研究。也许有人会遗憾社会学只能使用这样一种看似有限的实验方法，但在涂尔干看来，只要充分利用材料，该方法就会取得丰硕成果："我们不要因为社会学只能使用一种实验方法而认为它远远不如其他科学。实际上，这种不利情况可因社会学家在进行比较时能够自行采用多种多样的方式而得到弥补，而在其他自然科学领域里是没有那么多的比较方式的。"为拓展社会学的资料库，涂尔干主张将历史时期的资料纳入研究视野。这是因为社会生活是一种连续不断的变化，它与集体生存中发生的其他变化并行不悖。这样的话，社会学家可以掌握的就不仅有最近的资料，而且有已灭亡民族流传至今的大量资料。人类的历史尽管有许多空白，但比各种动物的历史要详明和完整得多。而且，大量的社会现象是在全社会范围内出现的，并由于地区、职业、信仰等不同而有多种多样的表现形式，如犯罪、自杀、出生率、结婚率等。他说："如果社会学家不能一一有效地运用实验研究的一切手段，那么，他们排除其他方法之后唯一可以使用的共变法，却能在他们手中获得丰收，因为在使用共变法时他会有无与伦比的能力。"①

涂尔干对共变法基本原理的阐述其实并无多少新意，但将该方法引入社会学研究则绝对是他的伟大创举。有了这种得力的研究手段，涂尔干在劳动分工、自杀等诸多社会学课题中斩获颇丰，由此也成就了他在社会学史上的奠基者地位。众所周知，从物理学到社会学等现代学科前后经历了大约400年时间，终于完成了科学建构的两大任务（拒斥形而上学、引入实验方法），那么在人类经验知识的另一领域——历史学——中，情况又是怎样的？正如许多曾处于形而上学迷雾中的学科一样，史学从业者也长期称自己的学科具有"特殊性"。那么这种特殊性是否意味着它的发展的确自外于现代科学进展的一般规律？质言之，实验方法的构建在历史学中是否必要和可能？不妨先看看历史学在19世纪以来的科学化进程中是如何背上"特殊化"之名的。

二 历史研究"殊异之方法"

经过19世纪以来一百多年的争论，科学的思维方式在历史学的理论和实践中只得到有限推进。这是因为，即使在努力倡导史学科学化的史家中，形而上学也并未得到真正彻底的清除，至于一般历史哲学家中的情况

---

① 〔法〕E. 迪尔凯姆：《社会学方法的准则》，狄玉民译，第146、147页。

就更不用说了。① 认识论的局限必然反映在方法论方面。19 世纪以来形成的史学研究方法，大体可归为考证法和"移情法"两者，它们分别是客观主义史学家和形而上学家的发明。这两种方法虽在不同意义上都被赋予"科学"之名，却与自然科学中以观察和实验为手段的归纳法并不相同。历史研究的方法，因此成为科学中的"另类"。

（一）考证法

考证法，为以兰克为代表的客观主义史学家所倡导。兰克本人虽创立并在实际研究和教学中成功贯彻了考证法，但没有从理论上对其进行系统阐述。这项工作，是由朗格诺瓦、瑟诺博司与伯伦汉等人完成的。在此仅以前者为例，略加说明。在客观主义史学家看来，历史学的"殊异之方法"无非包括两方面，即史料鉴定与历史构造。朗格诺瓦、瑟诺博司强调，史料鉴定不仅极其繁复，而且绝对必要。尽管如此，这只是历史研究的第一步。要完成历史的"复原"，则须在史料鉴定基础上展开综合工作："吾人除却由史料中寻得各种殊异质素外，更范成内心想象。……当读一史料中之一文句时，吾人心中，立刻不能自禁，而率任自然之性立刻范成一想象，此想象乃仅因其略为近似而遂成立，常为极不精确者。……凡历史学之工作课程，即系将此等不确之想象，逐渐清理改正，一一除去其伪误之质素，而代之以真实。"这就是说，唯有在考证基础上结合研究者自身经验，施之以想象，才能完成历史构造。朗氏认为，这种"历史方法或间接方法"并不完美，这也是没有办法的事情，但只要假以时日，就可获得关于历史全局的了解："所谓历史方法或间接方法，固显然不如直接观察方法之完美，然历史家本无选择余地。盖探取过去事实，此乃唯一之道，目前虽在此不完美之状况中，但期诸将来，固有获达为成为科学知识之可能也。"②

由此可见，客观主义史家为完成历史事实的构建，最终还是将"想象"引入其方法之中。客观主义史学家的"想象"方法，与下文要讨论的形而上学家的"直觉"有异曲同工之妙。想象的引入效果如何？它会不会将史学研究引向相对主义？究竟是否会使以"科学"相标榜的客观主义史学名实不符？此处先不予讨论，在这里需要注意的是，无论考证还是想象，目的都仅在于"复原"历史"真实"。这种意义上的"历史科学"，其实是残缺的，服务于这种形式化的"科学方法"也是名不副实的。

---

① 参见晁天义《"拒斥形而上学"与历史学的科学化》，《求是学刊》2015 年第 6 期。
② 分见〔法〕朗格诺瓦、瑟诺博司《历史研究导论》，李思纯译，第 118、26 页。

(二) 直觉的方法

与客观主义历史学家主要从史料考证、史实构造角度谈论方法问题不同，狄尔泰、文德尔班、李凯尔特以及克罗齐、柯林武德等历史哲学家的着力点主要在历史的理解或阐释。比如说，狄尔泰等人试图说明历史学"不想缝制一套对保罗和彼得都同样适合的标准服装"，他们虽然都力主历史学拥有独特的方法，但对于该方法究竟是什么却缺少论述。柯林武德则不然，他不仅讨论历史学与自然科学的不同，同时给出认识历史的具体方法。柯林武德说："自然的过程可以确切地被描述为单纯事件的序列，而历史的过程则不能。历史的过程不是单纯事件的过程而是行动的过程，它有一个由思想的过程所构成的内在方面；而历史学家所要寻求的正是这些思想过程。"正是在这意义上，他提出"一切历史都是思想史"的命题。历史学家怎样识别那些思想呢？柯林武德认为只有一个方法，就是在心灵中"重演"它们。柯林武德认为，思想史并且因此一切的历史，都是在历史学家自己的心灵之中重演过去的思想。

> 历史学家不仅是重演过去的思想，而且是在他自己的知识结构之中重演它；因此在重演它时，也就批判了它，并形成了他自己对它的价值的判断，纠正了他在其中所能识别的任何错误。这种对他正在探索其历史的那种思想的批判，对于探索它的历史来说决不是某种次要的东西。它是历史知识本身所必不可少的一种条件。

在柯林武德看来，"重演"对于历史学不仅有效，而且不可或缺，甚至相当于"史学理论中的哥白尼式的革命"。在另一处，他甚至将其比作自然科学中的实验方法："正如自然科学找到了它的适当方法，是在科学家（用培根的比喻来说）质问大自然，用实验来折磨她，以便向她索取他自己的问题的答案的时候；同样的，历史学找到了它的适当方法，也是在历史学家把他的权威放在证人席上的时候，他通过反复盘问而从他们那里榨取出来了在他们的原始陈述中所隐瞒了的情报，——或是因为他们不愿拿出它来，或是因为他们并没有掌握它。"[①]

还有一种观点认为，历史学家要真正理解历史事件和历史人物，就必须设身处地进行"同情式的理解"（或谓之"移情"），否则便会与历史真

---

① 分见〔英〕柯林武德《历史的观念》，何兆武等译，第302—303、330、331页。

谛终隔一层。① 事实真是这样吗？科学史家内格尔认为这种想法是荒唐的：精神病学家为了有能力研究精神病，难道他必须发狂？历史学家若不能在想象中重新捕获那种可能激起希特勒这样的人的狂暴仇恨，难道就不能说明希特勒引起的经历和社会变化？事实证据一定不支持这些类似假设。② 实际上，主张以同情的方式理解历史的人们，同那些持有宗教情怀的人一样，认为如果没有宗教情结，就没有资格研究宗教。③ 这种认识，说到底是形而上学思维未从史学研究中彻底清除的结果，是错误史学认识论在史学方法论领域的折射。

总的看来，由于19世纪以来的历史学在处理它与形而上学和实验方法关系的过程中走了一条"中庸"之路，使得历史学在认识论和方法论方面存在深刻矛盾。杰弗里·巴勒克拉夫评述说，以孔德和巴克尔为代表的实证主义者同以文德尔班等人为代表的唯心主义者之间的重大争论，最终于19、20世纪之交大体上达成明确的"妥协"。如前所引，这种妥协的结果是：

> 在理论上，大多数历史学家接受唯心主义的立场，将历史学与科学严格地加以区别，强调直觉（Erlebnis）是历史学家处理历史的最终手段；但在实际上，大多数历史学家的方法论却以实证主义为依据，也就是说，历史学家的主要目标有两个，一是发现"新事实"，一是"通过历史的批判"来消除谬误。按照当时开始大批出版的历史学工作指导手册的说法，这种不自在的结合由以下方法解决了，即将历史学家的工作分为前后两个阶段，第一个是搜集和准备资料阶段，第二个是解释资料和表述成果阶段。前一个阶段以实证主义为主；在后一个阶段中，历史学家的直觉本能和个性起主要作用。④

实际上，实证主义与形而上学家（唯心主义）之间关于历史问题的争论，核心就是历史学的认识论和方法论，这一争论并未结束。相反，这种

---

① 狄尔泰是这方面的代表，有关论述参见氏著《人文科学导论》，赵稀方译，第41页。
② 参见〔美〕欧内斯特·内格尔《科学的结构：科学说明的逻辑问题》，徐向东译，上海译文出版社2005年版，第544页。
③ 如彼得·温奇所说："一个宗教历史学家或宗教社会学家若要搞明白他所研究的宗教运动，并且理解那些制约着其参与者的生活的所思所虑的话，那么他自己就一定得具有一些宗教情感。"（〔英〕彼得·温奇：《社会科学的观念及其与哲学的关系》，张庆熊、张缨等译，中译本译者序，第94—95页）
④ 〔英〕杰弗里·巴勒克拉夫：《当代史学主要趋势》，杨豫译，第7页。

分歧一直延续到 20 世纪中期，甚至在今天的史学实践和观念中，以上分裂现象也并不鲜见。

三　将实验方法引入史学研究

将实验引入史学研究，是一个大胆的提法。在此之前，曾有为数不多的史学家从理论或实证层面对该问题进行过不同程度的探讨，还未及这些探讨结出硕果，就成为众矢之的而告放弃。通常情况是，多数历史哲学家和史学理论家都不假思索地将"实验"打入史学研究的禁区。先来分析反对派的意见。

（一）反对派的意见

最早对实验与历史研究的关系进行阐述，并否定前者对后者有运用价值的是朗格诺瓦与瑟诺博司。他们认为，历史学的研究方法与自然科学有本质区别，前者不能进行"直接的观察"："凡一切事实，仅能由经验以被知，而知有二式：或为直接的，若人于此事实经过时，亲得观察之；或为间接的，则仅研究其所留遗之痕迹。……所谓'历史事实'者，仅不过为间接的，于其痕迹所遗而被知。故历史之知识，自其特性言，乃间接之知识也。历史学之科学方法，当根本与直接科学相异。"论者认为，历史学不是直接的科学，而是间接的科学，因为研究对象的特殊性决定了它只能通过间接的观察进行研究。

> 直接观察之科学，所从事者为实际，而施于浑体。……故科学为物，乃客观对象之知识，莫其基础于"真实"之分析综合及比较之上。凡对象之直接察见，可使学者能重复考虑其所设之疑问。历史之为学，则全异于此。人每谓历史乃过去事件之"察见"，而施以"分析"之方法，此乃两譬喻而已，若吾人深信此言，被其欺惑，实为危道。

在朗格诺瓦与瑟诺博司看来，基于以上理由，历史学家应有意识地防止那种效仿自然科学方法的做法："故知历史之学，须严禁其仿效生物学所用之科学方法，盖历史学之事实，既与他种科学之事实如此其相殊异，则其研究亦需要殊异之方法。"[①]

此外，柯林武德也对科学方法（实验）之于史学的无效性进行了详细

[①] 分见〔法〕朗格诺瓦、瑟诺博司《历史研究导论》，李思纯译，第 25、113—115 页。

论述。柯林武德认为,科学可以理解为"任何有组织的知识总体",它通常有三类组织方式。① 然而历史学的组织方式,不同于三种"观察与实验的科学"中的任何一种。柯林武德说道:

> 历史学却不是以任何这类方式而组织的。战争与革命以及它所论述的其它事件,都不是历史学家在实验室里为了进行研究而以科学的精确性有意地制造出来的。它们甚至于也不是在事件之被自然科学家所观察到的那种意义上,被历史学家所观察到的。气象学家们和天文学家们要进行艰苦而花费昂贵的旅行,以便亲身观测他们所感兴趣的那种事件,因为他们的观测标准使得他们不能满足于外行的目击者的描述;但是历史学家却没有配备一支到正在进行战争和革命的国家里去的考察队。

说历史学家不是(实际上是不能)像自然科学家那样在实验室里"以科学的精确性有意地制造出来"战争与革命,无疑是对的。他们的确很少有机会配备一支考察队去现场观摩正在进行的战争和革命——除希罗多德、司马迁那样撰写当代史的史学家之外,这实际上更多是记者和社会学家、人类学家做的事。在柯林武德看来,正是由于观察和实验可以反复进行,而历史学家只能一次性地获得史实,因此前者就以探讨规律为目的,后者则只能以探寻个体为目的。他说:"各种观察和实验的科学在这一点上都是相同的,即它们的目的都是要在某一种类的所有事件中探测出永恒的或反复出现的特征。……但是历史学家并没有这种目的。"② 从以上讨论可见,无论客观主义史学家还是分析的历史哲学家都认为历史学不可能通过实验方法进行研究,看来实验对史学研究而言被"打入死牢"已是铁板钉钉的事情了。事实果真如此吗?有没有可能换一种思维方式看待实验方法与历史研究的关系呢?

(二) 两次可贵的探索

实际上,虽然客观主义史学家和历史哲学家否认史学研究中采用实验方法的可能性,但试图将实验方法引入史学研究者向来不乏其人。在此,可以巴克尔和马克·布洛赫为例加以讨论。巴克尔在1856—1861年完成

---

① 关于三类"有组织的知识总体"的论述,参见〔英〕柯林武德《历史的观念》,何兆武等译,第347页。

② 分见〔英〕柯林武德《历史的观念》,何兆武等译,第348页。

的《英国文明史》中,运用了他所认为的历史著述的科学方法。在他看来,科学只有一种,即自然科学,"没有自然科学便没有历史学"。历史学必须使用同样的方法,从经验证据入手,通过对证据分析找到普遍规律。历史的演化中,同样存在像自然界中的那种固定规律。在巴克尔眼里,决定历史进程的主要有四大因素:气候、食物、土壤和自然条件,这些因素是完全可以进行科学分析的。①

然而不出所料,巴克尔并未取得他所向往的那种成功,而是被视为将史学简单化(或贬义上的"科学主义")的典型。克罗齐批评道:"巴克尔和过去十年中许多令人望而生厌的社会学家及实证主义……他们架子十足,并且不懂什么叫作历史,而叹息历史缺乏观察和实验的能力(即,观察和实验之自然主义的抽象),自诩他们'使历史成为自然科学'了——就是,把一种既荒谬而又可笑的循环论证法用于在它所派生的一种苍白心理形式上。"② 与这种批评类似,"新史学"的主张者对于巴克尔的评价也好不到哪里去。鲁滨孙就说:巴克尔的书出版五十年了,还没有一个历史学家敢说我们向着巴克尔所确立的目标已有了很大进展。现在有系统地在研究中的各种社会科学,已经成功地解释许多事物。但是从天文家、物理家、化学家的观点看来,历史这样东西始终是一种异常不确切、支离破碎的知识。这主要是因为历史所研究的是人,人的迂回曲折的道路,人的经常变迁的欲望;所以现在要想把历史纳入一定的法则的范围,好像是没有希望的。③ 这种失望情绪,代表了时人的一种普遍看法。

巴克尔之后的朗格诺瓦与瑟诺博司,同样反对将实验方法用于历史研究。他们认为:

> 应用自然科学之正式方法,以考求历史中原因,此方法即比较相近似之两项继续现象,而发现其常相聚合呈现者是也。此等"比较方法",有数种殊异之方式。……又曾有人主张(在英国)应用"统计学"于比较方法之中,以求其确切精当,其用意盖欲将一切已知之社会为有统系之比较,且将两项惯习同时节现一切事例,加以计算枚举。此即 Bacon 氏所为"证同表"之原则,所可虑者,其结果未必丰裕耳。盖此方法之缺点,以彼实应用于抽象观念,其一部分且为武断

---

① 〔英〕乔治·皮博迪·古奇:《十九世纪历史学与历史学家》,耿淡如译,第876页。
② 〔意〕贝内戴托·克罗齐:《历史学的理论和实际》,〔英〕道格拉斯·安斯利英译,傅任敢译,第31页。
③ 〔美〕詹姆斯·哈威·鲁滨孙:《新史学》,齐思和等译,第40—41页。

之观念，有时仅为文字表面上之相似，而未尝倚赖各事实发现全体情形之知识也。①

此处所说培根的"证同表"，就是通过两种现象在同一社会中的同时存在状态，断言二者存在因果关系。所论主张应用"统计学"于比较方法者，当指英国人巴克尔。论者的顾虑，一是这种方法"其结果未必丰裕耳"；二是这种因果联系很可能流于表面，不能反映事物的真实情形。此外，论者还分析了密尔所谓"察异法"对于史学研究的意义：

> 吾人可设想一种较为具体之方法，即非比较零碎之片段，而比较其全体，质言之，即比较其社会之全量是也。……此法，在消极方面极有效用，盖能决定某一事并非他一事实之结果，因彼并未尝常同时呈现（如妇女解放之事与基督教之关系）。然积极之效果，则吾人不能期之于此，盖在各项情形中，两事同时出现，决不能遂指出其一事实为其他事之原因，或两者同为一单独原因之联合结果。

论者刚提出随即又断言这种做法不切实际，理由是科学实验在确定两种现象之间的关系时，要将其他因素排除在外，方能获得确凿的因果联系。他们说："对于事实之因果，欲为积极有方法之考察，则必需一分析工作，以施之于此事实发生之情形上。所当从事者，即将为其原因之必要情形一一分裂离立，故吾人须设想对此等情形具有完全之知识。然此事恰为吾人于历史学中所绝未能具有者也，吾人每欲以直接方法获达于事实之因果，正如其他一切纯粹科学中所用之直接方法然，实则如此之观念，必当摒除。"② 那么，有没有办法避免史学研究中的实验得出"贫乏、表面的却又是分析精炼的结果"？③ 据笔者理解，根本出路仍在于将广义上的实验方法或实验思维引入史学研究。

（三）共变法：史学研究中的"实验方法"④

史学科学方法论建设方面的滞后，极大程度上损害了这门学科的声誉，甚至引起不少兄弟学科从业者的同情。贾雷德·戴蒙德就认为，从研

---

① 〔法〕朗格诺瓦、瑟诺博司：《历史研究导论》，李思纯译，第162—163页。
② 〔法〕朗格诺瓦、瑟诺博司：《历史研究导论》，李思纯译，第163页。
③ 〔德〕韦尔海姆·狄尔泰语，参见《人文科学导论》，赵稀方译，第2页。
④ 参见晁天义《试论"共变法"及其在当代史学研究中的价值》，《南京社会科学》2009年第2期。

究历史中获得普遍原则，无疑要比从研究行星轨道中获得普遍原则来得困难，然而这些困难并不是决定性的。其他一些历史科学，包括天文学、气候学等，虽也碰到同样困难，但它们在自然科学中的地位却是牢固的。作者告诫说："请记住：'science'（科学）这个词的意思是'knowledge'（知识）（来自拉丁语的 scire 即'to know'［知道］和 scientia 即'knowledge'［知识］），而知识是要通过任何对特定领域最合适的方法来获得的。因此，我对研究人类历史的人所面临的困难非常同情。"在作者看来，现在需要努力做的是把人类史发展为一门科学，使之与天文学、地质学等公认的历史科学并驾齐驱。作者认为，自然科学获得知识的主要方法是实验室实验，人们通过实验处理结果有疑问的参数，用被认为恒定的参数进行平行的对照实验，保留始终恒定的参数，复制对实验的处理和对照试验，并获得定量数据。实验对于自然科学是如此重要，以至常被认为是科学方法的核心。但在许多历史科学中，实验室实验显然只能起很小作用（或完全不起作用）。那么这是否意味着它们根本不能利用实验方法呢？作者的回答是否定的。在他看来，人不能用实验的方法使几个国家公园里的灰熊灭绝，也不能再现恐龙的演化过程。但是，人们却可以通过别的方法获得这些历史科学方面的知识，如观察、比较和所谓"自然实验"。贾雷德·戴蒙德指出：

> 研究人类史的人怎样才能从其他历史科学的科学家们的经验中获益呢？有一个证明有用的方法就是比较法和所谓的自然实验。虽然无论是研究银河系形成的天文学家还是人类学史家，都不可能在有控制的实验室实验中来处理他们的系统，但他们都可以利用自然实验，把一些因存在或不存在（或作用有强有弱的）某种推定的起因而不同的系统加以比较。……研究人类史的人可以利用多得多的自然实验，而不只是限于比较 5 个有人居住的大陆。①

戴蒙德将实验分为两种：一种是根据研究目标人为设计而成的，即"实验室实验"；另一种是由于条件所限，有针对性地选择自然状态中的不同现象，通过观察各种状态中诸现象间同时存在、消失或变化的情形，揭示现象间的因果关系，即"比较法和所谓的自然实验"。为行文方便，可

---

① 分见〔美〕贾雷德·戴蒙德《枪炮、病菌与钢铁：人类社会的命运》，谢延光译，上海译文出版社 2000 年版，第 476、459—460、480—481 页。

将前者称作"直接实验",而将后者称作"间接实验"。显而易见,后者的特殊之处在于它并非依靠人为因素加以设计,但两者的基本原理并无二致。因此,密尔实验五法中的任何一种都可以适用于它们。

需要指出的是,"直接实验"与"间接实验"的类型之分并非戴蒙德的创举。实际上在其他学者笔下,直接实验与间接实验都曾被提到,只不过被赋予不同名称。比如科学史家内格尔就将直接实验称为"受控实验",将间接实验称为"受控分析"。内格尔认为,在受控实验中,实验者能够随意处理有关因素,通过重复地改变其中的一些特点,使其他特点保持不变,从而发现现象和变量间的依赖关系。当然,这种严格意义上的实验难以在社会科学中实施,因为社会科学家不具有对社会题材进行预定修正的能力。而且,即使他们具有这种能力,道德顾虑也并不妨碍人们受制于各种变化,但是这种能力本身也会构成重要的变量,从而影响"实验"结果。在此前提之下的客观分析,显然是不可指望的。尽管如此,包括历史学家在内的研究者仍有可能通过适当变通进行实验研究。他说:

> 每一个旨在获得关于经验题材的可靠的普遍定律的研究部门,都必须采取一个研究程序,这一程序如果不是进行严格受控实验,就是在研究中要有那种具有实验本质的逻辑功能。这一程序(我们将称之为"受控分析")与进行试验不一样,它既不要求随意再现研究现象,也不要求对变量进行公开处理;但它在其他方面与进行实验很相似。……简而言之,虽然没有实验也有可能取得科学进展,但受控实验(在我们赋予这个术语的狭窄意义上)和受控分析(在刚才指明的意义上)二者必有其一看来是必不可少的。①

内格尔反复强调"取得科学进展"的前提:受控实验和受控分析"二者必有其一看来是必不可少的",这对于历史学研究富有启发意义。也就是说,除非历史研究甘愿一如既往地将史料考订、史实复原作为史学研究的全部宗旨,如果它有志于在经验基础上得出一般规律,那么就应考虑采用"受控分析"的研究策略。此外,以上分析也说明实验的本质不是人为操作,而是设法排除干扰项,以便对研究对象进行有效观察和分析。在科学史上,由于自然科学本身最早成长起来并以人为方式成功地运用了实验

---

① 分见〔美〕欧内斯特·内格尔《科学的结构:科学说明的逻辑问题》,徐向东译,第507、507—508、509—510页。

方法，遂给人们造成一种印象，似乎只有在实验室中开展的与仪器、试管相关者才属实验。事实并非如此，除这种狭义上的理解之外，实验更是一种认识和观察事物的角度。换言之，只要研究者能够通过不同场景的观察和比较，获得必要的可靠信息，这种行为本身就是一种实验。① 由内格尔的分析不难看出，"受控分析"的奥妙和关键在于"精心搜寻进行对比的场合"。在历史学中，可采用的就是这种实验（或称作"受控分析"）。

20世纪80年代以来，主张在历史研究中采用实验方法的人越来越多，并已从简单的理论阐述发展到理论与实践并重。1982年，马克·布洛赫发表《欧洲社会历史的比较研究》一文，对实验方法（他称之为"比较方法"）在史学中的运用作了正面阐述，并结合欧洲社会历史研究中的问题说明了如何运用比较方法寻求解决的途径，堪称现代西方实验史学的嚆矢。② 布洛赫说：

> 比较方法作用广泛：我认为普及和完善该方法是当今历史研究的一项最为迫切的必要任务。……然而，大多数历史学家显然还没有完全信服这一方法……比较方法可以，而且应该深入到细节研究中去，比较方法的未来——可能我们的历史学的未来，就取决于此。

布洛赫认为，比较研究可以有不同类型：第一种，人们可以选择一些在时间上分开，并且在空间上相隔的社会；第二种，平行地研究那些既是相邻的又是同时代的社会，这是一些互相之间不断影响的社会，因为它们的同期性和相互邻近，所以在发展过程中曾受到同样的重大原因的作用，并且可以追溯到一个共同根源。比如，布洛赫关于中世纪初期法兰克王国的墨洛温王朝、加洛林王朝同西哥特王国的国家与教会关系的比较，就极具启发意义。通过比较，作者发现5—8世纪的墨洛温王朝与8世纪中期以后的加洛林王朝在国家与教会的关系方面存在相异关系，而7世纪以后的

---

① 关于实验方法的本质，丹皮尔也持类似观点。参见〔英〕W. C. 丹皮尔《科学史及其与哲学和宗教的关系》，李珩译，第10页。
② 以往研究中，布洛赫的研究被不少学者称作"比较史学"（参见庞卓恒《察同差异并求规律：比较史学的追求》，《史学理论的世界视野——外国史学研究》，北京师范大学出版社2007年版）。不过笔者认为将其称为史学研究中"实验方法"可能更为准确。实际上，布洛赫本人就曾提到史学中的"实验"（参见〔法〕马克·布洛赫《历史学家的技艺》，张和声、程郁译，第44页）。在某种意义上，史学实验甚至一度成为年鉴学派一致认同的理念和追求（参见《年鉴》编辑部《我们在进行实验——再论历史学与社会科学》，陆象淦译，《国外社会科学》1990年第9期）。

西哥特王国与加洛林王朝则在国家与教会的关系方面除一点之外，均存在相似关系。布洛赫认为，这种现象意味着西哥特王国的某些文化因素曾通过某种途径传入加洛林王朝。就这样，通过现象间异同的比较可以确定不同社会中两种因素的因果关系。①

布洛赫谦逊地表示，他并非实验史学（亦即"比较史学"）的发明者，"比较方法已不再需要加以创造。在人类的许多科学领域中，比较方法很久以来就已经证明了自身的效能"②。的确如此，因为布洛赫只是将密尔实验五法挪用到史学研究中，他的方法不过是"密尔实验五法"在历史研究中的体现而已。布洛赫说："比较就是在一个或数个不同的社会环境中选择两种或数种一眼就能看出它们之间的某些类似之处的现象，然后描绘出这些现象发展的曲线，揭示它们的相似点和不同点，并在可能范围内对这些相似点和不同点作出解释。"如有学者所说，布洛赫运用历史比较方法的目的，乃是"察同差异求因果"，即"察同差异求规律"。布洛赫倡导"察同法"，具体原理如下所示：

> 如果　有 A1 就有 B 和 C 但无 D；
> 　　　有 A2 就有 B 和 D 但无 C；
> 　　　诸如此类；
> 则　　B 是 A 的"原因（或结果）"。

通过历史上不同社会状态中两种因素的并存，可推知二者的因果关系。据此原理，布洛赫得出"西哥特王国的某些文化因素（如关于建立王国的某种概念及其作用等）曾经通过某种途径传入加洛林王朝"的结论。庞卓恒认为，布洛赫的上述研究可以启发人们发现许多新的研究线索和研究课题，但并没有真正发现历史规律。庞先生认为，原因在于："他单纯运用'密尔实验五法'那样的经验归纳方法，缺乏科学的本体论和方法论的指导。"③尽管布洛赫的分析遭到以上批评，但我们仍然认为他的工作对实验史学的创立具有标杆性意义。从方法论角度看，布洛赫首次真正从广

---

① 参见〔法〕马克·布洛赫《欧洲社会历史的比较研究》，《世界中世纪史研究通讯》1983年总第 4 期，第 61—80 页。
② 〔法〕马克·布洛赫：《欧洲社会的历史比较》，《世界中世纪史研究通讯》1983 年总第 4 期，第 61—80 页。
③ 参见庞卓恒《察同差异并求规律：比较史学的追求》，《史学理论的世界视野——外国史学研究》，第 186、188、189 页。

义上理解了"实验"一词,将司空见惯的史料换了一个角度加以使用。应该承认,布洛赫的研究方法并不完美,但问题的根源却与"本体论"关系不大,而是因为他未能像涂尔干一样在"密尔实验五法"中做出必要区分。

如上所述,密尔实验五法在极大程度上对于能够开展直接实验的科学来说都是适用的,然而对于间接实验来说,问题就没有那么简单了。比如说剩余法,只能用于那些相当先进的科学,因为它要以许多关于规律的知识为前提;而社会现象十分复杂,以至只有在一定情况下,才能从许多原因中准确找出一个原因所造成的结果。同样,求同法和察异法也难以用于历史学。实际上,这两种方法的前提是:要求所比较的现象只在一个点上契合或相异。虽然绝对排除一切偶发因素是理想的极限,实际上不可能做到,但事实上物理学、化学,甚至生物学都差不多接近这个极限,所以大多数情况下可以认为实验得到的证明是可靠的。但在历史学中则不然,因为社会现象过于复杂,人们不能把同一社会内部并存的一切事实,或这个社会发展过程中相继存在的一切事实逐一列出,也就绝不可能认定两种现象在任何关系方面都是相契的或相异的。漏掉一个现象的可能性要比不放过一切现象的可能性大得多。因此,这样的证明方法只能造成一些没有科学性的臆测。

布洛赫关于欧洲社会的比较研究之所以颇受质疑,原因即在于作者采用的求同法不能将有关因素一网打尽,因此结论的猜测性胜过了实证性。[①]但是共变法不一样。共变法的判断原理是,如果研究对象中的某一现象发生变化,另一现象也发生变化,就可判明两种现象间存在因果关系。具体如下:

  如果 A 从 A_1 变到 A_2,B 就从 B_1 变到 B_2;
     A 从 A_3 变到 A_4,B 就从 B_3 变到 B_4;
     诸如此类;
  则 B 或者是 A 的"一个原因或一个结果","或由于某种因果关系联系而与 A 相联系"。

历史学家运用共变法,无须更多材料就可进行选择并做细致研究。共

[①] 有关批评参见庞卓恒《察同差异并求规律:比较史学的追求》,《史学理论的世界视野——外国史学研究》,第187—189页。

变法的使用，不仅涉及方法论本身的根本性改变，也带动史料观的变化。也就是说，史家在运用共变法研究历史时，核心问题不再是穷尽史料，而是寻找典型史料并予恰当使用。有时候，一两条典型史料便可确定一条历史规律，相反数十条史料倒可能引出一种错误认识。

我们乐意承认，实验方法并非灵丹妙药，不可能解决一切史学问题（比如它对于历史考证就毫无用处）。即使在它适用的范围内，要正确地寻找可比对象、进行有效比较，也不是一件容易的事。马克·布洛赫在提出实验史学理论时，已有这方面的顾虑。① 事实上，人们对实验史学的误解，主要是传统惯性思维（包括形而上学思维）作祟。很多人认为，如果注意力不集中于历史的特殊性、具体性，而是着眼于一般性、普遍性，历史研究将变成冷冰冰的行为。这样的研究是缺乏人情味儿的。事实的确如此，如果要从历史研究中发思古之幽情的话，恐怕只能求教于19世纪以前的训诲史学，在那里感受亦真亦幻的"人情味儿"。

然而这是一条死路，前人关于训诲史学的批判已足够深刻。克罗齐曾讽刺说："那些借口叙述历史像法官一样忙碌的人，在这里宣判，到那里赦免，因为他们认为这是历史的职责……这些人通常被认为是缺乏历史感的人。"② 布洛赫也说过类似的话："长期以来，史学家就象阎王殿里的判官，对已死的人物任情褒贬。这种态度能满足人们内心的欲望。……我们对自己、对当今世界也未必有十分的把握，难道就这么有把握为先辈判定善恶是非吗？"走向实验史学，意味着于规律之中寻启示，而不是像法官或判官似的到处奔忙。如果人们的遗憾竟在于此的话，我们只能说这是莫可奈何的事情。因为科学虽并不意味着非道德（当然也不意味着反道德），但它的原则毕竟与道德不同。布洛赫在批评有些人在开展历史研究时滥用同情心的现象时说："在远离断头台的地方猛烈抨击当年的政策，这只能令人发笑，与其如此，还不如考察一下在共和三年人们的真实想法。"③ 相信理智健全的人决不至于以此为依据断言布洛赫"缺乏人情味儿"。他的目的在于，用这个例子说明历史科学与形而上学不是一回事。这里需要的是科学的分析、客观的结论，而不是情感的滥用。

综上可知，大体从16世纪开始，科学的思维方式和理论方法逐渐占领人类经验研究的各个领域，从而确立起一系列重要的现代分支学科。科

---

① 参见〔法〕马克·布洛赫《欧洲社会历史的比较研究》，《世界中世纪史研究通讯》总第4期，第61—80页。
② 转引自〔英〕E. H. 卡尔《历史是什么？》，陈恒译，第173—174页。
③ 〔法〕马克·布洛赫：《历史学家的技艺》，第102、103页。

学史的发展漫长而情况复杂，但从总体上看在认识论和方法论方面都一无例外地经历了两种必要的升华。这两种升华，一是对形而上学思维的拒斥或清理，二是观察或实验方法的建立。受研究对象特点的制约，不同学科领域完成以上认识论、方法论层面飞跃的难度不尽相同，因此以上过程大体经历了从自然界到人类社会的推演，从而导致大体由数学、天文学等自然科学学科，到社会学、文化学等社会科学学科的依次产生。告别形而上学，或者说在经验研究中拒斥形而上学思维，只是科学发展的第一步，①而从方法论角度构建行之有效的研究策略则更具建设性意义，才是科学成立的落脚点。

联想迄今为止历史学理论与实践中的种种歧见与争议，科学在自然探索以及人类社会研究领域取得的成绩，无疑具有一定启发意义。想必不会有人否认，相对于社会学、文化学（更不用说自然科学门类）在科学方法论方面取得的成绩而言，当下的历史学还处于一种滞后状态。本书的讨论较多参照或借用了其他学科的研究思路，目的在于以他山之石，从史学方法论角度为打破这种滞后状态提供一种可能思路。对一门科学属性尚存极大争议的学科来说，这恐怕是难以避免的。然而科学史学的成立关键还在于以扎实的理论建设和实践探索构建自己的学科大厦，而不能长期依草附木。无论是拒斥形而上学，还是实验史学的理论和实践，都必须从眼下做起。

最后需要说明的是，历史学产生以来，它的性质、形态和功能就处于不断变化中，这些变化也导致史学认识论、方法论的变动不居。鲁滨孙曾形象地比喻道：历史学就像一个果园，园子里种着不同树木，而且结出各种味道不同的果子。② 言外之意，历史学的理论、方法并非千篇一律，而是具有多样性。实际上，形态各异的史学何止仅存在于不同时代，同一时代产生多种形态的历史研究理路，也并非什么怪异非常之事。

---

① 参见晁天义《"拒斥形而上学"与历史学的科学化》，《求是学刊》2015年第6期。
② 参见〔美〕詹姆斯·哈威·鲁滨孙《新史学》，齐思和等译，第14—15页。

第二章 理论与方法（下）：阐释学的视角

19世纪以来，很大程度上受近代自然科学认识论、方法论的刺激和影响，古老的历史学焕发新的活力，一时展现出前所未有的繁荣景象。然而围绕认识论和方法论两大核心理论问题的对立和分裂，也折射到百余年来的历史研究中。所谓认识论对立，是指以客观主义、实证主义为代表的一方，与以后现代主义为代表的一方之间就历史认识客观性、历史学性质等问题发生的争论。所谓方法论对立，是指由于对自然科学方法的崇拜，人们在历史研究中忽视或贬抑人文学科方法的价值，从而导致传统的史学方法论发生撕裂。历史学界争论分歧日剧，甚至有分裂为壁垒森严的两大阵营之嫌，增添了人们对历史学科发展前途的担忧。

那么，面对这样的纷争与对立，究竟有没有一条可取的化解之道呢？笔者发现，在中西方历史上具有各自悠久传统和丰富资源的阐释学（或称"诠释学""解释学""释义学"），[①] 在众多中国学者数十年来的不懈推动下，目前正在成为我国哲学社会科学及人文社会学科各领域关注的焦点。我们知道，18世纪以来，经过施莱尔马赫、狄尔泰、海德格尔尤其是伽达默尔等人的努力，阐释学在西方逐渐发展为一个成熟的学科门类，建立起一套理解和解释文本原意、作者原意的认识论和方法论，以及处理"精神科学"研究领域主客体关系的理论体系。中西方学术史的不少经验表明，这套理论体系为包括文学、语言学、艺术学、宗教学、法学等在内的诸多学科注入了活力，对这些学科的发展产生了积极影

[①] 关于阐释学的名实之辨，参见潘德荣《西方诠释学史》，北京大学出版社2013年版，第1—4页；洪汉鼎《编者引言：何谓诠释学》，载洪汉鼎主编《理解与解释：诠释学经典文选》，东方出版社2001年版，第1—7页。张江教授认为，"阐释学"一词最能准确反映这门学科的本质和任务。参见张江《"阐""诠"辨——阐释的公共性讨论之一》，《哲学研究》2017年第12期。笔者赞同张江的观点。

响。① 在很大程度上，历史研究同样具有"精神科学"的特征，面临的无非也是如何妥当处理研究主体与历史客体之间关系，正确地获得史料，理解和解释史实，并最终获得理想认知结果（包括揭示历史事实、阐发历史意义、总结历史规律等）的问题。这种研究对象、研究路径、研究目标上的高度一致性，使得历史学同样有可能从阐释学中获得破解自身理论难题的重要启示。②

第一节 历史研究面临两大问题

（一）客观主义与相对主义的对峙

19世纪被人们称为"历史学的世纪"，这个时期兴起的各种史学流派呈现出繁荣发展的趋势，确立了现代历史学科的一系列规范，并围绕这些规范形成诸如注重历史事实、强调历史认识客观性等特质，以及复原历史真相、探讨历史因果关系、总结历史规律等诸多研究目标。

19世纪历史学繁荣的一个典型代表是以兰克为代表的客观主义史学。按照极端的客观主义史学家的想法，历史研究的目的是"如实直书"，即按照历史的本来记载和书写历史。至于个人情绪、主观好恶、价值预判等，均在严肃历史研究工作的摒弃之列。历史学家应该做的，首先便是竭泽而渔，穷极史料，这种信仰推动了此后一系列普遍的史料崇拜意识，如中国学者所谓"史学便是史料学"，"上穷碧落下黄泉，动手动脚找东西"，等等。在他们看来，只有在此类史料积累工作完备之后，才谈得上"客观历史"的编撰，否则一切免谈。

在客观主义史学看来，认识历史客体的过程就是研究者不带偏见地让客体呈现在研究者面前或笔端的过程。这种"反映论"的认识论，尽管没有否认研究者的主体性，但却极大程度上忽略了不同主体间的差异。或者说，通过对主体的要求（抛弃"前见"），这种理论假设所有的认识主体都具有相同的特点，用形象的比喻来说就是认为研究者"千人一面"。既然"千人一面"，那么只要研究者不断努力，随着条件的成熟，自然就能

---

① 参见潘德荣《西方诠释学史》相关部分。
② 阐释学在中西方各有历史悠久、内涵丰富、特色鲜明的学术传统，二者既不乏各自独到之处，又具有广泛共通性。鉴于当代历史研究的基本范式深受西方学术传统影响，面临的问题也与此紧密相关，本书主要从西方学术角度讨论阐释学对历史研究的启示。这种做法绝不意味着忽视或否定中国传统阐释资源对历史研究的价值。

把握历史的"最后真相"。由于这种"最后真相"是通过一套严谨的科学程序和手段获得的,因此必然是唯一的、确定的。最后真相或绝对真理的获得,就意味着研究过程的终结。这就是客观主义史学(很大程度上也是实证主义史学)认识论的基本逻辑。

　　这种逻辑的"科学性"看上去似乎无可挑剔,遗憾的是,一旦客观主义史学家将这条"科学"认识论准则照搬到历史研究中时,他们无论在理论还是实践上都注定要遭遇重挫。首先从理论上讲,如果说历史认识的目标就是获得认识结果的最后唯一性、确定性,而且假如我们最终真的如愿以偿实现了这一目标的话,这种实现,其实同时就意味着历史认识的终结。也就是说,这种研究在"实现"历史认知终极目标的同时,其实也终结了历史学自身。这是因为,历史学的任务既然已经宣告完成了,那么就没有存在的价值了。其次,让我们看一下两代客观主义史学家在实践中是如何遭遇"终极的历史"(Ultimate History)理想从形成到破灭的过程的。爱德华·卡尔在讨论"历史学家和历史学家的真实"这个主题中曾引用了以下例证。1896年,《剑桥近代史》第一版的编辑者阿克顿曾信心满满地宣称:由于每一个人都有可能熟悉最新的文献和国际研究的最新成果,因而即使他们那代人不能达到终极的历史,但这样的目标毕竟是可以期望的,他说:"既然我们可以得到所有的材料,解决每一个问题也已成为可能,在历史研究这条道路上以不同的方式到达我们的目的,因此,我们可以抛弃传统的历史(Conventional History)。"然而几乎整整60年之后,这项工作的后继者乔治·克拉克爵士在《剑桥近代史》第二版总导论中对这种"终极的历史"的信念就表示了怀疑和失望:"晚近历史学家对这种看法并不抱有幻想……既然全部历史判断都涉及不同的人和不同的观点,而且此人的观点与彼人的观点又各有千秋,因此,并不存在'客观的'历史事实。"[①]

　　短短数十年间,抱有同样信仰的学者对于历史认识"终极性""客观性"的态度竟然发生一百八十度大转弯。这一方面固然是由于人们发现研究者的立场决定了认识结论的不断变化:不同的人(甚至同一个人在不同时期)对同一历史问题的看法往往相去甚远。另一方面也是因为研究者发现,我们无论如何其实都不可能做到对一件历史事实的绝对把握。卡尔曾颇具讽刺意味地说,那种传统的客观主义理想其实是一种"异端思想",它的结果或者是造就收藏家,或者是制造疯子,这种理想不但不可能实

---

① 〔英〕E. H. 卡尔:《历史是什么?》,陈恒译,第87、88页。

现，相反只能败坏历史学科本身。他说："任何屈服于这种思想的人要么把历史当作一件不好的工作加以放弃，沉溺于集邮或其他爱好古董的方式，要么积劳成癫，在疯人院终其天年。"①

材料的积累并没有帮助人们实现"终极的历史"，相反增长了人们的失望情绪。有学者将客观主义史学的这种窘态比作"象狗追逐自己的尾巴一样，尽在原地打圈圈"②。由此可见，客观主义史学的理想从理论上将导致历史认识乃至历史学科的终结，而从实践上来说同样会导致历史学科走向末路。原本试图借助科学的力量实现繁荣的历史学，最后竟然走向自己的反面，这无疑是客观主义史学创立者始料未及的。尽管如此，这就是19世纪的历史学遗产在20世纪初期以来遭遇的普遍难题。

当以客观主义为代表的传统史学在理论与实践方面进退失据时，相对主义认识论乘虚而入。20世纪初期以来，以追求历史认识客观性为标志的研究路径面临一系列新的挑战。其中最为严峻的挑战，便是有人认为19世纪曾被人们奉为圭臬的历史客观性追求其实是虚妄不实的、幼稚的。美国历史学家贝克尔和比尔德对历史客观性的批判以及对历史相对主义的鼓吹，在当时就引起极大反响，前者的名言是"人人都是他自己的历史学家"，后者则讽刺客观主义史学的追求不过是"高尚的梦想"而已。③ 围绕历史认识有无客观性这一问题，两种看法的对立在20世纪30年代末的美国充分展现出来：一方是以贝克尔和比尔德为代表的"相对主义者"，另一方则是以亚瑟·O. 洛夫乔伊和莫里斯·曼德尔鲍姆为代表的客观主义历史哲学家。④ 在相对主义者看来，每个研究者都是具有主动性的认识主体，他们之间存在极大个体差异。因此，研究者势必会将自己的知识结构、价值观、意识形态、主观好恶乃至研究预期等因素带入研究过程，并投射到作为客体的研究对象之上。这种带入和投射，既不可避免，也无须避免。结果是，所有的历史认知都由人们根据主体需要有意无意构建而成而已。

20世纪70年代，后现代主义进一步将对历史认识客观性的质疑推向

---

① 〔英〕E. H. 卡尔：《历史是什么？》，陈恒译，第97页。
② 〔英〕杰弗里·巴勒克拉夫：《当代史学主要趋势》，杨豫译，第11页。
③ 参见〔美〕彼得·诺维克《那高尚的梦想："客观性问题"与美国历史学界》，杨豫译，生活·读书·新知三联书店2009年版，第355—357页。
④ 参见〔美〕彼得·诺维克《那高尚的梦想："客观性问题"与美国历史学界》，杨豫译，第342—381页。

极端。海登·怀特认为,尽管19世纪的众多历史学流派(包括从事理论阐释和具体研究者)号称要追求"客观""真相""规律""事实",然而隐藏其后的却是模式化的意识形态内核。他认为,当时最主要的四种"意识形态蕴涵模式"是无政府主义的、激进主义的、保守主义的、自由主义的,与四者相应的则是相对固定的情节化模式(即"浪漫式的""悲剧式的""喜剧式的""讽刺式的")和论证模式("形式论的""机械论的""有机论的""情境论的")。①

在海登·怀特看来,19世纪盛极一时的历史研究并不像研究者所标榜的那样复原了历史、探寻了真相,或者揭示了规律。相反,它们在本质上与文学创作没有区别,只是出于自觉或不自觉的意识形态需要,按照特定而有限的情节化模式和论证模式,将历史材料组织起来而已。他甚至直言不讳:"我在《元史学》中想说明的是,鉴于语言提供了多种多样建构对象并将对象定型成某种想像或观念的方式,史学家便可以在诸种比喻形态中进行选择,用它们将一系列事件情节化以显示其不同的意义。"②基于这种理由,论者将客观主义史学的追求比作"不可实现的理想":"到19世纪时,历史学越来越被一种追求明晰性、字面意义和纯粹逻辑上的一致性的不可实现的理想所束缚……在我们自己的时代中,专业史学家没能使历史研究成为一门科学,这表明那种理想是不可能实现的。"③准此,史家在研究过程中并非真正"鉴空衡平",也非"千人一面",而是带有前见和个性的。既然这样,又怎能反映历史真实,客观主义追求岂不正是一个"高尚的梦想"?

历史认识客观性之争,由此成为20世纪史学认识论乃至整个史学理论研究的最热门话题之一。④有人曾将这场辩论比作中世纪早期的战争:一方是作为"智识领域的蛮族"(intellectual barbarians)的后现代主义者(代表了相对主义观点),另一方则是守卫历史科学之城的传统史学家(代表了客观主义观点)。⑤尽管如此,这场热闹的拉锯战却注定是没有任何积

---

① 参见〔美〕海登·怀特《元史学:十九世纪欧洲的历史想像》,陈新译,彭刚校,译林出版社2004年版,第38页。
② 〔美〕海登·怀特:《元史学:十九世纪欧洲的历史想像》,陈新译,彭刚校,"中译本前言",第4页。
③ 参见〔美〕海登·怀特《元史学:十九世纪欧洲的历史想像》,陈新译,彭刚校,"中译本前言",第4—5页。
④ 参见〔英〕理查德·艾文斯《捍卫历史》,张仲民等译;〔英〕基思·詹金斯:《论"历史是什么?"——从卡尔和艾尔顿到罗蒂和怀特》,江政宽译,商务印书馆2007年版。
⑤ 参见〔英〕理查德·艾文斯《捍卫历史》,张仲民等译,第8—9页。

极成果的。这是因为论战两方在认识主体与认识客体的关系上各持完全极端的看法,他们将所有心思用于攻击对方的弱点,然后将自己的观点推向极致。客观主义的弊端固然昭然可见,问题是,后现代主义者岂不同样走向理论的自我否定吗?这一争论所引发的更严重后果,是半个多世纪以来历史学的理论与实践越来越明显地分裂为两个相互对峙的阵营。有学者生动地评论说:"一方在理论上不可一世,冲着对面的在方法上的保守主义者阵营指手画脚,后者当然也寸土不让地予以回击;而两者之间横亘着一片死寂,使双方老死不相往来。"① 客观主义与相对主义"老死不相往来",导致二者在对历史研究的前提和志趣的认识方面最终分道扬镳。对于客观主义来说,其结果是固守19世纪以来的传统,画地为牢,走向保守主义并窒息了历史学;对于相对主义而言,结果则是由否认历史认识的客观性进而走向取消历史学。客观主义固然由于理论与实践上的矛盾导致历史学的没落;而后现代主义者来势汹汹,踌躇满志,然而它所秉持的相对主义认识论也陷于自相矛盾的境地。

由此可见,无论客观主义还是相对主义,它们在历史研究的理论和实践中只有一个结果,那就是导致历史认知的终结。只不过两者的实现手段不同:前者所标榜的"终极确定性"或使新的历史认知不再可能,或在实践中不可实现,从而导致历史研究的终结;后者宣布历史认知完全没有客观性,从而导致历史研究、历史学科没有存在的价值。看似相反的两种观点,最终竟然得出同样的结论,这真是一个巨大的讽刺!

(二) 方法论的分裂

方法论的分裂,是19世纪以来人文科学、社会科学领域的重大事件之一。自古以来,人类认识世界的手段从方法论角度可以分为两类,即实证主义的方法和阐释学的方法。前者强调通过经验观察,认识和说明世界的因果关系;后者强调通过内在体现,理解和解释世界的意义。在古希腊时期,亚里士多德开始将他所了解的物种的认知形式划分为两大类,即"知识"与"智慧",也就是"纯粹科学"和"实践智慧"。从此,纯粹科学与实践智慧也即知识与智慧的区分,就使得古代学术在方法论上形成两门不同的辅助学科,即逻辑学与修辞学。② 这种由学科而引发的方法论划分,到后来得到进一步发展,纯粹科学演变为近代自然科学;实践智慧则

---

① 参见〔英〕理查德·艾文斯《捍卫历史》,张仲民等译,第10页。
② 参见洪汉鼎《实践哲学修辞学想象力:当代哲学诠释学研究》,中国人民大学出版社2014年版,第10—11页。

演变为近代的人文科学或精神科学。狄尔泰认为，两个学科对应于两种不同的研究方法："自然需要说明，人则必须理解。"①

实际上，说明方法与理解方法在人类认识世界的早期实践中并非截然对立，而是互为补充的。以历史学为例。无论是在中国还是西方，古人很早就开始力图通过关于人类既往活动的记忆、记载、整理认识世界，甚至试图从中总结经验教训，获悉人类历史的某些规则性特征。无论是从司马迁到《资治通鉴》，还是从希罗多德到吉本，无不将通过历史的记载和书写，进而实现对历史的理解和阐释，视为自然而然的工作。司马迁的研究纲领是："究天人之际，通古今之变，成一家之言。"显然，他的研究中既有基于史料考证、因果分析和事实归纳的"说明"，也有基于文本理解、人物评价和历史价值阐发的"解释"，两种方法同时使用、相得益彰，并没有被僵硬地割裂开来。

然而随着近代以来自然科学的发展，方法论上的这种统一局面逐渐被破坏了。代之而起的，是人们对说明的方法（实证主义方法）青眼有加，而对理解的方法轻忽甚至鄙薄。这种观点由 17 世纪的英国科学哲学家、"实验科学的鼻祖"弗朗西斯·培根开其端，19 世纪的约翰·密尔②、巴克尔等人接其踵，影响十分巨大。培根认为，人类追求和发现真理的道路只有两条：

> 一条道路是从感官和特殊的东西飞越到最普遍的原理，其真理性即被视为已定而不可动摇，而由这些原则进而去判断，进而去发现一些中级的公理。这是现在流行的方法。另一条道路是从感官和特殊的东西引出一些原理，经由逐步而无间断的上升，直至最后才达到最普通的原理。③

---

① 转引自潘德荣《西方诠释学史》，第 290 页。用"理解"代表精神科学认识的方法，而用"说明"代表归纳逻辑的方法，可以从德国历史学家德罗伊森那里找到依据："历史方法的特色是以研究的方式进行理解的工作。""我们的问题不是说明。解释，不是以前事来说明后事，更不是用历史条件下必然的结果来说明一件演变出来的事。解释是将呈现在眼前的事赋予意义；是把呈现在眼前的资料，将它所蕴涵的丰富的因素，无限的、打成了结的线索，松开，拆清。经过解释的工作，这些交杂在一起的资料、因素，会重新变得活生生，而且能向我们倾诉。"（〔德〕德罗伊森：《历史知识理论》，耶尔恩·吕森、胡昌智编选，胡昌智译，北京大学出版社 2006 年版，第 10、33 页）

② 密尔就有将说明方法应用于包括历史学在内的"精神科学"（"道德科学"）的宏伟理想，他宣称："只有把经过适当扩展和概括的物理科学方法运用于道德科学，才能改变后者的滞后状况。"〔英〕约翰·斯图尔特·密尔：《精神科学的逻辑》，李涤非译，第 1 页。

③ 〔英〕培根：《新工具》，许宝骙译，第 12 页。

在这段话中，近代学者对说明方法的崇拜体现得淋漓尽致。在培根看来，理解方法没有遵循必要的观察和实验程序，因此得出的结论具有很大的猜测性、或然性。相反地，说明方法则通过逐级的概括和证明，因而由此得出的结论具有真理性。

在培根之后，说明的研究方法经过在自然科学领域的反复实践，最后经过19世纪英国自然哲学家约翰·密尔的总结而形成一套完备的体系。简言之，这种方法主张在排除研究者主观因素的前提下，通过观察尤其是可以不断重复的实验，发现现象之间的因果关系。按照波普尔的看法，判断一项研究是否科学的标准是看它是否具有可证伪性。观察和实验所发挥的功能，就是对假设或结论进行证伪。

说明方法在自然科学领域的成功引起人文科学领域的极大震动，包括历史学在内的不少"精神科学"都试图将这种方法引入研究实践。发表于1958年的以下这段文字，生动描述了时人的这种认识：

> 曾经有一度，在哲学和自然科学之间并不存在明显的界限，但由于十七世纪自然科学取得的长足进步，这种局面已经改变。然而，众所周知，社会科学还没有发生这样的革命，或者至少至今为止它才处于发生的过程之中。社会科学或许尚未发现自己的牛顿，但诞生这样一位天才的条件却已经被造就了。如果我们想要取得某些显著的进步，那么首先我们就必须要遵循自然科学的方法而不是哲学的方法。①

说明方法对历史学的影响更是明显，柯林伍德曾生动地将自然科学比作近代历史学的"长姊"，认为后者的各种研究方法是在前者方法的"荫蔽"下形成的；这种"荫蔽"一方面有利于历史学的发展，一方面又妨碍了它的发展。② 事实上，正是在自然科学成就的感召下，19世纪诸多历史学流派都将说明方法视为利器，期望借助它实现整理历史材料、还原历史真实、揭示历史规律的远大理想。英国历史学家巴克尔力图将说明方法引入历史研究，他说："我希望在历史学或者其他类似的领域也取得同样的成功，而这些学科本身已经受到不同类型自然科学的深刻影响。在自然界

---

① 〔英〕彼得·温奇：《社会科学的观念及其与哲学的关系》，张庆熊、张缨等译，第1页。
② 参见〔英〕柯林武德《历史的观念》，何兆武等译，第319页。

中，那些看似不规则和反复无常的事件已经获得了解释并且被认为与某种固定不变的普遍法则相适应……"① 巴克尔坚信，即使是历史上那些看起来随机、无规则的事件（比如谋杀、自杀、结婚）的发生也有规律可循，也可以通过说明方法取得类似于自然科学的客观结论。他举例说：

> 在所有的罪行中，谋杀罪被认为是最随机、最无规则的罪行……事实上，谋杀是有规律性的，它与诸如潮汐、季节的变化等特定的环境因素具有相关一致性……
>
> 更加令人惊奇的是，在众所熟知的罪行中，没有比自杀看起来更具有完整的独立性和个体性的了……自然而然地，人们会认为自杀与普遍法则无关，或者认为要想在一件古怪、孤立、难以控制的事件中找到规律是不切实际的……但是，我们所掌握的所有证据都指向一个伟大的结论，它毫无疑问地在我们的头脑中打下印记，即自杀仅仅是一种普遍的社会行为……在一个给定的社会中，某些特定的人一定会自己动手结束自己的生命……
>
> 不仅是犯罪的人被这种一致性所决定，甚至那些在每个年度结婚的人也不仅仅是被个人的脾气和愿望所决定，也同时被大量的普遍性的事实……被固定的、明确的社会状况所决定……与其说这与个人的感觉相关，不如说与普通大众的收入水平相关。②

这显然是一种类似自然科学的观察研究方法，它的本质与实验相同，即通过寻找或创造理想的观察环境，并利用"密尔实验五法"等推理方式确定不同因素之间的因果关系。关于这种研究方法的有效性，我们只要看看涂尔干发表于 1897 年的《自杀论》就可以充分相信。③ 涂尔干的研究可以理解为是对巴克尔史学方法论的实践，而且大量证据表明这一方法在历史研究中的确具有很广的使用前景。④

在说明方法获得声誉的同时，一部分哲学家致力于为历史研究中理解方法的合理性辩护。新康德主义历史哲学家李凯尔特在界定自然科学与文

---

① 转引自〔英〕R. M. Burns, H. R. Pickard《历史哲学：从启蒙到后现代性》，张羽佳译，北京师范大学出版社 2008 年版，第 175 页。
② 转引自〔英〕R. M. Burns, H. R. Pickard《历史哲学：从启蒙到后现代性》，张羽佳译，第 176 页。
③ 〔法〕埃米尔·迪尔凯姆：《自杀论》，冯韵文译，商务印书馆 2010 年版。
④ 参见晁天义《实验方法与历史研究》，《史学集刊》2016 年第 6 期。

化科学（即历史学）之间的区别时，曾借用一个比喻强调自然科学研究的特点，即自然科学"缝制"（研究）的"衣服"（结论）对每一种事或人（如"保罗"和"彼得"）都是适用的。他说："如果自然科学'按照每个人的体型'进行工作，那它就必须对自己所研究的每个对象构成新的概念。但这是与自然科学的本质相违背的。"这是说自然科学以追求一般性结论为目的，因此适合采用说明方法。相反地，包括历史学在内的"文化科学"的研究目的却是追求特殊性，因此就需要采用理解的方法。

> 有一些科学，它们的目的不是提出自然规律，甚至一般说来也不仅仅是要形成普遍概念，这就是在最广泛的意义上而言的历史科学。……历史学不愿像自然科学那样采用普遍化的方法。对于逻辑学来说，这一点是具有决定性意义的。[1]

这种为理解方法争取名誉的活动，一方面固然起到了为历史学等"文化科学""精神科学"立法，并为理解方法找到用武之地的作用，但同时也导致了严重的问题。那就是将说明方法与理解方法教条地对应于自然科学与文化科学，认为说明方法只适用于自然科学研究，而理解方法只适用于"文化科学"研究。这种区分客观上破坏了人类方法论原有的统一局面，加深了两种方法之间的对立和割裂。

总之，说明方法与理解方法由最初的使用目的之不同，至近代演变为效率高下之别，最后演变为被僵硬地对应于不同学科门类。对于历史学而言，方法论分裂的结果是：崇信说明方法可靠性的学者，坚持用类似自然科学的方法开展研究，这就是客观主义、实证主义的研究理路；而崇信解释方法可靠性的学者则坚持用体验、体悟的方法开展研究。历史学由此被一分为二，不同的历史研究方法相互对立，原有的方法论统一局面被破坏了。

第二节 阐释学对历史认识论的启示

在阐释学中，"前见""视域融合"以及"效果历史"是涉及阐释活动开端、进程及结果的三个重要概念，三者既有紧密联系又有不同内涵，

---

[1] 〔德〕H. 李凯尔特：《文化科学和自然科学》，涂纪亮译，杜任之校，第42、50—51页。

对于我们理解阐释学进而破解历史研究中的认识论僵局具有重要参考价值。

（一）"前见""视域融合"与"效果历史"

先看阐释学的"前见"理论。肯定前见的价值，是阐释学的重要思想之一。按照阐释学理论，理解者在解释文本原意或作者原意时，势必带着特定的"前见"（或称"先见""先有""先把握"）。理解者的"前见"不可能被摒弃。海德格尔说："解释向来是奠基于先见（Vorsicht）之中，这种先见从某种可解释状态出发对先有中所获得的东西进行'切割'。……任何解释工作之初都必然有这种先入之见，作为随着解释就已经'设定了的'东西是先行给定了的，这就是说，是在先有、先见和先把握中先行给定了的。"[1] 伽达默尔同样指出："一切理解都必然包含某种前见。""如果我们想正确地对待人类的有限的历史的存在方式，那么我们就必须为前见概念根本恢复名誉，并承认有合理的前见存在。"大多数人对前见的轻视或忽略，源于启蒙运动因推崇理性而引起的误解。[2] 一个无法否认的事实是，每一个有理解能力、认识可能性的人，必然是在一定的文化背景、知识结构、价值预期乃至个人偏好等因素的基础上开始他对世界的接触的。

阐释学认为，"前见"不仅不可能被排除，甚至必须得到保留，因为它是促使解释和理解得以开展的积极因素。伽达默尔说："因为人类理性太软弱，不能没有前见去行事，所以，曾经受到真实前见的熏陶，乃是一种幸福。"[3] 在作为"前提条件"的前见的帮助下，理解者才有可能形成对文本（包括历史事实）的认识，从而走近认知对象。[4] 因此，"'前见'其实并不意味着一种错误的判断。它的概念包含它可以具有肯定的和否定的价值"[5]。由此可见，问题的关键在于正确地利用前见，而不是做无谓的否定或排斥。

---

[1] 〔德〕马丁·海德格尔：《理解和解释》，陈嘉映、王庆杰译，洪汉鼎校改，洪汉鼎主编《理解与解释：诠释学经典文选》，第119—120页。
[2] 参见〔德〕汉斯-格奥尔格·伽达默尔《诠释学》Ⅰ《真理与方法——哲学诠释学的基本特征》，洪汉鼎译，商务印书馆2013年版，第383、392、383页。
[3] 〔德〕汉斯-格奥尔格·伽达默尔：《诠释学》Ⅰ《真理与方法——哲学诠释学的基本特征》，洪汉鼎译，第387页。
[4] 参见〔德〕汉斯-格奥尔格·伽达默尔《诠释学》Ⅰ《真理与方法——哲学诠释学的基本特征》，洪汉鼎译，第421页。
[5] 〔德〕汉斯-格奥尔格·伽达默尔：《诠释学》Ⅰ《真理与方法——哲学诠释学的基本特征》，洪汉鼎译，第383—384页。

由"前见",自然而然引申出阐释过程中的"视域融合"。伽达默尔认为,前见为理解者提供了特殊的"视域"(Horizont),视域包括从某个立足点出发所能看到的一切。研究者只有将自己置身于特定的历史性视域之中,才有可能理解作为传承物的某个对象。因此,理解者的任务就是扩大自己的视域使之与其他视域相交融,这就是"视域融合",理解的过程其实就是视域的融合过程。① 唯此,文本的意义既不可局限于原作者的意图或文本的原意,同时也非任由理解者或解释者按其所需地随意阐释。这是因为,理解者并非仅从自身视域出发去理解文本意义而置文本视域于不顾,也不只是为了复制与再现文本原意而将认识者的前见舍弃。视域融合,就是这种既包含理解者或解释者的前见和视域,又与文本自身的视域相融合的理解方式。②

按照"视域融合"理论,任何一项认知中既不能否定认识主体的主动性,也不能否定认知客体的客观性。认识的过程就是认识者作为主体的视域,同认识对象作为客体的视域相互融合的结果;相应地,认识的结果就是两种视域发生融合的共同产物,这就是"效果历史"。也就是说,真正的历史对象是自己和他者的统一体或一种关系,在这种关系中同时存在着历史的实在及历史理解的实在。③

需要指出的是,"视域融合"理论强调认识主体的能动性,这与马克思主义认识论是完全一致的。马克思主义认识论认为认识是一个反映的过程,但不是对客观世界的消极、被动的反映。相反地,人的认识是在实践的推进下,在反映基础上进行能动创造的过程,是主体与客体双向作用、相互构建的过程。④ 阐释学的"视域融合"概念,可以说是从理解和解释的角度重新表述了马克思主义认识论关于主客体之间"双向作用、相互构建"复杂关系的主张。澄清这点,对于进一步理解阐释学如何帮助我们破除历史认识论困境具有重要意义。

(二)历史研究中的"前见""视域融合"与"效果历史"

历史认识论之所以形成尖锐对立,重要原因之一在于客观主义者与相

---

① 〔德〕汉斯-格奥尔格·伽达默尔:《诠释学》I《真理与方法——哲学诠释学的基本特征》,洪汉鼎译,第427—428、433页。
② 参见洪汉鼎《实践哲学修辞学想象力:当代哲学诠释学研究》,中国人民大学出版社2014年版,第87页。
③ 参见〔德〕汉斯-格奥尔格·伽达默尔《诠释学》I《真理与方法——哲学诠释学的基本特征》,洪汉鼎译,第424页。
④ 参见王伟光主编《认识世界的目的在于改造世界》,人民出版社、中国社会科学出版社2014年版,第26—27页。

对主义者对"前见"的看法不同。在客观主义者看来,历史学家在开展研究之前,要竭力避免将前见带入研究,以免这种因素影响研究过程和结论的客观性、科学性。如前所述,这种看法在很大程度上是来自近代自然科学的影响。按照这样的思路,"历史学者都得学会克服个人偏见与当前的利害,以便求得往事的真相"①。

"摒弃前见",看上去是一个再合理不过的要求和理想了,似乎任何一个严肃的历史研究者都没有理由对此加以质疑。然而事实情况却是,这种要求和理想既经不起推敲,也不可能实现。任何一名历史研究的从业者在接触任何一项选题之前,必然带有自己特定的出发点和立场。没有这种出发点和立场,一个人就像双脚离地、孤悬半空,连自如活动的能力也会失去,更不用说有所作为了。要求一个人在研究开始的一瞬间"抛弃"或"掏空"这种前见,这无疑让他失去记忆,失去判断,脑中一片空白。伽达默尔说:"谁因为他依据于他的方法的客观性并否认他自己的历史条件性而认为自身摆脱了前见,他就把不自觉支配他的前见的力量经验为一种 vis a tergo(从背后来的力)。凡是不承认他被前见所统治的人将不能看到前见光芒所揭示的东西。"②刻意地"抛弃"或"掏空"立场,反倒会造成更执著的、更深的偏见。幸好这既是不现实的,也是不可能的。

实际上,即使那些标榜"鉴空衡平""不持立场",被尊奉为典范的客观主义史学大师也必然持有前见。以兰克为例,请看他以下这段话。

> 一切行为都证明了他(指上帝——引者注)的存在,每个行动都要呼唤他的名字,但是最重要的,在我看来,是整个历史的连通性。它(历史的连通性)竖立在那里,就像一个神圣的符号。就我们而言,但愿我们能破译这个神圣的符号!正唯如此,我们要敬奉上帝。正唯如此,我成了一名教士。正唯如此,我们成了教师。③

兰克是一名历史学家,然而他首先是一名基督徒,一名普鲁士的公

---

① 〔美〕乔伊斯·阿普尔比、林恩·亨特、玛格丽特·雅各布:《历史的真相》,刘北成、薛绚译,第59页。
② 〔德〕汉斯-格奥尔格·伽达默尔:《诠释学》Ⅰ《真理与方法——哲学诠释学的基本特征》,洪汉鼎译,第509页。
③ 转引自〔美〕彼得·诺维克《那高尚的梦想:"客观性问题"与美国历史学界》,杨豫译,第36页。

民，一名教师。史学家的这种身份，必然自觉不自觉地投射在他的历史研究过程中，哪怕是以扭曲的形式。另外，从兰克留下的某些带有理论色彩的文字中，可以看出他并没有放弃主观性，放弃"对过去做判断"的意思。比如他说："天分就是预感，是与本质的直接移情。我嗅出了精神的轨迹。……事物是从精神中产生的，其中包括认知者。在这种认知理论里，最大的主观性就是最一般的真理。"[1] 由此可见，长期以来人们心目中的兰克形象，不乏误解和主观想象的成分。有学者曾批评说："兰克避免做出道德判断，总是表现出不偏不倚的中立态度，但联系其背景来看，则是根深蒂固的保守的政治判断。"[2]

历史研究中不可能真正摒弃"前见"，"假定这种对自己的无视，乃是历史客观主义的天真幼稚"[3]。20世纪60年代以来，后现代主义者正是抓住了19世纪包括兰克客观主义史学在内的诸多历史研究范式在理论与实践中的矛盾，才使他们的批评让传统历史学家一时难以招架。比如说，前文讲到海登·怀特所提出的"无政府主义的""激进主义的""保守主义的""自由主义的"四种意识形态蕴涵模式，其实就是典型的"前见"。这种为客观主义所极端贬抑，又为后现代主义大力推崇的"前见"，正是阐释学传统中长期以来强调的理论资源。从这个意义上讲，阐释学复活了后现代主义中的某些合理性因素。然而需要指出的是，阐释学的前见理论并没有笼统地为相对主义站台，而是旨在肯定认识主体性的能动作用。宋人苏轼《题西林壁》一诗，有助于我们理解视角的转换如何破除后现代主义与客观主义关于历史认识客观性问题的对峙和困局。

> 横看成岭侧成峰，远近高低各不同。
> 不识庐山真面目，只缘身在此山中。

该诗前两句说，由于观察者视角（前见）的不同，庐山在不同人眼中呈现不同面貌。同样的道理，每个人带着自己既定的价值观、知识结构、认识水平、意识形态看待同样一件事物，得出的结论便可能有相当大的差别。对于历史研究而言，当一个历史学家用自己独特的前见去考察和分析

---

[1] 参见〔美〕彼得·诺维克《那高尚的梦想："客观性问题"与美国历史学界》，杨豫译，第36页。
[2] 〔美〕彼得·诺维克：《那高尚的梦想："客观性问题"与美国历史学界》，杨豫译，第35页。
[3] 〔德〕汉斯-格奥尔格·伽达默尔：《诠释学》Ⅰ《真理与方法——哲学诠释学的基本特征》，洪汉鼎译，第423页。

同一个历史客体时,研究结果也必然各不相同。质言之,认识结果的不同,是由观察者的主体性决定的。该诗后两句是说,由于置身于庐山之中,因此观察者不可能得到关于"庐山真面目"的认识。作者似乎是在暗示:要想得到纯粹的"庐山真面目",就只有置身"庐山"之外;因为唯有如此,方才有可能获得一个广域视角下的"庐山全景"。就此而言,作者的观点与客观主义史学有些类似,因为他追求的是那个"唯一的真相"或"绝对的确定性"。然而问题在于,在阐释学看来:"身在此山外"其实也是一种前见,故而由此获得的也无非是另一种认识(不过或许更客观、更全面些)。但凡是一个观察者,他在接触外物之前一定带有某种特定的出发点或特定的预设。人不能超出这种出发点和预设,正如不能超出人之为人的本性一样。

非常有趣的是,英国历史学家爱德华·卡尔曾举过一个类似的例子,可以加深我们对这个问题的认识。他说,我们不能因为观察者从不同角度看到一座山呈现不同形状,就断言山或者有许多形状,或者山根本没有形状。显然,卡尔的矛头直指相对主义认识论,但同时承认了不同解释的合理性。他的结论是:"并不能因为解释在建构历史事实中起着必要的作用,也不能因为现有的解释不是完全客观的,就推论说这一解释同另一解释一样好,就推论说历史事实在原则上并没有服从客观解释的义务。"[1] 从这个意义上看,我们通常视为贬义的"盲人摸象""坐井观天"就不是消极的,而是具有一定积极意义的。反观人类认识世界的历史,不正是在"盲人摸象""窥豹一斑""一叶知秋""摸着石头过河"的过程中不断逼近真理的吗?世界上没有一种完备自足、毫无缺陷的认识视角,因此也不会有一劳永逸、绝对正确的认知结果。

历史研究主体的视域与历史客体视域之间形成交融,最终形成历史认识结果的过程,构成了类似一问一答、永无休止的对话。如果我们用字母A表示历史认识的主体,用字母B代表历史认识的对象。那么,历史认识就是A与B两种不同主体视域相互融合的过程;而历史认识的结果既不可能是纯粹的B(这是客观主义史学的观点),也不可能是纯粹的A(这是相对主义史学的观点),而只能是AB。作为认识结果的AB,尽管既不是A也不是B,然而却同时既分有了A,也分有了B。这种看上去的诡辩,其实是一种辩证法。伽达默尔说:"我们所论证的问和答的辩证法使得理解关系表现为一种类似于某种谈话的相互关系。……期待一个回答本身就

---

[1] 〔英〕E. H. 卡尔:《历史是什么?》,陈恒译,第112页。

已经预先假定了，提问题的人从属于传统并接受传统的呼唤。"① 对于历史研究而言，视域融合的过程和结果，既不是客观主义所理想的"如史直书"，也不是后现代主义所主张的"主观构建"，而是一种"效果历史"。试用三原色配色表为例说明。如果我们将研究者甲的视域比作红色，将研究者乙的视域比作蓝色，而将研究对象丙的视域比作绿色的话，那么，甲认识丙的结果，就是：（红）+（绿）=（黄）。与此不同，乙认识丙的结果，则是：（蓝）+（绿）=（青）。青或黄的这个认识结果，就是效果历史。我们当然知道，在实际研究中，研究者之间的差距通常绝不至于像红色与蓝色这样夸张——他们之间的关系可能更类似于同一颜色下的不同色差而已。这就是何以不同研究者对于同样历史对象的认识结果虽然有分歧，但绝不至于毫无对话余地可言的原因所在。可见三原色的例子过于机械，不足以完全反映历史认识的复杂过程，但其中所体现的阐释学视域融合基本原理则是相同的。

（三）化解了主体与客体的对立

作为一门古老的学科，对历史的真实、事实与真理确定性的追求，是这门学科与生俱来的品质与特征。既然如此，阐释学的"前见""视域融合""效果历史"理论在为研究主体赋予更多能动性的同时，是否可能为相对主义和任意解释打开了方便之门呢？这的确是一个阐释学上的重要话题。实际上，正是鉴于西方学界出现的许多不严肃现象，为了确定阐释的基本规范，防止阐释实践中的相对主义，张江教授近年来从多个方面划定阐释的边界，说明阐释的有限与无限之间的辩证关系。② 这些讨论，对于我们深入思考历史研究的理论和实践问题具有十分重要的参考价值。作为在与实证主义斗争过程中成熟起来的一门学科，阐释学对科学主义的警惕、对绝对主义的批判，的确容易让人们产生误解，似乎它有鼓吹相对主义之嫌。毫无疑问，对于历史研究这门自古以来就强调事实，重视认识的客观性和结论的确定性的学科而言，阐明这个问题具有特殊意义。实际上，如果我们认真思考的话，就会发现阐释学的"前见""视域融合""效果历史"理论是在反对客观主义和相对主义的两条战线上同时"作战"，或者说它试图在两种极端道路之间"允执厥中"，其目的既不是维护客观主义也不是放纵相对主义。阐释学的目的和实际结果，是化解主体与

---

① 〔德〕汉斯-格奥尔格·伽达默尔：《诠释学》Ⅰ《真理与方法——哲学诠释学的基本特征》，洪汉鼎译，第533页。

② 参见张江《强制阐释论》，《文学评论》2014年第6期；《论阐释的有限与无限——从π到正态分布的说明》，《探索与争鸣》2019年第5期。

客体的对立。

　　首先，阐释学在认识论上力求走一条"中间道路"。如果说此前的客观主义史学家强调的是客体向研究者"客观呈现"的必要性，而相对主义者强调研究者主观性的重要意义的话，阐释学则同时重视这两个因素。一方面，从批判客观主义史学的角度，阐释学肯定了研究主体视域的创造性："有些历史学家试图让自己抛弃他们的主观性是完全无意义的。特别是在历史解释方面，认为历史学家的任务是通过单纯的重复他的源泉所包含的东西就够了，认为惟一真实的历史就是这些源泉所具有的历史，这乃是天真的想法。"① 另一方面，从批判相对主义的角度，阐释学认为"富有意义的形式"作为解释的对象，本质上是"精神的客观化物"，因此便具有独立自主性："富有意义的形式必须被认为是独立自主的，并且必须按照它们自身的发展逻辑，它们所具有的联系，并在它们的必然性、融贯性和结论性里被理解；它们应当相对于原来意向里所具有的标准被判断……"② 这句话的意思是说，解释的结果并不简单取决于理解者一方，研究对象作为客体，不会无原则地迎合研究者的主观性。伽达默尔甚至认为，所谓相对主义其实是客观主义的一种偏见。事实上，即使真理也有其相对性，超出一定的条件之后，它便不再是真理，因此并没有什么"绝对知识"存在。③

　　其次，阐释学认为前见并不是率性的、流动不定的、毫无规矩的臆测和恶作剧。表面上似乎是"前见"在影响着人类的认识，事实却是人生活在前见的传统当中，而前见并不会随着人的主观意志随意形成或改变。伽达默尔说："即使见解（Meinungen）也不能随心所欲地被理解。……诠释学的任务自发地变成了一种事实的探究，并且总是被这种探究所同时规定。……谁想理解，谁就从一开始便不能因为想尽可能彻底地和顽固地不听文本的见解而囿于他自己的偶然的前见解中——直到文本的见解成为可听见的并且取消了错误的理解为止。"④ 在这点上，前见理论与唯物史观的认识达成高度一致："人们自己创造自己的历史，但是他们并不是随心所

---

① 〔意〕埃米里奥·贝蒂：《作为精神科学一般方法论的诠释学》，洪汉鼎译，载洪汉鼎主编《理解与解释：诠释学经典文选》，第135页。
② 〔意〕埃米里奥·贝蒂：《作为精神科学一般方法论的诠释学》，洪汉鼎译，载洪汉鼎主编《理解与解释：诠释学经典文选》，第130—131页。
③ 参见洪汉鼎《诠释学：它的历史和当代发展》，中国人民大学出版社2018年版，"再版序"，第3页。
④ 〔德〕汉斯-格奥尔格·伽达默尔：《诠释学》Ⅰ《真理与方法——哲学诠释学的基本特征》，洪汉鼎译，第381—382页。

欲地创造，并不是在他们自己选定的条件下创造，而是在直接碰到的、既定的、从过去承继下来的条件下创造。一切已死的先辈们的传统，像梦魇一样纠缠着活人的头脑。"① 人们的前见正是这种"直接碰到的、既定的、从过去承继下来的条件"，这种条件是一种传统，而不是人们臆造的结果。也就是说，"其实历史并不隶属于我们，而是我们隶属于历史。……因此个人的前见比起个人的判断来说，更是个人存在的历史实在"②。

再次，在研究过程中，历史学的独特优势可以促使不利的前见通过视域融合得到鉴别和淘汰，从而保证了研究的客观性。既然是"前见"，当然既包括含有正确成分的前认识，也包括含有局限性甚至谬误的前认识即偏见、成见。这些偏见和成见，只有通过具体的阐释过程才可能得到扬弃。伽达默尔说："占据解释者意识的前见（Vorurteile）和前见解（Vormeinungen），并不是解释者自身可以自由支配的。解释者不可能事先就把那些使理解得以可能的生产性的前见（die ProduktivenVorurteile）与那些阻碍理解并导致误解的前见区分开来。"③ 在这个过程中真正起作用的，正是历史的因素，亦即历史距离或时间距离。时间距离"不仅使那些具有特殊性的前见消失，而且也使那些促成真实理解的前见浮现出来"。"时间距常常能使诠释学的真正批判性问题得以解决，也就是说，才能把我们得以进行理解的真前见（die wahreVorurteile）与我们由之产生误解的假前见（die falscheVorurteile）区分开来。"④ 只有从某种历史距离出发，才可能达到客观的认识，这正是历史研究的使命与优势所在。

最后，我们还是要追问：对主体价值的肯定，会不会复活历史认识中的极端相对主义，导致认识结论鱼目混珠？或者说，既然阐释学主张认知结果很大程度上取决于主体因素，那么是否意味着"一千个读者便有一千个哈姆雷特"？是否意味着认识的边界是无限的，因此也是没有规范呢？伽达默尔对此予以坚决否认："我所进行反思的对象是科学本身的过程及其客观性的限制，这种限制可以在科学过程本身中观察到（但没有被接受）。承认这种限制的创造性意义，例如创造性的前见形式，在我看来无

---

① 《马克思恩格斯选集》第 1 卷，人民出版社 2012 年版，第 669 页。
② 〔德〕汉斯 - 格奥尔格·伽达默尔：《诠释学》Ⅰ《真理与方法——哲学诠释学的基本特征》，洪汉鼎译，第 392 页。
③ 〔德〕汉斯 - 格奥尔格·伽达默尔：《诠释学》Ⅰ《真理与方法——哲学诠释学的基本特征》，洪汉鼎译，第 418 页。
④ 〔德〕汉斯 - 格奥尔格·伽达默尔：《诠释学》Ⅰ《真理与方法——哲学诠释学的基本特征》，洪汉鼎译，第 422—423 页。

非是一种科学正直性的要求,而哲学家必须担保这种科学正直性。对于使人们意识到这一点的哲学怎么可以说它鼓励人们在科学中非批判和主观地进行工作呢?"①

如前所述,客观主义史学追求自身理想的过程中所遭遇的种种困境表明,所谓绝对的历史客观性只是一个永远不可能实现的"梦想"。事实上永远不会有那样一个时刻:研究者做到内心空空如也,穷尽所有史料,真正"复原"历史的"本来面貌"。真实的历史一旦发生,就永远消失在过去的时间长河中去了,至于那些为历史学家所思考、所书写的历史,其实都是一种带有我们主观构建色彩的历史。在这个意义上,"历史真实"与"历史事实"其实是不同的。我们所能认知的,只是历史的事实而已。②

视域融合理论解决了研究过程中客观性与主观性的辩证关系问题,保证了认识的不断推进。如有学者所说:"一方面是客观性的要求……另一方面,客观性要求只能由于解释者的主观性,以及他对他以一种适合于所说对象的方式去理解的能力的先决条件有意识才能达到。这就是说,解释者被呼吁从他自身之内重新构造思想和重新创造思想,使它成为他自己的,而同时又必须客观化它。"③ 这就是说,既要尊重研究对象的客观性,也要保持研究者的主观性。看上去这似乎是不可能实现的任务,然而,正是这种"二律背反",化解了传统客观主义与相对主义之间的对立。④ 唯此,无论是对于客观历史真相的认识,还是对历史规律的揭示,都是一个不断逼近,但永远不会结束的过程。

总之,阐释学认识论维护了历史研究的客观性,同时又防止了认识论中的独断主义。研究者既不可能绝对客观地"复原"历史真实,也不可能完全疏离历史事实本身。其结果,必然是使研究者的视域,同研究对象的视域发生交融汇合。从这个意义上讲,任何一项历史研究都是一个史家与过去永无休止的对话过程(如爱德华·卡尔所说)。历史研究由此形成一个往复循环的过程:文本对阐释者造成影响,改造阐释者的观点,而阐释者也将自己的认识带入理解当中,改造了对文本的印象。如是往复,避免

---

① 〔德〕汉斯-格奥尔格·伽达默尔:《诠释学》Ⅱ《真理与方法——补充和索引》,洪汉鼎译,第573页。
② 参见晁天义《试论历史事实》,《南京社会科学》2009年第4期。
③ 〔意〕埃米里奥·贝蒂:《作为精神科学一般方法论的诠释学》,洪汉鼎译,载洪汉鼎主编《理解与解释:诠释学经典文选》,第130页。
④ 参见〔意〕埃米里奥·贝蒂《作为精神科学一般方法论的诠释学》,洪汉鼎译,载洪汉鼎主编《理解与解释:诠释学经典文选》,第130页。

了客观主义与相对主义的恶性循环，促使认识不断深化。

第三节　阐释学对历史研究的方法论意义

阐释学对历史研究的意义，也体现在方法论方面。简言之，就是阐释学理解和解释文本的主要方法——阐释学循环——提供了除实验方法之外的另一条检验假设、逼近真理的认识手段。阐释学循环，从方法论角度解决了人文社会科学研究何以可能的问题，为古老的解释方法赢得了名誉，弥合了17世纪以来日渐严重的方法论分裂，恢复了人类认识世界方法论的统一性。

（一）阐释学循环

人类对客观世界（包括自然与社会）的认识不可能一蹴而就，也不会有一个真正意义上的终点。近代以来，在关于自然现象的研究中，人们主要遵循的是一套经验论的归纳方法。这一方法的一般思路，是从个别到一般、由部分到整体；部分的认识被视为整体认识的基础，认识的途径乃是由部分向整体的单向运动过程。在培根、密尔等人的努力下，归纳方法逐渐发展为具有严格规范的实验方法，一方面保证了人们提出对诸现象之间因果关系的假设，另一方面利用实验的可重复性对假设加以验证。正是实验方法中的这种可重复性、可证伪性，保证了自然科学领域诸多斐然成就的取得。

然而，对于那些一次性的、不可重复的研究对象（比如历史客体）而言，实验方法就很难得到严格意义上的实施。尽管历史学家可以从大量史料中获得蛛丝马迹，提出某种假设，但是绝对不可能让历史重演，以便验证这种假设的可靠性。显而易见，传统的实验方法在这里要得到实施，在没有任何变通的情况下，基本上是不可能的。既然如此，我们关于历史的认识结论是否只是一个个流于猜测的假设，而不可能具有可证伪性呢？如前文所说，正是这样一个关于说明方法不能在历史研究中适用的现实，导致19世纪以来的历史研究中出现方法论分裂。

在这方面，作为阐释学基本方法的阐释学循环扮演了类似自然科学中实验方法的角色，为假设的验证提供了可能。所谓阐释学循环，是说人们理解文本的过程并不像自然科学研究中那样是一个单向地、由部分走向整体的过程，而是存在多个不同层面的双向互动过程。这个双向互动过程没有确定的开端，也没有绝对的终点，而是一种周而复始的循环。阐释学认为，理解过程中主要的三种循环是：（1）语词（部分）和文本（整体）之间的循环；（2）文本（部分）与历史语境（整体）之间的循环；（3）研究主体与历史传统之间的循环。

其中，循环（1）即语词（部分）和文本（整体）之间的循环是说，单个的语词只有置于文本的整体之中才能被正确理解。同时，被正确理解的语词复又深化了对文本整体的理解。只有在阐释的循环中，才有可能剔除那些不准确的认识，揭示文本的真正含义。然而，仅仅依靠这种语词与文本之间的循环，还是不够的。因为它忽视了文本所赖以产生的社会背景的作用，因此可能导致理解中的主观随意性。施莱尔马赫认为，为了解决这个问题，就需要一个更大范围的循环对假设加以验证，这就是循环（2）即文本（部分）与历史语境（整体）之间的循环。这个循环的作用，在于通过历史语境制约和克服理解的主观性。前文说过，"前见"是我们认识的依据，也是开展认识过程中的陷阱。那么，如何在认识过程中有效地避免主体意识滑入主观任意性呢？伽达默尔认为，这个问题还需要通过一个新的理解循环来解决，这就是循环（3）即研究主体和整个历史传统之间的循环。有学者认为，循环（3）的实质是当代与历史传统之间的循环。在这样一个循环中，历史和当代融为一个整体，构成了"效果历史"运动。①

"循环"是理解的基本特征之一。因此，阐释学的任务体现在方法论上，就是在周而复始的循环中清除研究者"前见""前判断"中不合理的东西，以及对假设进行检验，以达到正确的理解。这种对不合理认识的清除，正好起到了类似自然科学研究中实验方法的作用，即通过重复同样的过程对结论加以验证和批判。在笔者看来，这是阐释学循环对历史研究提供的最重要方法论启示。德国历史学家德罗伊森说："个别的（das Einzelne）只能在整体（das Ganze）中被理解，而整体也只能借着个别的事物来理解。"② 理解就是不断地从整体到部分，再从部分到整体的过程。从解释学看，传统不是固定的，而是通过理解中的选择、批判而不断变化的，历史研究也是如此。

（二）历史研究中的阐释学循环

我们看看上述第三个循环即研究主体与历史传统之间的循环对历史研

---

① 潘德荣：《西方诠释学史》，第314页。以上关于阐释学循环的内容，参见该著第311—314页。
② 〔德〕德罗伊森：《历史知识理论》，〔德〕耶尔恩·吕森、胡昌智编选，胡昌智译，第11页。

究的价值，以我们对中国古代社会宗教情绪的考察为例。就我们所知，在不同的民族和国家中，宗教的发展和发达程度是不同的。宗教文化发达与否、宗教情绪浓烈与否，直接影响着一个社会中民众的价值取向和日常行为。我们从大量古籍中得到一个初步认识，即与西方社会相比而言，中国古代的宗教文化并不是很发达，中国古人的宗教情绪也相对淡漠。这种认识是否准确呢？其实我们在做出这一判断的时候，已经不自觉地将观察者自身的立场（也就是阐释学所说的"前见""前判断""前把握""前理解"）带入其中了。也就是说，研究者的这一假设，已经不自觉地立足于今日中国人对宗教文化的感受和理解了。我们认识到，当下中国社会民众对宗教文化的一般看法，其实正是从古代延续而来的。由于自身成长的环境，就算我们竭尽全力去加以想象，也很难以切身经历去理解宗教给人心灵、生活带来的影响。我们意识到，当下的多数中国人在涉及一种宗教信仰的时候，更多考虑的是这种宗教是否可以给我们的现实生活带来益处，而不是能否带来心灵的宁静。正因为如此，我们对许多宗教的热情态度就是"靡不有始，鲜克有终"，信仰的高涨因现实的期望而兴起，最后却以实际利益的落空而告终。以上可以说是从古籍材料到现实生活的第一个理解的循环。

然而这种认识是否准确呢？这就需要我们将这种认识重新带入古代社会的视域下加以理解。我们由此进入第二个循环阶段。在这个阶段我们可能从先秦古籍中发现早在前诸子时代及诸子时代，人们对天地鬼神就抱有一种"怪异"的态度。比如说，《诗经》不同时期的篇章中既有对上天和祖先的崇敬、歌颂，也有冷漠甚至斥责。《左传》成公十三年有"国之大事，在祀与戎"之说，《道德经》中又有"天地不仁以万物为刍狗"的话，《荀子》认为"天行有常不为尧存不为桀亡"，而《庄子》则视"长寿、富贵、多男子"为人生主要理想。凡此种种看似矛盾的记载，都说明中国古人对宗教的确报以复杂的态度。一方面，他们受早期认识水平的局限，以及维护政治统治和宗族权威的目的而信仰天地鬼神；另一方面，现实的利益又促使他们对这种超自然的权威性和可靠性不断提出质疑，宗教信仰随之不断遭到冲击。因此，自上古以来，中国人的宗教信仰就带有强烈的现实主义特征。这种结论完全准确吗？一定不是。可以想象，宗教信仰的现实主义特征一定会在不同的时期、不同社会阶层中有差异化的表现。要解释这些差异，我们就必须进入下一个循环，即将第二阶段的认识结论再次带入当下社会加以思考……如此往复，没有绝对的终点。

可以看出，每一次的循环，其实都是一次对于此前假设的检验。如果这些假设通过了检验,我们就接受它;如果假设部分通过检验,我们就用新的材料修正它,得到更加完善的假设;如果假设完全没有通过,我们就只能放弃它,另求他解。科学的研究过程,本质上就是对假设不断地加以检验、批判和扬弃,并由此取得认识进步的过程。由视域切换带来的循环往复,就如波普尔所说的自然科学研究中的"证伪"一般。正是在不断循环理解中,我们的认识得到深化,对古代宗教文化的把握必然日趋客观、准确。通过这个案例可以看出,历史研究完全可以通过这种循环深化认识,淘汰误解,不断逼近真理。

实际上,阐释学循环早在19世纪五六十年代就曾得到一些西方历史学家的关注,只不过在历史学界众口一声要向自然科学学习的浪潮中,这种方法没有得到应有的重视。比如说,德国历史学家德罗伊森就告诫人们在研究中要"绕着圈子转",因为这样做"有把我们心智向前推进的功能"。他说:"毫无疑问的是,只有在我们理解了一件事的发生过程时,我们才算理解这件事。可是,我们之所以注意某件事的发生过程,实际上我们已经先有了对眼前存在的事情(das Seiende)深入的认识。我们用演化的方式再端视这个眼前事情,只是我们理解这件事的一种方式,只是一种形式。演化过程的注意,目的是理解眼前存在的事。如此说来,我们好像绕着圈子转,可是这个循环的圈子即使不能改变外界的事物,却有把我们心智向前推进的功能。因为我们首先见到的,只是目下的某件事;后来,我们又能把它当作一件演化出来的事情来掌握;我们有双重的方式去理解、掌握一件事。"①"绕着圈子走"并不是恶性循环,而是有收获的检验和推进。

历史研究的过程,乃是主体与客体之间无休止的循环和互动。有的历史学家将这种循环和互动称为"对话"②。可见,历史研究的过程,既不是像客观主义史学家所误解的那样,将客观的事实反映到"千人一面"的历史学家脑中或笔下,也不是任由意志的碎片任意流播,造成无数可有可无的影子。

(三)阐释学循环的方法论启示

19世纪以来,包括客观主义、实证主义等诸多史学流派的繁荣的背后却是方法论的分裂和对立。在当时,虽然始终有一批历史哲学家(如新康

---

① 〔德〕德罗伊森:《历史知识理论》,〔德〕耶尔恩·吕森、胡昌智编选,胡昌智译,第31—32页。
② 参见〔英〕E. H. 卡尔《历史是什么?》,陈恒译,第114—115页。

德主义历史哲学家狄尔泰、李凯尔特、文德尔班等）试图为包括历史学在内的"精神科学"探讨一条独特的方法论之路，但在实证主义思潮的挤压下，这种尝试其实并未成功，其结果是历史学界日甚一日的方法论分裂。

这种分裂的一种极端表现，是将说明方法与理解方法分别对应于不同学科领域：认为前者适用于那些以探讨规律为目标的学科领域，而后者则适合于以理解个性为志趣的学科领域。[①] 由于这种将研究方法与学科领域僵硬对立的错误理解，历史学被迫在说明方法与理解方法二者当中选择其一。这种对方法的选择，很大程度上又引起历史学性质论，即视历史学为一门"科学"还是一门"艺术"的争论。19世纪末20世纪初，有人试图将两种方法勉强地嫁接在一起，以便同时满足两方面的需要。这意味着将历史学家的工作分为前后两个阶段：一是搜集和准备资料阶段，二是解释资料和表述成果阶段。前一阶段以实证主义为主，后一阶段中，历史学家的直觉本能和个性起主要作用。[②] 显而易见的是，这种结合并没有从根本上解决历史学方法论问题，其实只是机械地将两种研究方法拼接在一起，其结果是促使方法论的分裂蔓延到学科本身的分裂。

阐释学循环方法的成功，对我们破解历史方法论及其引起的历史学内部分裂具有以下启示。启示之一，是阐释学循环提供了一条可以与实验方法相媲美的研究策略。早在19世纪人文主义与实证主义的争锋当中，一部分哲学家就宣称精神科学的研究虽然不能使用自然科学的实验方法，但这并不意味着它在价值上比自然科学逊色。这种与自然科学一争高下的雄心壮志值得嘉奖，但那个时代其实并没有可靠的方法支撑起这种雄心壮志。由于阐释学循环方法的成熟，这种情况便可以得到根本改变。这是因为，面对实验方法的挑衅，精神科学或者说人文社会科学（包括艺术学、法学、宗教学等）领域可以通过理解的循环，保证这些学科的认识逼近真理的境界。关于这点，伽达默尔总结道：

> 在精神科学的认识中，认识者的自我存在也一起在发挥作用，虽

---

① 比如文德尔班宣称："无论是心理学还是自然科学，它们在确认、收集和研究各种事实时，所持的观点、所抱的目的只是在于探究这些事实所服从的一般规律性。……与此相反，有许多号称精神科学的经验学科，其目的却在于对一种个别的、规模大或小的、仅仅一度发生于一定时间内的事件作出详细的陈述。……前者是关于规律的科学，后者是关于事件的科学。前者讲的是永远如此的东西，后者讲的是曾经如此的东西。"转引自〔英〕R. M. Burns, H. R. Pickard《历史哲学：从启蒙到后现代性》，张羽佳译，第248页。

② 参见〔英〕杰弗里·巴勒克拉夫《当代史学主要趋势》，杨豫译，第7页。

然这确实标志了"方法"的局限,但并不表明科学的局限。凡由方法的工具所不能做到的,必然而且确实能够通过一种提问和研究的学科来达到,而这门学科能够确保获得真理。①

这就是说,认识世界、获得真理的途径并非只有自然科学中惯用的实验方法一种,除此之外,阐释学循环同样可以从那些无法进行直接实验的人文社会科学研究对象中获得真理。阐释学的这种方法恢复了人文学科方法论的荣誉,同时结束了实证主义方法自17世纪以来一家独大的霸权地位。

启示之二,阐释学循环作为一种成熟的研究方法,与自然科学的方法并不一定相互对立和排斥,而是有可能一起被用于历史研究。19世纪的不少哲学家试图将说明的方法对应于自然科学,将解释的方法对应于人文科学,借此在两者之间划定一条不可跨越的鸿沟。比如李凯尔特关于两种方法、两个学科关系之所谓"保罗和彼得的衣服"的比喻,是为了给历史学等文化科学及其相应的方法论提供辩护。对于一个面临自然科学方法论严峻挑战的学科代言人而言,这种强调差异、刻意割裂的做法是可以理解的。然而这种割裂充满了那个时代的偏见,渗透着情绪化和人为化色彩,其实并不符合事实本身。实际上,无论对于自然现象还是人类社会的研究而言,采取何种方法乃是取决于我们的研究目的,而不是研究对象。对此,李凯尔特其实已有清醒的认识。他说:

> 在一种情况下,无限众多的对象被纳入普遍概念的体系之中,这个体系对这些无限众多的对象之中的任何一个事例都同样有效,它把经常重复出现的事物表述出来。反之,在另一种情况下,是以这样方式去理解特定的、一次性的一系列现实,即把每个单一事物的特殊性和个别性表述出来,把那些在任何地方都不是重复出现的事件纳入叙述之中。从课题的这种区别中,必然会产生某些在逻辑上互不相同的思维方法和思维形式。②

历史研究中也面临许多"经常重复出现的事物",而不只是有"那些

---

① 〔德〕汉斯-格奥尔格·伽达默尔:《诠释学》I《真理与方法——哲学诠释学的基本特征》,洪汉鼎译,第688—689页。
② 〔德〕H. 李凯尔特:《文化科学和自然科学》,涂纪亮译,杜任之校,第53页。

在任何地方都不是重复出现的事件";同样地,自然科学研究中也面临"那些在任何地方都不是重复出现的事件",而不只是有"经常重复出现的事物"。因此,如果历史研究者关注的是"经常重复出现的事物",目的在于总结并得出一般性的规律认识,他就应该采用说明方法(包括实验等所谓"自然科学方法");相反,如果历史研究者关注的是"那些在任何地方都不是重复出现的事件",目的在于得出关于这些事件特性、价值、意义的认识,他就应该采取解释方法(包括阐释学循环等所谓"文化科学方法")。对于自然科学的研究而言,道理也是同样的。研究目标的转移,可以导致研究方法的"跨界",这是李凯尔特的理论所不能允许的。事实上,他已意识到这种方法论僭越的可能性,但他的目的是要预防这种僭越。李凯尔特说:"历史方法往往侵占自然科学的领域,而自然科学方法也往往侵占文化科学的领域;这样一来,我们的问题便大大地复杂起来了。因此,必须再一次强调指出,我们在这里只想指出两个极端,科学工作就是在它们之间的中间领域内进行的。"① 他甚至承认,"普遍化的理论可能成为历史学的一门重要的辅助科学。要在这里划一条界限,这从原则上说是不可能的。很可能,在将来的历史科学中,自然科学的、亦即科学的普遍化方法形成的概念在叙述一次性的和个别的事件方面,将比现在发挥更大的和更加成功的作用;而在现在,这些概念所引起的麻烦多于它们所起的促进作用。"② 作者在"防微杜渐"的同时,其实为历史学的发展指出了一条多元的方法论之路。尽管如此,论者还是坚称,不论历史学家在多大程度上利用了普遍化的科学方法,后者对于历史学来说绝不能具有奠基性的意义,因为"历史学作为一门科学所要作的并不是把任何事物和现象的个别性当作它们的纯粹的类别性加以叙述"③。

说明的方法无疑可以用于历史研究,对此李凯尔特之后的众多客观主义史学、实证主义史学乃至马克思主义史学都已经给出确凿无疑的答案。至于解释方法的成功,更可以由近百年来阐释学取得的一系列重要成就作为证明。因此,以上李凯尔特关于两种方法、两种学科的教条式划分,其实生动体现了新康德主义历史哲学家面对实证主义强大攻势展示出的一种高度警惕和过激反应。在他们看来,为了防止自然科学的侵袭、保护历史学科的合法性,最好的办法就是将历史学的篱笆扎得越来越高,最好能密

---

① 〔德〕H. 李凯尔特:《文化科学和自然科学》,涂纪亮译,杜任之校,第92页。
② 〔德〕H. 李凯尔特:《文化科学和自然科学》,涂纪亮译,杜任之校,第63页。
③ 〔德〕H. 李凯尔特:《文化科学和自然科学》,涂纪亮译,杜任之校,第63页。

不透风。这是一种处于弱势地位的学科及其方法论所采取的过分防卫姿态。时至今日，这种姿态应该放弃了。

以上由方法论区分进而演变至学科领域的僵硬对立，对20世纪以来的学术发展造成极大负面影响。随着阐释学方法的成熟，以往被人们轻视的人文科学方法恢复了它的效率和尊严。在这种情况下，在整个人文社会科学界破除成见，实现方法论的重新统一成为可能。伽达默尔在《真理与方法》的第二版序言中指出："以前文德尔班和李凯尔特提出的'自然科学概念的构成界限'这一问题在我看来是不确切的。我们所面临的问题根本不是方法论的差别，而只是认识目标的差异。"① 这就是说，采用何种研究方法，取决于研究者想达到何种目的。打破方法论藩篱，走向学科融合，同样符合阐释学的基本要求。

显而易见，在以实验方法为代表的说明方法，以及以阐释学循环为代表的理解方法共同走向成熟的前提下，我们有望恢复人类认识世界的方法论的统一。这就是，不要僵硬地把某种方法对应于某个学科，而是要根据研究目标采取相应的方法。正是在这个意义上讲，笔者认为为了探讨历史中的因果关系，历史学者甚至有可能采用一种间接的实验方法，② 正如为了获得关于历史事实的价值、意义的判断，我们需要采取阐释学方法一样。让说明方法与理解方法在历史研究中各司其职、互为补充，共同推动历史研究的进步，这是一种既符合逻辑也符合事实的可取之策。

综上可知，阐释学为19世纪以来逐渐面临认识论困境及方法论对立的历史研究提供了重要启示。在应对这种困境和对立方面，阐释学大体坚持了一种"中间道路"。这就是，既肯定了客观主义、实证主义对历史认识真理性、确定性的追求，同时汲取了后现代主义认识论中关于主体性的重视。通过"前见""视域融合""效果历史"的系列理论，既有效防止了历史认识中的独断论和绝对主义话语霸权，保证了认识的开放性、多元性，也防止了否定历史认识客观性的极端相对主义和虚无主义。在方法论方面，阐释学循环提供了具有可操作性的鉴别和检验假设的手段，产生了堪与以实验为典型的说明方法相媲美的效果，为古老的理解方法注入了活力，恢复了名誉，从而维护了人类认识世界方法论的统一。

---

① 〔德〕汉斯-格奥尔格·伽达默尔：《诠释学》Ⅱ《真理与方法——补充和索引》，洪汉鼎译，第553页。
② 参见晁天义《实验方法与历史研究》，《史学集刊》2016年第6期。

人类认识和解释世界的手段，由最初的统一，随着 17 世纪以来日甚一日的学科专业化浪潮逐渐走向分裂，直至产生当下严重的学科和方法壁垒。在某种程度上，阐释学理论正是对近代以来认识论、方法论分裂现状加以批判和否定的成果。阐释学既体现了对客观主义的警惕，也体现了对相对主义的抵制。经过这样一次否定，古老的人文科学、自然科学方法论实现了再次统一，然而是在更高层面的统一。人类漫长历史上的认识论、方法论，经过了一个正—反—合的发展演进过程。

最后需要指出的是，对于历史学这门自古以来就将真实性、客观性放在首位的学科而言，在汲取阐释学理论经验的过程中，应保持一种学科自觉。也就是说，既要对阐释学的养分保持一种开放心态，也要意识到历史阐释相对于文学阐释、艺术阐释的特点。只有这样，才能在将制约这门学科的桎梏一扫而净的同时，保留必要的张力，维护自身的学科独立性。总的看来，如何立足当代中国历史研究的理论与实践，在坚持唯物史观的前提下努力汲取中西方阐释学的丰富资源，加快构建具有中国特色的历史阐释学，这项任务需要引起历史学界的足够重视。[①]

[①] 近年来，我国学者已在构建有中国特色的历史阐释学方面进行了积极探索。比如于沛就主张将张江教授近年提出的"强制阐释""公共阐释"理论引入历史理论领域，探讨历史阐释问题。他认为，从中国史学发展理论与实践的结合上看，历史阐释至少应是理性的阐释、创造性的阐释、辩证的阐释（参见于沛《历史学与历史阐释》，《历史研究》2018 年第 1 期）。

第三章 走出古典：从人类学角度看中国国家起源独特性

第一节 古典进化论与"地域组织标志说"的终结

19世纪后半期，摩尔根等一批古典进化论人类学家在野蛮社会的资料搜集、理论概括等方面取得一系列重要成果。这些成果不仅开启了西方人类学的先河，也为此后百余年间历史学家的早期国家和文明研究提供了史料依据和理论框架。然而在得益于人类学"馈赠"的同时，历史学家在某种程度上也付出了代价。比如说，当某些古典进化论人类学学说随着时间的推移被证明缺乏科学性和解释力，在人类学界遭到淘汰时，它们却继续在历史学领域发挥着影响，甚至像不容置疑的铁律一样禁锢着人们的头脑。正因如此，我们往往看到一种非常奇怪的现象，那就是理论的继承者较之于创造者更加顽固和保守，当面对大量与理论明显相左的事实时，他们宁可选择无视（或修改）事实以迁就理论，也不愿意调整理论以说明事实。

"地域组织标志说"，就是历史学家从古典进化论人类学家手中得到的这样一种"馈赠"。该理论自19世纪六七十年代由梅因、摩尔根等人提出后，很快得到马克思主义经典学家的重视，之后在中西方的早期国家起源研究中产生巨大影响。20世纪初期之后，随着人类学调查材料的不断丰富尤其是国家起源研究的日益深化，越来越多证据表明"地域组织标志说"并不成立。比如说，美国人类学家罗伯特·罗维早在20世纪初期就列举出许多与"地域组织标志说"明显矛盾的人类学调查材料。这些材料主要来自美洲、非洲以及澳洲等地的野蛮社会，具有相当的代表性。[1] 不仅如此，这方面的反证直至20世纪40年代之后还在不断积累，其中福蒂斯和

---

[1] 参见〔美〕罗维《初民社会》，吕叔湘译，凤凰出版集团、江苏教育出版社2006年版。

埃文思-普里查德所编《非洲的政治制度》（1940），[①] 以及埃德蒙·利奇的《缅甸高地诸政治体系——对克钦社会结构的一项研究》（1964），[②] 便是这方面的重要代表。另外，20世纪40年代后期尤其是80年代以来，侯外庐、张光直、童恩正等一批中国或华裔学者相继列举出商周时期血缘与地缘因素并存的不少证据，意在说明中国国家起源与摩尔根等人揭示的欧洲模式并不相同。[③] 他们的研究成果表明，中国古代国家起源的道路是又一个明显与"地域组织标志说"不能相容的重要个案。就此而言，各方面的案例汇集起来，事实上已经间接否定了"地域组织标志说"的合理性。

然而，对于这样一个证据确凿、铁板钉钉的事实，学术界仍存在不同看法。比如说，直至20世纪60年代，随着美国新进化论人类学的崛起，摩尔根的"地域组织标志说"被弗里德等人再次捡起，奉为圭臬，他们仍然坚持以"地域组织"与"血缘组织"区别"国家社会"与"前国家社会"的基本结论，[④] 并在此基础上发展出以"酋邦理论"为代表的新的社会进化学说。而在中国学界，则有学者试图将国家时代血缘组织因素的盛行解释为"早期国家"的特征，其用意仍在于坚持用"地域组织标志"作为判断国家起源的标志这一前提。[⑤] 作为摩尔根衣钵的传人，新进化论者本来就以勾勒人类社会和文化的"进化"图式为职志，他们对于"地域组织标志说"的信仰和执着当然是可以理解的。在这方面，尽管中国学者没有继承摩尔根思想的义务，但由于长期以来形成的对进化论的偏好和信赖，尤其是由于未能在古典进化论与马克思主义理论之间作出必要的区分，因而难免在这个问题上试图走一条周旋调停、弥合旧说的"中间道路"。这一现象值得反思。

在此前发表的一篇小文中，笔者在前人基础上搜罗了诸多证据，说明"地域组织标志说"是古典进化论人类学家主要根据19世纪后半期所知欧

[①] 参见〔英〕M. 福蒂斯、〔英〕E. E. 埃文思-普里查德编《非洲的政治制度》，刘真译译，商务印书馆2016年版，第17—19页，亦可参见〔美〕埃尔曼·R. 瑟维斯《人类学百年争论：1860—1960》，贺志雄等译，云南大学出版社1997年版，第215—252页。

[②] 〔英〕埃德蒙·R. 利奇：《缅甸高地诸政治体系——对克钦社会结构的一项研究》，杨春宇等译，商务印书馆2012年版。

[③] 参见侯外庐、赵纪彬、杜国庠《中国思想通史》第1卷，人民出版社2011年版，第10—11页；张光直《中国青铜时代》，生活·读书·新知三联书店1983年版，第52—54页；童恩正《摩尔根模式与中国的原始社会史研究》，《中国社会科学》1988年第3期。

[④] 参见〔美〕乔纳森·哈斯《史前国家的演进》，罗林平等译，求实出版社1988年版，第37—39页；张光直《中国青铜时代》，第52—54页。

[⑤] 参见沈长云《古代国家形成的两个标志不宜否定》，《中国社会科学报》2014年4月28日第A08版。

美（包括该地区的野蛮社会）等地历史和文化得出的一种假说，它在世界文明范围内并没有普遍意义。① 由于篇幅所限，那篇文章未能从理论层面分析"地域组织标志说"的成因，也没有探讨截至目前导致这种学说在部分学者心目中占据牢固地位的因素是什么。本书试图说明，"地域组织说"是在有限材料基础之上得出的一条假说，它的理论依据是古典进化论的单线文化观和方法论。因此，"地域组织标志说"的合理性其实并不是随着20世纪以来诸多反证的积累而逐渐丧失的，相反早在该学说在古典进化论卵翼下结胎孕育的时候，它的终结，或者说它必将被更具科学性的理论代替的命运，就已经注定了。

一 "地域组织标志说"的形成和内容

人们通常将"地域组织标志说"系于美国人类学家路易斯·亨利·摩尔根名下，这可能与《古代社会》一书中从实证和理论两个层面详细论述了这一学说，而该书又在中国社会影响广泛有关。然而"地域组织标志说"事实上的"发明权"，应当归于摩尔根同时代的另一位古典人类学家——英国法学家亨利·萨姆纳·梅因。在摩尔根阐发该理论之前16年（1861），梅因就发表了如下见解："最古的政治思想是认定血族关系为共同政治行为之唯一可能基础。一旦而有他种原则——例如地域邻接之原则——取而代之，诚可谓一大革命。古今一切所谓革命，取旧传情绪而摧毁之颠覆之也，其颠覆之突兀，摧毁之彻底，宁有过于此者？故可断言，在古代之邦家，人民所属之一切社群胥认为建立共同血系之上。"② 这显然是将"血族关系"与"地域邻接之原则"视为两种不同的基础或原则，"取而代之"一词表明作者力图在两者之间画出一条明晰的界线，并将它们视为前后相继的关系。在发表于1874年的《早期制度史讲义》一书中，梅因的结论更趋完善，他说："对人类社会原始时期历史的最新研究指向一个结论：最早将人们凝聚在共同体中的纽带是血缘或血亲。近几年来，人们对这个问题从不同的侧面进行研究，在原始血缘关系的意义及其如何产生等问题上聚讼纷纭，但是大家普遍同意我说过的事实。"又说："诚然，家庭的构成是通过实际的血缘关系，这是一个可见的事实；但是就规模大于家庭的所有人类群体来说，他们赖以为生的土地倾向于代替血缘关

---

① 参见晁天义《重新认识国家起源与血缘、地缘因素的关系》，《史学理论研究》2014年第2期。
② 〔美〕罗维：《初民社会》，吕叔湘译，第233页。

系成为他们联合的纽带,血缘关系则变得日益难以辨认。我们在结合为国家或政治共同体、如今极其复杂的巨大群体中,以及在聚集于村落和领地——在这里出现了土地财产——的群体中,都可以寻找到这种观念的发展。"① 由这段话可以看出两点:第一,当时已有"人们对这个问题从不同的侧面进行研究"且"聚讼纷纭",但对于梅因首倡的"地域组织标志说""大家普遍同意"。可见"地域组织标志说"在当时已颇有市场,唯不知梅氏所云"大家"为谁。第二,血缘关系适用于"家庭的构成",而"赖以为生的土地倾向于代替血缘关系成为他们联合的纽带"。较之于先前的绝对化倾向,梅因的表述保持了应有的谨慎,并没有将血缘因素与地缘因素截然划入"判然有别的几个阶段"。比如他说:

> 现在,有大量原始所有制的现象可以供我们观察,它们强烈提示着最早的农耕群体是由血亲组成;这些群体逐渐变为由共同耕作的土地维系在一起的群体,而土地财产(在我们现在理解的意义上)在这种群体的解体中呱呱坠地——当我谈到这件事时,切莫以为我是声称这一系列变化可以分为判然有别的几个阶段。充其量只能说,能够使用跟特定历史时期相应的观念对它们加以区分,这种观念即使不是唯一的,也是处于主导地位。在这件事上,就像其他事一样,世界充满了"遗存物",当社会开始由土地维系时,由血亲维系的社会观也依然存在。②

对于某些显然不能用阶段划分解释的现象,古典进化论者往往归之为"遗存物",这一看法已被后来的功能派人类学家证明是不可靠的。尽管如此,梅因承认"土地维系"与"血亲维系"两种社会观的并存,较之于摩尔根等后来人简单将两者视为排斥关系、简单归入前后继承阶段的观点却更符合事实。为了证明上述观点,梅因在《早期制度史讲义》中列举了古代罗马、雅典、印度人的联合家族、南欧斯拉夫人的同居共同体以及俄国等地的材料作为依据。我们将会看到,梅因的这一部分材料来源与摩尔根相差不远,摩尔根的重要补充是增加了美洲印第安人部落易洛魁人的一手调查资料。继此之后,摩尔根出版于 1977 年的《古代社会》一书多次细

---

① 〔英〕亨利·萨姆纳·梅因:《早期制度史讲义》,冯克利等译,复旦大学出版社 2012 年版,第 32、36 页。
② 〔英〕亨利·萨姆纳·梅因:《早期制度史讲义》,冯克利等译,第 32、43 页。

致地阐述了"地域组织标志说"的主要内容。在勾勒"人类文化的几个发展阶段"时，摩尔根将该假说作为全书讨论的"前提"提出。他说：

> 一切政治形态都可归纳为两种基本方式……这两种方式的基础有根本的区别。按时间顺序说，先出现的第一种方式以人身、以纯人身关系为基础，我们可以名之为社会。这种组织的基本单位是氏族……第二种方式以地域和财产为基础，我们可以名之为国家。这种组织的基础或基本单位是用界碑划定范围的乡或区及其所辖之财产，政治社会即由此而产生。政治社会是按地域组织起来的，它通过地域关系来处理财产和处理个人的问题。……在古代社会里，这种以地域为基础的方式是闻所未闻的。这个方式一旦出现，古代社会与近代社会之间的界线就分明了……①

在这里，摩尔根将梅因的结论做了进一步发挥，推广到"一切政治形态"的普遍层面，并将"血亲维系"更名为"以人身、以纯人身关系为基础"以对应于"氏族"，而将"土地维系"更名为"以地域和财产为基础"以对应于"国家"。在介绍易洛魁人的氏族时，摩尔根再次提出人类的经验只产生"社会组织"与"政治组织"类型，认为两者是"在性质上根本不同"的。

> 第一种，也就是最古的一种，我们称之为社会组织，其基础为氏族、胞族和部落。第二种，也就是最晚近的一种，我们称之为政治组织，其基础为地域和财产。按照第一种方式建立了氏族社会，在氏族社会里，政府与个人之间的关系是通过个人与氏族、部落的关系来体现的。这些关系纯粹属于人身性质。按照第二种方式组成了政治社会，在政治社会里，政府与个人之间的关系是通过个人与地域的关系来体现的，所谓地域，即乡、县和国。这些关系纯粹属于地域性质。这两种方式在性质上根本不同。一属古代，一属近代社会。②

通过一系列论证，"地域组织标志说"成为摩尔根古代社会理论的重

---

① 〔美〕路易斯·亨利·摩尔根：《古代社会》，杨东莼等译，商务印书馆1977年版，第6—7页。
② 〔美〕路易斯·亨利·摩尔根：《古代社会》，杨东莼等译，第61页。

要组成部分。基于以上两段材料,并结合《古代社会》相关章节所举例证,我们可以将这一学说的核心内容总结为以下几点:第一,血缘组织是史前社会普遍存在的社会组织形式,也是史前社会中唯一重要的社会组织力;第二,当社会发展到一定阶段时,血缘组织转化为地域组织,后者取代前者而发挥组织功能;第三,国家必然建立在地域组织基础之上,地域组织取代血缘组织,是判断国家产生的重要依据。更简单地讲,"地域组织标志说"强调的重点就是:以地域(而不是血缘)为基础组织社会,是国家区别于史前社会的根本标志。

由梅因发端,摩尔根毕其功的"地域组织标志说"的形成过程,大体如上所述。19世纪后期,人们对于从原始社会到国家时代过渡阶段的认识尚处于肇始阶段。马克思本人就已深入思考国家起源,尤其是无阶级社会向阶级社会的过渡问题,并完成《路易斯·亨·摩尔根〈古代社会〉一书摘要》。1884年,恩格斯在此基础上"在某种程度上是实现遗愿",完成《家庭、私有制和国家的起源》这一经典著作。在该书第一版序言中,恩格斯写道:"原来,摩尔根在美国,以他自己的方式,重新发现了40年前马克思所发现的唯物主义历史观,并且以此为指导,在把野蛮时代和文明时代加以对比的时候,在主要点上得出了与马克思相同的结果。"就史前社会与国家社会的区别,他指出:"以血族团体为基础的旧社会,由于新形成的各社会阶级的冲突而被炸毁;代之而起的是组成为国家的新社会,而国家的基层单位已经不是血族团体,而是地区团体了。"[1] 从以上论述可见,恩格斯对摩尔根的"地域组织标志说"是予以肯定的,这点更可从以下经典论述看出。

> 国家和旧的氏族组织不同的地方,第一点就是它按地区来划分它的国民。正如我们所看到的,由血缘关系形成和联结起来的旧的氏族公社已经很不够了,这多半是因为它们是以氏族成员被束缚在一定地区为前提的,而这种束缚早已不复存在。地区依然,但人们已经是流动的了。因此,按地区来划分就被作为出发点,并允许公民在他们居住的地方实现他们的公共权利和义务,不管他们属于哪一氏族或哪一部落。这种按照居住地组织国民的办法是一切国家共同的。[2]

---

[1] 《马克思恩格斯选集》第4卷,第12、13页。
[2] 《马克思恩格斯选集》第4卷,第187页。

恩格斯的基本观点与摩尔根并无不同，只不过他点明了由血缘组织原则向地缘组织过渡的原因——"由血缘关系形成和联结起来的旧的氏族公社已经很不够了"，"地区依然，但人们已经是流动的了"。在材料使用方面，恩格斯也没有简单局限于摩尔根所举案例的范围之内，而是在欧洲历史方面补充了更多一手材料。他说："在关于希腊和罗马历史的章节中，我没有局限于摩尔根的例证，而是补充了我所掌握的材料。关于凯尔特人和德意志人的章节，基本上是属于我的；在这里，摩尔根所掌握的差不多只是第二手的材料，而关于德意志人的材料——除了塔西佗以外——还只是弗里曼先生的不高明的自由主义的赝品。"这种补充当然是必要的，不过归纳法的有限列举并不能保证结论的绝对科学性，更何况在特定时代条件下，研究者所掌握的欧美材料远不足以涵盖世界文明的整体情况。正因为如此，恩格斯在接受"地域组织标志"的同时，也指出摩尔根的"一些假说"存在"被动摇，甚至站不住脚"的可能性。① 事实正是如此，"地域组织标志说"作为19世纪欧洲社会的产物，带有明显的时空印记，这尤其体现在该学说所赖以产生的古典进化论的文化观、方法论等方面。

二 "地域组织标志说"的若干理论支柱

（一）"文化平行发展说"：地缘组织比血缘组织更"高级"吗？

"文化平行发展说"，是古典进化论者解释人类文化时所持的重要假设之一。它的基本内容是，在一个民族和国家的全部历史过程中，其不仅在知识和技能方面不断趋于进步，而且在制度、组织、习俗和观念等方面也都处于齐头并进的过程之中。这种观念，最初与启蒙运动时期欧洲知识分子中洋溢的乐观主义情绪有关：他们坚信传统制度必将退出历史舞台，人类必将迎来美好的未来。在学术界，这种情绪的典型表现之一就是通过关于人类社会、文化进步的叙事，激励人们同传统的停滞说、退化说、循环说等历史观作斗争。18世纪的法国哲学家、启蒙运动的代表之一孔多塞（1743—1794）将人类划分为不断走向进步的十个时代，目的即在于"预见人类进步""指导进步、促进进步"。他说："自从拼音书写在古希腊为人所知的时代以来，历史就以一系列连续不断的事实和观察而和我们的世纪、和在欧洲那些最开化的国度中的人类的当前状态相联系着；而人类精神进步行程的史表就成为了真正的历史。""我要把我准备讨论的领域划分

---

① 《马克思恩格斯选集》第4卷，第14、27页。

为九个大时代；并且斗胆要在第十个时代试图看一下人类未来的命运。"①

19世纪，创建伊始的文化人类学深受这种情绪的习染，具有强烈的学科致用意识。比如英国人类学家爱德华·泰勒就说："我们的工作尽管还不是硕果累累，然而为了人类的幸福乃是紧迫而至关重要的。其目的就是要促进人类的进步，同时清除障碍。这种文化的科学，本质上是改革者的科学。"② 在此观念指导下，早期人类学家的工作大体分为两步：一是勾勒出人类社会进步的不同阶段；二是将这些进步阶段落实到每一项文化或制度方面。比如在认识能力的增长方面，奥古斯特·孔德认为，人类经历了神学阶段、形而上学阶段和实证阶段前后三个演进阶段。③ 人类智力的演进亦复如此，英国人类学家詹姆士·乔治·弗雷泽提出，人类智力发展经历了"巫术—宗教—科学"三个阶段的进化。④ 而在婚姻组织方面，约翰·巴霍芬、麦克伦南等人主张：人类社会演进的最初阶段是乱婚制，而后才逐渐发展为母权制、父权制。⑤ 总之，至19世纪后半期为止，持"文化平行发展说"的古典进化论人类学家们已经为人类社会的方方面面勾勒出一条条整齐的进化模式。

当然，在前人基础上对"文化平行发展说"做出最大贡献的还是摩尔根。在《古代社会》一书中，摩尔根同其他古典进化论者一样坚信人类社会是不断进步的："人类是从发展阶梯的底层开始迈步，通过经验知识的缓慢积累，才从蒙昧社会上升到文明社会的。"在这一思想指导下，他将人类社会划分为三大阶段（蒙昧阶段、野蛮阶段、文明阶段），七小阶段（低级蒙昧阶段、中级蒙昧阶段、高级蒙昧阶段、低级野蛮阶段、中级野蛮社会、高级野蛮社会、文明社会）。摩尔根是"文化平行发展说"的忠实信徒，他认为，发明与发现、社会制度、家庭制度及财产观念等"上述四类事实沿着人类从蒙昧社会到文明社会的进步途径平行前进"。而从这四类事实中寻找明显的标志，将社会进步的不同阶段区分开来，则是摩尔根为《古代社会》确定的任务。他说："发明和发现，以及政治观念、家族观念、财产观念的发展，都表现出人类的进步；我的目的是想沿着这些

---

① 〔法〕孔多塞：《人类精神进步史表纲要》，何兆武等译，北京大学出版社2013年版，第6、7、8页。
② 洪谦主编：《西方现代资产阶级哲学论著选辑》，商务印书馆1964年版，第32页。
③ 〔法〕奥古斯特·孔德：《论实证精神》，黄建华译，第1页。
④ 〔英〕詹姆士·乔治·弗雷泽：《金枝：巫术与宗教之研究》，徐育新等译，大众文艺出版社1998年版，第86页。
⑤ 参见〔美〕埃尔曼·R.瑟维斯《人类学百年争论：1860—1960》，贺志雄等译，第146—147页。

进步的线索并通过人类顺序相承的各个文化阶段，提出一些证据。"①

基于上述思想，摩尔根将易洛魁人中相对容易发现的组织形式——氏族、部落等血缘组织，视为史前社会唯一的组织类型（事实上并非如此，详下）。同时，又在记载希腊、罗马、德意志等国家产生的史料中发现了地域组织发挥重要作用的证据。按照摩尔根的进化体系，易洛魁人被安排在希腊、罗马社会的前面，被视为比希腊、罗马更为"落后"的社会，因此前者当中盛行的血缘组织自然被当作地域组织的前身；而由血缘向地域的"过渡"，或者说地缘组织"取代"血缘组织，便顺理成章地被视为国家产生的标志。这就是摩尔根"地域组织标志说"形成的逻辑过程。然而，建立在"文化平行发展说"基础上的这一推论却是充满漏洞的。

判断血缘组织与地缘组织之间"进步"或"落后"的依据是什么？实际上，无论就复杂程度还是组织效率而言，两者之间很难简单地分出高低优劣。比如说，在秦汉以后的中国历史上，血缘组织长期存在并发挥着重要的社会功能，甚至左右着每个时期的政治、军事格局；与此不同，早在古代罗马、雅典国家产生之初，地域组织就取代血缘组织而成为压倒性的社会组织力量。我们据此说血缘组织因文明类型不同而发挥不同作用则可，如果要得出中国秦汉已降的社会比希腊、罗马早期国家时代还要落后的结论，恐怕没有人会接受。事实上，人类社会组织未必像科学技术一样遵循一条不断进化的发展道路，血缘因素也未必比地缘因素更"低级"或"落后"。所谓"地域组织"是"血缘组织"的较高级发展阶段，前者比后者更为"进步"的结论，只是一种形而上学式的猜测，没有科学根据。职此之故，我们最好不要一刀切式地理解人类社会的进化，可取的办法是像功能派人类学家一样，认识到文化主要是为满足特定的社会需求而产生的，未必都要从进化阶梯中寻找它存在的合理性。

（二）单线进化说：地缘组织与血缘组织互相排斥吗？

古典进化论的重要假设是单线进化说，即将可能并存的多种文化现象视为互斥关系，并纳入前后进化序列。在古典进化论人类学家那里，这种不问文化现象的来源和背景，而将共时性关系一律变为历时性关系的做法十分通行。这一做法的目的，同样是为人类社会的"进化"寻找"依据"。

美国人类学家卡内罗曾举过一个颇具说明性的例子。他说，日本高级武士配有两把武器，其中一把是短的腰刀，另一把是长剑。应该怎样解释这一现象呢？古典进化论派代表斯宾塞的解释是，第二把剑是作为战利品

---

① 〔美〕路易斯·亨利·摩尔根：《古代社会》，杨东莼等译，第3、6页，"序言"。

象征从战败的敌人那里获得的,后来又作为一种荣誉的象征被佩戴。然而通过对原始材料更深入的研究,泰勒证明事实并非如此。实际上,武士佩戴的是两种具有不同功能的武器:短的腰刀用于近距离的砍杀和搏刺,而伸长胳膊才能拔出鞘的长剑则用于远距离攻击敌人。① 也就是说,两者之间并非"进化"或"继承"关系,而是一种"并存"与"互补"关系。再举一例,英国古典人类学家詹姆斯·乔治·弗雷泽在《金枝》一书中将巫术与宗教、科学视为相互排斥、相互对立的三种因素,认为世界各地的人类历史上必然先有"巫术时代",继之才有"宗教时代",最后才是"科学时代"。这种看法貌似严谨,实则反映了宗教氛围长期影响下的欧洲人的一种文化中心主义情结。且不说这三种因素不可能截然分开,在人类历史上各占一个"时代",只拿中国的情况而言,宗教的势力远远不能与欧洲相比,要在中国历史上找出这种信仰上的单线进化证据来,是一件绝不可能做到的事情。② 质言之,这些要素之间往往并非绝对排斥、单线继承,而是同时并存、相互消长关系。

这种判断,同样适用于"地域组织标志说"。该说的基本内容之一,是史前社会只有血缘组织,没有地域组织,国家产生之际地域组织方才取血缘组织而代之。这种主张,也是基于同样的单线进化说而提出的。在梅因、摩尔根等人看来,血缘组织与地缘组织不可能同时并存,因为那样就不好解释历史的"进步",即前者被后者"取而代之"这种"惊心动魄的革命"③。相反地,如果将血缘与地缘组织理解为在空间上互相排斥、在时间上前后继承的关系,则能在两者之间搭建起"进化"的桥梁。根据后来的知识我们现已知道,人的生产是任何社会都必需的两大生产之一,尤其是史前社会每个个体的出生、成长都离不开家庭、氏族等血缘组织,这是没有问题的,然而如果据此便断言血缘组织在当时具有唯一性和排他性,却毫无道理。血缘组织与地缘组织往往同时并存而非单线继承关系,这一

---

① 〔美〕罗伯特·L.卡内罗:《文化进化论的古典创建》,王丽译,郭健、邓京力校,《史林》2004年第1期。
② 参见晁天义《"巫术时代论"影响下的中国古史研究》,《求是学刊》2005年第1期。
③ 罗伯特·罗维就曾发问:"为什么在以血缘关系为基础的政府统治下经常心满意足地生活达数千年之久的世界上的人们,要从事梅因所描述的那场用全新的按地区组织人们来取而代之的惊心动魄的革命呢?没有哪一位作者提出过适当的答案。"(转引自〔美〕埃尔曼·R.瑟维斯《人类学百年争论:1860—1960》,贺志雄等译,第245—247页)为解决这一问题,新进化论者在两种社会之间增加了一个"酋邦"社会,"酋邦"兼具"血缘社会"与"地缘社会"的特征。酋邦理论正是为解释血缘组织被地缘组织"取代"这种"惊心动魄的革命"而提出的。

现象虽然没有被摩尔根等人注意到，但却被此后的人类学调查一再证实。今略举数例加以说明。

20世纪初期以来，罗伯特·罗维综合人类学家约翰·斯璜顿（又译作约翰·斯旺顿）、克娄伯等人揭示的大量新材料，对梅因和摩尔根将血缘、地缘组织视为单线进化关系的观点进行了验证。他首先肯定将血缘和地域组织加以必要区分是合理的，但同时认为这种区分不宜简单化、绝对化，他说："人类社会即使在它的粗陋表现中，也许大概比麦恩（即梅因——引者注）与摩根（即摩尔根——引者注）所说的要复杂些，我们可以设想它不一定要或基于人身关系或基于空间关系，他们可以同时以两种关系为基础，也不一定效忠于此就不能效忠于彼；亲属关系可以含有某一套义务，而地域关系包含另一套义务，正如我们的教会和国家。"这就是说，地缘与血缘因素完全可能同时在一个社会中发挥作用，而不必非得排成前后单线序列。罗维发现，许多野蛮社会中并不像摩尔根、梅因断言的仿佛只有血缘组织，相反地域组织普遍存在并以多种形式发挥影响力。一方面，军事会社、宗教集团、年龄级群、性别群体、秘密团体等往往与血缘组织并存，每一个社会成员都不能自外于它们。举例来说，一个克洛人一生中既处于特定的氏族、家族、部落等血缘组织中，也在各种非血缘组织（包括地域组织）中扮演角色："他生下来便属于一个氏族、一个家族、一个部落（山地部）。后来他和白牛成了终身的好朋友；他加入了狐狸会，后来又改入瘤木会，最后又进了宗教性质的烟草会。到他中年的时候，他同时是一个厚屋氏人，是白牛的伙伴，是一个瘤木会员、一个河上部克洛人、一个鼬鼠部的烟草会员，并且还是一个家庭的中心。……就大体而论，他虽然同时归依这些团体，其间并没有好多厉害抵触，感情方面也没有什么冲突。"另一方面，有些部族除了具有血缘认同意识之外，还有强烈的地域保护观念。没有地域组织作为基础的话，这种地域保护观念是不可想象的。比如在文化较为粗野的维达人、美杜人、沙斯他人、汤普逊河印第安人以及文化较高的萨摩亚人中，地域群构成为一个单位。在海洋部朱克奇人中，村落"不建立于家族的亲属关系之上而建立于地域的邻接关系之上"，村落和亲属群的因素同样在血斗中发生作用。即使是在地域感情较为淡漠的场合，地理位置在政治的地位上仍有势力。克洛人的两大部说着同一种言语，自由地互相往来，并且两部都包含相同氏族的分子，但一个人一旦在一部之内住下来，他在某方面就要与那一群共休戚，尽管他还有任何其他从属关系。总之综合众多材料，可以得出以下结论："初民社会之性质，与因摩根一派之称述而流行于世间者颇有些两样。不是沉闷无味的千篇一律,是斑斑驳驳的变异多方;不是只有氏族这唯一模式在那里积累,是有好多种社会单位存在,有时和氏族相联系,有时取氏族而代之。"① 正所谓"不是沉闷无味的千篇一律,是斑斑驳驳的变异多方",史前社会中血缘与地域组织关系的这种状态,被罗维之后的人类学材料一再证明。

20世纪60年代,英国人类学家埃德蒙·利奇发现,缅甸地区的克钦人和掸人正好对应于摩尔根在社会组织(血缘组织)与政治组织(地域组织)之间所做的区分。掸人居住于河谷,在灌溉农田中种植水稻;克钦人则居住于山区,主要以刀耕火种的游耕方式种植稻谷。有趣的是,掸人和克钦人各自通过强调特定理念的不同方面,来表达他们的政治秩序观。例如,克钦系统和掸族系统都不认为地缘群体和血缘群体的观念可以截然分开,但克钦人表明身份时首先报出自己的世系群,而掸人则首先报上自己的出生地。对"世系群"的强调,应当反映了血缘组织对于社会生活的较大影响;而对"出生地"的标榜,则表明地域因素在其社会生活中占据重要位置。② 掸人对地域因素的重视,还体现在如上所说其定居点毫无例外地与一块种植水稻的灌溉平地联系在一起。房屋的建筑类型和聚居模式差异很大,但定居点则是永久的。掸族农夫受制于他的土地,不像克钦人一样很容易地从忠于一个地方的山官转向忠于另一位。掸人通常期望在自己村寨里娶一个女子,然后在此终老一生。他与村寨融为一体,这是他的家,哪怕受形势所迫背井离乡,他也还是要说自己属于故乡的村落。即使一个村落里的人群因土地匮乏不得不分裂,新的村寨可能依然起和旧的那个同样的名字。就一般情况而言,掸人当中并不存在清晰、确定的亲属集团,掸族平民也不像克钦人那样有世系群姓氏。相反地,克钦村落社区则由一群依靠氏族身份和姻亲纽带联系到一起的世系群分支组成。正是基于以上两种组织,当一个克钦人说他自己是某某世系群某某支的人的情况下,一个掸人则会说:"我和我的祖先都是勐卯人,我们从有人能记事的时候起,就在和弄耕种这些田地了。"由此可见,由此可见,掸人首先效忠的是地区而非亲属集团,克钦人则恰恰相反——效忠于亲属集团而非地区。③

---

① 〔美〕罗维:《初民社会》,吕叔湘译,第232—234、255、234—235、255页。
② 〔英〕埃德蒙·R. 利奇:《缅甸高地诸政治体系——对克钦社会结构的一项研究》,杨春宇等译,第19—21、145页。
③ 〔英〕埃德蒙·R. 利奇:《缅甸高地诸政治体系——对克钦社会结构的一项研究》,杨春宇等译,第271—272页。

按照单线进化说者的思维习惯,人们很容易将倚重亲属集团的克钦人视为"落后者"置于进化线条上的较低级阶段,而将忠于地缘因素的掸人视为"进步者"置于进化线条的较高级阶段。这的确是一种省事而少招物议的办法,但并不符合人们的实际观察结果。利奇说:"过去一个世纪问世的文献几乎总是把克钦人描述为原始和好战的野蛮人,与掸人在外表、语言和一般的文化上如此之不同,以至于应该认为他们在种族起源上也颇为不同。……然而克钦人和掸人几乎在哪儿都是近邻,在日常生活的事件中他们也常相互牵扯到一起。……此类资料与那些从语言学角度出发把克钦人和掸人分为不同'种族'类别的民族志模式不太相符。"① 这就是说,没有迹象表明克钦人较为原始、掸人较为先进,仿佛克钦人和掸人处于不同进化阶段似的。实则只要放弃单线进化的偏见,充分考虑到克钦人和掸人长期比邻而居、密切交往的事实,我们就会意识到他们绝不可能是两支处于不同社会发展阶段的人种,而只是同一族群由于某种特殊的原因分别倚重于"血缘"或"地缘"两种不同的原则管理社会而已。

(三)"族类假象"影响下的材料选择方法

材料的选择,是任何一种经验研究都不能避免的重要环节。材料选择(而不是简单地搜罗累积)是否妥当,决定着研究工作能否建立在扎实的基础上,进而直接影响结论的科学性和可靠性。在很多情况下,由一两条材料便可概括出一条规律,而数十条材料反而会将我们引入认识的误区,就是这个道理。由此可见决定成败的往往不是材料的多寡,而是能否将有效的材料遴选出来,并在它们之间建立正确的联系。然而受诸多主客观因素影响,人们在从事学术研究时或惯于用史料堆积替代选择,或惯于挑选那些与先入之见暗合的材料,因而很难避免不当选择的陷阱。作为生活于19世纪的美国学者,相对于前人,摩尔根尽管在史前社会人类学材料的收集和运用方面已经拥有得天独厚的条件,但他仍然无法摆脱"族类的假象"②,因而在材料的选择过程中出现了若干错误。

比如说,摩尔根"地域组织标志说"的内容之一是主张史前社会普遍存在氏族组织,但根据罗维等人的观察,美洲的某些印第安人中就存在着相反的情况。在这些社会中,维系人们之间关系的,除了基础的家庭之外,就是各式各样的非血缘组织(包括地域组织)。那么,为什么对于如

---

① 〔英〕埃德蒙·R. 利奇:《缅甸高地诸政治体系——对克钦社会结构的一项研究》,杨春宇等译,第19—21页。
② 参见〔英〕培根《新工具》,许宝骙译,第19、23—24页。

第三章 走出古典：从人类学角度看中国国家起源独特性 111

此看似显而易见的事实，以观察细致、调查深入而知名的摩尔根竟然没有发现呢？20世纪初，罗维对这个问题给出了"简单到出人意外"的答案。他说：

> 也许有人要问，为什么这么大一片地方的完全缺乏氏族组织这件事实会这么久都没有人注意，而且至今仍不为摩根的门徒们所知。理由很简单，简单到出人意外。摩根是纽约人，因此在易洛魁人中开始他的研究，然后一路向西去，所经过的正是氏族组织最盛的一个地带。在摩根当时，远西的印第安人以民族志的标准而论可算是完全不为人所知，所以他的北美部族全有氏族制这个结论是可以原谅的。倘若他开始工作是在俄勒冈或爱达荷，或许他的整个的体系都要两样了。可是在1877年可以邀宽恕的事情到了四十年后的今日便不然了；出于知识不周的过早的结论，只是祖师声望上的微瑕，而时至今日仍刚愎地坚持此论，这就成了门徒们的科学名誉的大累了。①

对于摩尔根及此后许多继踵坚持"地域组织标志说"的人而言，这真是一个莫大的讽刺！摩尔根在人类学调查时"一路向西去"这一看似偶然的举动，注定了他只能看到野蛮社会中氏族组织发达的情况，从而正好强化了他对梅因所谓"最早将人们凝聚在共同体中的纽带是血缘或血亲"这一推测的信心："我们已经引证了足够多、足够有说服力的事实以断言氏族组织在人类的古代是普遍存在的，并断言这种组织广泛流行于整个蒙昧阶段晚期和整个野蛮阶段。"② 他的这一判断，与关于希腊、罗马国家产生时期情况的联系，直接促成"地域组织标志说"的形成。那么，除了易洛魁人的材料之外，摩尔根所说的"足够多、足够有说服力的事实"，究竟指的是什么？由于难以身临其境，或者缺乏理想的翻译，摩尔根对易洛魁人之外其他印第安部落中是否存在氏族组织其实并无把握，但先入之见却不容许他对此做出否定的回答。如果说对易洛魁人调查对象的选择确属无意之过的话，摩尔根对其他印第安人材料的解释，则在很大程度上陷入所谓"族类的假象"之中了。不妨略举数例加以分析。

例证一，以"比邻而居"为据推测氏族组织的存在。比如，摩尔根推测达科他人中曾经存在氏族组织的理由是，"看来基本上可以肯定他们曾

---

① 〔美〕罗维：《初民社会》，吕叔湘译，第90页。
② 〔美〕路易斯·亨利·摩尔根：《古代社会》，杨东莼等译，第320页。

经有过氏族组织,因为它们的近亲密苏里诸部落现在就是按氏族组织的"。阿里卡利人是庞尼人最亲近的同族,他们的村落同明尼塔里人的村落邻近,对他们的研究也有同样的困难。这些部落,还有休科人以及居住在卡内迪恩河畔的两三个其他的小部落,始终定居于密苏里河以西,他们操一种独特的方言。摩尔根说,如果庞尼人是有氏族组织的(实际上庞尼人未必有氏族组织,见下文例证三),那么对其他那几个部落也可作同样的推论。肯尼贝克河以南整个新英格兰地区的印第安人在语言上都是很接近的,他们能互相了解彼此的方言,摩黑冈人即其中的一支,"因为摩黑冈人是有氏族组织的,由此推测,培阔特人、纳腊甘塞特人及其他较小的集群不仅也有氏族组织,并且还有着与摩黑冈人相同的一些氏族"①。实际上"比邻而居"者未必具有相同的社会组织,有时候它们的制度反而相去甚远,足以形成鲜明对比,前举缅甸地区的克钦人和掸人就是典型代表。

例证二,以"历史变迁"为由证明氏族组织曾经存在。摩尔根1861、1862年探访东达科他人、西达科他人时,均未在其中发现有关氏族的佐证。但他认为这是因为达科他人被驱逐到了平原地带并沦为游牧群,他们的生活方式在此期间发生了变化,这一点可能解释他们氏族制度的解体。在萨利什、萨哈普廷、库特尼等哥伦比亚河谷诸部落中,摩尔根一方面承认"未发现任何氏族组织的痕迹",但另一方面又说:"我们有坚实的理由相信这个辽阔的地区是加诺万尼亚族系的发祥地,这个族系以此地区为出发点,向外迁徙扩散而遍布于南北美洲。因此,上述部落的祖先看来大概是有氏族组织的,他们的氏族组织日趋衰微,终于消灭了。"②诸如此类的推理,没有任何事实作为依据,当然就谈不上什么科学性,充其量只能算作先入之见诱导下的大胆假设而已。

例证三,以传言推测氏族组织的存在。比如出自克利克部的塞米诺耳人,"据说他们有氏族组织,但详情不明"。至于克里人,被发现时并未见到氏族组织,"但推测他们曾经是有过氏族的"。再比如,与迈阿密人最亲近的同族韦阿人、皮安克朔人、皮欧里亚人和卡斯卡斯基亚人,也不能确定他们以前是否有氏族组织,"但很可能是有的"。摩尔根一方面承认庞尼人是否有氏族组织尚无确证;一方面又根据牧师塞缪尔·艾理士的说法,认为"虽然他没有专门考察过这个问题,但他相信他们是有氏族组织

---

① 〔美〕路易斯·亨利·摩尔根:《古代社会》,杨东莼等译,第152、161、168页。
② 〔美〕路易斯·亨利·摩尔根:《古代社会》,杨东莼等译,第152、171—172页。

的"①。从这些推理中,读者不难感受到作者对"野蛮社会普遍存在氏族组织"这一结论的热情和信念,然而热情和信念毕竟不能代替实证研究。

正是在以上来源复杂、真伪难辨的材料基础上,摩尔根得出关于印第安人中氏族组织状况的认识,并将其扩及包括"高级野蛮社会的希腊、拉丁部落""雅利安族系其余各支人""土兰尼亚族系、乌拉尔族系和蒙古族系""通古斯族和汉族""属于闪族的希伯来人"等在内的世界各民族中。他说:"氏族组织给我们显示了人类的一种时代最古、流行最广的制度。无论亚洲、欧洲、非洲、美洲、澳洲,其古代社会几乎一律采取这种政治方式。……就我们的知识范围所及,这种组织流行于整个古代社会,遍及于各大洲,并由那些进入文明之域的部落把它们带到有史时期。"又说:"氏族是人类最古老、流行最广的制度之一……我们在各大陆上那些处于蒙昧社会状态、处于低、中、高级野蛮社会的部落中都发现有氏族组织;希腊拉丁部落在进入文明社会以后,其氏族组织仍有充分的生命力。"② 当看到摩尔根的定论竟然是建立在以上各类推测的基础之上时,我们恐怕就没有理由对这一理论大厦的合理性不加怀疑、一味接受了。

为了维护先入之见,研究者不是用材料去验证假设,而是刻意寻找有利的材料,回避甚至改造不利的材料,以便"证实"假设。对于这种充满纰漏的材料选择方法,培根早在两百多年前就曾经给了尖锐的批判,他说:"由于人们快意于那种虚想,于是就只记取那些相合的事件,其不合者,纵然遇到的多得多,也不予注意而忽略过去。至于在哲学和科学当中,这种祸患则潜入得远更诡巧;在那里,最先的结论总是要把一切后来的东西,纵使是好得多和健全得多的东西,染上一番而使它们与它自己符合一致。"③ 摩尔根曾断言:"根据现有的资料,我们敢于作出下面的结论:美洲印第安人在初被欧洲人发现时已普遍地按氏族组织起来,虽见到极少数的例外,但不足以妨碍这一总的规律。"④ 当他将所谓"极少数的例外"轻轻放过时,一定是忘了先哲的如下教导:"人类智力……较易被正面的东西所激动,较难被反面的东西所激动;而实则它应当使自己临对两面无所偏向才对。实在说来,在建立任何真的原理当中,反面的事例倒还是两者之中更有力的一面呢。"⑤ 在"极少数的例外"背后,很可能正好隐藏

---

① [美]路易斯·亨利·摩尔根:《古代社会》,杨东莼等译,第160、163—164页。
② [美]路易斯·亨利·摩尔根:《古代社会》,杨东莼等译,第62、83页。
③ [英]培根:《新工具》,许宝骙译,第23页。
④ [美]路易斯·亨利·摩尔根:《古代社会》,杨东莼等译,第179页。
⑤ [英]培根:《新工具》,许宝骙译,第23—24页。

着真理的光芒。20 世纪初期以来，罗维、利奇等人正是从大量的反证当中，揭示出史前时代社会组织的真实情况。可以想见，如果中国学者一味地将中国古代国家起源的特点视为"极少数的例外"，又岂能为丰富和深化当代的国家起源研究贡献自己的智慧呢？

（四）比较研究方法的误用

"地域组织标志说"的产生，还与古典进化论者当中流行的比较研究方法的疏漏有关。众所周知，人类不同时期、不同地区的文化形式千差万别，成因各有不同。这些丰富的形式，为人们开展比较研究，认识文化的复杂性和规律性提供了可能。尤其到了 19 世纪，随着欧洲列强殖民活动的开展，不少非西方世界的知识被传教士和殖民者带到欧洲，直接促成了文化比较研究的兴起。那么古典进化论者是如何理解比较研究法的呢？弗雷泽说："即便在我们多少能认识的比较短的时段——至多几千年——依然有很多又深又宽的空白；而要想使进化的故事连续起来，只有用假设来填补这些空白。这种填补在人类学中如同在生物学中一样，是通过比较研究法来实现的——该方法使我们可以借助一条链子上的环节去填补另一条链上的裂口。"可见在论者看来，比较研究法仅仅是"使进化的故事连续起来，填补空白进化链条的有效工具。泰勒也持类似看法，他说："在处于已知文化发展最低阶段和最高阶段人们的状况之间，相隔着很大的距离，但这个距离可以用已知的中间阶段来加以弥补，这样，最低的蒙昧发展阶段与最高的文明发展阶段的连续线在任何关键单上都不再是中断的了。"①摩尔根的表述完全可以视为以上观点的另一种版本，他说："美洲印第安人诸部落的历史和经验，多少可以代表我们的远祖处于相等状况下的历史和经验。""若不是在地球上的一些孤僻地区留下若干蒙昧人来证实整个人类早期状态的种种情况，那么，我们对于当时状况就不可能形成任何明确的概念。"摩尔根运用比较方法的结论，如下所示。

> 由此，从澳大利亚和波利尼西亚人开始，继之以美洲的印第安人部落，而终止于希腊人和罗马人，这些部落为人类进步过程的六大期分别提供了最高范例。我们完全可以假定，如果将他们的经验合到一起，其全部内容正好体现了人类由中级蒙昧社会到古代文明终止之时的全部经验。因而，对于雅利安人各族远古祖先的社会状态可以找到

---

① 弗雷泽、泰勒语均转引自〔美〕罗伯特·L. 卡内罗《文化进化论的古典创建》，王丽译，郭健、邓京力校，《史林》2004 年第 1 期。

第三章　走出古典：从人类学角度看中国国家起源独特性

一些样本：其处于蒙昧社会者以澳大利亚人和波利尼西亚人的状态为样本；其处于低级野蛮社会者以美洲半村居印第安人的状态为样本；其处于中级野蛮社会者以村居印第安人的状态为样本；而雅利安人自己处于高级野蛮社会的经验即与村居印第安人的经验直接相连。[①]

我们承认，古典进化论者通过不同文化的比较，试图从野蛮部落中发现文明社会的史前状况，这种想法是富有启迪意义的。然而在具体操作层面，忽视各文化的不同背景，简单化地划定文化的进步与落后，然后将它们连缀为一条进化图式，却是对比较研究法的歪曲和误用。对于这种将简单化理解比较研究法的倾向，斯宾塞很早就有所觉察，他说："如果各个社会都属于同一种群，而且仅仅在发展阶段和组成结构上有所不同，那么通过比较就可以清楚地揭示进化的过程。但是由于它们之间的差别不同，有的差别大，有的差别小，这样就会使比较的结果变得模糊……我们可以断定，由于情况复杂和证据混乱，只有比较大的真实情况可以弄清。一方面肯定，可以获得一些确定的普遍结论，一方面也许只能期望，多数特定的结论只能是可能性的。"[②] 摩尔根及其追随者之所以对"地域组织标志说"持论坚定，正是因为在误用比较研究法的基础上，将史前时代血缘组织的例证，与国家时代地缘组织的例证拼接起来，形成了进化链条。只要我们换一种思路就不难发现，从澳洲找一段进化史的起点，从美洲找一段进化史的中间阶段，再从古代欧洲找到这种进化的终点，这种鸽子笼式的"比较研究"成果，无论在逻辑还是历史上而言都是不可靠的。一方面，比较研究变成了材料填充。另一方面，材料与结论之间形成一种循环论证关系：材料首先被排列在一条连续的"进化"线条上，这种线条反过来又被用来证明人类文化是"进化"的。

遗憾的是，以上这种比较研究法指导下的国家起源研究直至今日仍颇有市场。[③] 与 19 世纪人类学家的区别，这类新的研究仅仅在于吸收了考古学的材料以及新进化论的酋邦、早期国家等概念，而忽视文化差异、致力于构建进化路径的旨趣并无不同。拉德克利夫-布朗曾经批评说："过去经常被使用的那种不严谨的比较方法，现在仍然被一些著作家使用，它对那些从不同地区和非常不同的文化类型中所收集来的孤立的习俗或信仰进

[①] 〔美〕路易斯·亨利·摩尔根：《古代社会》，杨东莼等译，第 15 页。
[②] 转引自〔美〕罗伯特·L. 卡内罗《文化进化论的古典创建》，王丽译，郭健、邓京力校，《史林》2004 年第 1 期，第 9 页。
[③] 李学勤：《中国古代文明与国家起源研究》，云南人民出版社 1997 年版，第 14 页。

行直接比较,因此,在科学上它是不可靠的。进一步说,就是它将注意力集中在习俗的相似点上,而且是往往集中在那些表面上相似而实际上并不相似的地方。"① 由于并没有遵循比较方法的精神,由此类研究产生的恐怕只能是另一种无法证实亦无法证伪的假说罢了。

三 古典进化论与马克思主义关系再认识

19世纪后半期,由达尔文阐发创立的生物进化论,在赫胥黎、斯宾塞等人的努力下从生物学领域进入社会领域,不仅极大动摇了基督教创世说的理论体系,更成为一种资产阶级反对封建特权的、带有革命色彩的学说。由于正好适应了近代中国救亡图存,争取民族独立、国家富强的迫切时代要求,这一学说很快被严复等人引入中国。从那时开始,进化论相继为维新派、资产阶级革命者乃至无产阶级认识世界和中国的历史、现实提供了锐利的思想武器,并通过他们日益深刻地影响着中国社会的走向。与此同时,进化论也深深地融入中国知识分子的思想世界,成为他们解决历史问题的重要依据。

中国知识界对进化论的推重乃至信仰,很大程度上还与马克思主义的影响有关。我们知道,早在进化论问世伊始,马克思主义经典作家就对该学说的贡献给予高度关注和肯定。1860 年,也就是达尔文《物种起源》发表之后第二年,马克思在致恩格斯的信中说:"在我经受折磨的时期——最近一个月——我读了各种各样的书。其中有达尔文的《自然选择》(即《物种起源》——引者注)一书。虽然这本书用英文写得很粗略,但是它为我们的观点提供了自然史的基础。"次年,马克思在另一封信件中写道:"达尔文的著作(指《物种起源》——引者注)非常有意义,这本书我可以用来当作历史上的阶级斗争的自然科学根据。……虽然存在许多缺点,但是在这里不仅第一次给了自然科学中的'目的论'以致命的打击,而且也根据经验阐明了它的合理的意义。"② 经典作家对进化论的认可,从恩格斯《在马克思墓前的讲话》中体现得尤其清楚,他说:"正像达尔文发现有机界的发展规律一样,马克思发现了人类历史的发展规律……"③ 此处明确将进化论提高到了马克思主义"人类历史的发展规律"相当的层面,古典进化论为19世纪马克思主义带来的重要启示意义

---

① 〔英〕A. R. 拉德克利夫-布朗:《社会人类学方法》,夏建中译,华夏出版社 2002 年版,第 72 页。
② 《马克思恩格斯全集》第 30 卷,人民出版社 1975 年版,第 130—131、574—575 页。
③ 《马克思恩格斯选集》第 3 卷,人民出版社 2012 年版,第 1002 页。

可以见一斑。马克思、恩格斯对进化论的重视,正如此后他们对摩尔根《古代社会》的重视一样,说明了一个深刻的道理,即马克思主义正是在汲取各种思想精华的基础上代表着一个时代人类认识和改造世界的最高水平。

人类社会从许多方面都呈现出进化或进步趋势,这一认识蕴含着一定科学性,诚可谓认识史上的一大飞跃。然而古典进化论为了强调进化规律的普遍适用性,往往夸大文化的统一性,而置世界各地历史的多样性于不顾,却是不言自明的缺陷。对此,恩格斯在《反对林论》一文中早就做了睿智的预言,他说:"但是进化论本身还很年轻,所以,毫无疑问,进一步的探讨将会大大修正现在的、包括严格达尔文主义的关于物种进化过程的观念。"① 恩格斯的预言不仅适用于达尔文的进化论,也适用于摩尔根论著中某些带有进化论倾向的观点(比如"地域组织标志说")。到20世纪初期为止,先后对古典进化论提出批评的学者,除了上文提到的罗伯特·罗维、斯旺顿之外,还有宗教人类学家施密特等人。施密特在1930年说:"在整个民族学的领域中,旧的进化论派已经破产。进化论派率尔建立的几条文化发展线,已为新文化史学派的批评所击碎。"② 以上评论,大体代表了20世纪以来人们对古典进化论的一般看法。这些看法当然并不意味着对古典进化论的全面否定或简单抛弃,而是试图在肯定其合理因素的前提下有所超越。正是基于这一目的,功能主义、传播论、结构主义、新进化论等人类学派纷纷产生,为我们更加全面准确地认识野蛮社会提供了多种方案。

由于特殊的历史原因,中国学界对摩尔根之后西方人类学理论的引介和学习一度中断,受此影响,中国学者的古代国家起源研究只能建立在恩格斯《家庭、私有制和国家的起源》以及摩尔根《古代社会》的基础之上。直到20世纪80年代之后,中国人类学界才展开费孝通先生所说的"补课"活动,功能主义、传播论、结构主义学派等人类学理论相继传入中国。但是在很长一段时期内,许多历史学家所了解的野蛮人、野蛮社会仍是19世纪70年代摩尔根刻画的形象;而对于罗伯特·罗维、埃德蒙·利奇、福特斯和埃文思-普里查德等晚近以来人类学家发表的更多研究成果,不是根本未予注意,就是所知不多,更谈不上对其中科学成分的有效吸收。

---

① 《马克思恩格斯选集》第3卷,第451页。
② [英] W. 施密特:《原始宗教与神话》,萧师毅等译,上海文艺出版社1987年版,第9页。

这一现象表面上看来是学科差异或研究者的理论志趣使然，实则隐含着一种认识论上的预设：即将进化论（在国家起源研究领域尤以"摩尔根模式"为代表）视为一种"准马克思主义"①，而出于对马克思主义的"维护"，对其他理论采取一律排斥的态度。童恩正先生早在 20 世纪 80 年代发表的一篇文章中曾批评了中国学界流行的这种错误认识。他说："50 年代以来，理论上的教条主义倾向使人们误以为，吸收西方学术成果的合理成分和坚持马克思主义是不相容的；而我们对待摩尔根理论的态度有近乎对待马克思主义的态度，于是，天下定于一尊，摩尔根学说在民族学领域被奉为排他性的指导理论。"② 实际情况正如上文指出的，马克思主义是发展的理论，是不断汲取人类社会知识精华的科学学说，在真正的马克思主义者那里，原始社会史学说乃是一个开放的体系。把摩尔根学说经典化，当作不可移易的教条，完全不符合辩证唯物主义认识论的基本原则，也不符合马克思主义创始人对待摩尔根学说的原则。

综上所述，摩尔根"地域组织标志说"从流行到终结的百年历史生动说明了一个道理，即科学的发展就是科学假说不断接受证伪的过程。只有那些具有可证伪性且最终经得住大量反正检验的假说，才是真正意义上的科学规律。相反地，那些一度具有某些科学价值，但最终未能经得住更多新材料检验的假说，只能在人们思想认识进步的历程中拥有独特的位置。不难看出，摩尔根的"地域组织标志说"就是这样一种曾经代表 19 世纪人类认识的最高水平，然而最终被 20 世纪初期以来大量证据所"证伪"的假说。

恩格斯曾指出："原则不是研究的出发点，而是它的最终结果；这些原则不是被应用于自然界和人类历史，而是从它们中抽象出来的；不是自然界和人类去适应原则，而是原则只有在符合自然界和历史的情况下才是正确的。这是对事物的唯一唯物主义的观点……"③ 以上讨论启示我们，脱离马克思主义立场、观点和方法，或机械套用马克思主义经典作家某些具体结论解释中国问题的做法都是不可取的，只有用发展着的马克思主义理论指导发展着的社会科学研究，我们的研究才可能在新的历史条件下吸

---

① 这种偏见同样流行于西方学者中，比如拉德克利夫－布朗就说："他（摩尔根——引者注）的理论完全是不科学和非历史的，但具有罗曼蒂克般的魅力，后经恩格斯的评介，现在已成为正统马克思主义的一个基本部分。"（〔英〕A. R. 拉德克利夫－布朗：《社会人类学方法》，夏建中译，第 150 页）

② 童恩正：《摩尔根模式与中国的原始社会史研究》，《中国社会科学》1988 年第 3 期。

③ 《马克思恩格斯选集》第 3 卷，第 410 页。

收时代最新成果，随着实践的深入不断臻于新境。

第二节　酋邦理论与中国古代国家产生方式

国家的产生是人类文明史上一件石破天惊的大事，它不仅使人类历史由此划分为两个具有鲜明特征的相对独立的阶段，而且国家的具体产生方式还会进一步深刻影响一个民族或一种文明的特质和发展方向。正因为如此，19世纪以来的包括人类学家、历史学家、马克思主义革命导师在内的众多学者都对国家产生问题进行了长期的探索，并因此而先后产生了丰富的研究成果。20世纪20年代以来，这些理论和研究成果开始传入中国并引起一些历史学家的注意。

大致而言，从郭沫若先生1929年完成《中国古代社会研究》迄今为止，许多中国学者都在文化人类学国家理论与中国历史实际的结合方面作出了突出的成绩。这一过程可以分为两个阶段：第一阶段为1929年至1978年，郭沫若等人在恩格斯《家庭、私有制和国家的起源》以及摩尔根《古代社会》等论著的影响下，极力强调并发掘了中西历史发展，包括国家产生历程的共性，相关代表性著作是郭沫若先生的《中国古代社会研究》。第二阶段为1979年以来即新时期阶段，许多学者在承认中西历史存在共性的同时，更加注意考察中国古代国家产生方式的独特性。张光直、童恩正、谢维扬、易建平等先生受到西方新进化论派人类学国家理论的影响，将大量新概念、新理论引入中国古史研究，以期阐释中国历史发展的特点。总的看来，该阶段的研究一方面继承了以前的研究成果，另一方面也吸收了西方较新的理论体系，使人们对于中国国家产生的认识更加趋于合理。这两个阶段所取得的成绩使我们认识到，中国国家产生方式研究的诸多进展几乎与人类学理论的借鉴具有直接或间接的联系，更准确地说，20世纪以来的中国国家产生方式研究始终是在人类学理论与中国历史实际两种因素共同作用下进行的。尤其是近数十年来，结合古史材料、地下出土材料以及人类学理论各方面的成就探讨中国古代国家产生问题，这已成为多数中国古史学者的普遍共识。林甘泉先生曾发表评论说："我个人认为，探讨中国国家的起源，既要重视考古发掘所提供的文化信息和参考国外现代文化人类学的最新结果，也不能忽视文献记载中有关原始社会向早期国家过渡的故事传说所隐含的历史素材。……问题的关键在于要准确地解释中国从原始社会向文明社会过渡的政治组织的基本特征及其形成的具体途径。我们不排斥把外国学者所提出的几种模式作为参照系,但从中国的历史实际出发,无须在这些理论模式中决定取舍,也可以作出既符合人类历史共同规律又显示中国历史特点的自己的理论概括。"① 为了准确认识新时期中国古代国家产生研究的成就,我们有必要首先讨论20世纪80年代以前的研究状况。

一 20世纪80年代以前的国家产生方式研究

20世纪20年代后期,中国古代国家产生问题研究开始得到中国学者的重视,这一重视与文化人类学的间接影响不无关系。我们之所以称之为"间接影响",是因为以郭沫若先生为代表的中国学者最初是在恩格斯《家庭、私有制和国家的起源》等经典论著的影响下着手考察中国古代国家的产生方式,而恩格斯的这一论著无论在材料或理论上都与美国进化论人类学家摩尔根《古代社会》有密不可分的联系。《古代社会》一书出版于1877年,在这本书中,摩尔根依据自己的人类学调查成果,并结合有关古代希腊、罗马国家产生过程的零星文献记载,提出了"氏族—胞族—部落—部落联盟—民族—国家"的国家产生模式。关于这点,摩尔根论述说:"由于人类有组织社会的需要,才产生了氏族;由于有了氏族,才产生酋长、部落及其酋长会议;由于有了部落,才通过分裂作用而产生部落群,然后再联合为部落联盟,最后合并而形成一个民族。"② 在摩尔根看来,部落联盟(或称联盟)是人类社会发展需要经历的一个"民族"阶段,但社会组织发展的最终成果却不是民族,而是国家。他在另一处接着指出:

> 联盟是趋向于民族形成的过程中的一个阶段,因为就在这种氏族组织下产生了民族性。这个过程的最后一个阶段是合并阶段。……所有的情况都相同,氏族、胞族和部落是前三个组织阶段。继之以联盟,作为第四个阶段。……关于希腊人和拉丁人的部落联盟组织的性质和详情,我们的知识很有限,很不全面,因为事实真相都湮没在神话传说时代的迷雾中了。在氏族社会中,合并过程的产生晚于部落联盟;但这是一个必须经历的、极关紧要的进步阶段,通过这个阶段才

---

① 参见林甘泉《林甘泉文集》,上海辞书出版社2005年版,第404—405、413页。
② 〔美〕路易斯·亨利·摩尔根:《古代社会》,杨东莼等译,第318页。

能最后形成民族、国家和政治社会。在易洛魁部落中没有出现合并过程。①

根据易洛魁部落的材料,摩尔根这样界定了部落联盟:"凡属有亲属关系和领土毗邻的部落,极其自然地会有一种结成联盟以便于相互保卫的倾向。这种组织起初只是一种同盟,经过实际经验认识到联合起来的优越性以后,就会逐渐凝结为一个联合的整体。"这种"联合的整体",就是部落联盟,对此摩氏在另一处又进而指出:"一个部落一旦分化为几个部落之后,这几个部落各自独占一块领土而其领土互相邻接,于是它们便以同宗氏族为基础,以方言接近为基础,重新结合成更高一级的组织,这就是联盟。"② 这就是说,部落联盟是各个部落之间出于共同的利益关系,以血缘、地域等因素为基础而结成的一种范围较广的社会组织形式。根据自己的人类学调查,摩尔根概括出部落联盟的大约十项基本特征。③ 如果仔细分辨我们就不难发现,摩尔根所指出的这些特征其实可以进一步概括为两点:那就是部落间的平等性和个人性质权力的微弱。摩尔根曾经满怀信心地指出:"文明民族的主要制度完全是萌芽于蒙昧阶段、扩大于野蛮阶段的那些制度的积蓄,那些制度到了文明社会仍在继续发展中。"④ 基于同样的信念,摩尔根认为易洛魁部落联盟中反映出来的这些特征有理由在国家组织中得到某种程度的继承和保留。在他看来,部落联盟的特征隐藏了古代国家产生的秘密,如果能正确解读它们的话,就等于掌握了打开人类国家产生之谜的钥匙。为了系统考察国家产生的步骤,摩尔根将人类学调查材料与西欧历史之间建立了联系,他发现希腊、罗马国家在很多方面与易洛魁部落联盟之间具有相似之处(比如民主制度)。他由此试图证明:原始社会步入部落联盟阶段,并在部落联盟的基础上建立国家,是众多国家产生的必由之路。由于强调"部落联盟"在国家产生过程中的作用,摩尔根的上述理论通常被人们简单地称作为"部落联盟理论"。

关于摩尔根的上述国家产生理论,我们需要注意的是,这一理论是作者在单线进化论的指导下综合人类学材料和历史记载、传说,并辅之以自己的推测而形成的一个假设。显而易见,"部落联盟"是摩尔根国家产生理论中的关键,这就是该理论通常被人们简要地称作"部落联盟理论"的

---

① 〔美〕路易斯·亨利·摩尔根:《古代社会》,杨东莼等译,第131—132页。
② 〔美〕路易斯·亨利·摩尔根:《古代社会》,杨东莼等译,第120、123页。
③ 详见〔美〕路易斯·亨利·摩尔根《古代社会》,杨东莼等译,第125—126页。
④ 〔美〕路易斯·亨利·摩尔根:《古代社会》,杨东莼等译,第318页。

原因，不过这也正是摩氏理论中最为脆弱的地方。我们知道，摩尔根虽然在印第安易洛魁人发现部落联盟的典型形式，但他自己也承认难以确知希腊人和拉丁人部落联盟的具体情况（甚至不能确认其中有没有部落联盟），正因为这样，摩尔根只能根据易洛魁联盟的情形推测希腊、罗马前国家时期的情况，并为它的国家进化理论填入关键的第一环节。摩尔根显然倾向于将希腊、罗马的"民族—国家"演变路径，视为易洛魁部落联盟未来发展的继续。

作为一个杰出的古典人类学家，摩尔根将自己所得的人类学材料与欧洲历史结合起来，勾勒出人类早期历史发展的一个基本轮廓。由于这一认识代表了19世纪人类学研究的最高成就，他的结论得到了马克思、恩格斯等人的高度关注。有学者发现，马克思、恩格斯二人真正以极大精力研究氏族社会，实际上正是从1880年马克思接触到摩尔根的著作时才开始的。[①] 不仅如此，在马克思革命生涯的最后三年以及恩格斯的大量著作中，都受到人类学观念的影响。比如说，马克思曾认真研究过许多人类学家（包括摩尔根、麦克伦兰、巴霍芬等人）的著作，并留下了大量笔记，其中一部分由 L. 克雷德编辑成《卡尔·马克思的人类学笔记》一书公开出版（1972年）。这些事实充分表明，马克思、恩格斯在创立历史唯物主义的过程中就已认识到人类学理论的重要意义，同时自觉地进行了跨学科研究的实践。马克思、恩格斯利用人类学理论和历史知识研究古代社会的代表性作品是《家庭、私有制和国家的起源》，这部作品完成之时马克思虽然已经去世，然而正如恩格斯所说的那样，这部作品实际上是二人思想的结晶，因为其中的不少材料、观点都是以马克思的人类学笔记为依据的。在古代国家的产生方式问题方面，《家庭、私有制和国家的起源》论述的重点在于"国家是怎样靠部分地改造氏族制度的机关，部分地用设置新机关来排挤掉它们，并且最后全部以真正的国家权力机关取代它们而发展起来"。不仅如此，恩格斯还以欧洲最早的国家（雅典、罗马、德意志）为例，为我们提供了早期国家产生的三种形式。他说："雅典是最纯粹、最典型的形式：在这里，国家是直接地和主要地从氏族社会本身内部发展起来的阶级对立中产生的。在罗马，氏族社会变成了封闭的贵族制，它的四周则是人数众多的、站在这一贵族制之外的、没有权利只有义务的平民；平民的胜利炸毁了旧的血族制度，并在它的废墟上面建立了国家，而氏族贵族和

---

① 〔英〕莫里斯·布洛克：《马克思主义与人类学》，冯利等译，华夏出版社1988年版，第4页。

平民不久便完全溶化在国家中了。最后，在战胜了罗马帝国的德意志人中间，国家是直接从征服广大外国领土中产生的，氏族制度不能提供任何手段来统治这样广阔的领土。"① 这段话中有两点最为引人注意，而且也容易被人僵化地加以理解：第一，从平等的氏族组织中如何孕育出具有阶级和暴力色彩的国家？第二，恩格斯关于三种方式的概括是否穷尽了人类历史上所有国家的产生类型？也就是说，除此之外还有没有其他的国家产生方式？由于种种原因，马克思主义经典学家在有关文献中并未对以上问题予以充分解释，这便为20世纪以来的种种争论埋下了伏笔。作为第一部以人类学资料为依据的马克思主义经典论著，《家庭、私有制和国家的起源》开启了唯物主义历史学家重视人类学的先河，"人类学从此便在马克思主义的发展进程中扮演着核心角色，而马克思、恩格斯也因此而被人们完全误认为早期人类学家。事实上，他们两人所依据和重新解释的人类学仅是其广泛研究工作中的一个部分。他们的研究早已超出学科之间严格的分界线，他们的历史学与人类学之间不存在障碍，他们的历史学、人类学与政治学之间也不存在任何障碍"②。马克思主义经典学家的实践表明，唯物主义历史学不仅有可能，而且有必要随时从其他学科（包括人类学、社会学等社会科学学科）中汲取有益的材料和理论，这是促使唯物史观与时俱进的重要途径之一。

20世纪20年代后期，一批中国学者接受了马克思主义国家产生学说以及有关的人类学成果，并试图将其运用于中国历史的研究。郭沫若先生于1929年完成《中国古代社会研究》一文，其中明确表达了两项研究宗旨。第一，填补中国历史研究的空白，为恩格斯的《家庭、私有制和国家的起源》写"续篇"。郭先生说：

> 世界文化史上的关于中国方面的记载，正还是一片白纸。恩格斯的《家庭、私有制和国家的起源》上没有一句说到中国社会的范围。外国学者对于东方情形不甚明了，那是情理中事。中国的鼓睛暴眼的文字实在是比穿山甲、比蜾毛还要难于接近的逆鳞。外国学者的不谈，那是他们的矜慎；谈者只是依据旧有的史料、旧有的解释，所以结果便可能与实际全不相符。在这时中国人是应该自己起来，写满这半部世界文化史上的白页。外国学者已经替我们把路径开辟了，我们

---

① 《马克思恩格斯选集》第4卷，第186页。
② 〔英〕莫里斯·布洛克：《马克思主义与人类学》，冯利等译，第4页。

接手过来，正好是事半功倍。本书的性质可以说就是恩格斯的《家庭、私有制和国家的起源》的续篇。研究的方法便是以他为向导，而于他所知道了的美洲的印第安人、欧洲的古代希腊、罗马之外，提供出来了他未曾提及一字的中国的古代。①

至为明显，作者试图利用唯物史观的基本理论和方法作为指引，对古代中国历史（包括国家产生方式）诸问题进行梳理。

《中国古代社会研究》的第二项宗旨，在于利用中国的史料检验或进一步论证恩格斯国家起源学说的价值。在中国革命进入低潮的情况下，如何认识中西历史的异同，对于判断中国革命的前途、鼓舞人们的革命士气具有至关重要的意义。面对当时不少人鼓吹的"中国历史特殊论"之类的论调，郭沫若等马克思主义历史学家进行了有力的辩驳。在他们看来，中西历史遵循了相同的发展规律，甚至国家产生的方式也并无不同，郭先生断言："只要是一个人体，他的发展，无论是红黄黑白，大抵相同。由人所组织的社会也正是一样。中国人有一句口头禅，说是'我们的国情不同'。这种民族的偏见差不多各个民族都有。然而中国人不是神，也不是猴子，中国人所组成的社会不应该有什么不同。"② 与今天人们动辄强调"中国特色"不同，郭沫若先生更加看重的是中西社会发展历程的"异中之同"。在当时的社会背景下，这一认识无疑具有其现实针对性，有利于历史研究与革命斗争的结合。正是在郭沫若先生首倡之后，关于中国国家产生方式的讨论才成为人们辩证中西历史异同诸问题中的一个重要侧面。即使在马克思主义史学阵营之内，20 世纪 80 年代前后人们关于中国历史特殊性的看法也并不相同：大致而言，80 年代之前以郭沫若先生为代表的学者多强调中西历史的共性，而 80 年代之后的学者则更加强调中国历史发展的个性。新时期以来围绕国家产生问题产生的一系列争论，都与中国历史的特殊性或一般性之争有关。

郭沫若先生在《中国古代社会研究》中切实履行了他的方法论，他指出："摩尔根费了他毕生的精力研究美洲土著民族的生活而成《古代社会》(*Ancient Society*, 1877) 一书，恩格斯更依据马克思的遗嘱把他所写成《家庭、私有制和国家的起源》。在恩格斯的书名上已经表得很明白，这几

---

① 郭沫若：《中国古代社会研究》，《郭沫若全集·历史编》(1)，人民出版社 1982 年版，第 9 页。

② 郭沫若：《中国古代社会研究》，《郭沫若全集·历史编》(1)，第 6 页。

位先进是把古代社会的秘密——特别是由氏族社会转移到国家组织的变迁,已经剔发了出来。"① 郭先生认为,中国古代国家也走过了与摩尔根、恩格斯描述的共同的发展道路。也就是说,传说中的五帝时期便相当于氏族和部落联盟阶段。中国古代部落民主制的体现便是儒墨所羡称的"禅让制","尧的帝位不能传给丹朱,舜的帝位也不能传给商均,禹的位置也不能传给启,并不是尧、舜、禹是大公无私的圣人,也不是丹朱、商均等都是十恶不赦的儿子,事实上氏族评议会不能再举丹朱、商均,而丹朱、商均也嫁到别的氏族去作女婿去了。所以当着尧皇帝要'明扬侧陋'的时候,四岳群牧都走来会议,你说这个好,我说这个好,结果是举出了舜来。舜皇帝要组织政府的时候,他也遍咨四岳群牧,又由大家同意举出一个大贤人夏禹来,其后又把帝位让给众人所举出的夏禹去了"。郭先生评论说:"这场场景不就是氏族评议制度的反映吗?那一些四岳十二牧九官二十二人不都是当时的各族各氏的家长宗长吗?"② 五帝时期正是中国古代国家产生的前夜,而这一过程一直延续至商代末年,郭沫若先生因此并不同意传统那种以夏代为中国古代第一个国家的看法。在他看来,西周才是真正意义上国家的开始,"我国古代氏族社会的崩溃,一般的传说是以为在虞、夏之际。尧、舜传贤,禹独传子,所以才有家天下制的产生。这个转换的过程是合于人类进化的历史的。但从实际上看来,这个转换却并不在虞、夏之际。……氏族社会的制度在我国历史上可以说一直到殷代末年都还没有消灭。……所以氏族社会向奴隶制社会的推移是在殷、周之际"③。

郭沫若先生的上述看法奠定了 20 世纪 80 年代前半期人们关于中国古代国家产生问题的主流看法,那就是强调了中国古代国家的产生遵循了与西方相同的模式,亦即摩尔根的所谓"部落联盟模式"。值得注意的是,在一度出现的教条主义风气的影响之下,有学者曾对部落联盟理论进行了绝对化的理解。其中最典型的错误看法,就是人们倾向于将摩尔根的理论简单化和绝对化。这种误解在 20 世纪前期研究古代国家问题的某些中国学者当中尤为普遍,正如有人曾批评的那样:

在摩尔根的著作中,部落联盟是在典型氏族——部落制度下出现

---

① 郭沫若:《中国古代社会研究》,《郭沫若全集·历史编》(1),第 13—14 页。
② 郭沫若:《中国古代社会研究》,《郭沫若全集·历史编》(1),第 98—99 页。
③ 郭沫若:《中国古代社会研究》,《郭沫若全集·历史编》(1),第 99—101 页。

的一种较高级的人类早期政治组织形式。也就是说，部落联盟理论从根本上说是关于典型氏族社会的理论。在摩尔根的学说中，对于部落联盟与国家之间的关系并没有明确地提到过。但是他在解释古希腊和罗马国家的产生时，运用了部落联盟理论。在他的著作中，通过部落联盟而形成国家，是他唯一谈到过的人类早期国家形成的方式。他没有提到任何其他形式的国家形成问题。正是在他的这一论述方式影响下，我国学者形成了把由部落联盟到国家这种演变方式看作是人类早期国家形成的唯一途径的观念。这实际上使早期国家进程的部落联盟模式变成了人类早期国家进程的普遍模式。在这一点上，很显然，我国学者的观点同摩尔根本人的观点并不完全吻合。而在我国学者关于中国早期国家形成问题的研究中，最大的问题就是把部落联盟模式普遍化。[1]

由以上批评不难看出，继承者的主要错误在于把"摩尔根模式"绝对化，当作通行天下的国家产生范例。摩尔根虽然用大量例证讨论了国家产生的"部落联盟模式"，但他并没有断言人类文明中的所有国家必然遵循相同的产生路径，也没有排除世界上存在其他国家产生方式的可能性。相对于追随者们的教条化来说，这无疑是非常慎重的做法。但是在古典进化理论的影响下，20世纪以来的不少学者都忽视了摩尔根理论的上述特点，企图将所有古代国家的起源都纳入这种被放大了的模式之中。据此可见，正是后继者抹杀了摩尔根理论中的一些科学成分，使之蜕变为一种僵化的模式和教条。思想懒惰的人们索性从模式和教条出发，利用它们去测量和评价世界各处的历史，然后截长续短以期实际与理论相合。在这一过程中，研究者并不是通过实际去检验和修正理论，而是用理论去规范实际，这种削足适履的研究方法当然难以保证我们取得科学的结论。

作为一种较早被中国学者广泛采纳的"舶来品"，部落联盟模式第一次将中国古代国家的产生置于一种理论框架之下，也为人们深入认识古代国家产生方式提供了可能。尽管如此，它却留下了若干值得继续深究的疑问。第一，既然中国古代国家与西方国家走过了相同的发展道路，为什么希腊、罗马等西方古典国家呈现出较为明显的民主特征，而中国古代国家则具有所谓"专制主义"或"王权主义"的色彩？换言之，如果我们承认中国古代政治史上的确具有某些专制主义因素的话，那么它与古代国家产

---

[1] 谢维扬：《中国早期国家》，第122页。

生方式之间有何关系？第二，按照"部落联盟模式"的观点，血缘组织的破坏与地缘组织的建立是国家成立的必要前提，那么该如何解释血缘组织在中国古代国家建立过程中的作用？不仅如此，对于三代时期大量存在，普遍发挥作用的血缘组织又该如何理解呢？因为众所周知，血缘组织在中国古代国家产生之际的地位和作用与西方古典时代不可同日而语。历史的发展是有规律可循的，然而同一规律在不同历史和文化环境下往往有不尽相同的表现。郭沫若先生在利用西方理论（包括文化人类学理论）解释古代国家产生问题的同时，也给后人留下了开拓的空间。

二　酋邦理论对新时期国家产生方式研究的启示

（一）酋邦理论

20世纪60年代以来，西方人类学家关于国家产生方式的理论获得了新的进展。美国人类学家塞维斯（Elman R. Service，又译作瑟维斯）和弗里德（Morton H. Fried）等人在对摩尔根的部落联盟理论进行批判继承的基础之上，提出了著名的"酋邦理论"。酋邦理论提出的初衷在于弥补摩尔根等人国家理论中的一个疏漏，即人类社会如何由一种具有平等色彩的部落联盟阶段骤然跨入具有等级、暴力色彩的国家阶段。塞维斯等人认为，在部落与国家之间可能存在另外一种形态，它是部落社会到国家社会之间过渡的桥梁。塞维斯等人通过考察发现，摩尔根虽然将原始社会分为相继发展的六个"民族学时期"，然而从平等氏族社会向更集中、不平等（世袭等级）以及新的财产形式的发展中，却没有相应的阶段划分。换言之，摩尔根的阶段划分缺少了关键的一环，让人们觉得从原始（平等）社会向政治（等级）社会的变迁相对而言似乎是突然性的，这显然有悖于进化论的一般原则。有鉴于此，塞维斯指出："如果我们现在认为等级氏族不同于平等氏族，且晚于平等氏族而处在氏族社会和政治文明的中间阶段，那么，许多悬而未决的问题将得以解决，这些问题自摩尔根时代起，一直困扰着如采尔德、斯图尔德和怀特这样一些现代进化论者，以及可能所有的马克思主义者。"[①] 为了解决这个问题，新进化论派学者根据摩尔根以来人类学调查的最新材料，在前国家时代的社会演进历程中加入了一种新的社会组织形式，塞维斯称之为"酋邦"，而弗里德则称之为"阶等社会"（以及"分层社会"）。按照塞维斯等人的看法，酋邦处于史前时期平等部落社会转向国家社会的过渡阶段，因而兼有两种社会的共同特征：相

---

① 〔美〕埃尔曼·R. 瑟维斯：《人类学百年争论：1860—1960》，贺志雄等译，第169页。

对于部落它出现了社会分层现象,相对于国家它又缺乏强制性而具有原始性的特点。这就是说,人类社会组织大致遵循"群队(或游团,bands)——部落(tribes)——酋邦(cheifdoms)——国家(states)"的演变路径,① 而不是像摩尔根所说的直接由部落跨入国家阶段。这种在平等的原始社会和不平等的国家社会之间加进一个特殊等级制社会过渡阶段的理论,由于得到了诸多材料的有力支持,因此被视为摩尔根以后人类学在国家起源研究领域取得的一个重大成就。20 世纪 60 年代末 70 年代初,桑德斯(Willian T. Sanders)、普莱斯(Barara J. Price)、伦弗鲁(Colin Renfrew)等学者又将酋邦理论引进考古学领域,以此探讨文明和国家起源。总的看来,酋邦理论与部落联盟理论之间的区别主要有两点。

一是酋邦理论排除了国家建立在部落(包括部落联盟)之上的可能性。在塞维斯等人看来,以平等为基本特征的部落社会不可能直接发展为国家,而是要经过一个等级化的过程。部落或部落联盟都属于平等社会,它的重要特点之一在于人们"忽聚忽散",成员多少常因情境而变化,大家有事聚集在一块,无事则各奔东西,因此这种社会也被称作分散社会。② 与摩尔根的看法相同,塞维斯发现一些部落有时组成相当规模的联盟以应对外敌入侵等紧急情况,一旦这种办法无效,部落联盟就会分散瓦解。典型的例子包括北美洲东部的阿巴纳基联盟、莫希干联盟、克里克联盟、大平原诸联盟,以及摩尔根所深入调查过的易洛魁联盟等。③

根据这种理论,部落联盟之上不可能直接建立国家,联盟距离国家的产生之间还有相当长的一段路要走,这就等于就摩尔根留下的历史难题给出了确定的答案。塞维斯指出,希腊、罗马社会不是建立在部落联盟之上,把希腊、罗马前国家时期的社会组织当作与易洛魁人一样的平等社会,是摩尔根犯的一个严重错误。④ 总的来看,当代学者已经普遍抛弃了摩尔根那种认为平等部落制度会直接向国家组织过渡的学说。

国家必然建立在等级社会之上,而酋邦就是一种典型的等级社会。塞维斯认为,游团与部落社会充满了平等色彩,那里缺乏正式的权威职位与等级,也缺乏正式的法律和超出于单个家庭之上的权力;在那里只有拥有

---

① 弗里德用不同的术语来表示这一演进过程,即"无等级和无分层社会——等级社会——分层社会——国家"。其中"分层社会"相当于瑟维斯所说的"酋邦"。
② 参见易建平《部落联盟与酋邦——民主·专制·国家:起源问题比较研究》,社会科学文献出版社 2004 年版,第 169 页。
③ 参见易建平《部落联盟与酋邦——民主·专制·国家:起源问题比较研究》,第 169 页。
④ 参见易建平《部落联盟与酋邦——民主·专制·国家:起源问题比较研究》,第 346 页。

影响的个人与一般的公共习惯约束力。① 然而随着社会的不断演进，那些仅仅拥有有限影响力的暂时性领导地位，逐渐演化为世袭的等级制职位。永久性的社会阶级由此宣告产生，历史发展到了一个更高阶段，这就是酋邦时期。②

从学者的介绍中我们可以看出，酋邦通常具有两项基本特征。首先，酋邦中广泛地存在不平等，等级制是它最为显著的特点，"在某种意义上，酋邦结构是金字塔形的或者说是圆锥形的"③。这是说不平等现象存在于社会的各个部分、各个角落，酋邦社会就像一座大型金字塔，小的地方性的组织、小的亲族集团的结构，则像一座座微型金字塔。集团与集团之间，家庭与家庭之间，个人与个人之间都存在不平等。在最初阶段，酋长作为再分配者获得了高等级的地位，后来这一地位通过长子继承制一类制度而规范化，随后人们根据与领导者关系的远近亲疏而分为不同的阶等。④

虽然很多社会的酋长都是通过世袭方式产生的，但这并不是一条绝对不变的原则。塞维斯曾指出，父系制酋邦中的酋长职位通常由长子继承，而在母系酋邦中这一位置则由长甥继承。⑤ 但是他又指出，真正稳定的完全构造的酋邦概念，只是一种理想化的东西，事实上并非所有的酋邦都拥有完全世袭的权威的职位。比如居住于新西兰的波利尼西亚人找到了一个开阔的环境，有广阔的地域去进行扩张，各地等级的世袭领袖仍然可以通过自己的魅力获得支持者，开拓领地，从而提高自己的地位。"因此，较之大多数其他的波利尼西亚酋邦，新西兰的毛利人（the Maori）社会被描绘成更为'民主的'酋邦。萨摩亚（Samoa）社会也被说成是允许以成就作为阶等标准的酋邦。"⑥ 而在波利尼西亚其他一些地区和北美西北沿海地区的一些酋邦那里，由于人口减少和欧洲人商业活动的影响，许多高贵的地位也是开放性的，以成就作为标准的，由此人们相互之间进行地位竞争的活动也盛行起来了。⑦ 种种迹象表明，酋邦社会中首领的产生可能受特定条件的影响而有多种形式，世袭制并非酋邦绝对的普遍特征。换言之，即使在作为等级社会的酋邦当中，民主性的因素也往往因地而异，而不是

---

① 参见易建平《部落联盟与酋邦——民主·专制·国家：起源问题比较研究》，第168页。
② 易建平：《部落联盟与酋邦——民主·专制·国家：起源问题比较研究》，第169页。
③ 参见易建平《部落联盟与酋邦——民主·专制·国家：起源问题比较研究》，第185页。
④ 参见易建平《部落联盟与酋邦——民主·专制·国家：起源问题比较研究》，第185页。
⑤ 参见易建平《部落联盟与酋邦——民主·专制·国家：起源问题比较研究》，第187页。
⑥ 参见易建平《部落联盟与酋邦——民主·专制·国家：起源问题比较研究》，第188页。
⑦ 参见易建平《部落联盟与酋邦——民主·专制·国家：起源问题比较研究》，第188页。

整齐划一。我们将会看到，了解酋邦组织的这一特征对于解释中国古代国家起源具有十分重要的意义。

酋邦的特征之二是它拥有常设领导，人类学家称之为"集中的领导"。人类学调查资料表明，部落社会中的首领通常只是一种个人性质的"魅力型"领导，他们往往因某种特长或品质在团体需要解决某事时得到拥戴而成为领导，然而他们的地位和职权也随着事件的结束而销声匿迹。用塞维斯的话说，部落社会没有真正的政治职位，也没有拥有真正权力的领导，在那里"'酋长'仅仅是一个具有影响的人物，一位顾问而已"①。与此形成鲜明对比，酋邦社会中的领导具备固定性、常设性的特点，它由先前的"有事则进，功成身退"，变为社会生活中贯穿始终不可或缺的角色。并且随着社会的发展，"一人成仙，鸡犬升天"的现象也产生了：酋长的家庭成员与属员的职位和职能与日俱增，直至通过有利的婚姻关系与内部成长过程，整个统治集团成为按等级排列的特权贵族，高居于普通民众之上。②尽管如此，酋邦社会中领导地位和权力的维系主要建立在宗教权威等因素的基础之上，而不是像国家组织那样采用暴力手段。塞维斯曾指出酋邦与国家在这一个层面上的重要区别，他说："酋邦拥有集中的管理（centralized direction），具有贵族特质的世袭的等级地位安排，但是没有正式的、合法的暴力镇压工具。组织似乎普遍是神权性质的，对权威的服从，似乎是一种宗教会众对祭司—首领的服从。如果承认这样一种非暴力的组织占据进化的一个阶段，那么国家的起源问题……就大大简化了：国家制度化的约束手段就是使用暴力。"③这表明当人类社会经历了漫长的史前时期，最终发展到酋邦阶段的时候，它已经走近文明的大门口了。如果我们把国家比作人类社会的一台庞大机器的话，酋邦距离这台机器的完成只有一步之遥。形象点说，酋邦社会已经将国家机器所需的各种设备配置齐全了，这时候只要人们给它加上"暴力"这个引擎，这台机器就能飞转起来了。

（二）酋邦理论的启发意义

同摩尔根的"部落联盟理论"一样，酋邦理论完全是人们根据国外人类学调查材料得出的结论，但它对于我们重新认识和解决中国古代国家产生方式问题具有一定启发意义。正因为如此，当该理论于20世纪80年代初期传入中国之后便引起不少古史研究者的关注。随着近年来中国国家起

---

① 参见易建平《部落联盟与酋邦——民主·专制·国家：起源问题比较研究》，第164页。
② 易建平：《部落联盟与酋邦——民主·专制·国家：起源问题比较研究》，第193页。
③ 参见易建平《部落联盟与酋邦——民主·专制·国家：起源问题比较研究》，第197页。

第三章 走出古典：从人类学角度看中国国家起源独特性

源问题逐渐成为人们关注的热点，相关的论文已不下百余篇，论著则有十余部。这些论著的观点虽然不尽相同，但极力吸纳西方文化人类学最新理论，试图由此揭示中国国家起源的真相却是其共同之处。有学者曾这样回顾人类学理论在国家起源问题研究中的重要影响：同早期国家研究关系密切的另一个领域是人类学。早期国家问题，作为与人类政治行为相关的领域，因此也在人类学的视野中。一个世纪前美国人类学家摩尔根对人类政治组织问题所作的研究是人类学在这方面努力的一个为我国读者所熟知的代表。在他之后，人类学不断在这方面作出新的贡献，其重要性之大，以至在当代早期国家研究的阵容中，人类学占据的位置与历史学家不相上下。[1] 新时期以来的古史研究很好地证明了这一评论的正确性。

从现有资料来看，最早将人类学"酋邦"理论介绍给中国史学界的是张光直先生。在出版于1983年的《中国青铜器时代》中，张先生率先用塞维斯的"游团""部落""酋邦""国家"等概念考察中国历史，并使之与中国历史各阶段建立了对应关系。张先生认为，考古学上的仰韶文化相当于部落阶段，龙山文化相当于酋邦阶段，而夏商周到春秋、战国、秦汉相当于国家阶段。[2] 1988年，童恩正先生发表《摩尔根的模式与中国的原始社会史研究》，全面分析了"部落联盟理论"的成就与失误。作者指出，摩尔根学说长期以来在我国民族学的"各个方面都打下了深深的烙印"，以至"有的研究者在开展民族调查研究之前，就预先确定了'母系'、'父系'、'部落联盟'、'家长奴隶制'等最终的结论，调查的目的不过是用一点新的资料再一次证明这种模式的正确，而不是从实际出发提出新的问题"[3]。童先生的批评让人们认识到及时引入人类学新型理论的重要意义。谢维扬先生的《中国早期国家》正是在这一背景下产生的一部史学跨学科研究论著，无论就其研究深度、广度、学术影响力而言，该书都值得我们认真加以考察。

《中国早期国家》一书出版于1995年，详细讨论了中国古代国家的相关问题。这些问题大致可以归纳为两个方面。第一是关于人类早期国家的一般理论和早期国家研究的方法问题：其中包括"早期国家"的定义与一般成因、早期国家形态及进程的类型、早期国家的研究方法、部落联盟与酋邦模式的理论分析。第二是中国古代国家起源和中国早期国家的发展历

---

[1] 谢维扬：《中国早期国家》，第7—8页。
[2] 张光直：《中国青铜器时代》，生活·读书·新知三联书店1983年版，第49—54页。
[3] 童恩正：《文化人类学》，上海人民出版社1989年版，第315—354页。

程。作者认为文献传说中的黄、炎以及尧舜禹时期就是古代的酋邦阶段，而夏代则是中国第一个早期国家，商周时期是典型的早期国家，春秋战国时期是早期国家的转型期，文章最后一部分还讨论了中原早期国家形成模式对周边地区及后代少数民族国家形成的影响。该书不是纯粹的理论著作，同时也有别于一般的考证学著作，而是力争将理论与实证结合起来。不仅如此，由于作者立足于前人的研究基础之上，抓住了古代国家产生的若干核心问题，因而取得了一系列令人耳目一新的研究成果。在笔者看来，该书的主要成就有以下几点。

首先，《中国早期国家》较为系统、详细地将"早期国家""酋邦"等概念及相关理论介绍给国内学术界，为人们解决相关问题提供了新的思维工具。20世纪80年代以前，"早期国家"这个在国际学术界已广为运用的概念对于中国学者来说还相当陌生。按照国外学者的一般看法，早期国家是人类政治组织的一种类型，它可以指人类历史较早时期出现的一些最初形成的国家，也可以指历史上出现较晚，但在形成机制和形态上与人类最早那些国家有相似之处的各个国家社会。为了研究的需要，人们觉得有必要从所有国家中区分出一种在发生上同原始社会有连续性关系的类型，即早期国家。按照某些国外学者的定义："早期国家是指最早的、真正原始类型的国家，是原始社会解体后的直接继承者。"[1] 通过"早期国家"这个概念，人们可以对历史上不同时期出现的一些相似的国家进程和国家社会做类型学的研究。比如当我们在研究古代历史的时候，就不能以成熟国家的标准衡量早期国家。同样的道理，我们也不能像此前的某些部落联盟论者那样根据成熟国家的指标将中国历史上的夏代，甚至商代排除在"国家"体制之外。换言之，中国历史上三代之际血缘组织（家族）地位的崇高并不能成为否认当时已进入国家阶段的证据，它充其量只能表明当时的国家组织存在大量原始社会的因素。总之，"'早期国家'概念的提出和使用，可以说标志着关于人类早期政治组织研究的一种新水平，同时也反映了这一研究的专门化程度的提高。很显然，对国内学者来说，吸收'早期国家'这个概念是合理的，也是有益的"[2]。

除此之外，酋邦理论的引入也给中国古史的研究者带来新的启发。20世纪20年代后期唯物史观以及古典进化论的传入导致了中国古代国家产生方式研究的第一次高潮，而在50年代至70年代末之间，由于特殊的历

---

[1] 哈赞诺夫语，转引自谢维扬《中国早期国家》，第44页。
[2] 谢维扬：《中国早期国家》，第3页。

史和政治环境,中国学者在了解和借鉴西方人类学理论方面相对滞后。有学者将这种现象形象地称作理论语言的"老化",谢维扬评述说:"在一定程度上,许多国内学者的研究在理论语言上呈现'老化'的现象。国际学术界近二三十年来在早期国家理论的研究中有许多重要成果,其中有些是积极的,但在国内工作中对此反映的还很少,即便是与之争辩也很少看到。国内大多数学者所熟悉的和较多引用的还是摩尔根在一百年前提出的理论和他所报道的事实。摩尔根的理论得到过马克思和恩格斯的高度肯定,其中有些内容成为马克思主义关于早期国家的重要来源。但是,由于历史条件的限制,摩尔根对有关材料的搜集不可能做到十分全面,在对材料的处理上也有一些失误。这必然为他的理论模型带来不可避免的缺陷。"① 面对国际学术界知识更新的状况,是拒斥不顾,还是批判性地学习呢?谢维扬先生坚持后一种做法,他认为随着整整一个世纪中新鲜资料的不断涌现,以及对有关资料的理解的不断调整,摩尔根的理论被一些新的理论所补充和修正,这应该是不足为奇的。因此,我们没有理由拒绝讨论摩尔根之后在早期国家理论中出现的各种新的构思,至少应当在辨别的基础上科学地吸收这些构思中合理的成分。对摩尔根的工作,也应当结合一百年来出现的新资料,对其得失作出恰如其分的清理。这对于我国早期国家研究的推进是十分重要的。

其次,《中国早期国家》一书以酋邦理论为依据,较为成功地解释了中国古代国家产生前后的某些重要历史现象。与一般意义上的国家相比,早期国家有这样几个特征:第一,从原始社会直接演化而来,或可以被看作这一演化发生后的最初一些阶段;第二,中央集权的最高权力中心;第三,行政和政治管理机构;第四,社会分层或阶级分化;第五,领土观念;第六,国家意识形态。② 郭沫若先生在《中国古代社会研究》中一方面受到疑古思潮的影响,一方面依据摩尔根等人的意见,曾否认夏代进入国家时代的可能性。然而根据新时期以来丰富的地下考古资料来看,这种论断并不准确。谢维扬先生结合大量文献和考古材料指出,夏朝已经进入早期国家阶段。一方面,这个政治实体在政治的发展上已经基本具备了作为国家的一些主要要素:王权、国土、官僚机构、军队、国家意识形态、财政制度、法律等。另一方面,夏朝又带有原始社会的某些遗迹。比如在国土结构上,部落作为社会单位的存在,就是一个典型的例子。当然,夏

---

① 谢维扬:《中国早期国家》,第15—16页。
② 谢维扬:《中国早期国家》,第44—51页。

朝的部落已经与史前时期的部落不完全相同，这表明夏代是中国早期国家的初期阶段。商周两代延续时间为1100多年，在中国上古历史上具有极端重要的作用。相对于夏代而言，他们在国家制度方面已经成熟很多，尽管如此，这两个朝代却尚未由早期国家转变为成熟国家。从这个意义上讲，它们正是中国早期国家的典型代表。到了春秋战国时期，中国社会，尤其是国家制度发生了自夏朝国家产生以来最深刻的变化。到了公元前3世纪的时候，一个新型的、成熟的中央集权制国家（秦）取而代之，中国早期国家的历史至此遂告结束。① 三代历史属于早期国家范畴，大量血缘组织长期活动于当时的历史舞台，这也正是中国早期国家的重要特点之一。与20世纪初期的观点相比，这种关于三代历史的重新认识得到了传世文献、地下考古资料以及文化人类学理论的三重支持，因而更加切近中国历史的实际。

该书的第五章"中国古代的酋邦"篇幅虽然不大，却提出了很多令人耳目一新（同时也令许多人难以认可）的看法，这也正是《中国早期国家》一书在中国古史学界引人关注的重要原因所在。在酋邦理论的启发下，作者发掘了大量的文献和考古材料，试图从五帝时期历史的传说中剥离出信史的成分。五帝时期属于中国古史的传说时代，在20世纪前半期疑古思潮的影响下，人们多将之视为东周诸子托古改制的产物。然而随着大量考古发现的出现，这样的认识便显得日渐不合时宜了。这是因为中国上古史料中往往真伪纠葛，不能以绝对的态度和方式处置它们：信史往往蕴含于传说之中，那种以历史人物带有神秘色彩为由便彻底否定其真实性的做法并不可取。谢维扬认为五帝时期的历史也应作如是观，他说："中国的'五帝'时期，毫无疑问是属于传说时代。把古代关于这一时期的记载视为信史，固然是一种流于简单化和过时的方法。但是，如果由于这一时期的资料带有传说的性质而完全否认它们具有任何史料价值，并完全不予利用，这实际上也是一种过分的反应。"② 事实正是如此，自20世纪二三十年代疑古思潮盛行以来，人们审查史料、批判史料的意识得到显著增强，但这一思潮也引发了学术史上不少的"冤假错案"。郭沫若先生受此影响，在讨论古代国家产生问题时甚至不愿意承认夏代国家的产生。一个时期以来，有些西方学者对于中国古代国家问题最早也只是谈到商代，对此前的历史则存而不论。这种做法实际上等于舍弃了对于国家起源问题的

---

① 分见谢维扬《中国早期国家》第六、七、八章相关内容。
② 谢维扬：《中国早期国家》，第237页。

考察,"对于一项完整的和深入的中国早期国家研究来说,这显然是不能满足的。因此,在中国早期国家研究中,接触和处理传说时期资料,几乎是无可避免的事"①。论者的上述观点与近年来李学勤先生"走出疑古时代"的主张完全一致,不过前者得益于人类学理论的启发,后者则更多地试图利用丰富的考古材料重构信史。2002年,中国学术界继夏商周断代工程之后又启动了一项大型的综合研究工程——"中华文明探源工程",其目的即是在已公布的夏商周年表的基础上,将中国的历史再向前追溯1000年左右而直至传说中的炎黄时代。从上述事实不难看出,谢维扬教授之所以早在20世纪90年代中期即重视传说时代的研究,应当主要是得益于文化人类学理论的启发。

作者的另一项贡献,在于以酋邦理论取代传统的部落联盟理论来解释五帝时代的历史。郭沫若等先生一度认为传说中的五帝相当于部落联盟的军事民主制时期,这显然是为了强调中西历史发展中共性的一面。② 那么该如何解释希腊、罗马早期国家的民主制特征,以及中国古代国家的专制主义特征?大量史料表明,中央集权制的专制主义虽然酝酿于战国,定型于秦汉,但专制的萌芽却早在三代之际即已出现。要解释三代王权的性质,无疑又要回到国家产生方式这个老问题上。如果说史前中国属于以民主制为特征的部落联盟社会的话,那么三代以来的专制主义从何而来?史前的民主传统又到哪里去了呢?摩尔根的部落联盟理论显然无法对这一现象作出合理解答。然而当我们将五帝时期的某些现象与酋邦理论联系起来时,许多问题就迎刃而解了。《史记·五帝本纪》曾记载黄帝"习用干戈,以征不享",遂使"诸侯咸来宾从",炎帝则"欲侵陵诸侯",黄炎部族之间经常发生战争,黄帝族"三战然后得志"。《淮南子·天文训》说"昔者共工与颛顼争为帝",《兵略训》也说:"颛顼尝与共工争矣。……共工为水害,故颛顼诛之。"部族之间为争夺最高领导权的斗争还发生于共工与帝喾之间,故而《淮南子·原道训》说:"昔共工……与高辛氏争为帝。"从这些活动中,我们很少看见类似于古典进化论人类学家所说的那种部落民主因素,相反地,给人深刻印象的倒是不同部族之间的暴力争斗和等级之分。谢维扬先生认为这正是酋邦社会的特征,他说:"从黄、炎时期部落联合体内存在着各组成部落间的不平等地位和联合体最高权力这

---

① 谢维扬:《中国早期国家》,第237页。
② 除郭沫若先生之外,金景芳先生也力主五帝时期为中国氏族社会的部落联盟和军事民主制时期。参见金景芳《中国奴隶社会史》,上海人民出版社1983年版,第2—3页。

两项特征看,这些部落联合体很显然是属于酋邦类型的。作为酋邦,这些部落联合体的最显著的特征是不存在平等结盟的基础,相反,所有部落事实上都依附和服从一个具有最高权力的部落的统治,这个最高权力部落的首领成为联合体即酋邦的最高首领——帝或后。……可以说,在所有有关传说中都没有任何证据能够表现黄、炎时期存在着以平等结盟为基础形成的部落联盟。要之,从中国传说时期的较早时期起,中国境内已经存在着一些分布在不同地域中的酋邦。"① 在解释炎黄时期频繁的部族战争方面,酋邦理论显然比部落联盟理论更具说服力。

尧舜禹时期部落联合体的性质是什么?众多部落联盟论者坚持认为当时的主要社会组织是部落联盟,但这一解释与专制主义因素之间的矛盾却是显而易见的。金景芳先生曾经断言,尧舜禹时期的部落联盟与希腊、罗马国家产生前期的英雄时代相同,二者不仅都通过民主选举产生部落首领,而且还具有类似的民主机构。他说:"罗马的勒克斯,希腊的巴塞勒斯,中国尧舜时代的帝,不仅职位相似,而且产生的过程也相似,这难道是偶然的吗?这是世界各民族的历史都经历过共同的发展阶段,有着共同的规律性的反映。当然,由于国别的差异,它们在名称上和实际作用上会不可避免地存在一些差别。"② 金先生有所保留地指出了中西部落联盟"在名称上和实际作用上"存在的差别,应该说这是非常审慎的做法。然而在谢维扬先生看来,尧舜禹时期的部落联合体与希腊、罗马前国家时期的部落联合体不仅在名称和实际作用上存在差异,更重要的是它们的组成和活动方式完全不同。

首先,部落联盟没有最高首领,而尧舜禹部落联合体却有最高首领。《史记·五帝本纪》中每每以"帝"称尧、舜、禹,这同黄炎时代部落联合体的最高首领被称为"帝"一样,表明这些传说人物在部落联合体中占有特殊的、至高无上的位置。此外,尧舜禹部落联合体(酋邦)最高首领的权力还表现在这些首领对参加联合体的各部落首领有处置权,这在充满民主色彩的部落联盟中是不可想象的。据有关文献,舜就曾不止一次地对其他部族首领施以流、放、窜、殛等处罚。如《尚书·尧典》:"(舜)流共工于幽州,放驩兜于崇山,窜三苗于三危,殛鲧于羽山。"《左传》文公十八年说帝鸿氏有不才子,天下谓之浑敦,少皞氏有不才子,天下谓之穷奇,颛顼氏有不才子,天下之民谓之梼杌,缙云氏有不才子,天下之民谓

---

① 谢维扬:《中国早期国家》,第258页。
② 金景芳:《中国奴隶社会史》,第6页。

之饕餮,"舜臣尧,宾于四门,流四凶族。浑敦、穷奇、梼杌、饕餮,投诸四裔,以御螭魅"。《国语·鲁语下》则说:"昔禹致群神于会稽之山,防风氏后至,禹杀而戮之。"这些充满暴力和强制色彩的惩罚措施正是酋邦制下的产物。

其次,部落联盟会议的议事原则是全体一致通过,尧舜禹部落联合体却是由最高首领决断。从摩尔根所载易洛魁部落中的情形来看,几乎所有部落大事都需经过全体成员的民主表决方能通过,作为临时性、魅力型领导的部落首领的权力是极为有限的;这与酋邦社会中的情形有明显差别。从《尚书·尧典》记载尧舜选拔官员的做法来看,二人主要是先向联合体的成员征询意见:"汤汤洪水方割,荡荡怀山襄陵,浩浩滔天。下民其咨,有能俾乂?"四岳虽然有推荐人才的权利和义务,但最后的决定权却操于尧舜之手。值得注意的是,《尧典》所载舜对于弃、契等十余人的任命,都是采取这种由最高首领一人决断的方式,这与部落联盟中全体一致通过的方式大异其趣,而且最重要的是这里根本不存在任何表决的程序。

最后,部落联盟的权力结构中存在酋长会议和人民大会等集体性质的"权力点",而尧舜禹部落联合体中则只有联合体最高首领这一个"权力点"。我们知道,以希腊、罗马为代表的部落联盟社会中通常存在三个权力中心,它们分别是酋长会议、最高军事统帅以及人民大会。那么五帝时期是否存在这样的机构呢?部落联盟论者对此持肯定意见,他们试图在中国古史材料中为以上机构一一寻找原型。[1] 谢维扬对此进行了反驳,他认为这种按照部落联盟标准衡量中国古代历史的做法是错误的。他批评说:

> 我国学者中有不少人认为尧、舜、禹"部落联盟"中存在着"酋长会议"或"酋长议事会"。他们的主要理由就是《尧典》中记载了尧、舜向各部落首领商议某些事务的情节。……但很清楚,《尧典》的这些记载充其量只是表现了尧、舜向各首领咨询的情况,如"询四岳"等等。请注意"询四岳"这三个字,它们非常明白地表明了尧、舜在议事活动中是行为主体,而四岳只不过是被询问的对象。对四岳来说,他们既处在尧、舜不平等的较低下的地位上,同时也谈不上对议题有任何决定和否决权。这个权力完全在尧、舜手中。这同部落联盟中的酋长会议是有本质不同的。[2]

---

[1] 参见金景芳《中国奴隶社会史》,第5—9页。
[2] 谢维扬:《中国早期国家》,第271—272页。

至于尧舜禹时期"人民大会"的存在，在论者看来也是没有任何可靠依据可资证明的。即使在商周历史上，也从未出现过"国人""万民"成为社会的一个权力点的任何制度。因为历史上任何君主，即使是非常专制的君主，在作出决策之前也不会绝对排除经过某种咨询的程序，秦始皇在建立高度中央集权的专制主义政体之后不是还有"下其议"吗？

这样看来，部落联盟具有的三项主要特征在五帝时期的社会组织中并不存在，相反地，"尧、舜、禹部落联合体同部落联盟有着完全不同的基础。它们属于具有个人性质的权力的部落联合体类型，也就是我们所说的酋邦。这同我对黄、炎时期酋邦的分析是一致的。事实上，尧、舜、禹酋邦很可能正是黄、炎酋邦的延续"①。

《中国早期国家》还以酋邦理论为依据，系统考察了中国早期国家的独特形成方式。我们在前文曾经指出，塞维斯等人认为国家的产生通常要经历"群队——部落——酋邦——国家"的基本发展序列，而不是像摩尔根所说的那样直接由部落联盟产生国家。酋邦是一种出现阶层的社会形态，因此其中已经孕育了国家时代各种制度的雏形。谢维扬先生认为，部落联盟模式与酋邦模式是人类文明史上国家产生的两种基本类型：前者以希腊、罗马为代表，后者以非洲的祖鲁，以及中国古代国家为代表。中国古代国家之所以具有专制主义的特点，根本原因就在于它是建立在酋邦的基础之上。换言之，由于中国早期国家从酋邦体制中继承了那些具有集权色彩的因素，才导致国家在政治体制上呈现"天无二日，国无二君"的特点。在谢维扬看来，酋邦类型的原始社会向国家社会的过渡并不是一个普遍性的问题，因为许多这种类型的社会事实上长期停留在酋邦阶段。中国则是一个由酋邦社会向国家社会顺利转变的例子，从这个意义上来说，它与以希腊、罗马、德意志为代表的国家产生方式不同。由于早期国家进程的面貌不同，分别由氏族模式和酋邦模式产生的国家在政治传统上也形成较大的不同。作者认为："总的来说，由氏族模式形成的国家，至少在其最初的发展上，倾向于形成一种民主型的政治运行机制。比如雅典和罗马国家的最初形态都是民主共和国。而对于酋邦模式来说，它所产生的国家在最初的发展上则相反，比较倾向于形成专制型的政治运行机制。"②

在借鉴西方文化人类学理论时应该原版照抄，还是根据具体情况灵活应用？毋庸置疑，酋邦理论虽然克服了摩尔根古典进化论的若干错误，但

---

① 谢维扬：《中国早期国家》，第273页。
② 谢维扬：《中国早期国家》，第75—76页。

它同样没有考虑到中国古代国家产生的实际。正因为如此，那种认为只要简单照搬酋邦理论便可以毕其功于一役的想法显然过于乐观了，这种"拿来主义"的办法很可能会使酋邦理论遭遇与摩尔根部落联盟理论同样的结果。谢维扬先生对此有充分的估计，因而试图将酋邦理论加以修正以期适合于中国历史的解释。他认为，从一个单一的社会来看，酋邦制度可以被看成比典型部落社会更高的一个社会发展阶段，在酋邦与典型部落制度之间的连续性也是比较明显的。谢维扬指出："说酋邦制度是从典型部落社会中演变而来，这大约不会有什么问题。但是从世界范围看，酋邦并不是所有典型部落社会发展的必然结果。在雅典、罗马、日耳曼人的政治组织演进中，就没有关于酋邦存在的充足的证据（只有上面提到的少数日耳曼人部落可能与酋邦制度有某种关系，但有关资料尚不充分）。从这个意义上说，酋邦制度又应当被看作是人类政治组织发展中的一种类型。"① 也就是说，中国是酋邦制度演进的一个代表，这与希腊、罗马、德意志等国家经由部落联盟进入国家时代不同。这一理解与塞维斯等人理论的原貌虽然有不小出入，却对于我们理解中国国家产生问题颇具意义。应该说，正是在酋邦理论的启发下，我们对于中国古代国家产生某些特性的认识才日益符合历史的实际。

三　进一步开拓的空间

《中国早期国家》是作者利用酋邦理论解读古代国家产生方式的一次尝试，它在利用酋邦理论解释中国国家产生问题取得一系列重要成绩的同时，还存在一些不足之处。对于这些问题，在近年来的讨论中已引起越来越多学者的注意。这些不足的倾向性表现之一，就是多数学者依旧沿袭了传统的研究思路，试图用一种新的西方式理论模式取代另一种旧的西方式理论模式，并用它来解释中国古代的历史。如上所述，部落联盟理论和酋邦理论是西方学者围绕国家产生方式问题先后提出的两种理论模式，那么中国古代历史的发展是否必然属于二者之一？中国古代国家产生有无可能遵循另外一种国家产生模式呢？酋邦理论的坚持者虽然极力突破传统的理论模式，但他们同早期的"部落联盟论"者一样，在参照西方理论时总是或多或少地忽略了中国历史的特点。这种倾向已引起不少学者的重视，林甘泉先生指出："照我不成熟的看法，我们似乎没有必要一定在'部落联盟'说或'酋邦'说二者之间取其一。从中国的历史实际出发，可不可以

---

① 谢维扬：《中国早期国家》，第74页。

提出一种新的模式？……我们可以不可以设想，中国古代前国家时期的政治组织，既不同于易洛魁的部落联盟，又不同于现代人类学家所调查的酋邦。或者说，它是一种既具有部落联盟的形式又带有某些酋邦色彩的政治组织。总之，我的意思是，在对中国古代历史发展的许多重大问题做出理论概括时，我们既不要照搬马克思、恩格斯的有关论述，也不要套用西方学者基于外国经验材料所得出的结论。应该在唯物史观基本原理的指导下指导中国的历史实际，做出自己的理论概括。"[1] 林先生虽然没有对古代国家的产生问题展开具体讨论，但他提出的上述原则无疑值得我们重视。在笔者看来，要正确解释中国古代国家的产生方式，在参照西方部落联盟理论、酋邦理论的同时，还要对中国古史的若干记载予以充分重视。唯有如此，我们才有可能揭示出中国古代国家产生的真实情形。禅让制在先秦社会是否真实存在过？血缘组织在中国古代国家产生过程中是否发生过有别于西方历史时期的非常作用？酋邦论者在这两个问题上或加以否认，或予以忽视。下面仅就此略加讨论，以概其余。

首先看古籍中普遍存在的"禅让制"传说。禅让制在《尚书》《墨子》《孟子》等众多古籍中都有所记载，自古以来被许多人当作上古德治的模范而不予怀疑。近代以来，随着古史辨派的崛起，人们开始质疑这些记载的真实性。1936年，顾颉刚先生发表《禅让传说起于墨家考》，认为禅让传说是墨家为了宣传其"尚贤"学说而制造出来的故事。[2] 在我们看来，顾先生的这一解释虽然新颖，却存在不少疏漏。《尚书·尧典》这样描述尧舜时代的禅让制度。

（1）帝尧曰放勋。钦明文思安安，允恭克让。

（2）帝（尧）曰："畴咨若时登庸？"放齐曰："胤子朱启明。"帝曰："吁！嚚讼，可乎？"帝曰："畴咨若予采？"驩兜曰："都！共工方鸠僝功。"帝曰："吁！静言，庸违，象恭滔天。"

（3）帝（尧）曰："咨！四岳：朕在位七十载，汝能庸命，巽朕位。"岳曰："否德，忝帝位。"曰："明明扬侧陋。"师锡帝曰："有鳏在下，曰虞舜。"帝曰："俞！予闻，如何？"岳曰："瞽子。父顽，母嚚，象傲，克谐以孝烝烝，乂不格奸。"帝曰："我其试哉！"女于

---

[1] 林甘泉：《林甘泉文集》，第436—437页。
[2] 顾颉刚：《禅让传说起于墨家考》，《古史辨》第7册下，上海古籍出版社1982年版，第30—117页。

时，观厥刑于二女。厘降二女于妫汭，嫔于虞。

（4）帝（尧）曰："格汝舜，询事考言乃言厎可绩，三载。汝陟帝位。"舜让于德弗嗣。

这几段材料中所说的禅让均指对部族首领（"帝"）的位置的推让，它与西方人类学材料中的记载存在很多相同之处。塞维斯等人曾经指出，酋邦社会广泛存在着酋长职位的世袭制，比如在父系酋邦中酋长职位由长子继承，在母系酋邦中由长甥继承，但这并不排除有的酋邦中可存在其他首领产生方式的可能性。所以塞维斯又说真正稳定的完全构造的酋邦概念，只是一种理想化的东西，因为并非所有酋邦都拥有完全世袭的权威的职位，世袭制度与酋邦没有必然联系，因而它不能作为酋邦社会绝对的普遍特征。① 这就是说，即使在酋邦中也不可能存在清一色的血缘继承制，相反还可能存在某些民主继承制度。禅让制是否为这种民主继承制度在中国上古文化中的特殊表现呢？我们有理由作出这样的推断。

禅让制度之所以不容轻易否认，还因为同样的记载广泛存在于先秦墨家在内的诸子著作之中。《墨子·尚贤上》："故古者尧举舜于服泽之阳，授之政，天下平；禹举益于阴方之中，授之政，九州成。"《尚贤下》："昔者舜耕于历山……尧得之于服泽之阳，立为天子，使接天下之政，而治天下之民。"这就是疑古派学者主张诸子因受墨家"杜撰"影响才迷信禅让制度的根据。毫无疑问，墨家学说的确在战国时期一度颇为盛行，号称"显学"，但我们难以想象一种没有任何历史依据的理想竟然会引起后人长期的追捧和迷信。考虑到禅让制广泛记载于先秦多种文献之中，要将它们都归之于墨家宣传的结果就显然格外不合情理。儒家对禅让的看法可以孟、荀为代表，《孟子·万章上》万章要求孟子对"尧以天下与舜"的说法进行核实，孟子答曰"天子不能以天下与人"，舜的帝位是"天与之"的结果。同篇又以"禹传天下于启"为例解释说："天与贤则与贤，天与子则与子。……舜、禹、益相去久远，其子之贤不肖，皆天也，非人之所能为也。"我们切不可望文生义，以为这是孟子对禅让史实的否定，因为论者的主旨是强调民心得失（即所谓"天"）对于统治的重要性，故而他所说的"天与之"其实也就是禅让。同样的表述也见于荀子的有关言论，《荀子·正论》："世俗之为说者曰：'尧舜擅（禅）让'，是不然。天

---

① 易建平：《部落联盟与酋邦——民主·专制·国家：起源问题比较研究》，第187—188页。

子者，势位至尊，无敌于天下，夫有谁与让矣。"这段话与其说是荀子对禅让史实的否认，不如说是他对天下传承过程中客观因素作用的强调。荀子的本意在于说明禅让之举不可妄行，但他并不否认禅让是历史事实，故《成相》又说："尧、舜尚贤身辞让。"这是用时人喜闻乐见的方式表达了对尧舜禅让史实的肯定。盖孟子重民心得失，荀子重礼乐之治，二人取舍虽然不同，但均未否认禅让的基本史实。法家关于禅让的表述散见于《韩非子》多篇之中，《外储说上》说尧欲传天下于舜，鲧、共工均以舜为匹夫而表示反对，尧遂杀鲧于羽山之郊、诛共工于幽州之都。这则故事虽然综合了许多古史传说，但其中透露出上古存在禅让的基本事实。《五蠹》说尧、禹之时，王天下者生活之清贫不亚于监门之服养，事业之艰苦远胜于臣虏之辛劳，"以是言之，夫古之让天子者，是去监门之养而离臣虏之劳也，故传天下而不足多也"。《八说》："古者人寡而相亲，物多而轻利易让，故有揖让而传天下者。然则行揖让，高慈惠，而道仁厚，皆推政也。处多事之时，用寡事之器，非智者之备也。当大争之世而循揖让之轨，非圣人之治也。故智者不乘推车，圣人不行推政也。"所谓"推政"即禅让制度，韩非子从社会条件出发揭示了禅让制产生的物质基础，认为它并非道德高尚使然，这一认识无疑更贴近历史的实际。与法家不同，道家没有明确反对禅让，而只是用它作为表达自己清静无为思想的素材。《庄子》有一篇篇名就叫做《让王》，其中说尧以天下让于许由、子州支父、子州支伯、善卷、石户之农等人，然而他们都不愿意为了王位而舍弃自由和逍遥。同篇又说北人无择因羞于舜欲以天下让他而自投清冷之渊。庄子善于用形象生动的寓言表达深刻的哲学思想，我们自然不必相信许由、子州支父、子州支伯、善卷、石户之农、北人无择等在历史上真有其人，但由此反映出的文化观念却不能不引起我们的重视。战国末期的杂家著作也不止一次提到禅让，《吕氏春秋·去私》说尧有十子，却将天下传于舜；舜有九子，却将天下传于禹，由此可见二人之大公无私。《贵生》说尧以天下让于子州支父，子州支父辞之以"幽忧之病"。《行论》说尧以天下让舜，鲧为诸侯，怒于尧。总的看来，先秦文献关于禅让的记载不仅在时间上跨度大，而且广泛涉及包括儒、墨、道、法、杂等家在内的众多学术流派，其代表性不容忽视。

正因为如此，对于散见于先秦各个学派的禅让制度，在没有得到更有力的证据之前，我们似乎不能否认它的历史特征。在《中国早期国家》一书中，谢维扬先生仍坚持古史辨派的看法，而否认禅让制的真实性。他说："禅让说在战国时就遭到一些学者的质疑和反对。……现在看来，尧、舜、禹时代的禅让制是否真正存在过,还有待于进一步研究。"[1] 作者以委婉的方式表达了他拒绝采信禅让说的理由,此举虽出于强调古代专制主义与酋邦之间联系的考虑,却有为了符合己说而无视古史记载的嫌疑。

进入国家时代以后,政权在很大程度上被中国古人视为祖先留下的一笔宝贵遗产。在这种国家观念之下,除非情不得已,否则决不会有人轻易地将这笔遗产让与别人,取而代之的只能是一种形式上的谦让。换言之,禅让作为一种制度在国家产生之后就已退出了政治舞台,然而它的影响却并未完全消失。比如统治者向"耆老"征求"遗训"或"故实"的传统,便可能与上古的禅让制度有关。《国语·周语上》说宣王欲得国子之能导训诸侯者,樊穆侯称鲁侯"肃恭明神而敬事耆老;赋事行刑,必问于遗训而咨于故实;不干所问,不犯所咨。"《晋语八》叔向曰:"吾闻国家有大事,必顺于典刑,而访咨于耆老,而后行之。"所谓"耆老"是指那些德高望重、政治经验丰富的年长者,我们无由断定他们是否必然曾担任国家职事,但不能排除这种咨询与史前禅让制之间存在联系。《周礼·小司寇》掌外朝之政以致万民而询焉:"一曰询国危,二曰询国迁,三曰询立君。"此处的"万民"即史籍中大量出现的"国人",他们在国家政治生活的三个重要方面拥有表决权。前人多以《周礼》为晚出,然而我们发现其中的记载竟与先秦时期的众多史实完全吻合。如《左传》僖公十八年(前642)冬邢人、狄人伐卫,围菟圃,"卫侯以国让父兄子弟及朝众,曰:'苟能治之,毁请从焉。'"在国家发生危机卫侯打算让位的时候,被纳入考虑对象的既包括与国君有血缘关系的"父兄子弟",同时也包括作为一般职事人员的"朝众"。虽然事出有因而情非得已,但卫侯让位的意义的确有必要深入考察。哀公元年:"吴之入楚也,使召陈怀公。怀公朝国人而问焉,曰:'欲与楚者右,欲与吴者左,陈人从田,无田从党。'"僖公二十八年(前632),晋侯与齐侯盟于敛盂。卫侯请盟,晋人不许。卫侯打算投向楚国一边,但国人不欲,故出其君以取悦于晋,卫侯被迫出居。闵公二年(前661)冬十二月,狄人伐卫。卫懿公好鹤,鹤有乘轩者。将战之时,士兵都说:"使鹤,鹤实有禄位,余焉能战?"卫师因此败绩,卫国也被狄人所灭。在以上例证中,大夫抑或国人有时参与政治事务的表决,有时则为君主出谋划策,甚至作为君主的对立面出现,这些行为中反映出一种与专制君权相对立的因素。考虑到史前社会曾存在过以禅让制为代表的民主推举制度,我们把这些因素的根源追溯到史前时期应该说有一定合理性。

---

[1] 谢维扬:《中国早期国家》,第269页。

血缘组织在不同国家产生过程中所发挥的作用有何不同？谢维扬先生同样未就此进行深入考察。在摩尔根人类学调查材料的支撑下，恩格斯认为氏族制度的消失、血缘组织在政治生活中影响的蜕化，是国家产生的重要前提。这是20世纪80年代以前学术界几乎一致认可的看法。然而从大量古史资料来看，中国古代国家与血缘组织关系密切，而与恩格斯所概括的国家形成模式并不完全相同。20世纪50年代，侯外庐先生对这个问题进行了新的探索。侯先生认为血缘组织（家族）在中国国家产生过程中的作用与西方并不相同：希腊、罗马、德意志等国家（"古典的古代"）是"从家族到私产再到国家，国家代替了家族"，而中国（"亚细亚的古代"）则"由家族到国家，国家混合在家族里面"。前者是新陈代谢，是"革命的路线"；后者却是新陈纠葛，是"维新的路线"[1]。

当80年代初塞维斯等人的国家理论传入中国后，同样的问题再次困扰着中国学者。作为新理论的早期引介者之一，张光直教授在转述肯特·弗拉约里（Kent. V. Flanery）的国家定义后质疑道："照这种看法，国家的必要条件有两个：血缘关系在国家组织上为地缘关系所取代，和合法的武力。从这方面看商代文明，前者不适用而后者适用；商代是不是已达到了国家的阶段？"[2] 张先生同时提出解决问题的两种方式："一是把殷商社会认为是常规以外的变态。……另一种方式是在给国家下定义时把中国古代社会的事实考虑为分类基础的一部分，亦即把血缘地缘关系的相对重要性作重新的安排。"[3] 从考古学的角度出发，张先生认为可取的做法是第二种，亦即充分考虑血缘组织在古代国家产生时的作用，对国家产生的特殊途径进行考察。在以上认识的基础之上，强调中国国家起源方式特殊性的观点逐渐占据主导地位。80年代末期，赵伯雄先生在谈到周代国家形态问题时明确指出："与古代希腊、罗马社会不同，中国古代国家的出现，不是以氏族制度的彻底崩溃为前提的，恰恰相反，在国家形成的时候，氏族的血缘外壳依然被保留，而且此后保留了相当长的历史时期"，"邦国自氏族演化而来，在阶级统治早已确立的情况下，氏族的血缘联系依然存在，也就是说，氏族关系存在于邦国之中，这就是中国古代社会的特点"[4]。此说无疑是对侯外庐、张光直等人观点的坚持和发挥。至此我们不难看出，经过半个多世纪的摸索和探讨，中国学者终于较好地处理了西方理论与中

---

[1] 侯外庐：《中国思想通史》第1卷，第3—17页。
[2] 张光直：《中国青铜时代》，第53页。
[3] 张光直：《中国青铜时代》，第53—54页。
[4] 赵伯雄：《周代国家形态研究》，湖南教育出版社1990年版，第57、61页。

国实际之间的关系，认识到既不能盲目地以实际迁就理论，也不应拘泥实际而草率地舍弃理论。这说明从实证层面讨论血缘组织与中国古代国家产生关系的条件已经具备了。

在笔者看来，承认血缘组织在中国古代历史，尤其是国家产生过程中的作用，不仅不会违背唯物史观的主要原理，而且还会使我们逐步摆脱教条主义，丰富对人类历史发展的认识。恩格斯在《家庭、私有制和国家的起源》一文中曾引述马克思的话说："现代家庭在萌芽时，不仅包含着奴隶制（servitus），而且也包含着农奴制，因为它从一开始就是同田野耕作的劳役有关的。它以缩影的形式包含了一切后来在社会及其国家中广泛发展起来的对立。"恩格斯自己则补充说：

> 在历史上出现的最初的阶级对立，是同个体婚制下夫妻间的对抗的发展同时发生的，而最初的阶级压迫是同男性对女性的压迫同时发生的。个体婚制是一个伟大的历史的进步，但同时它同奴隶制和私有制一起，却开辟了一个一直继续到今天的时代，在这个时代中，任何进步同时也是相对的退步，因为在这种进步中，一些人的幸福和发展是通过另一些人的痛苦和受压抑而实现的。个体婚制是文明社会的细胞形态，根据这种形态，我们就可以研究文明社会内部充分发展着的对立和矛盾的本质。[①]

恩格斯是在讨论原始婚姻由对偶婚向一夫一妻制过渡时发表这段文字的，它表明人类社会的早期分层和对立很可能与家庭或血缘组织有直接的关系。如果血缘组织在国家产生过程中未能遭到强烈的冲击而濒临瓦解的话，那么这些处于萌芽状态的家庭不平等便很可能会成为某些重要的政治组织原则。大量史料表明，血缘组织在中国古代国家产生过程中并未瓦解，而是发挥了积极的作用，这就是夏启"以家代国"历史的本质。这一事实对古代国家产生了多方面的影响，国家时代的中国观念和文化现象其实都与家庭组织的这一特殊角色有关。兹举数例予以说明。

其一，先秦政治文献或云"父母"，或云"赤子"，所指往往并非真正具有血缘关系的双方。《尚书·康诰》周王曰："惟民其毕弃咎，若保赤子。"此处赤子喻民众之孤弱无助者。《诗·大雅·泂酌》"岂弟君子，民之父母。……岂弟君子，民之攸归。……岂弟君子，民之攸墍"，是民众

[①]《马克思恩格斯选集》第4卷，第76页。

仰仗君主如子女依赖父母。《左传》襄公十四年师旷曰:"良君将赏善而刑淫,养民如子,盖之如天,容之如地。"襄公二十五年然明曰:"视民如子,见不仁者,诛之,如鹰鹯之逐鸟雀也。"战国时期的思想家也有类似观点,《荀子·王制》:"君子者,天地之参也,万物之总也,民之父母也。"此处的君子当指统治者,因为素位的知识分子没有资格爱民如子。《礼记·缁衣》:"故君民者子以爱之,则民亲之。"《韩非子·五蠹》:"今儒、墨皆称先王兼爱天下,则视民如父母(之爱子)。"法家对儒墨的批评一语中,点出了传统君主道德的核心内容。君主待百姓当效法父母爱子女,无视百姓生死、暴虐残酷乃是严重的失德行为,必将受到舆论严厉的谴责。《孟子·滕文公上》:"为民父母,使民盼盼然将终岁勤动不得以养其父母,又称贷而益之,使老稚转乎沟壑,恶在其为民父母也?"《荀子·正论》:"汤武者,民之父母也;桀纣者,民之怨贼也。"商汤、周武因爱民如子而流芳百世,夏桀、商纣由于暴虐百姓而遗臭万年,这些观念的得来都与家族在古代国家产生过程中发挥的重要作用有关。

其二,启由大家长变为政治领袖,国家由此被塑造为"一人在上,万人在下""隆一而治""专制主义"类型的特殊结构。大量民族学调查材料表明,人类最早的等级现象并非首先出现在社会外部,而是滋生于血缘组织内部。有学者指出,即使在最具平等色彩的游团和部落社会中就已存在大量基于长幼、性别的家庭式不平等现象。① 在史前社会,性别、年龄的优势自然被家庭男性年长者集于一身(在父系社会是父亲,在母系社会为母舅)。因此一旦国家建立于血缘组织之上,男性家长便自然演变为君主,政治体系就会成为家庭等级的"复制品"。因此我们虽然不能排除早期国家体制中专制因素还有其他来源的可能,但由家庭父权(男权)产生君权专制是一条不容忽视的途径。谢维扬、易建平将古代专制主义的成因或归诸"酋邦",或归诸地理因素,② 而唯独对家庭的作用未加考察,这不能不说是一个重要的疏漏。倒是赵伯雄先生的看法一针见血,他说:"关于古代中国专制主义的来源,人们曾从不同的角度进行过探讨。……比较起来,这些说法都不如从父家长权力的角度解释来得自然。"③ 事实正是如此,中国古代的"国"就像放大的"家",先秦不少文献都印证了这点,《荀子·致士》:"君者,国之隆也;父者,家之隆也。隆一而治,二而乱,

---

① 易建平:《部落联盟与酋邦——民主·专制·国家:起源问题比较研究》,第167页。
② 分见谢维扬《中国早期国家》,易建平《部落联盟与酋邦——民主·专制·国家:起源问题比较研究》相关部分。
③ 赵伯雄:《周代国家形态研究》,第285页。

自古及今，未有二隆争重而能长久者。"《孟子·离娄上》："天无二日，民无二王。"《礼记·礼运》："故圣人耐（能）以天下为一家，以中国为一人者，非意之也，必知其情，辟于其义，明于其利，达于其患，然后能为之。"总的看来，古人善于将君权与父权相提并论，这绝非出于简单的修辞需要，而是古代国家产生方式折射于文化和民众心理的结果。

其三，"以家代国"奠定了人们的国家观念。政权是怎样得来的？国家的本质是什么？在不同的文明中人们的看法并不相同。夏启从乃父手中获得权利，并以暴力手段加以维护从而建立了国家，他的行为使后人在很大程度上把国家视为一笔庞大的家庭私产。在古人看来，国家是祖先筚路蓝缕经营得来的特殊家业，因此在权利分割和传承方面与家产的处理方式很类似。权利分割首先考虑家族利益，故周人建国之初除象征性地分封若干亡国者之后外，大部分权利则由姬姓家族及其姻亲包揽，《荀子·儒效》说："（周公）兼制天下，立七十一国，姬姓独居五十三人焉，周之子孙苟不狂惑者，莫不为天下之显诸侯。"这种权利分配方式不仅无人质疑，相反还得到天下人的一致认可，同篇又云："（周公）兼制天下，立七十一国，姬姓独居五十三人，而天下不称偏焉。"《左传》僖公二十四年富辰曰："昔周公吊二叔之不咸，故封建亲戚以蕃屏周。管、蔡、郕、霍、鲁、卫、毛、聃、郜、雍、曹、滕、毕、原、酆、郇，文之昭也；邘、晋、应、韩，武之穆也；凡、蒋、邢、茅、胙、祭，周公之胤也。"周人分封诸侯大力起用亲戚，此举成为后世各阶层统治者的典范，故昭公二十八年魏子问成鱄："吾与戊也县，人其谓我党乎？"对曰："何也？……昔武王克商，光有天下，其兄弟之国者十有五人，姬姓之国者四十人，皆举亲也。"可见"举亲"是当时人才擢拔的最正当理由。

对于祖先留下的这份特殊遗产，子孙不仅有权加以继承，更有义务使之长保不失、兴旺发达。国家的"遗产观"一直保留到战国秦汉以后，所以当秦王对安陵君的土地存有觊觎之心时，后者便以祖宗遗业的名义予以拒绝。《战国策·魏四》秦王使人谓安陵君曰："寡人欲以五百里之地易安陵，安陵君其许寡人！"安陵君曰："大王加惠，以大易小，甚善！虽然，受地于先王，愿终身守之，弗敢易！"可以想见这是何等冠冕堂皇而无可挑剔的理由！汉高祖刘邦发迹之前恣意酒色不置产业，而当他夺取天下后便得意地向乃父炫耀产业的富足。[①] 正因为国家凭借家族势力夺来，而与

---

① 如《史记》卷8《高祖本纪》刘邦对乃父刘太公说道："始大人常以臣无赖，不能治产业，不如仲力。今某之业所就，孰与仲多？"（第387页）

"民主选举"无关，因此统治者真正看重的并不是百姓的认可。又因为政治权利得自家族势力而非民众授予，所以统治者需要负责的对象便是家族和祖先而非普通民众。

最后，血缘组织在国家产生过程中的重要作用使国家时代的家庭组织具有功能强大、结构复杂、规模可观等特点。中国古代的家庭组织往往承担多种政治、社会功能，政治事件、政治人物的背后往往有大家族作为支撑，这与史前部落民主制下的情况极为相似。据《左传》定公四年，武王克商之后曾分鲁公以殷民六族（条氏、徐氏、萧氏、索氏、长勺氏、尾勺氏），"使帅其宗氏，辑其分族，将其类丑，以法则周公。用即命于周"。又分康叔以殷民七族（陶氏、施氏、繁氏、锜氏、樊氏、饥氏、终葵氏），分唐叔以怀姓九宗云云。这条材料可以说明两个问题：第一，武王克商前后殷人的血缘组织没有遭到根本性破坏；第二，血缘组织不仅在商人社会中具有政治功能，而且成为周政权的严重威胁，因此周人将它们远徙异地、分而治之。大概从西周时期开始，众多以"氏"为名的血缘组织让位于以"族"为名的血缘组织。先秦之际的"族"虽然规模较小，但政治色彩并未淡化。

春秋时期，家庭组织在当时的政坛仍扮演重要角色，但凡政权兴替、政局安危几乎莫不与家族相关。王室与诸侯的执政者多属世家大族，如周有周氏、召氏、祭氏、原氏、毛氏、单氏、刘氏、尹氏等；鲁有仲孙氏、叔孙氏、季孙氏、展氏、东门氏等；晋有韩氏、赵氏、魏氏、范氏（士氏）、荀氏（后分为知氏、中行氏）、栾氏、郤氏等；齐有高氏、国氏、鲍氏、晏氏、陈氏等；宋有孔氏、华氏、乐氏、皇氏等；郑有良氏、游氏、罕氏等；……这些世族（又称"氏族"）或由王室姬姓分化而来，或者本身就有光辉悠久的历史，要之都是历史上规模庞大、结构复杂的血缘组织。大量世族群体的存在，是家庭组织在古代历史上社会地位和政治功能的最佳说明。《左传》庄公十七年（前677）夏，"遂因氏、颌氏、工娄氏、须遂氏飨齐戍，醉而杀之，齐人歼焉"。先是，齐国灭遂，并于庄公十三年（前681）派兵戍守。遂国的四大强宗因氏、颌氏、工娄氏、须遂氏在四年之后以飨食为机报了灭国之仇，这是当时诸侯国宗族势力强大之一例。家庭不仅是人们争取政治权力的凭借，有时也是现实政权的潜在威胁，因此统治者一方面希望家族强大，一方面又着力于强本弱枝，以至往往陷于进退失据之境。如庄公二十三年（前671）："晋桓、庄之族偪（逼），献公患之。"文公七年（前620）宋昭公将去群公子，乐豫谏曰："不可。公族，公室之枝叶也；若去之，则本根无所庇荫矣。"鲁公不听。

穆、襄之族率国人以攻鲁公。宣公十一（前598）年："郑子家卒。郑人讨幽公之乱，斫子家之棺，而逐其族。"宣公十二年（前597）："楚熊负羁囚知䓪，知庄子以其族反之。"宣公十四年（前595）冬，晋人讨邲之败与清之师，归罪于先縠而杀之，尽灭其族。成公十七年（前574）晋厉公将作难，胥童曰："必先三郄。族大，多怨。去大族，不逼；敌多怨，有庸。"公曰："然。"襄公二十九年（前544）季札适晋，悦晋文子、韩宣子、魏献子，曰："晋国其萃于三族乎？"襄公三十年（前543）郑子皮授子产政。辞曰："国小而逼，族大、宠多，不可为也。"凡此种种，都是先秦家庭组织影响政治生活的鲜活例证。

此外，"以家代国"还使家庭成为古代一种功能全面的社会组织。朱凤瀚先生曾指出，商周时代虽已进入国家时期，但社会的基层单位却并未立即转变为纯粹的地域性团体，血缘型的家族组织仍长期作为社会基层单位存在。地域组织直到春秋时期仍未全部代替家族的作用，这显然与恩格斯在《家庭、私有制和国家的起源》中所提出的看法不尽相合，因此这可以认为是中国早期国家形态的特点。[1] 事实正是这样，先秦家族往往集众多社会功能于一身，其中包括赈济灾患、子女养育、经济生产、养老送终、精神信仰等。《韩非子·十过》说重耳即位三年举兵伐曹，"曹人闻之，率其亲戚而保聚负羁之间者七百余家"，是亲戚相保于家族。《周礼·春官·墓大夫》："掌凡邦墓之地域，为之图。令国民族葬，而掌其禁令；正其位，掌其度数，使皆有私地域。"说明族人不仅要生时相保相受，死后还应聚族而葬。古人关于"为政"的观念只有结合家族的这些功能才能得到解释，《论语·为政》或谓孔子曰："子奚不为政？"子曰："《书》云：'孝乎惟孝，友于兄弟，施于有政。'是亦为政，奚其为为政？"总的看来，先秦家庭几乎涵盖了当时社会生活的各个重要功能，一个人不出家门即可解决人生的大多数问题。从这个意义上讲，古代家庭集中了在西方社会由教会、会所、社团等组织分担的基本职能，它本身就是一个机制完备的微型社会。

文化人类学与中国古代国家产生方式研究的案例表明，一味照搬或者绝对排斥西方理论的做法都是不可取的。相反地，只有结合中国古代史料的记载，文化人类学理论的借鉴才能落到实处，而我们关于古代历史的认识才能日臻客观全面。

---

[1] 朱凤瀚：《商周家族形态研究》，天津古籍出版社2004年版，第2页。

第三节 "亲亲"与"尊贤"：前国家时代的政治遗产

国家的产生是人类文明史上石破天惊的大事，它不仅将人类历史划分为特征迥然有别的前后两个阶段，同时也以丰富多彩的方式将史前社会的各种因素带入国家时代。20世纪80年代以来，许多研究者不再满足于将中国古代国家的起源解释为摩尔根、恩格斯等人国家起源理论的另一摹本，而是将主要兴趣转移到国家起源个性特征的考察。在笔者看来，导致这一兴趣转移的直接动力，是相关研究的日渐深入促使人们意识到国家产生方式对国家结构、性质等具有重要影响；在某种程度上，甚至可以说只有搞清楚古代国家诞生前后究竟发生了什么，搞清楚一个民族以何种方式迈入国家时代，才能揭示前国家时代留给我们怎样的遗产，也才能准确理解国家时代种种社会文化现象的本质及其来龙去脉。

常金仓教授曾在1995年发表的一篇文章中，系统讨论了中国古代国家在何种意义上走了一条与希腊、罗马及德意志并不相同的起源之路，并就中国国家产生方式的多重影响提出自己的意见。常先生认为，中国国家起源形式的具体表现有二：其一为"施舍赠财"；其二为"以家代国"。他说："中国古代国家在其形成过程中采取了一种非常特殊的方式，起初由个别氏族成员自苦其身，积累财富，博施于人，获得拥戴，成为部落的首领，最后由一个家族的继承人利用他父亲在联盟中的地位和威望，从内部发动武装干涉夺取这一职位，并以家庭原则取代氏族的制度从而转化为文明社会的专制国王。"常先生认为，"施舍赠财""以家代国"的影响并未随着古代国家的建立而退出历史舞台，相反它在先秦时期的政治活动中长期发挥作用，至少从君德、君臣关系、民本思想、国家观念、暴力革命思想、一元政治以及家长作风七个方面影响了当时社会的政治生活。[1]

据我所知，关于中国古代国家起源的方式及其影响尚有进一步讨论的必要。本书拟以先秦时期左右人们政治行为的"亲亲""尊贤"两项基本原则为对象，循常先生研究旧例从国家产生方式角度考其成因源流，略申余义。

---

[1] 常金仓：《中国古代国家产生的形式及其影响》，《政治学研究》1995年第1期。

一 先秦时期的"亲亲"与"尊贤"

通过一定的原则配置政治资源，以便实现社会的有序化管理，这是政权组织的一项重要功能。先秦时期，统治者很早便采取诸如"八统""九经"之类的手段以期达到"驭万民""为天下国家"的目的。如《周礼·天官·大宰》："以八统诏王驭万民，一曰亲亲，二曰敬故，三曰进贤，四曰使能，五曰保庸，六曰尊贵，七曰达吏，八曰礼宾。"《礼记·中庸》："凡为天下国家有九经：曰修身也，尊贤也，亲亲也，敬大臣也，体群臣也，子庶民也，来百工也，柔远人也，怀诸侯也。"又说："故为政在人，取人以身，修身以道，修道以仁。仁者人也，亲亲为大，义者宜也，尊贤为大。"以上材料所及 17 项原则或有相通之处，其中"亲亲""尊贤"（进贤）二者由于事关权利继承和人才擢举，颇能反映出时人的政权观念和政治思想，因而有必要单独列出讨论。

所谓"亲亲"，亦即"亲"其"亲"者，也就是在政治活动（包括人才遴选、任用等）中首先关注或考虑亲属成员（尤其是具有血缘关系的近亲）利益的倾向。《孟子·万章下》："用上敬下，谓之尊贤。"可见所谓"尊贤"，即将才能与道德方面优于他人者擢举为统治人才。"亲亲"与"尊贤"，一者讲究依赖血缘关系，一者强调重视个体才能，要将它们同时贯彻于同一时期的政治生活中，似乎是一件不可思议的事情，不过古人却并不这样理解。先秦时期"亲亲"与"尊贤"的典型案例，最迟出现于周初封建诸侯之时。先看周人在分封过程中对于"亲亲"原则的实践。《左传》昭公二十八年载武王克商后大规模擢举姬氏宗亲："昔武王克商，光有天下，其兄弟之国者十有五人，姬姓之国者四十人，皆举亲也。"周初分封不止一次，然而对姬姓贵族的倚重是始终不变的规则。《荀子·儒效》："（周公）兼制天下，立七十一国，姬姓独居五十三人焉，周之子孙苟不狂惑者，莫不为天下之显诸侯。"这应该是指周公平定"三监之乱"后，对同姓诸侯的又一次分封。值得注意的是，这种倚重血缘因素的做法在当时非但不引人反对，相反还被认为是理所应当，故而同篇又说："（周公）兼制天下，立七十一国，姬姓独居五十三人，而天下不称偏焉。"周人分封同姓的目的十分明确，那就是"以亲屏周"或曰"封建亲戚，以藩屏周"。《左传》僖公二十四年："扞御侮者，莫如亲亲，故以亲屏周。"是说姬姓宗亲之间勉励协作，是抵御外侮的最佳手段。《左传》僖公二十四年借富辰之口，以"亲亲以相及"概括"亲亲"的含义，并胪列出一份周公所封文王、武王、周公本人之后等周代同姓诸侯的详细名单：

大上以德抚民，其次亲亲以相及也。昔周公吊二叔之不咸，故封建亲戚以藩屏周。管、蔡、郕、霍、鲁、卫、毛、聃、郜、雍、曹、滕、毕、原、酆、郇，文之昭也；邗、晋、应、韩，武之穆也；凡、蒋、邢、茅、胙、祭，周公之胤也。

《国语·周语中》周襄王以阳樊赐晋文公。阳人不服，晋侯围之。仓葛呼曰："且夫阳，岂有裔民哉？夫亦皆天子之父兄甥舅也，若之何其虐之也？"对于同一事件，《左传》僖公二十五年记作：阳樊不服，晋侯围之。苍葛呼曰："德以柔中国，刑以威四夷，宜吾不敢服也。此谁非王之亲姻，其俘之也？"《周语》中的"父兄"指同姓宗亲，可见阳樊的统治者与周王室具有亲属关系。

再看大致同一时期实行的所谓"尊贤"。武王克商伊始，就迅速褒封历史时期一些亡国之后，此说见战国至秦汉时期诸书。《吕氏春秋·慎大》："武王胜殷，入殷，未下辇，命封黄帝之后于铸，封帝尧之后于黎，封帝舜之后于陈；下辇，命封夏后之后于杞，立成汤之后于宋以奉桑林。"《礼记·乐记》："武王克殷返商，未及下车而封黄帝之后于蓟，封帝尧之后于祝，封帝舜之后于陈。下车而封夏后氏之后于杞，投殷之后于宋。"《史记·周本纪》："武王追思先圣王，乃褒封神农之后于焦，黄帝之后于祝，帝尧之后于蓟，帝舜之后于陈，大禹之后于杞。"[①] 与前述所封姬姓诸侯不同，此处所列分封对象均与周人不存在血缘或宗族关系，他们是因为祖上的勋烈而被给予"授民授疆土"的荣誉。正因为如此，后代礼学家将其视为"尊贤"，《礼记·郊特牲》所云"天子存二代之后，犹尊贤也，尊贤不过二代"，讲的就是这个道理。

如果说周初褒封亡国之后的举动具有某种象征意义，与纯粹意义上的"尊贤"有所不同的话，从齐鲁二国之君讨论治国之道的故事中，则可以看见"亲亲"与"尊贤"并行的一个范例。《吕氏春秋·长见》：

吕太公望封于齐，周公旦封于鲁，二君者甚相善也。相谓曰："何以治国？"太公望曰："尊贤上功。"周公旦曰："亲亲上恩。"太公望曰："鲁自此削矣。"周公旦曰："鲁虽削，有齐者亦必非吕氏也。"

[①]《史记》卷4《周本纪》，第127页。

作者在这段故事之前有一个论断,"今之于古也,犹古之于后世也。今之于后世,亦犹今之于古也。故审知今则可知古,知古则可知后,古今前后一也",用意显然在于说明数百年之后两国政治的不同结局,是建国之初确立的不同用人政策所致。我们固然不能排除这是好事者根据齐鲁二国斯后发展历史进行逆推而得出的认识,不过应该承认这一描述的确在很大程度上与历史的真实相吻合。结合周初历史基本情况可知,太公望之所以被封于齐地,乃是由于功勋卓著;周公旦被封于鲁国,则绝对是"亲亲以相及"的结果。也许正是由于两国立国原因方面的差异,从而导致齐鲁之君不同的治国理念:齐国依照太公受封的陈例,强调以才能作为治国治民的依据,鲁国遵循周公旦受封的旧法,重点倚重血缘关系治理国家。前者固然有利于在某种程度上突破血缘的局限,做到真正意义上的人尽其才,危险则在于可能导致权臣弄政,甚至使大权旁落异姓之手;后者将政权视为姬姓家族的禁脔,不容他姓染指,固然保证了政权在姬姓子孙间的代代传承,但结果却是埋没贤才,庸人治国,故而"其后齐日以大,至于霸,二十四世而田成子有齐国。鲁日以削,至于觌存,三十四世而亡"。(《吕氏春秋·仲冬纪》)事实上,纯粹意义上的"尊贤上功"与"亲亲上恩"在先秦社会都不可能真正实现,情况往往是不同国家对"尊贤"与"亲亲"两种原则兼容并蓄,同时又各有侧重,鲁、齐二国不过是其中的显例而已。

"亲亲"为主而辅之以"尊贤",是先秦政治家的一种理想目标,可以从不少文献中得到印证。在公元前651年由齐国主导的葵丘之会上,各国诸侯达成五条有关规范诸侯行为的协议,其中四条涉及"亲亲"与"尊贤"。《孟子·告子下》:

> 初命曰:"诛不孝,无易树子,无以妾为妻。"再命曰:"尊贤育才,以彰有德。"三命曰:"敬老慈幼,无忘宾旅。"四命曰:"士无世官,官事无摄;取士必得,无专杀大夫。"

细绎文义,其中初、三两命旨在维护血缘关系的利益,即"亲亲",再、四两命则是强调擢举贤才,甚至有废除世卿世禄的倾向。由齐国主导的这一盟约,体现的应该是春秋时期礼坏乐崩背景下人们企图平衡"亲亲"与"尊贤"之间关系的良好愿望。不过极具讽刺意味的是,到孟子所生活的战国时期,以上五条却悉数遭到无情破坏,因此孟子批评说:"今之诸侯皆犯此五禁，故曰今之诸侯，五霸之罪人也。"

在周代历史上，亲亲、尊贤之道不仅普遍见诸政治实践，而且逐渐内化为人们的思想观念、礼仪制度或政治理论，如关于亲亲之道重要性的认识。《国语·周语中》说襄王欲借狄人之力讨伐郑国，大夫富辰以为不可，并引古语古诗劝谏道：

> 古人有言曰："兄弟谗阋，侮人百里。"周文公之诗曰："兄弟阋于墙，外御其侮。"若是则阋乃内侮，而虽阋不败亲也。郑在天子，兄弟也……且夫兄弟之怨，不征于他，征于他，利乃外矣。

是说周、郑同为姬姓，同姓诸侯间虽有矛盾，也应限制在内部解决，如果双方武力相攻，其结果只能使亲者痛、仇者快，让异姓趁机渔利。时人还认为社会上最可信赖的是亲族血缘纽带，而其他社会关系则往往不够可靠。《诗·小雅·常棣》云："常棣之华，鄂不韡韡。凡今之人，莫如兄弟。死丧之威，兄弟孔怀。原隰裒矣，兄弟求矣。脊令在原，兄弟急难。"此诗以兄弟和朋友作比较，重视亲情而疏远友情的取向非常明显。又如《唐风·杕杜》云：

> 有杕之杜，其叶湑湑。独行踽踽。岂无他人，不如我同父。嗟行之人，胡不比焉。人无兄弟，胡不佽焉。有杕之杜，其叶菁菁。独行睘睘。岂无他人，不如我同姓。嗟行之人，胡不比焉。人无兄弟，胡不佽焉。

诗人以"湑湑""菁菁"形容树木之枝叶繁盛，而以"踽踽""睘睘"形容人之孤独无助；是说若无同宗兄弟的支持和陪伴，一个人就像孤独的棠梨树一样令人同情。又《小雅·黄鸟》云："言旋言归，复我邦族……言旋言归，复我诸兄……言旋言归，复我诸父。"父母兄弟等骨肉之亲即使存在矛盾冲突，也比没有血缘关系的人更值得信赖，这是中国古代"疏不间亲"观念的早期表现。

礼乐制度中亦复如此，《礼记·丧服小记》将"亲亲"与尊尊、长长、男女之有别三者并列，称作"人道之大者也"。同书《大传》称四者"此其不可得与民变革者也"，是以重视亲属关系为万代不易的行为准则。亲属之间自然也有远近之分，古人认为在礼仪场合中应先顾及亲属关系密切者，然后依次扩及亲属关系较为疏远者，《丧服小记》"亲亲，以三为五，以五为九。上杀，下杀，旁杀，而亲毕矣"，说的就是这个道理。同书又认为服术有六，其一即亲亲。礼仪中亲属关系的先后之别，折射出的其实是政治权利的分配原则。强调"亲亲"的目的并不是一味拔高亲属群体的地位，而是服务于当时的政治统治，故而《公羊传》说："君子不以亲亲害尊尊，此春秋之义也。"

春秋后期，随着血缘组织力量的日渐式微，以强调亲族因素为核心的传统政治统治模式受到挑战，诸子百家纷纷主张突破血缘亲族观念的局限擢举人才，其中尤以儒墨二家为代表。兹略举数例，以概其余。《论语·学而》"贤贤易色"，贤贤即重视贤才。《卫灵公》："臧文仲其窃位者与！知柳下惠之贤而不与立也。"《墨子》有"尚贤"篇，专论推贤任能的意义，认为"尚贤为政之本也"，又举例说"故古者尧举舜于服泽之阳，授之政，天下平。禹举益于阴方之中，授之政，九州成。汤举伊尹于庖厨之中，授之政，其谋得。文王举闳夭、泰颠于罝罔之中，授之政，西土服"，从而得出"尚欲祖述尧舜禹汤之道，将不可以不尚贤。夫尚贤者，政之本也"的结论。墨子的尚贤主张固然针对的是春秋时期的政治现实，但其材料依据则来自上古以来的历史事实。

从某种意义上讲，儒家是诸子之中传统政治文化的最忠实继承者，即使在晚近形成的一些政治理论中，他们也力图实现"亲亲"与"尊贤"的并用。《礼记·礼运》如是刻画儒家心目中的理想社会："大道之行也，天下为公。选贤与能，讲信修睦。故人不独亲其亲，不独子其子，使老有所终，壮有所用，幼有所长，矜寡孤独废疾者皆有所养，男有分，女有归。"同书《中庸》也说："尊贤则不惑，亲亲则诸父昆弟不怨。"其中一方面强调"选贤任能""尊贤"，一方面又强调"不独亲其亲，不独子其子"，着力弥缝两种政治原则之间裂痕的企图十分明显。

要解释"亲亲"与"尊贤"何以在先秦时期呈现上述特殊的依存矛盾关系，并且随着政治环境的变化而历久弥新，首先需要对中国前国家时代的文化传统进行一番重新梳理和认识。

二 前国家时代的文化传统及其组织基础

通过以上考察不难看出，作为先秦时期两项重要的政治原则，"亲亲"与"尊贤"不仅被周代贵族贯穿于政治生活中，而且被东周诸子概括提升为解决政治痼疾的药方。但是如果我们像有些思想家或哲学家那样将"亲亲"与"尊贤"归结为当时政治家或思想家的发明，则显然是一种缺乏历史感的看法。我们有充分的证据表明，"亲亲"与"尊贤"乃是由前国家时代的某些文化传统沿袭而来的。

（一）来自民族志的证据

在讨论中国前国家时代的情况之前，不妨先看看来自民族志的某些证据。古典进化论派人类学家摩尔根在考察北美印第安部落等处的情况后发现，这些野蛮部落的首领或管理人员在产生过程中大体遵循一条共同的路径，那就是氏族内部的民主推选。摩尔根如是介绍易洛魁部落中氏族首领和酋帅的产生情况：

> 美洲所有的印第安部落差不多都有两种不同级别的酋长，可以区别称之为首领（sachem）和酋帅（chief）。其他种种级别都是这两种主要级别的异称。他们是每一个氏族从本氏族成员中选举出来的。……首领的职位是在氏族内传袭的，传袭的意思就是一遇出缺立即补选；但酋帅的职位是不传袭的，因为这种职位是用以酬劳个人功勋的，本人一死，职位亦随之而废。……酋帅之被选任是由于个人的勇敢、处理事务的机智、或在会议上的雄辩口才，所以酋帅们虽然没有凌驾于氏族之上的权威，却总是才能出众的人物。①

首领的人选必须出自特定的氏族，也就是说重视血缘因素，关于这点摩尔根强调说："在一个氏族中，首领的选民范围有明确的规定，亲属关系的基础永恒不变，他的职责有如一家之父。虽说这个职位是在氏族内传袭的，它却是从本氏族男性成员中选举出来的。当我们考察印第安人的亲属制度时，便会发现一个氏族所有的男性成员彼此要么就是亲兄弟或从兄弟，要么就是亲舅甥或从舅甥，要么就是亲祖孙或从祖孙。这就说明首领的职位为什么常常是由兄传弟，或由舅传甥，而由祖传于孙的情况则极为少见。选举是由成年的男女自由投票，选出的人通常是已故首领的兄弟、或其姊妹的儿子，尤其是死者的亲兄弟、或其亲姊妹之子最容易被选上。"②

不难看出，摩尔根以上述材料为依据的氏族首领产生理论包括两个要点：第一，是首领或管理人员必须出自某个特定氏族即血缘组织，他们或者是与前任具有父子、甥舅、兄弟等方面的密切血缘关系，或者只是一般的氏族成员，然而没有氏族成员资格的人不在考虑范围之内；第二，在这

---

① 〔美〕路易斯·亨利·摩尔根：《古代社会》，杨东莼等译，第70页。
② 〔美〕路易斯·亨利·摩尔根：《古代社会》，杨东莼等译，第70页。

个范围内，需要通过某种正式或非正式的程序推选首领或管理人员，至于推选的标准则可能包括德行、智谋、武力、巫术、口才等方面。也就是说，在部落首领或管理者的产生过程中，既要考虑血缘的因素，也要考虑个人素质等因素的影响。

（二）前国家时代的"亲亲"

尽管传说中的五帝时期未必与摩尔根等人所考察的野蛮社会的氏族处于相同发展水平，但从国家尚未产生、氏族组织比较普遍这个角度而言两者仍具有可比性。在此我们看一下中国的前国家时代部族首领是否也贯穿了摩尔根所发现的两项因素。首先，我们注意到五帝以来部落首领继承人的选择过程中，人们具有重视血缘因素的顽固传统。这主要表现在两个方面。

第一，是将具有血缘关系者作为部落首领继承人的优先考虑对象。据说尧舜禹在位晚年考虑继承人问题时，他们的儿子都是首先被推荐的对象。《史记·五帝本纪》说："尧知子丹朱之不肖，不足授天下，于是乃权授舜。授舜，则天下得其利而丹朱病；授丹朱，则天下病而丹朱得其利。尧曰：'终不以天下之病而利一人，而卒授舜以天下。'尧崩，三年之丧毕，舜让辟丹朱于南河之南。诸侯朝觐者不之丹朱而之舜，狱讼者不之丹朱而之舜，讴歌者不讴歌丹朱而讴歌舜。舜曰：'天也。'"[1] 是说尧之所以将继承人确定为舜，乃是因为丹朱"不肖"。尧死之后，舜"让辟"于南河之南，做出要将位置推让给丹朱的样子，正表明血缘纽带在史前时期权利继承中是一种深远影响因素。虞舜统治时期亦复如此，《史记·五帝本纪》："舜子商均亦不肖，舜乃豫荐禹于天。十七年而崩。三年丧毕，禹亦乃让舜子，如舜让尧子。诸侯归之，然后禹践天子位。"此说又见《夏本纪》："禹辞避舜之子商均于阳城，天下诸侯皆去商均而朝禹，禹于是遂居天子位，南面朝天下，国号曰夏后，姓姒氏。"[2] 众所周知，继承人优先考虑亲族的传统一直延续到大禹晚年，被"禅让"者也继续发扬以往再三推让的美德，不过这次的结果却完全不同。丹朱与商君虽然具有部族首领的优先继承权，但这并不能保证他们必然获得竞争的成功。

类似的例子也出现在人类学家关于野蛮社会的描写中。马恩如此描述安达曼人中的情况："从对其他原始民族的观察结果中可以这么认为，这里首领……若他遗下有资格担当此任的成年儿子，在大多数情况下，儿子

---

[1] 《史记》卷1《五帝本纪》，第30页。
[2] 《史记》卷1《五帝本纪》、卷2《夏本纪》，第44、82页。

都会优先于其他具有同等本领的人被选来继任该首领的职务，但职务不一定是世系的。首领去世后，任命继任者并非难事，因为总有至少一人被人们认为是他的副职或者左膀右臂。"① 这就是说尽管继任者未必一定是前任的儿子，但后者一定较之他人拥有更多的胜出机会，除非他本身具有什么明显的劣迹或缺点，才有可能被排除于继承人范围之外。罗伯特·罗维就说："因家世而分贵贱的例案为数也极多，尽管后嗣也可因个人贤或不肖而有变化。凡有全盛的阶级制的地方，政治状况大率要受到它的影响。"② 可见即使有亲族背景作为依托，个人因素也不能丝毫不加考虑。前人在研究尧舜禹时期的权利继承问题时，或一味否认推选（禅让）的真实性，或忽视血缘因素在其中所起的作用，其实都是极端的看法。实际上，民主推选与重视血缘因素是前国家时代产生部族首领时并行不悖的两种传统。

第二，是强调血缘组织成员之间的情感和凝聚力。血缘亲情对于部族的存延和发展意义重大，部族首领对此有着清醒的认识。传说中五帝时代的权利过渡主要是通过禅让完成的，不过能否团结亲族，为人表率，仍是重要的条件。尧舜等人都是重视血缘和亲情的典范，根据《尚书》《孟子》《史记》等书记载，舜之所以被尧选定为继承人，重要原因之一是他的行为符合孝道伦理。《尚书·尧典》："曰若稽古帝尧……克明俊德，以亲九族。九族既睦，平章百姓。百姓昭明，协和万邦。黎民于变时雍。" 这是说帝尧从亲近本族成员做起，然后实现整个部族的良好统治。《史记·五帝本纪》关于虞舜的记载中，尤其强调他对亲情的重视，"舜年二十以孝闻。三十而帝尧问可用者，四岳咸荐虞舜，曰可"③。这种对亲情的强调有时达到让人无法理喻的程度，似乎非如此不足以证明他是理想的部族首领人选。

> 舜父瞽叟盲，而舜母死，瞽叟更娶妻而生象，象傲。瞽叟爱后妻子，常欲杀舜，舜避逃；及有小过，则受罪。顺事父及后母与弟，日以笃谨，匪有解。……舜父瞽叟顽，母嚚，弟象傲，皆欲杀舜。舜顺适不失子道，兄弟孝慈。欲杀，不可得；即求，尝在侧。④

---

① 〔英〕拉德克利夫-布朗：《安达曼岛人》，梁粤译，梁永佳校，广西师范大学出版社2005年版，第33—34页。
② 〔美〕罗维：《初民社会》，吕叔湘译，第205页。
③ 《史记》卷1《五帝本纪》，第33页。
④ 《史记》卷1《五帝本纪》，第32页。

尽管生活于"父顽、母嚚、象傲"的家庭中，但恶劣的成长环境非但未使舜成为一个家庭的叛逆者，相反更加塑造了他浓厚的亲情观念，这听起来似乎有悖于人类教育学和心理学的规律，不过据说严厉的考验恰好使舜有更多机会将"亲亲"之道演绎得淋漓尽致，虽后世所谓"愚孝"者莫过于此。也许是考虑到尧最有可能被舜的这种奇迹般的亲情故事所打动，推荐人首先强调的是舜在处理家庭关系方面的素养。

众皆言于尧曰："有矜在民闲，曰虞舜。"尧曰："然，朕闻之。其何如？"岳曰："盲者子。父顽，母嚚，弟傲，能和以孝，烝烝治，不至奸。"①

总之，在时人看来，"顺事父及后母与弟，日以笃谨，匪有解"乃是担任一个合格部族首领的重要优势。为考察舜在处理家庭事务方面的能力，帝尧还将自己的两个女儿嫁给他："于是尧妻之二女，观其德于二女。舜饬下二女于妫汭，如妇礼。"不啻如此，帝舜登上统治舞台之后，还进一步重用"八元"，加强人们在亲情伦理方面的教化，"使布五教于四方，父义，母慈，兄友，弟恭，子孝，内平外成"②。

血缘组织是史前社会的重要基础之一，因此亲属关系较之非亲属关系往往会受到更大程度的重视，这几乎是人类学界的一个共识。拉德克利夫—布朗在《安达曼岛人》一书中介绍说："在所有的人类社会中，都存在着某种权利和义务制度，对那些在血亲和姻亲上有关系的人与人之间的行为进行制约。在原始社会，毫无疑问，任何单个个人在社交上能够有效接触到的人数都太小，因此这些特定的权利和义务具有压倒一切的重要性。任何一个人所接触到的人当中，大部分都与之有血亲或姻亲关系。在此情况下，人们的日常生活显然在很大程度上受到他们之间的关系的制约。"可能是由于安达曼岛人处于较低社会发展水平，因此其中并未见到严格意义上的统治机构，不过从人们对晚辈的教育上可以看出社会对亲属关系的重视，据说："安达曼人的村庄里不存在有组织的统治机构，群体的事务完全由年长的男人和妇女来管。在很多方面，群体的年轻成员从小就被教育要尊敬和服从长辈。……当涉及是否要将营地迁到某个更好的猎场时，如果意见不一致，长者的意见要比年轻人的意见更管用……安达曼

---

① 《史记》卷1《五帝本纪》，第21页。
② 《史记》卷1《五帝本纪》，第21、35页。

人对长者的尊敬,体现在对长辈说话时使用的专门称呼上。""人们认为较年轻的男子应该把他所得的最好部分送给长辈,单身汉尤其应该如此。要是一个未婚男子杀死了一头野猪,猪肉就由一名长辈来分配,所有最好的部分都分给长者,而这名猎手及其同伴只能得到较差的部分,对此他不能有任何不满。这些习俗所起的作用是,几乎所有食物都在整个营地里平均分配,唯一不平等的是年轻男子不如其长辈吃得好。"①

(三) 前国家时代的"尊贤"

除重视血缘因素之外,前国家时代也存在强调个人因素的传统。这种传统也可以分两个方面来看。其一为部落首领的推选要考虑候选人的才能、德行等素质,其典型即为五帝时代的"禅让"。《史记·五帝本纪》关于黄帝以来诸君的记载,随处强调才能和德行的重要性,有时甚至不惜将他们描写为天生的贤人。如黄帝:

> 生而神灵,弱而能言,幼而徇齐,长而敦敏,成而聪明。轩辕之时,神农氏世衰。诸侯相侵伐,暴虐百姓,而神农氏弗能征。于是轩辕乃惯用干戈,以征不享,诸侯咸来宾从。而蚩尤最为暴,莫能伐。炎帝欲侵陵诸侯,诸侯咸归轩辕。轩辕乃修德振兵,治五气,艺五种,抚万民,度四方,教熊罴貔貅貙虎,以与炎帝战于阪泉之野。三战,然后得其志。②

如帝颛顼,"静渊以有谋,疏通而知事;养材以任地,载时以象天,依鬼神以制义,治气以教化,絜诚以祭祀"。如帝高辛:"生而神灵,自言其名。普施利物,不于其身。聪以知远,明以察微。顺天之义,知民之急。仁而威,惠而信,修身而天下服。取地之财而节用之,抚教万民而利诲之,历日月而迎送之,明鬼神而敬事之。其色郁郁,其德嶷嶷。其动也时,其服也士。"③

其二为通过广泛查访、仔细考察,将有德有才的部族成员纳入统治集团。从帝尧时期开始,人们就以贤能与否作为擢举部落管理人才的标准,不过其中既有成功的案例,也不乏失败的教训。据《尚书》等古籍记载,帝尧先后试图擢举的共工、鲧等,由于"共工善言,其用僻,似恭漫天",

---

① 〔英〕拉德克利夫-布朗:《安达曼岛人》,梁粤译,梁永佳校,第37—38、31、32页。
② 《史记》卷1《五帝本纪》,第5页。
③ 《史记》卷1《五帝本纪》,第11、13页。

"鲧负命毁族"而被证明是两次失败的任命。虞舜即位之后，更是将举贤提升至一个新高度。据说禹、皋陶、契、后稷、伯夷、夔、龙、倕、益、彭祖等人自尧时皆举用，而未有分职。有鉴于此，舜便根据他们各自的情况使之各就其职，咸成厥功："皋陶为大理，平，民各伏得其实；伯夷主礼，上下咸让；垂主工师，百工致功；益主虞，山泽辟；弃主稷，百谷时茂；契主司徒，百姓亲和；龙主宾客，远人至；十二牧行而九州莫敢辟违；唯禹之功为大，披九山，通九泽，决九河，定九州，各以其职来贡，不失厥宜。"①

在生活于尼罗河畔的努尔人中，缺乏政府性的机构，没有法律制度，也没有发展成熟的领导制度和政治生活。在那里，对社会秩序发挥一定维系作用的是"豹皮酋长"或"牛人"，据说："一个杰出的社会人物的产生，是许多因素共同作用的结果，比如宗族、年龄、在家中的辈分、许多孩子、姻亲关系、所拥有的牛的多少、作为斗士的勇猛气概、辩才、性格，常常还包括某种仪式权力等。这种社会人物被人们看成是联合家庭以及由同族亲属和姻亲所聚集成的群落的首领，是村落或营地的首领，是一个在我们称之为区落的这个相当含混的范围内具有重要性的人。"②

同样是在氏族范围内推举"贤才"，不过特色却有所不同。如果说中国前国家时代所推举的部族首领有什么特殊要求的话，恐怕就是十分强调他的施舍者角色。也就是说，部族首领必须是一个公正而慷慨的大公无私者，他必须为民众的利益牺牲自我。从这个意义上讲，《说文》："贤，多才也。"按："多才"即"多财"。故而《庄子·徐无鬼》云："以财分人之谓贤。"这无疑是对中国古代所谓贤者十分准确的概括。

（四）两种传统的社会组织基础

我们知道，摩尔根的主要贡献在于根据他所了解的美洲印第安人部落以及希腊罗马的材料，构建出人类早期历史发展的逻辑和脉络。由于他所理解的古典希腊、罗马具有鲜明的民主、自由特色，遂试图从人类前国家时代寻找这些特色的源头，因而当发现印第安部落中竟然存在民主推选和罢免部落首领的情况时，他的兴奋是可以想见的。罗维曾颇具讽刺意味地指出："摩根（即摩尔根——引者注）对于社会的概念是一种原子论的说法。大概爱好平民化的组织，乃是美国人的固有癖性。所以即使粗野的社

---

① 《史记》卷1《五帝本纪》，第43页。
② 〔英〕埃文思-普里查德：《努尔人——对尼罗河畔一个人群的生活方式和政治制度的描述》，褚建芳等译，华夏出版社2002年版，第205—206页。

会中发现了贵贱的分别,摩根也就视而不见了。他对于同一民族中各氏族的不同或同社会中各个人的不同,绝少留意。他以为特权阶级的事实,要到进化的更后时代才有。"①

按照摩尔根的逻辑,"氏族社会"一词可以概括人类的前国家时代的基本特征,而那正是一个充满浓厚民主、平等、自由色彩的社会,以希腊、罗马为代表的古代国家正是由于继承了史前时期的民主、自由、平等的精神,才成长为那种民主政体的国家类型。不过从以上有关材料的分析中可以看出,前国家时代虽然具有氏族等血缘组织,但并不能简单地概括为氏族社会,更不能等同于平等、民主社会。人类的史前社会并非如摩尔根所说笼罩在血缘亲族因素的氛围之下,也并非那么"自由""平等""博爱",罗维如是批评摩尔根及其理论的信奉者:"照摩根和他的门徒所描写,原始社会乃是一种分子集合体。一个部族包含从同一模式——氏族观念——产生出来的若干单位,一切氏族功能相似,地位相等;在每一氏族内,组成的分子都享受民主精神的平等的地位。换句话说,假使摩根是对的,那么低等文化中个人和个人之区别只在隶属氏族之歧异而已。我们前已说明这样的方案是错误的……初民部族也有依据年龄之高下,男女的性别,及婚媾的地位而排定的层次的,同一个这样产生的社群所生的联系之影响于个人生活也许比这个人的氏族隶属关系大得多。"② 其实除氏族组织之外,史前时期还普遍存在各种各样的非血缘组织,罗维将它们称作"会社"或"社团"。他说:"与家庭和亲族相伴,这样的社团已经存在了不知多少世纪,如男性俱乐部、年龄级别组织和秘密会社组织等,它们都不依赖于亲属关系,仿佛在与亲属团体完全不同的范围内活动,而且它们都能够很容易获得政治性,如果在它们开始时未曾赋予它们政治性。"③ 通过对安达曼群岛、澳洲、马赛人、班克斯群岛、朴卜洛印第安人、克洛人以及希达查人的考察,罗维确信"人类社会即使在它的粗陋表现中,也许大概比麦恩和摩根所说的复杂些,我们可以设想它不一定要或基于人身关系或基于空间关系,他们可以同时以两种关系为基础,也不一定效忠于此就不能效忠于彼;亲属关系可以含有某一套义务,而地域关系包含另一套义务,正如我们的驾驭和国家。当然,冲突的抽象可能性我们不能否认,但也可以各有各的管辖范围,使冲突处于平常事态之外"。④ 血缘原则与非

---

① 〔美〕罗维:《初民社会》,吕叔湘译,第201页。
② 〔美〕罗维:《初民社会》,吕叔湘译,第209、153页。
③ 〔华〕埃尔曼·R.瑟维斯:《人类学百年争论:1860—1960》,贺志雄译,第243页。
④ 〔美〕罗维:《初民社会》,吕叔湘译,第234页。

血缘原则,"这两种原理无论如何对立,并不一定互相排斥"①。

有了以上的认识,我们就可以对前国家时代的"亲亲"与"尊贤"传统作出正确的解释,甚至可以说发现了这两种传统的社会组织基础。简言之,"亲亲"其实是血缘组织利益的外化,而"尊贤"则是地域因素的外化。前国家时代人们对血缘的重视,主要是为维护氏族等血缘组织的利益;而人们对个人才能、德行的强调,则是为将血缘关系之外(或血缘关系疏远)者凝聚在一个社会团体之内,它的基础其实非血缘组织。既然人类历史的前国家时代同时存在血缘与地缘两种组织形态,那么在此基础上形成"亲亲"与"尊贤"两种看似矛盾的部族首领产生方式便是自然而然的事情。中国的前国家时代存在大量血缘组织,某些部族首领之所以通过世袭得到相应的位置,首先是因为他的背后有强大的血缘组织作为支撑,这些都是学界公论,不难理解也无须赘述。

这里需要重点分析的,是那些以贤能之名被推选或"禅让"为部族领袖者的情况。由于史料等的局限,我们尚难断言中国前国家时代存在哪些类似于罗维所说的那种非血缘性质的"会社"组织。② 不过可以肯定的是,在前国家时代血缘组织的影响之外,包括武勇、法术、财富、德行、智慧、口才等因素都可能随时突破血缘的束缚,为个体在部族首领竞争中增加胜算。在不同的史前社会文化背景下,同样是看重个人素质,但标准却往往存在极大差别。③ 在北美印第安部落的克洛人中,有四种武功者被认为是荣誉的,要是有人能够四者俱成,就能荣膺酋长的头衔。在每种公共活动里,他将被选任某种荣誉职位,如在集会时当掌礼官。在宗教仪式生活中,荣誉的职务也让成功的武士有优先权。在马赛人的未婚勇士营中,以疏财及勇武驰名的人分别被称为"义士"与"牧牛",准许佩戴特殊的装饰品。在北美的美杜人中,富有宗教经验的素质也是显身社会的敲门砖,从各个方面看,秘密社会中的法师领袖都是社会上最高贵的人。在加州北部的胡巴人中,是否拥有最多的财富乃是当选部族领袖的依据,如果有杰出或勤劳的竞争者一朝获得更多财富,前任领袖的权势就得属之于他。全然相同的观念在沙斯他人中,亦极流行。④

五帝时期的部落首领,尽管传说均与黄帝有种种若即若离的联系,但均与前任首领没有密切的血缘关系。他们的成功当选,应当与个人的贤能

---

① 〔美〕埃尔曼·R. 瑟维斯:《人类学百年争论:1860—1960》,贺志雄等译,第246页。
② 参见常金仓《周代礼俗研究》,黑龙江人民出版社2004年版,第48—49页。
③ 参见〔美〕罗维《初民社会》,吕叔湘译,第201—212页。
④ 参见〔美〕罗维《初民社会》,吕叔湘译,第202—204页。

才智不无密切关系。如帝尧："其仁如天，其知如神。就之如日，望之如云。富而不骄，贵而不舒。"尧也十分重视虞舜道德才能方面的素养，"尧善之，乃使舜慎和五典，五典能从。乃遍入百官，百官时序。宾于四门，四门穆穆，诸侯远方宾客皆敬。尧使舜入山林川泽，暴风雷雨，舜行不迷。尧以为圣"，"舜入于大麓，烈风雷雨不迷，尧乃知舜之足授天下"①。可见虞舜具有非凡的才能，因此才得以摆脱"自从穷蝉以至帝舜，皆微为庶人"的不利条件，从众多"疏远隐匿者"中崛起，最终成为部族的继承人。

三 国家产生方式的影响

根据以上考察结论，前国家时代实际上是血缘与地缘因素共存并交相为用的社会，在部落领袖的产生过程中，人们一方面从血缘因素利益出发强调"任人唯亲"，一方面从地缘因素角度出发力求"选贤任能"。其结果，就是"世袭"与"禅让"（民主推选）在中外历史的前国家时代的共存。这种看似矛盾的现象背后，其实隐含着历史演化的逻辑。国家的产生是一个文明进行选择的重要关头。如果将国家比作人类社会这个大工厂的产品，它的原料就是前国家时代的种种文化因素，而生产设备则是国家产生方式。前国家时代的多种文化因素通过特定国家产生方式被加以筛选、过滤、淘汰以及重新配置，最终形成某种特定政治形态，国家究竟倚重血缘因素（"亲亲"）还是地缘因素（"尊贤"），在很大程度上还与它的产生方式密切相关。

（一）将国家建立在血缘组织基础之上

马克思主义经典学家根据摩尔根提供的材料和观点，对以希腊、罗马和德意志为代表的西方古代国家产生之路进行深入研究，认为前国家时代社会的基础是氏族等血缘组织，而国家则必然建立于地缘组织的基石之上。恩格斯在《家庭、私有制和国家的起源》一书中以形象的语言描述了希腊、罗马、德意志如何通过破坏氏族制度的方式建立各自的国家。

> 雅典是最纯粹、最典型的形式：在这里，国家是直接地和主要地从氏族社会本身内部发展起来的阶级对立中产生的。在罗马，氏族社会变成了封闭的贵族制，它的四周则是人数众多的、站在这一贵族制

---

① 《史记》卷1《五帝本纪》，第15、38页。

第三章 走出古典：从人类学角度看中国国家起源独特性　165

之外的、没有权利只有义务的平民；平民的胜利炸毁了旧的血族制度，并在它的废墟上面建立了国家，而氏族贵族和平民不久便完全溶化在国家中了。最后，在战胜了罗马帝国的德意志人中间，国家是直接从征服广大外国领土中产生的，氏族制度不能提供任何手段来统治这样广阔的领土。①

据笔者所知，坚持以血缘与地缘因素作为前国家与国家社会重要区分标志的并不止摩尔根、恩格斯两人。除此之外，英国学者亨利·梅因爵士也通过构想的地域关系，将国家或文明社会与单靠血缘亲属关系作为组织原则的原始社会区别开来。②

那么国家是否必然出现于氏族组织被摧毁，地域性因素占据主导地位的前提下？前文已经指出，摩尔根的有关结论在极大程度上是受希腊罗马历史发展路径的启发而得出的，因为包括他在内的许多古典进化论者在当时情况下并不掌握更多民族志的例证，更谈不上对中国历史的了解。20世纪二三十年以来，越来越多的人类学家对这个问题有了更为科学的认识。罗维就发现："虽然血缘因素常使地域因素相形见绌，却从未成功地彻底消除掉它。不仅如此，如果我们调查血亲关系本身，我们就发现在它下面有感情的空间决定因素潜伏在幕后。这两种联合，尽管被重大的差异抽象地分隔开，其实是相互交织在一起的。"③ 福特斯和埃文斯-普里查德在《非洲政治制度》一书中试图确立对国家起源问题的新理解，他们在非洲地区发现具有代表性的A、B两种样本的社会。他们注意到："在A类社会当中，单位就是地区单位，政治权力按地区划分界限。在B类社会中，疆界不是按行政体制规定的，反而是依血缘世系关系和合作的义务来做出规定的。"在比较两种类型的政治社会之后，他们得出这样的结论："政治关系并不单纯是地区关系的反映。"在这里，梅因的"亲属关系"便与一种"地区关系"连接起来了。④

在国家起源的某些关键时刻，某些看似孤立、偶然的事件（其实它们并不是孤立和偶然的）很可能产生深远的影响和后果。摩尔根在谈到希腊执政官的产生方式时说过这样一段话："长子世袭是不符合这个职位的古老原则的；如果说发生了一次这么重大的、激烈的变革，影响到全体氏族

---

① 《马克思恩格斯选集》第4卷，第186页。
② 参见〔美〕埃尔曼·R. 瑟维斯《人类学百年争论：1860—1960》，贺志雄等译，第145页。
③ 〔美〕埃尔曼·R. 瑟维斯：《人类学百年争论：1860—1960》，贺志雄等译，第246页。
④ 〔美〕埃尔曼·R. 瑟维斯：《人类学百年争论：1860—1960》，贺志雄等译，第252页。

成员的独立地位和个人权利,那就必须有确凿的证据足以推翻与此相反的假定。这是两种截然不同的情况:一种是对一个职位有世袭权,享有这种世袭权的人能支配一个氏族的成员并为他们规定义务;另一种是根据自由选举授予职位,并对不称职者保留罢免之权。"[①] 究竟怎样"重大的、激烈的变革",才能够左右甚至决定一个国家的形成道路?人类学材料只为我们提供了一些静态的依据,而中国古籍中保留的一些零星材料则可能为我们提供了正确解答这个问题的动态信息。关于中国古代第一个国家夏朝的产生,《史记·夏本纪》记载说:

> 帝禹立而举皋陶荐之,且授政焉,而皋陶卒。……而后举益,任之政。十年,帝禹东巡狩,至于会稽而崩,以天下授益。三年之丧毕,益让帝禹之子启,而辟居箕山之阳。禹子启贤,天下属意焉。及禹崩,虽授益,益之佐禹日浅,天下未洽,故诸侯皆去益而朝启。曰:"吾君帝禹之子也。"于是启遂即天子之位,是为夏后帝启……有扈氏不服,启伐之,大战于甘……遂灭有扈氏,天下咸朝。[②]

司马迁的描述大体反映了儒家的传统看法,在战国法家、纵横家的著作中,我们则看到另外一种版本的夏国家起源说。《竹书纪年》:"益干启位,启杀之。"《韩非子·外储说右下》:"古者禹死,将传天下于益,启之人相与攻益而立启。"《战国策·燕策》:"禹授益,而以启人为吏。及老而以启为不足任天下,传之益也。启与支党攻益而夺之天下。"不管诸子百家是为夏启的"家天下"辩护,还是进行鞭挞,有一点是无可置疑的,那就是自尧舜以来最高部落首领遵循的"尊贤"原则遭到破坏,血缘因素占据主导地位,"亲亲"原则博取了上位,尽管这种努力曾一度遭到有扈氏激烈但终归无效的反对。

早在20世纪50年代,侯外庐先生注意到中国国家起源的特殊之处,从中西比较的角度对以上史实进行了精辟阐释。侯先生指出,"古典的古代"是从家族到私产再到国家,国家代替了家族;而在"亚细亚的古代"则是由家族到国家,国家混合在家族里面,叫做"社稷"。因此,前者是新陈代谢,新的冲破旧的,这是"革命的路线";后者却是新陈纠葛,旧的拖住新的,这是"维新的路线"。论者形象地说,前者是人唯求新,器

---

① 〔美〕路易斯·亨利·摩尔根:《古代社会》,杨东莼等译,第225页。
② 《史记》卷2《夏本纪》,第83—84页。

亦求新；后者却是人唯求旧，器唯求新。①

由此可见，古代中国并没有像雅典、罗马、德意志的情形那样，把血缘组织当作建立国家的障碍；相反，国家的建立者还利用这一资源成功地建立王权。国家的建立未必建立在地域组织基础之上，相反可能以血缘因素为依托，这应该说是中国历史给国家起源理论的更新提供的重要史实依据。

（二）"亲亲"与"尊贤"的并存与张力

血缘组织在国家产生前夜并没有出现衰落的趋势，相反成为国家机器建立的基础，这一事实给国家时代的政治生活带来深刻影响，"亲亲"与"尊贤"在先秦时代的长期存在，及其在人们政治行为中地位的消长，便是这种影响的重要表现形式。

首先，三代的最高政治领袖（"王"或"天子"）通过血缘准则加以确定，而与"尊贤"毫无瓜葛。三代王位继承方式中，夏代以父子相袭与兄弟相及相结合，表现出家族统治的初期特点；商人侧重兄终弟及，终于因为不能确定唯一候选人而引起多次内部纷争；至于周代才发展为较为成熟的嫡长子继承制。自周代以后，《公羊传》隐公元年所谓"立适（嫡）以长不以贤，立子以贵不以长"，才成为天子、诸侯、公卿乃至宗族权利财产继承的不二标准。国家时代的统治者没有像尧舜等圣贤一样将部落最高权力让与贤者，使得欲以"法古改制"的儒家颇为尴尬，所以好辩如孟子者也只能以所谓"天与贤则与贤，天与子则与子"的荒唐理论加以解释。《孟子·万章上》：

> 万章问曰："人有言：至于禹而德衰，不传于贤而传于子。有诸？"孟子曰："否，不然也。天与贤则与贤，天与子则与子。昔者舜荐禹于天，十有七年。舜崩，三年之丧毕，禹避舜之子于阳城，天下之民从之，若尧崩之后不从尧之子而从舜也。禹荐益于天，七年。禹崩，三年之丧毕，益避禹之子于箕山之阴，朝觐讼狱者不之益而之启，曰：'吾君之子也。'讴歌者不讴歌益而讴歌启，曰：'吾君之子也。'丹朱之不肖，舜之子亦不肖。舜之相尧、禹之相舜也，历年多，施泽于民久。启贤，能敬承继禹之道。益之相禹也，历年少，施泽于民未久。舜禹益相去久远，其子之贤不肖，皆天也，非人之所能为也。"

---

① 侯外庐、赵纪彬、杜国庠：《中国思想通史》第1卷，第10—11页。

其实问题的根本，是因为夏启开创的"以家代国"暴力式革命道路，对于后代的政治家具有典范作用。当然，面对这样的史实，古代理论家的任务只在于从天命的角度赋予其合理性而已。

三代时期，大量的史前血缘组织并未遭到破坏，它们既是王权统治的基础，也是"亲亲"原则通行的厚壤。诸侯、卿大夫阶层权利的世袭，就是其中典型的代表。《左传》襄公二十四年鲁穆叔如晋，当范宣子问何为"死而不朽"时说："昔匄之祖，自虞以上为陶唐氏，在夏为御龙氏，在商为豕韦氏，在周为唐杜氏，晋主夏盟为范氏，其是之谓乎？"昭公十七年（前1525）秋郯子来朝，昭子问以"少皞氏鸟名官"的传说，郯子举出凤鸟氏、玄鸟氏、伯赵氏、青鸟氏、丹鸟氏、祝鸠氏、鴡鸠氏、鸤鸠氏、爽鸠氏、鹘鸠氏等十余个各有分职的以"氏"名官者。这些血缘组织的长期存在，无疑是先秦时期"亲亲"规则坚不可摧的社会基础。

其次，无论是天子还是诸侯，都不能将具有血缘关系者排除在政治活动之外，否则便犯了政治的大忌。《吕氏春秋·先识》商汤告诸侯曰："夏王无道……穷其父兄，耻其功臣，轻其贤良，弃义听谗，众庶咸怨，守法之臣，自归于商。"《尚书·牧誓》："今商王受惟妇言是用，昏弃厥肆祀弗答，昏弃厥遗，王父母弟不迪，乃惟四方之多罪逋逃，是崇是长，是信是使，是以为大夫卿士，俾暴虐于百姓，以奸宄于商邑。"遗弃亲戚被视为君主的丧德之举，可见"王父母弟"本当为政权的磐石。春秋时期，晋之"六家"，齐之高、国，鲁之"三桓"，都是春秋时期左右诸侯政权的重要家族，自不必细说。我们只需举出战国时期的若干例证，就可见"亲亲"传统的顽强生命力。《孟子·滕文公上》说滕定公薨，"然友反命，定为三年之丧。父兄百官皆不欲"。"父兄百官"在滕国朝政具有决定大政的权利，可见滕国的家族势力占据主导地位。同书《万章下》记载齐宣王问卿，孟子答之以贵戚之卿与异姓之卿。所谓"贵戚之卿"就是亲族中的任职者，他们的权利是"君有大过则谏，反复之而不听则易位"。顺便可以指出的是，"异姓之卿"则没有这种权利，他们只能"君有过则谏，反复之而不听则去"。战国诸侯中，多有称为"父兄"者，当为与国君有亲属关系的重臣或大将。如《战国策·秦四》说三国攻秦，入函谷。秦王谓楼缓曰："三国之兵深矣，寡人欲割河东而讲。"对曰："割河东，大费也；免于国患，大利也；此父兄之任也。王何不召公子池而问焉！"鲍彪注："父兄谓公族。"又同书《齐一》，张仪为秦连横而说齐王曰："天下强国，无过齐者，大臣父兄，殷众富乐，无过齐者。"《楚三》苏子谓楚王曰："今王之大臣父兄，好伤贤以为资，厚赋敛诸臣百姓，使王见疾于民，非忠臣也。"例文中所谓"父兄"为贵戚之臣的通称。

最后，除最高权力由同姓传承，重要权利须亲族共享，其他政治事务则容许异姓适当参与，史前时代的"尊贤"传统在这里找到用武之地。《孟子·告子下》："舜发于畎亩之中，傅说举于版筑之间，胶鬲举于鱼盐之中，管夷吾举于士，孙叔敖举于海，百里奚举于市。"除舜之外，其余几位皆为三代以来因贤才致用者。"尊贤"的基础并非血缘关系，而是地缘因素。在先秦时期，血缘组织与地缘组织的势力呈现相互消长的态势，时代愈后，则地缘组织的力量愈加强大。有时候我们甚至看到，出于国家安全的需要，统治者一方面要加强自身的血缘组织，另一方面又试图用地缘因素冲淡敌对血缘组织的生命力。《左传》定公四年子鱼曰："昔武王克商……分鲁公以……殷民六族：条氏、徐氏、萧氏、索氏、长勺氏、尾勺氏。使帅其宗氏，辑其分族，将其类丑，以法则周公。用即命于周……分康叔以……殷民七族：陶氏、施氏、繁氏、锜氏、樊氏、饥氏、终葵氏……分唐叔以……怀姓九宗。"周人对于殷人遗民远徙异地、分而治之的策略，在客观上促成地缘组织日盛一日的强大。这就足以解释何以到东周之后，社会上抨击"世卿世禄"，主张"选贤与能"的呼声一浪高过一浪。随着地域组织逐渐占据主导地位，"亲亲"与"尊贤"的关系就会出现微妙的扭转。秦汉之后，西周时期那种意义上的"亲亲"与"尊贤"已不复存在，但二者仍然在许多王朝统治之下不绝若线，二者之间力量的消长，几乎伴随整个中国古代历史的始终。曹魏时期就有人对周代封建制度下"亲亲"与"尊贤"的关系表达了怀念之情。曹元首《六代论》："臣闻古之王者，必建同姓，以明亲亲；必树异姓，以明贤贤。"[①] 这些言论看似在发思古之幽情，其实则表达了论者对当时朝廷未能正确处理"亲亲"与"尊贤"二者关系的一种嗟怨。一部中国古代史，可以说是对"亲亲""尊贤"二者之间关系的生动说明。

第四节　重新认识国家起源与血缘、地缘因素的关系

长期以来，在关于古代国家起源问题的研究中流行一个牢不可破的信

[①] 曹元首：《六代论》，《全上古三代秦汉三国六朝文》，中华书局1991年版，第1160—1161页。

念，那就是氏族、部落等血缘组织在史前时期居于统治地位，并且是当时社会唯一类型的组织基础；国家产生前夕，血缘因素的影响走向式微、血缘组织遭到破坏，相反地缘因素显著成长、地缘组织占据主导地位；最终，国家得以建立在地缘组织的基础之上。这个结论是19世纪60年代至今一百多年间经梅因、摩尔根、恩格斯、弗里德等多人之手才得以完成的。20世纪前半期以来，越来越多的人类学调查材料及历史学研究成果中披露了若干国家建立于血缘组织基础之上的案例。在此基础上，如何重新认识国家起源与血缘、地缘因素的关系，就成为一个非常值得关注的课题。

一 "地缘组织"说的形成

谈到氏族社会的研究，人们首先想到的往往是美国古典进化论派人类学家路易斯·亨利·摩尔根，而对此前一位英国学者亨利·梅因为该问题研究作出的贡献关注不够。1861年，梅因从法律角度对人类社会的早期历史进行分析，并提出关于国家产生前后社会组织基础异同的观点。梅因认为，原始社会与文明社会之间意义重大的区别有两类，即组织上的和法律上的。所谓组织上的区别，就是原始社会的亲属组织与文明社会的地域组织的区别。血缘原则建立在父权基础上，依从它和成为它的成员根据的是血缘身份。而随着国家的发展，成员资格（公民资格）开始变为以地域为根据。[①]

摩尔根接受梅因的上述观点，同样强调以血缘关系为基础的社会向以地域为基础的社会转变的重要性。不过对于血缘组织向地缘组织转变的原因，他提出另一种解释。摩尔根认为，这一转变依赖于私有财产的发展。在完成于1877年的《古代社会》一书中，摩尔根将以北美印第安人易洛魁部落为代表的人类学材料，与以希腊、罗马为代表的历史学材料结合起来，初步构建完成了人类早期历史的发展序列。摩尔根采用两个略微不同的概念："社会组织"与"政治组织"，前者相当于今天通常所说的"血缘组织"，后者则相当于"地缘组织"。关于国家产生与血缘因素、地缘因素的关系，他说：

人类的经验只产生两种政治方式……第一种，也就是最古老的一种，我们称之为社会组织，其基础为氏族、胞族和部落。第二种，也

[①] 参见〔美〕埃尔曼·R.瑟维斯《人类学百年争论：1860—1960》，贺志雄等译，第6—7页。

就是最晚近的一种,我们称之为政治组织,其基础为地域和财产。按照第一种方式建立了氏族社会……按照第二种方式组成了政治社会,在政治社会里,政府与个人之间的关系是通过个人与地域的关系来体现的,所谓地域,即乡、县和国。这些关系纯粹属于地域性质。这两种方式在性质上根本不同。一属古代社会,一属于近代社会。①

摩尔根断言,凡在氏族制度流行而政治社会尚未建立的地方,一切民族均处于氏族社会中。在那种情况下,国家是不存在的。相反地,当社会由以人身和纯人身关系为基础的"社会组织"转变为以地域和财产为基础的"政治组织"时,国家的产生就水到渠成了。有证据表明,在论述这一进化的实现过程时,摩尔根大体因袭和利用了梅因的观点和材料。②

摩尔根的著作发表之后,引起马克思、恩格斯的极大兴趣。1881 年 5 月到 1882 年 2 月中旬,马克思仔细研读《古代社会》,并作了详细摘录。1884 年,恩格斯完成《家庭、私有制和国家的起源》一书,对摩尔根的理论给予高度评价。关于国家起源与血缘、地缘因素的关系,恩格斯完全赞同摩尔根划分前国家时代与国家时代"两种政治方式"的做法,并进一步分析了希腊、罗马等早期国家产生前后由"社会组织"向"政治组织"过渡的具体方式。恩格斯指出,古雅典的案例可以说明国家的建立是如何部分地改造氏族制度的机关,部分地用设置新机关来排挤掉它们,并且最后完全以真正的国家机关来取代它们而发展起来的。那么在国家产生的过程中,人类社会的支配因素为什么会由"血族关系"转变为"地区团体"呢?恩格斯认为,其中原因在于人类社会的生产突破了旧有组织的约束。恩格斯并没有将血缘、地缘组织与国家起源之间的关系绝对化、简单化,比如他就发现:同样是将国家建立在地域组织的基础之上,雅典、罗马却同德意志早期国家的建立采取了不大相同的形式。

值得注意的是,恩格斯意识到德意志国家的产生伴随着一种特殊的现象,那就是国家产生之后血缘组织曾长期存在。当然,恩格斯倾向于认为这只是社会发展进程中的一种例外情况,而这一例外不足以推翻国家建立在地缘组织基础之上的观点。因此,他将"按地区来划分它的国民"连同"公共权力的设立"一起,确定为判断国家是否成立的两项重要标志。在

---

① 〔美〕路易斯·亨利·摩尔根:《古代社会》,杨东莼等译,第 61 页。
② 参见〔美〕乔纳森·哈斯《史前国家的演进》,罗林平等译,求实出版社 1988 年版,第 37—39 页。

恩格斯之后，以地缘组织取代血缘组织（亦即"按地区来划分它的国民"）作为国家产生重要标志之一的观点持续产生影响，并为晚近不少人类学家所赞成，这方面可以莫顿·弗里德（M. Fried）和罗伯特·罗维（Robert H. Lowie）二人为例。根据弗里德的解释，国家是为维护社会分层而出现的，借助"超出血缘关系之上的社会力量建立的复杂机构"。因此，作为最初组织原则的血缘关系的让位，被弗里德视为国家产生过程中第一个关键性因素。他认为："尽管没有国家但已出现社会分层的社会模式，能够在很大程度上与血缘关系模式一致，但血缘关系模式包含前一种模式的可能性很小。""运用在先的血缘关系形成的权力（存在于国家中的武力）是可能的，但使这种情况长久地存在则不可能。"不过正如有学者所评论的那样，弗里德关于国家产生必然伴随血缘关系解体的观点，更多的是出于猜测而未提出有说服力的逻辑的或经验的结论。也就是说，弗里德坚持认为以血缘关系作为国家的牢固基础是"不可能的"或"靠不住的"，但他并未提出这种社会何以不能存在的理由。[①]

接受摩尔根等人观点的，还有以罗伯特·罗维为代表的一些文化传播论派人类学家。罗维认可梅因、摩尔根关于国家建立在地缘组织基础之上的信条，并将注意力集中于解释这一现象的成因。他说："就邻里的联合在概念上不同于血缘亲属的联合而论，梅因和摩尔根所确立下来的传统区分仍然保持其有效性。甚至还必须承认，血缘关系在原始人的政府活动中常常是超乎一切之上的重要因素。"国家产生前后，"血缘组织"为什么会转变为"地缘组织"？罗维的发现是，这种突变并不一定是不连贯的，而是逐渐得以加强的。[②] 不难看出，对于摩尔根依据血缘与地缘因素所发挥不同作用划分国家产生前后阶段的看法，罗维并无异见，只不过试图在两种性质组织过渡方式的层面以"渐进说"取代原先的"突变说"。

20世纪二三十年代，摩尔根等人的上述理论传入中国，成为许多学者解释中国国家起源问题的重要依据。郭沫若先生于1929年完成《中国古代社会研究》，对摩尔根《古代社会》和恩格斯《家庭、私有制和国家的起源》的重大发现给予高度赞誉，并极力反对"中国国情特殊论"。与20世纪80年代以来不少学者极力强调中国历史的特殊性不同，郭沫若坚持认为中国上古历史发展进程与摩尔根等人描述的情况并无不同，前者完全

---

① 参见〔美〕乔纳森·哈斯《史前国家的演进》，罗林平等译，第37—39页。
② 参见〔美〕埃尔曼·R. 瑟维斯《人类学百年争论：1860—1960》，贺志雄等译，第243—246页。

符合人类历史（实际上是西方历史）的一般通则。①

受摩尔根等人观点影响，郭沫若坚信血缘色彩是氏族社会的特点，地域成分则是国家时代的特点，他进而推论："奴隶制社会是氏族社会的延续，多量地含有血族成分，而封建制则是多量地含有地域成分的奴隶制。"按照摩尔根等人的标准，郭沫若一度将夏代乃至殷商时期视为中国历史的史前阶段，又将西周作为国家（奴隶社会）时代的开始，理由便是文献记载血缘组织在各个时期所占成分的众寡不同。他说："要之殷人之社会尚为氏族组织。""殷代已到氏族社会的末期，一方面氏族制度尚饶有残余，而另一方面则阶级制度已逐渐抬头。""由《诗》、《书》、《易》的研究，我发觉了中国的殷代还是氏族社会。"②

不过在后来的研究中，郭沫若却断然改变将商代视为氏族社会的看法。1944年，郭沫若发表《十批判书》之《古代研究的自我批判》，承认自己以前研究中的错误。③ 在完成于1952年的《奴隶制时代》中，作者更明确指出："夏民族的统治是存在过的，但它的文明程度不会太高，当时的生产情形，顶多只能达到奴隶制的初期阶段。""殷代的情形便迥然不同了。""故殷代是奴隶社会是不成问题的。"④ 据此，论者显然认为中国史前社会结束于夏代之前。

由以上表述可以看出，郭沫若20世纪30年代依据摩尔根等人理论做出的关于古代社会分期问题的结论，到40年代之后已完全放弃。虽然《十批判书》中未见作者交代针对性的原因，不过从其他有关讨论中似可推知：他很可能意识到摩尔根理论在解释中国古代国家起源问题方面是存在问题的。

二　"地缘组织"说驳议

国家必然建立于地域组织基础之上的观点，从提出至今经过百余年间许多知名学者的论述和分析，看上去已是板上钉钉的事实，没有后人置喙的余地。不过纵观百余年间的人类学发展史可以看到：在摩尔根的时代，人类学调查与民族志材料的搜集整理尚处于起步阶段，严格意义上的田野

---

① 参见郭沫若《中国古代社会研究》，《郭沫若全集·历史编》第1卷，"自序"，人民出版社1982年版，第6页。
② 参见郭沫若《中国古代社会研究》，《郭沫若全集·历史编》第1卷，第17、99—101、237、245、250页。
③ 参见郭沫若《十批判书》，《郭沫若全集·历史编》第2卷，第3、7页。
④ 郭沫若：《奴隶制时代》，《郭沫若全集·历史编》第3卷，第17、25页。

人类学工作开展得很不充分。不过到20世纪以来，随着田野人类学调查资料和史前史研究成果的丰富，以上这套由名流建立起来的理论越来越暴露出其不可靠的一面。

（一）血缘组织在史前社会的普遍性问题

摩尔根等人认为，史前社会是血缘组织普遍存在并占据统治地位的时期。那时候，每个人都是氏族或部落的成员，他们的一切活动不能自外于血缘关系的网络。得益于被接纳为易洛魁部落的一员，摩尔根对这个19世纪仍处于前国家发展阶段的人类社会进行了观察。摩尔根发现，易洛魁人各部落均由少则3个、多则8个数量不等的氏族构成。① 摩尔根从希腊、罗马前国家时代的材料中发现若干氏族广泛存在的材料，将它们与易洛魁部落中的氏族之间画上等号。② 此外，得益于从亚、欧、非、美、澳等洲的二手材料中看到血缘组织的影子，摩尔根更加确信：氏族作为一种以血亲为基础的社会组织，在时间上具有古老性，在地域上具有广泛性。③

不过20世纪以来的更多人类学田野调查资料表明，摩尔根关于史前血缘组织普遍性的看法存在极大问题。事实恰恰相反，从时间上看，氏族并不像摩尔根所理解的那样贯穿史前蒙昧社会到野蛮时代的各个阶段；从地域上看，它也不具备论者所主张的那种意义上的普遍性。比如斯瑭顿就发现，所有较简陋的印第安部族中并没有氏族组织；氏族组织出现于经济、工业、宗教和政治较为发达的诸部落。其他地区同样存在这种情况，如新大陆南半部的佛伊哥人、亚洲的朱克奇和科利雅克、安萨密的卡喜息人、马来半岛游猎的萨卡伊人和塞芒人以及安达曼岛人中，都没有氏族制度；而在非洲的霍屯督人以及更原始的游猎民族布西门人和匹格美人的记载中，也没有找到氏族制的痕迹。④

既然这么多史前部族（有的还位于北美洲）中都不存在氏族制度，那么对于这样看似并不复杂的事实，摩尔根当时为什么竟然"视而不见"呢？罗维认为原因颇为简单，那就是作为纽约人的摩尔根是从易洛魁人中开始研究的，然后一路向西去，他所经过的正是氏族组织最为发达的一个地带。在摩尔根的时代，更西地区的印第安人的情况完全不为民族学家所

---

① 〔美〕路易斯·亨利·摩尔根：《古代社会》，杨东莼等译，第68—69页。
② 不过正如前人指出的那样，摩尔根认为易洛魁部落中的情况同希腊国家产生前期的情况本质上完全相同，其实这是一个严重的误解。（参见〔美〕埃尔曼·R. 瑟维斯《人类学百年争论：1860—1960》，贺志雄等译，第167—168页）
③ 参见〔美〕路易斯·亨利·摩尔根《古代社会》，杨东莼等译，第62页。
④ 〔美〕罗维：《初民社会》，吕叔湘译，第90页。

知。也就是说，倘若摩尔根开始工作的地方是在俄勒冈或伊达荷的话，或许他关于氏族普遍性的有关结论乃至理论体系就很可能会是另外一种情形。[1]

这样看来，氏族制度在史前时期也有一个从无到有、逐步发展的过程，并非所有地方、所有阶段的史前社会都存在氏族制度。因此，我们可以借用罗维的话断言："氏族制在初民社会中普遍存在之信条已经粉碎。"[2]

（二）血缘组织并非史前唯一类型的社会组织

在讨论史前社会情况的时候，摩尔根将所有注意力投向氏族、部落、部落联盟等血缘组织之上，而几乎没有涉及任何其他社会组织。这很容易给人一种印象，即血缘组织是史前社会唯一类型的社会组织，是当时维系社会团结和稳定的唯一组织基础。实际情况并非如此：除血缘组织外，史前社会还存在诸多类型的非血缘组织。20世纪以来的大量人类学田野调查资料表明，史前时期的年龄团体、性别会社、秘密群体等非血缘组织往往与血缘组织同时存在，前者的地位与重要性绝不亚于后者。

这方面的情况大体可以分为两类：一类是在氏族制度尚不存在的社会中，就已存在某些非血缘组织。比如在印度洋的安达曼群岛上，那里的人们尚无氏族概念或任何亲属关系，但他们却分作许多小群。罗维曾评论说，安达曼人的社会依照与亲属关系无关的别种确定原则而有区分。[3] 更为常见的一种情况，是血缘组织与非血缘组织并存于某个史前社会，两者同时发挥凝聚人心、团结社会的主要功能。这类非血缘组织，主要包括性别会社、年龄级组织，甚至烟会、舞会等。

首先，以性别为基础的男子会社和女子会社在初民社会中并不鲜见。在澳大利亚的某些部族中，所有男子组成一个秘密会社，而将女子排除在外。在某种程度上，可以说以"性的团结"代替了氏族团结。某些澳洲土著居民中除氏族组织之外，还分为若干社会单位，后者对于个人生活的重要性不亚于氏族。每个人一生下来就属于男性半部族或女性半部族，在其一生的每个阶段他（她）的行为必须遵照社会的步骤，与传统的模式相符。一个瓦剌孟加的男子，无论他属于哪个血缘组织，只要他已受戒礼而且尚未结婚，他就得离开他的家族、氏族和半部族而与其他未婚男子共同生活。所以，在日常生活中，性别与年龄的联合影响足以超过亲属群。在

---

[1] 〔美〕罗维：《初民社会》，吕叔湘译，第90页。
[2] 〔美〕罗维：《初民社会》，吕叔湘译，第93页。
[3] 〔美〕罗维：《初民社会》，吕叔湘译，第156页。

马赛族和班克斯群岛上，氏族组织的重要性远逊于各种会社单位。人们按照性别将社会分为男女对立的两个半部族，女人被排除于公众仪式之外。男子构成一种秘密会社，它们白天是食堂和消遣的场所，晚上则是宿舍。如果一个男子不能进 Sukwe（公会）的话，他就不得不与女子同处饮食，这个可悲的命运有时激起一个友人的怜悯，给他做一个入会介绍人，而且要付出一大笔钱作为入会费用。①

其次，以年龄为基础的社会组织也十分重要。生活于澳大利亚的卡利尼剌人和库尔乃人可作为这方面的代表：他们把未婚男子与已婚男子的居所划开。一个希达查人童年时需要参加年龄群，此后便与他的同伴以一再联合购买的方式按级迁升。一个女子，虽则不是必然地与年龄级发生关系，却常常参加这个会社。西部非洲约卢巴人中有一个叫做 Ogboni 的老年人集团，年老者在这里组成一个选举会，选举一个适当的同部族人以任城主或市长之职，市长的行为一旦违反 Ogboni 的利益，后者便以拈阄之法来证明神已不愿意他继续任职，于是秘密地给他一味毒药以促成他去职。非但如此，Ogboni 还往往借助占卜之术恐吓民众。②

再次，班克斯人中还有许多秘密组织。比如有一种"鬼"社，数目约有77个。和普通公会会所不同，它不在村中而在丛林之中，到那里去的路禁止非会员前往。几乎所有会社都有特殊的面具和手中携带的东西，这些东西只在节令时刻当会员在岛上巡行时才给未入会的人看，而且不容近观。在其余时候，非会员（尤其是妇女）无论怎样也不许观看或走近这些圣物。这些秘密会社还有一个特色就是对于未入会的人进行威慑。班克斯群岛的一个男子除要加入上面提到的男子公会，递升到九或十级之外，他同时还要加入半打的秘密组织，用以保全他的财物或提高他的社会地位。③

最后，史前社会还有种种以专长为特色的非血缘会社。如组尼人的宗教会社可以分为两类：其一是全体男子必然加入，而不许女子参加的"遮面舞会"；其二是男子或女子均可加入的各种兄弟会。克洛人中有一种烟草会，无论男子和女子都可加入，条件是给收纳这个新会员的分会付钱。此外还有四种世俗社团，即"夜热舞会""大耳孔会""最后热舞会"及"苏舞会"。差不多所有克洛族男子都隶属上述四种社团之一。1833年，威纽威的马克西米连亲王发现不下八个这样的组织；稍后减成四个，即

---

① 〔美〕罗维：《初民社会》，吕叔湘译，第156—157、164页。
② 〔美〕罗维：《初民社会》，吕叔湘译，第157、235页。
③ 〔美〕罗维：《初民社会》，吕叔湘译，第165—166页。

"泥手会""大狗会""狐狸会"和"瘤木会"①。

在这里需要明确一点,即这些非血缘组织的本质是什么?熟悉了摩尔根《古代社会》所勾勒的史前社会状况,我们也许会推测:这些非血缘组织只是血缘组织的派生物,两者的本质、功能并无二致。从人类学家了解到的情况来看,实际上它们并非史前血缘组织的另一种表现。罗维指出,尽管朴卜洛印第安人有非常发达的氏族组织,但从入会方式看,男子的会籍明显与氏族无关。克娄伯也说,以前确有学者把荷匹的兄弟会看作氏族的自然产物,认为它们代表氏族观念的教仪方面。这种意见似乎是以下列事实为根据的:荷匹的兄弟会常和氏族同名,而且据土人的传说,这些兄弟会之建立是出于它们同名的氏族或其他特定氏族之手。可是如果将荷匹兄弟会会员的氏族属籍列表统计,则可断言这种假想的联系在许多案例中并不存在。因此可以毫无理由地假设,氏族所代表的一种联系之力量在任何时候都凌驾于其他社会关系之上。②氏族所代表的力量与其他社会组织所代表的力量同时存在,后者并非由前者衍生而来,这是由以上案例得出的基本结论。另外,从非血缘组织所发挥的社会功能中大体可以看出,这些组织往往以性别、年龄、宗教等非血缘因素实现群体的结合与团结,这种团结通常会跨越或打破原有的血缘联系,而将不同地域的个体联系起来。如果回忆一下摩尔根等人关于希腊、罗马国家产生前夕有关地缘关系成长情况的描述,恐怕就不难断言这些"非血缘组织"本质上其实就是地域组织。

综上所述,尽管由于种种原因,前国家时代的非血缘组织(或称地缘组织)曾一度被摩尔根等人忽视,但它的存在却是一个不容否认的事实。换言之,无论在史前最简单乃至尚不存在氏族组织的社会中,还是在氏族制度较为发达的社会中,非血缘组织通常都占据重要地位,而且发挥着不可小觑的社会功能。这就是说,氏族的划分只构成社会分群的一种形式,和它交互存在的还有许多非血缘性质的区分,其重要程度往往和它相等,甚或过之。

(三)国家产生前夕血缘组织向地缘组织的"过渡"问题

按照摩尔根等人的解释,血缘组织在史前社会延续了很长时期,直到国家产生前夕才日渐表现出不适应性,最终让位于地域组织,从而为国家的产生提供了坚实基础。此处有一个关键性的问题需要说明,即由血缘组

---

① 〔美〕罗维:《初民社会》,吕叔湘译,第171页。
② 〔美〕罗维:《初民社会》,吕叔湘译,第168—169页。

织向地缘组织过渡的动因是什么？换言之，自古以来便持续发挥主导性作用（如摩尔根所声称的那样）的血缘组织，怎么会在一个相对短的时间内走向崩溃？关于这个问题，摩尔根曾解释道："都市生活和制度的发展，财富的积累于都邑之内，以及由此而产生的生活方式的重大变化，便为氏族社会的覆灭、为建立政治社会以代替氏族社会作好了准备。"[①] 这种过渡在摩尔根看来似乎是自然而然的，因为他的兴奋点完全集中在将易洛魁部落中的"自由、民主、平等"同希腊、罗马等早期共和制国家中的类似现象之间建立联系。不过从摩尔根的描述中，我们其实并没有看到多少合理的解释。因此与其将他所谓"血缘组织"向"地缘组织"的过渡视为一种规律总结，倒不如视为一种建立在不完全经验基础之上的假说。由上文的讨论不难看出，即使在文化极为低下的初民社会中，地域组织也每每独立于血亲关系之外而存在，是决定社会团结的重要因素之一。因此，如果说某个地区国家在产生前夕确实出现地缘因素的强化现象的话，它很可能就是此前漫长历史过程中某些地缘组织力量自然增长的结果。

前文已经指出，罗维接受了摩尔根关于原始社会主要依据血缘亲属关系，而国家时代则主要依据地域的划分方法，他的目标是讨论由亲属关系到地域关系转移的关键点。经过大量比较研究，罗维认为答案的核心就是史前时期的"社团"：如年龄级组织、男性俱乐部、秘密行会、宗教团体等。罗维断言，这类组织把一个地区之内的人们联合成一个集合体，这个集合体作为一个单位运作，而不考虑亲属关系。他说：

> 与家庭和亲族相伴，这样的社团已经存在了不知多少世纪，如男性俱乐部、年龄级别组织和秘密会社组织等，它们都不依赖于亲属关系，仿佛在与亲属团体完全不同的范围内活动，而且它们都能够很容易获得政治性，如果在它们开始时未曾赋予它们政治性。

罗维批评说，主要是基于梅因所构想的地域关系，人们才把国家或文明社会与单靠血缘亲属关系作为组织原则的原始社会区别开来；但问题在于，当区别这两种对立的原理时，梅因和摩尔根太过依靠逻辑而对民族学和历史学材料信赖不足："为什么在以血缘关系为基础的政府统治下经常心满意足地生活达数千年之久的世界上的人们，要从事梅因所描述的那场用全新的按地区组织人们来取而代之的惊心动魄的革命呢？没有哪一位作者提

---

① 〔美〕路易斯·亨利·摩尔根：《古代社会》，杨东莼等译，第219页。

出过适当的解答。"种种证据表明,这种变化未必是不连贯的,因为较古老的简单社区也一定有与血缘关系相伴的某种地域联系,"换言之,这两种原理无论如何对立,并不一定相互排斥"①。罗维认为,即使在很古老的时代或极简陋的环境中,国家的建立也没有必要以破坏亲属团结为前提。实际情况是,男子公会、年龄级、秘密会所等非血缘组织与家族、氏族等血缘组织并存千百年。这些组织活动于和亲属群不同的另一个领域,并且很容易取得政治的性质。②

由此不难断言,包括性别会社、年龄级、秘密会社在内的史前非血缘组织把一定地域之内的居民联合为一个集团,它们是创立一个国家的潜在基础。罗维将国家产生的基础归之于某种史前社会组织因素的日渐强大,而不是某种莫名其妙出现的新因素的做法,较之梅因、摩尔根等人的"过渡说"更加符合历史的真实,同时也为我们进一步思考国家产生前后血缘与地缘因素的关系提供了宝贵启示。具体而言,人们不必再为国家产生前夕地缘组织如何"取代"血缘组织这样一个伪问题而费神,相反真正应该思考的是:由非血缘组织而生的那种原来微弱的地方感情,是怎样加强它自身而走向主导地位的。

(四)国家未必皆建立于地缘组织基础上

摩尔根之所以提出并坚持"国家必然建立于地缘组织基础之上"的观点,还有一条根据是他认为自己发现了希腊、罗马作为典型国家起源模式的证据。然而作为一名19世纪欧美文化影响下的西方人类学家,摩尔根深受两方面的制约,从而使他在有限材料基础上所得出的结论有推理过甚之嫌。

第一方面的制约,是文化的偏见。关于这点只需要举出一例,那就是当面对史前社会某些显而易见的等级分化现象时,摩尔根竟然对它们熟视无睹。罗维认为这是摩尔根囿于欧美文化的成见而想当然的结果:"大概爱好平民化的组织,乃是美国人的固有癖性。所以即使粗野的社会中发现了贵贱的分别,摩根也就视而不见了。他对于统一民族中各氏族的不同或同社会中各个人的不同,绝少留意。他以为特权阶级的事实,要到进化的更后时代才有。"③依据同样的思路,摩尔根依据氏族组织占据统治地位、充满"自由、民主、平等"色彩的易洛魁部落想象人类前国家时代的普遍

---

① 参见〔美〕埃尔曼·R. 瑟维斯《人类学百年争论:1860—1960》,贺志雄等译,第243—246页。
② 〔美〕罗维:《初民社会》,吕叔湘译,第236页。
③ 〔美〕罗维:《初民社会》,吕叔湘译,第201页。

状况，而用氏族组织瓦解、地域组织占据主导地位的希腊、罗马建立初期的情况作为推断人类所有国家产生的唯一路径。单线进化的思维，引导他在两者之间建立联系，并赋予其合理性。职是之故，这位人类学界的拓荒者不禁要对人类早期历史的发展规律作出如是总结：人类历史的起源相同，经验相同，进步相同；由于人类起源只有一个，所以经历基本相同，他们在各个大陆上的发展，情况虽有所不同，但途径是一样的，凡是达到同等进步状态的部落和民族，其发展均极为相似。在此过程中，摩尔根不仅忽视了史前社会向国家社会过渡的许多中间环节（比如人类社会怎样从易洛魁部落那样的平等社会向国家那样的等级社会过渡的），造成许多误解（比如他无视阿兹特克社会的等级分化现象，而将其视为与易洛魁部落相同的社会），更重要的是将人类国家的产生都理解为像希腊、罗马那样是建立于地缘组织基础之上的产物。摩尔根的这一结论虽不能说毫无依据，但从总体上因受到欧美文化中心主义的掣肘，从而影响其科学性。

第二方面的制约，即在单线进化理论的左右下，摩尔根很难想象到除他所熟知的希腊、罗马国家起源模式之外，世界上其他地区还可能存在其他种种更为复杂的情况。20世纪以来，大量涌现的人类学调查资料对摩尔根等人一百多年前提出的理论造成巨大冲击。就笔者目力所及，目前这方面最具典型性的材料，至少有福特斯和埃文斯－普里查德《非洲政治制度》中揭示的非洲A、B两种代表性样本的社会，以及埃德蒙·R.利奇（Edmond. R. Leach）于缅甸发现的掸人、克钦人中两种对立并存的政治组织。笔者认为，它们很可能反映古代国家产生之际血缘因素与地缘因素相互对立、角力、转化的复杂状况，这些新发现的民族志材料超出单线进化论的解释范围，对于从新的角度构建国家起源与血缘、地缘因素关系的理论具有重要意义。

国家未必都建立在地缘组织基础之上，相反血缘组织也可能成为国家的基础，中国古代国家的起源是这方面一个最为生动的案例。有关中国古代第一个国家夏王朝的产生情况，《史记》《竹书纪年》《韩非子》《战国策》等处的记载人们耳熟能详，在此不予赘述。这里只强调一点，即以夏启建国为标志，自尧舜以来最高部落首领遵循的"尊贤"传统遭到破坏，血缘因素占据主导地位，"亲亲"原则博取上位，尽管这种努力曾一度遭到有扈氏激烈但终归无效的反对。[①]

---

① 参见晁天义《"亲亲"与"尊贤"：前国家时代的政治遗产》，《陕西师范大学学报》2013年第6期。

值得注意的是，张光直先生于20世纪80年代以来从考古学角度发现中国古代国家在产生道路上与摩尔根等人所描述的并不相同，认为其中最显著的区别就在于血缘组织所发挥的独特作用。① 张先生甚至认为，如果从正面表述的话，那么血缘组织与中国古代国家起源的关系就是：氏族或宗族在国家形成后不但没有消失、消灭或重要性降低，而且继续存在，甚至重要性还加强了。以血缘纽带维系其成员的社会集团左右着政治权力，这就是中国古代国家最显著的特征。②

要之，古代中国并没有像雅典、罗马、德意志那样，把血缘组织当作建立国家的障碍；相反，国家的建立者充分利用这一资源成功建立王权。国家的建立未必都建立在地域组织的基础之上，相反也能以血缘因素为依托，这是中国历史给世界范围内的国家起源理论研究提供的宝贵材料。

三 国家也可能建立在血缘组织基础之上

以上我们较为详细地追溯了摩尔根等人关于"国家建立于地域组织基础之上"观点的形成过程，并逐项检讨了它的各项根据，最终发现支撑这个结论的或者是某些片面的证据，或者是某些虚构的联系。正因为这样，我们最多只能说摩尔根等人的理论在某种程度上有其合理性：世界上某些地区的国家的确是建立在地域组织的基础之上，但是不能将这一观点作无限制的推广，用于解释所有国家产生的具体情况。当我们将那些经不住推敲的证据一一排除之后，真正的联系就会露出其本来面目。

前文大体提到，罗维在《初民社会》一书中将许多笔墨用于论证国家产生前夕地缘组织如何渐进地"战胜"血缘组织，从而保证国家建立于地缘组织基础之上（就此而言，他俨然是摩尔根理论的一名忠实捍卫者）。是什么机制或机构引起这种从亲属关系到地域关系的转移？罗维终于在上文介绍过的非血缘组织（"社团"）中找到这种机构。他的结论是：

> 虽然血缘因素常使地缘因素相形见绌，却从未成功地彻底消除掉它。不仅如此，如果我们调查血亲关系本身，我们就发现在它下面有感情的空间决定因素潜伏在幕后。这两种联合，尽管被重大的差异抽象地区分开，其实是相互交织在一起的。国家的基本问题因此不是解

---

① 张光直：《中国青铜时代（二集）》，第118页。
② 参见张光直《青铜挥麈》，上海文艺出版社2000年版，第202—203、274页；王震中《文明与国家——东夷民族的文明起源》，《中国史研究》1990年第3期。

释这个大转变的问题,古代的人们就靠这个大转变才达到从按血缘组成政府到只按地域连接组成政府这一步的。问题倒是要表明,是什么变化过程加强了地域关系,必须承认,地域关系与作为竞争对手的原理一样古老。①

这就是说,血缘组织与地缘组织在漫长的史前时期曾经长期共存,交互作用,直到国家产生前夕为止,地域关系才因某种原因遂得到加强,血缘因素相应退居次要位置,从而为国家的产生奠定了组织基础。

不难看出,罗维的这一解释的确在某种程度上破解了摩尔根关于国家产生前夕血缘组织向地缘组织的"突变"难题,对于理解包括希腊、罗马等在内的西方早期国家形成问题具有一定说服力。然而问题在于,它仍然不能解释中国古代国家的起源之路。种种迹象表明,国家起源与血缘、地缘因素之间的关系,应该比罗维所概括的情况更加复杂。我们不妨回到前文提到的人类学家在20世纪以来的非洲以及缅甸地区发现的材料。20世纪初,福特斯和埃文思-普里查德在非洲地区发现A、B两种具有代表性样本的社会。他们注意到:"在A类社会当中,单位就是地区单位,政治权力按地区划分界限。在B类社会中,疆界不是按行政体制规定的,反而是依血缘世系关系和合作的义务来做出规定的。"显而易见,A社会类似于摩尔根笔下的"政治组织"(即地域组织),地缘因素是其中的绝对性因素,血缘因素在这里处于边缘化地位;B社会则相当于摩尔根笔下的"社会组织"(即血缘组织),其中对社会团结起决定性作用的是血缘因素,相反地缘因素则居于次要地位。在比较两种类型的政治社会之后,福特斯和埃文思-普里查德得出这样的结论:"政治关系并不单纯是地区关系的反映。"在这里,梅因的"亲属关系"便与一种"地区关系"连接起来了。②

同样的情况也出现于亚洲。20世纪30年代末至40年代中期,英国人类学家埃德蒙·R.利奇在缅甸考察了包括掸人、克钦人在内的众多部族。在同一地区,利奇发现以地缘和血缘为特征的政治组织并存的现象,情形与福特斯和埃文思-普里查德在非洲的发现如出一辙。据介绍,同样生活于缅甸东北部地区,但居住于河谷、以种植水稻为生的掸人最为看重自己

---

① 〔美〕埃尔曼·R.瑟维斯:《人类学百年争论:1860—1960》,贺志雄等译,第246页。
② 参见〔美〕埃尔曼·R.瑟维斯《人类学百年争论:1860—1960》,贺志雄等译,第215—252页。

的地缘关系，将它视为维系群体关系的主要纽带；相反地，居住在山区、主要以刀耕火种的游耕方式种植稻谷的克钦人则主要将血缘关系作为维系日常活动的依据。

掸人和克钦人对血缘、地缘因素倚重程度的差异，可以从他们关于自己身份的自我认同中看出一二：克钦人往往会说"自己是某某世系群某某支的人"，一个掸人则会说："我和我的祖先都是勐卯人，我们从有人能记事的时候起，就在和弄耕种这些田地了。"① 对于这种现象，利奇在另一处说：

> 从某个角度看，克钦人和掸人在组织上的差异正好对应于摩尔根在社会组织与政治组织之间所作的区分。前者是基于各世系群间均衡对立的分支裂变型组织（segmentary organisation）；后者是基于各种财产权的封建型体系（feudal type system）。非常有意思的是，掸人和克钦人都通过使用一套相同或密切相关的概念来表达它们关于政治秩序的理念。他们设法通过强调特定理念的不同方面来做到这一点。例如，克钦系统和掸族系统都不认为地缘群体和血缘群体的观念可以截然分开，但克钦人表明身份时首先报出自己的世系群，而掸人则先报上自己的出生地。②

服膺单线进化论的学者，容易想到的或许是将掸人与克钦人纳入不同水平的社会进化阶段：由于某种原因，克钦人中的血缘组织已经被瓦解，开始步入以地缘因素组织社会的程度；而由于另外某种原因，掸人中的血缘组织尚未被冲破，因此他们居于人类历史进化表上的相对次级的位置。将看似矛盾的两种现象或视为人类文化进化的"孑遗"，或纳入单线进化的"鸽子笼"中，这种做法看似公允而又能免遭物议，是很多人所乐于采用的办法，不过其结论却经不起检验。首先，根据利奇的考察，在可以追溯的历史上，掸人和克钦人长期比邻而居，也存在相互交往和影响关系。因此从历史角度看，很难断定哪个族群更为"先进"、哪个族群较为"落后"。

在以血缘关系为基础的克钦人中，政治观念颇为发达，政治体制长期在倾向于共和制的"贡劳"和倾向于君主制的"贡萨"之间摇摆不定。这

---

① 参见〔英〕埃德蒙·R. 利奇《缅甸高地诸部落政治体系——对克钦社会结构的一项研究》，杨春宇等译，第271—272页。
② 〔英〕埃德蒙·R. 利奇：《缅甸高地诸部落政治体系——对克钦社会结构的一项研究》，杨春宇等译，第144页。

固然可以说是一种前国家时代政治组织不成熟的表现，但又何尝不能证明这个地方已处于国家诞生的前夜，在血缘组织基础上缔造一个国家组织绝非不可能之事呢？有证据表明掸人与克钦人的组织模式之间存在经常互变的倾向，这说明以血缘组织为基础的政体同以地缘组织为基础的政体之间的差异未必是发展阶段的不同所致，而极有可能是发展类型差异的结果。调查者发现，掸人、克钦贡劳、克钦贡萨三者的差别只是相对的，人们经常会发现一些社区，从某些角度看是贡萨，从另外一些角度看则是贡劳，还有其他的社区却同时既是贡萨又是掸式。这是否意味着在国家产生前夕，血缘、地缘因素与政治组织之间的复杂关系超乎人们以往的想象，只是我们长期受单线进化模式的习染而对之习焉不察呢？笔者倾向于作出肯定的回答。

  综上可知，若将希腊、罗马为代表的西方国家起源模式，同前述缅甸、非洲及中国古代国家起源的案例综合起来，将它们放在20世纪以来人类学研究最新成果的视野之下，就可能对血缘、地缘组织与国家起源的关系作出一种更加合理的解释。简言之，史前时期血缘组织与地缘组织长期并存，两者都是政治意识滋生的潜在基础；国家产生前夕，在某些具体因素的作用下，如果一个地区的血缘组织得到优先发展，国家就会建立在血缘组织基础之上；相反地，如果一个地区的地缘组织得到优先发展，国家就会建立在地缘组织基础之上。当然还有一种可能，那就是在某一个时间段中两种因素展开角逐或竞争，政体组织随之出现某种程度的摇摆，就像我们在缅甸高地诸部落形态中看到的情况一样。这种现象，应该反映了人类文明曲折发展进程中一种更为真实的样态。

第四章 文明"早熟"与中国古代亲属称谓的泛化

亲属称谓是人类亲属制度的重要组成部分，旨在表示或界定亲属成员的特定身份及权利、义务，直接反映着人们之间的血亲或姻亲关系。由此最基础的功能，亲属称谓还滋生出另外一项功能，即在亲属和非亲属之间画出一条界线，为人们在处理日常关系时做到"亲疏有别""疏不间亲"提供了依据。童恩正先生说："任何一个人类社会，均有一定的名词来标示亲属的类别。这称名词即是我们所谓的亲属称谓。它如同是一张显示人与人之间关系网的图表，将社会整体分门别类地显示出来。"[1] 这则世界文明史上的通例，已得到许多文化学者、语言学者的一致赞同。

不过在包括中国古代社会在内的不少文明或民族中，往往存在一种亲属称谓由亲属关系领域向非亲属关系领域延伸、拓展的趋势。其结果是，亲属称谓被用于指代和界定政治、社会生活中非亲属成员之间的关系，从而形成一种奇特的亲属称谓泛化现象（有学者称之为"拟亲属称谓"现象）。亲属称谓泛化现象大体有两种表现形式：一是并无亲属关系的成员或组织之间以亲属称谓相称，如《诗经·大雅·公刘》："恺悌君子，民之父母。"《荀子·正论》："汤武者，民之父母也。"可见民众可以称君主或官员为"父母"，君主或官员可以称民众为"子女"。

与此有所不同的是，当不同的政治或社会组织（通常是国家或氏族）切实建立起姻亲关系之后，亲属称谓便会随之通用于政治或社会交往领域。尽管有现实的姻亲关系作为基础，但相对于最初局限于家庭组织之间的亲属称谓而言，这种现象无疑属于泛化之列。这就是亲属称谓泛化的第二种表现形式。如《左传》成公二年单襄公云："兄、弟、甥、舅，侵败王略，王命伐之，告事而已，不献其功。所以敬亲昵，禁淫慝也。……夫齐，甥、舅之国也。"杜预注："兄、弟，同姓国；甥、舅，异姓国。""齐世与周婚，古曰

---

[1] 童恩正：《文化人类学》，第175页。

甥、舅。"可见引文所及"兄""弟""甥""舅"等所指的是相关国家。显而易见的是，与第一种亲属称谓泛化有所不同，这些泛化现象并不仅仅是一种比喻，而且是以历史或现实中实际存在的姻亲关系作为基础的。

在不同的民族、文化或者社会发展阶段，亲属称谓的泛化往往呈现并不一致的样态。这种复杂性提示我们，亲属称谓泛化的背后一定受某些历史文化因素的制约，而不仅仅是人们使用习惯和偏好的差异那么简单。因此，揭示导致这种语言使用方式、使用范围变化的深层原因，尤其是揭示这种现象背后的历史根源和社会机制，就是非常值得研究的话题。下面先举例说明中国古代亲属称谓泛化现象的普遍性和典型性。

第一节 中国古代亲属称谓泛化举例

上述两种形式的亲属称谓泛化现象，在不同民族、不同文明中都曾出现过。不过相比较而言，中国古代的亲属称谓泛化现象在大量史料中俯拾皆是，几乎遍及古代政治、社会生活的方方面面，可以说最具普遍性、典型性。

一 "父"与"母"

"父"是古人对尊己一辈直系男性血亲的称谓。早在武丁时期，"父"即成为殷人对生身男性亲属以及诸父的称谓。[1]"父"指"生父"的案例，遍见于先秦典籍。由父亲在家庭中的特殊地位和权威，引申出"至尊""隆重"等义。如《仪礼·丧服传》："父，至尊也。"在古人心目中，父亲的角色可与"天"并论，故而《汉书·戾太子传》云："父者犹天。"[2]

在父权制家庭中，同辈男性承担类似功能，扮演类似角色，因此对于生父的称谓便适用于父之兄弟即"诸父"。这是"父"作为亲属称谓的一次泛化，但所指仍局限于亲属范围之内。为了与生父区别，古人遂为不同对象在"父"前加上"世""叔""伯""仲""季"诸字。然而在不必要时，诸父一般也被单称为"父"。"父"的这种泛化始于先秦，至汉魏之后十分普及。

与此同时，对于那些仅属同姓而未必实有血缘关系的长辈，周人也有以"父"称之的惯例，这可以说是"父"在亲属范围内的进一步发展。如

---

[1] 参见芮逸夫《论中国古今亲属称谓的异制》，《中央研究院院刊》1954年第1期。
[2] 《汉书》卷63《武五子传》，中华书局1962年版，第2744页。

第四章 文明"早熟"与中国古代亲属称谓的泛化　187

在周王室与同姓诸侯或同姓诸侯之间的外交辞令中,"父"每被用于年龄较低贵族对年龄较长贵族的称呼。如《诗经·伐木》毛传:"天子谓同姓诸侯、诸侯谓同姓大夫皆曰'父'";《礼记·曲礼下》"天子同姓谓之伯父",孔颖达疏:"父,乃同姓重亲之称也。"① 为区别同姓诸侯国君之大小,往往加以"伯""叔"等字眼,称"伯父""叔父"。如《左传》隐公五年杜预注:"诸侯称同姓大夫,长曰伯父,少曰叔父。"

战国之后,将"父"与"兄""老""师"等词连缀,用于非血缘关系的长辈,是"父"的进一步泛化。称"父兄",如《孟子·滕文公上》:"父兄百官皆不欲也。"赵岐注:"父兄百官,滕文同姓、异姓诸臣也。"②在有的场合中,"父兄"不特指同姓,是否有血缘关系不在强调之列,如《国语·晋语五》"大夫非不能也,让父兄",韦昭注:"父兄,长老也。"③称"父老",如《公羊传》宣公十五年何休注:"耆老有高德者,名曰父老。"④ 称"父师",如《仪礼·乡饮酒礼》郑玄注:"古者,年七十而致仕,老于乡里。大夫名曰'父师',士名曰'少师'。"⑤《汉书·五行志上》"箕子在父师位而典之",颜师古注:"父师,即太师,殷之三公也。箕子,纣之诸父而为太师,故曰父师。"⑥ 此外,将在政治活动中具有重大功勋的异姓大臣称作"父"者,比比皆是。经过泛化之后,以"父"称"师"也成为民间流行的习俗,今日以"师父"称师者,可以为证。

"母"是对尊己一辈的女性直系血亲的称谓。因功能相类,"母"由专指生母进而泛指其他家庭成员,如父亲兄弟的妻子,或母亲的姊妹,但为了与生母区别需加"世""叔""从"等字。"诸母"则指父亲的其他妻妾,即庶母,如《礼记·曲礼上》"诸母不漱裳",郑玄注:"诸母,庶母也。"孔颖达疏:"诸母,谓父之诸妾有子者。"⑦ 由此可见,亲属称谓"母"的泛化在先秦时期已普遍发生,即由狭义上特指己所由生的长辈女性,进而指父之诸妻,或者叔父、伯父之妻。

---

① 郑玄注,孔颖达等正义:《礼记正义》卷5《曲礼下》,阮元校刻《十三经注疏》,中华书局1980年版,第1264页。
② 赵岐注,孙奭疏:《孟子注疏》卷5《滕文公上》,阮元校刻《十三经注疏》,第2701页。
③ 上海师范大学古籍整理研究所点校:《国语》卷11《晋语五》,上海古籍出版社1998年版,第401页。
④ 何休解诂,徐彦疏:《春秋公羊传注疏》卷16,阮元校刻《十三经注疏》,第2287页。
⑤ 郑玄注,贾公彦疏:《仪礼注疏》卷8《乡饮酒礼》,阮元校刻《十三经注疏》,第980页。
⑥ 《汉书》卷27上《五行志上》,第1315页。
⑦ 郑玄注,孔颖达等正义:《礼记正义》卷2《曲礼上》,阮元校刻《十三经注疏》,第1240—1241页。

由亲属关系范围内的"母"进而泛指无血缘关系的女性长者,这种现象已见于战国秦汉时期。如《史记·廉颇蔺相如传》赵王谓赵括之母曰"母":"母置之,吾已决矣。"①《汉书·蒯通传》:"臣之里妇,与里之诸母相善也。里妇夜亡肉,姑以为盗,怒而逐之。妇晨去,过所善诸母,语以事而谢之。"②凡此类笼统以"母"相称者,均未必为有血缘关系的长辈女性。

同"父"之称谓之泛化相似,"母"时而也与"傅""师"连用,指称无血缘关系的年长妇女。如《公羊传》襄公三十年"妇人夜出,不见傅母不下堂",何休注:"礼,后夫人有傅母,所以辅正其行,卫其身也。选老大夫为傅,选老大夫妻为母。"③《后汉书·列女传》"赖母师之典训",李贤注:"母,傅母也。"④可见所谓"傅母""女师"云云,正犹如今日之"保姆",实乃负责贵族子女辅导、保育诸事之老年女性。

"父母"称谓泛化于政治领域而指代君主,如天子、诸侯等各级统治者,这一现象多见于先秦文献。如《尚书·洪范》:"天子作民父母,以为天下王。"同书《泰誓上》:"元后作民父母。"《礼记·昏义》:"天子之与后,犹父之与母也。"这些都是以天子比作民众之父,以王后比作民众之母。凡此类文例中的"父母",所指均非长辈男女亲属,而是与己身没有血缘关系的统治者。"父母"称谓泛化而统称所有统治者,在东周时期的文学作品中普遍盛行。如《诗经·泂酌》:"恺弟君子,民之父母。"同书《日月》:"父兮母兮,畜我不卒。"郑笺:"父兮母兮者,言己尊之如父,又亲之如母,乃反养育我不终也。"⑤此处"父母"指卫庄公,与其相对的另一方并非子女,而是其妻庄姜。"父母"称谓的泛化,在战国时期进一步扩大。当时昏君乱主居多,所谓"良君""君子"多有名无实,但愈是如此则舆论愈是希望他们能以"民之父母"的标准严格要求自己。如《礼记·表记》:"使民有父之尊,有母之亲,如此而后可以为民父母矣。非至德其孰能如此乎?"《孟子·梁惠王上》:"为民父母行政,不免于率兽而食人,恶在其为人父母也!"

秦汉之后,"为民父母""父母官"成为一种公认的政治术语,以

---

① 《史记》卷81《廉颇蔺相如传》,第2447页。
② 《汉书》卷45《蒯伍江息夫传》,第2166页。
③ 何休解诂,徐彦疏:《春秋公羊传注疏》卷21,阮元校刻《十三经注疏》,第2314页。
④ 《后汉书》卷84《列女传》,中华书局1965年版,第2786页。
⑤ 毛亨传,郑玄笺,孔颖达等正义:《毛诗正义》卷2《终风》,阮元校刻《十三经注疏》,第299页。

"父母官""为民父母"等政治符号塑造良吏形象,几乎成为历代正史书写的标准模式,官员动辄以"民之父母"自居,"爱民如子"成为判断是否称职的重要标准,至于能否名实相副则是另一回事了。

二 "子"

"子",是父母对己所生男女的称呼。多数情况下,"子"专指男子。但《论语·公冶长》子谓公冶长可妻,"以其子妻之",此处之"子"指女子。[1] 以"子"兼指男女的用法,在先秦文献中也不少见。

在中国古代,"子"的泛化首先出现于亲属范围之内,即由专指父母亲生之男女,扩及指代父母的兄弟所生之男女。也就是说,男子对兄、弟之子,女子对姊、妹之子,同称为"子"。有必要分辨时,则男子对兄弟之子,有"兄子""弟子"或"从子"之称,女子对姊、妹之子有"姒子""娣子"之称。兄、弟、从、姒等字都只是必要时加在子之称谓前的区别词,在不必要时是直称为"子"的。这种情况一直延续至六朝时期。[2] 另外,"子"也可称婿,如《仪礼·士昏礼》"父醮子"注:"子,婿。"[3] 此处所谓"子",实际上是女婿。

《史记·殷本纪》引伊尹曰:"君国子民,为善者皆在王官。"[4] 若此说可信,则殷商时期似已出现"子民"观念。所谓"子民"即后世所谓"爱民为子"的简称。东周时期,"爱民如子""养民如子""视民如子"以及"子民""臣子"等称谓屡见不鲜,仅举一例,《礼记·表记》"子民如父母",孔颖达疏:"子民如父母者,子,谓子爱,于民如父母爱子也。"[5] 秦汉之后的文献中,则大量出现"臣子""子民"之说。

三 "兄"与"弟"

"兄""弟"二词,是家庭内部同一父母所生男性成员的互称,年长者为"兄",年幼者为"弟"。作为亲属称谓的"兄""弟"二词,均由他义

---

[1] 顾炎武说:"'女子子',谓己所生之子,若兄弟之子。言女子子者,别于男子也。古人谓其女亦曰子……此章言男女之别,故加'女子'于'子'之上以明之。"参见顾炎武著,黄汝成集释,栾保群、吕宗力校点《日知录集释》卷6《女子子》,上海古籍出版社2006年版,第341—342页。
[2] 参见芮逸夫《论中国古今亲属称谓的异制》,《中央研究院院刊》1954年第1期。
[3] 郑玄注,贾公彦疏:《仪礼注疏》卷6《士昏礼》,阮元校刻《十三经注疏》,第792页。
[4] 《史记》卷3《殷本纪》,第93页。
[5] 郑玄注,孔颖达等正义:《礼记正义》卷54《表记》,阮元校刻《十三经注疏》,第1642页。

引申而来。《诗经·桑柔》"仓兄填兮",传云:"滋也。"①"弟"的情况与"兄"类似。与单称"兄"或"弟"相比,"兄弟"相连的情况在先秦古籍中更为普遍。

"兄弟"由最初所指同一父亲所生若干男性后代的互称,可扩大至同一姓氏中同辈男子的互称。如《国语·晋语四》:"同姓为兄弟。"《诗·常棣》孔颖达疏:"兄弟者,共父之亲,推而广之,同姓宗族皆是也。"②此为该称谓泛化的第一种表现。"兄弟"称谓泛化的第二种表现,是被用于称呼关系亲密,然而未必同姓者(即所谓"异姓兄弟")。如《周礼·地官·大司徒》"以本俗六,安万民……三曰联兄弟",郑玄注:"兄弟,昏姻嫁娶也。"③是以"兄弟"称妻党或母党中的同辈男性。又如称呼关系紧密的朋友,为"异姓兄弟",如《诗经·伐木》:"兄弟无远。"孔颖达疏:"兄弟,是相亲之辞。因推而广之,异姓亦得言之。"④朱熹《集传》:"兄弟,朋友之同侪者。"⑤《论语·颜渊》子夏曰:"四海之内皆兄弟也,君子何患乎无兄弟也。"古代社会十分重视血缘亲情,除父母之外亲近者莫如兄弟,故以"兄弟"表示亲近之义者在典籍中所见颇多。"兄弟"称谓泛化的第三种表现,是扩及同姓或异姓政治体(包括个体或团体)。前者如同姓之臣,《诗经·沔水》"嗟我兄弟",毛传:"兄弟,同姓臣也。"⑥如同姓且关系友好之国,如《论语·子路》:"鲁卫之政,兄弟也。"又扩及具有姻亲关系的国家。如《公羊传》僖公二十五年"兄弟辞也",何休注:"宋鲁之间名,结婚姻为兄弟。"⑦国家之间以婚姻之故而称"兄弟",当由个体之间的同类称谓衍生而来。有的场合下,"兄弟"之称亦可扩及异姓国家之间。如《左传》襄公三年杜预注:"列国之君相

---

① 毛亨传,郑玄笺,孔颖达等正义:《毛诗正义》卷18《桑柔》,阮元校刻《十三经注疏》,第558页。
② 毛亨传,郑玄笺,孔颖达等正义:《毛诗正义》卷9《常棣》,阮元校刻《十三经注疏》,第407页。
③ 郑玄注,贾公彦疏:《周礼注疏》卷10《地官司徒》,阮元校刻《十三经注疏》,第706页。
④ 毛亨传,郑玄笺,孔颖达等正义:《毛诗正义》卷9《伐木》,阮元校刻《十三经注疏》,第412页。
⑤ 朱熹集注:《诗集传》卷9《伐木》,上海古籍出版社1958年版,第104页。
⑥ 毛亨传,郑玄笺,孔颖达等正义:《毛诗正义》卷11《沔水》,阮元校刻《十三经注疏》,第432页。
⑦ 何休解诂,徐彦疏:《春秋公羊传注疏》卷12,阮元校刻《十三经注疏》,第2259页。

谓兄弟。"①

四 "舅"与"甥"

"舅甥",是由姻亲关系而产生的称谓。具体而言,"舅"作为亲属称谓在先秦时期即有三种含义:即母之兄弟、妻之父、夫之父。举例如下:《诗经·渭阳》"我送舅氏",孔疏:"秦康公之母是晋献公之女;文公者,献公之子,康公之舅。"② 此为第一义,即母之兄弟为舅。《尔雅·释亲》郝懿行注:"妻之父为外舅。"③ 是为第二义。《礼记·檀弓下》"昔者吾舅死于虎",郑玄注:"夫之父曰舅。"④ 是为第三义,即夫之父为舅。

这三种看似相去很远的所指,为什么同用一种称呼?《白虎通义·三纲六纪》:"尊如父而非父者,舅也;……故称夫之父母为舅姑也。"⑤ 综合各种解释,可知在男权社会中,对于不同姓氏的男性长辈,一方面都要表示尊重,一方面又要加以区别,"舅"是为了将所指与"父"的角色加以区别而"制造"的一个亲属称谓。这种引申,可以视为"舅"这个称谓在姻亲范围内的一种泛化。

"舅"之称谓最典型的泛化表现于政治领域。《诗经·伐木》毛传:"天子谓同姓诸侯,诸侯谓同姓大夫皆曰父,异姓则称舅。"⑥《国语·晋语三》"舅所病也",韦昭注:"诸侯谓异姓大夫曰舅。"⑦ 从理论上来说,周天子与异姓诸侯之间、诸侯与异姓大夫之间固然可以发生联姻关系,然而事实上却未必皆是如此。因此,所谓"异姓则称舅"很大程度上是一种虚指。按照礼制,因诸侯国大小不同而称谓有"伯舅""叔舅"之别。如《仪礼·觐礼》:"同姓大国则曰伯父,其异姓则曰伯舅。同姓小邦则曰叔父,其异姓小邦则曰叔舅。"这是依据国之大小区分"舅"之排行,而非真正意义上的年龄等级。称"伯舅"者,如《左传》僖公九年:"王使宰

---

① 杜预集解,孔颖达等正义:《春秋左传正义》卷29,阮元校刻《十三经注疏》,第1930页。
② 毛亨传,郑玄笺,孔颖达等正义:《毛诗正义》卷6《渭阳》,阮元校刻《十三经注疏》,第374页。
③ 郭璞注,(宋)邢昺疏:《尔雅注疏》卷4《释亲》,阮元校刻《十三经注疏》,第2593页。
④ 郑玄注,孔颖达等正义:《礼记正义》卷10《檀弓下》,阮元校刻《十三经注疏》,第1313页。
⑤ 陈立撰,吴则虞点校:《白虎通疏证》卷8《三纲六纪》,中华书局1994年版,第380页。
⑥ 毛亨传,郑玄笺,孔颖达等正义:《毛诗正义》卷9《伐木》,阮元校刻《十三经注疏》,第411页。
⑦ 上海师范大学古籍整理研究所点校:《国语》卷9《晋语三》,第325页。

孔赐齐侯胙。曰：'天子有事于文武，使孔赐伯舅胙。'"① 齐为异姓，诸侯中最为大国，故周天子称之为"伯舅"。称"叔舅"者，如《礼记·祭统》："公曰：'叔舅，乃祖庄叔，左右成公。……'公曰：'叔舅，予女铭。'"这是在对异姓诸侯的赏赐中以亲属称谓当之。

与舅相对的亲属称谓，是"甥"。所谓"甥"，本义乃是男子对姊、妹之子的称谓。甥舅常对举，如《诗经·頍弁》"岂伊异人，兄弟甥舅"，《左传》昭公二十五年："为……姑姊甥舅……以象天明。"

"甥舅"称谓的泛化，主要体现为国家关系的实指或虚指。如《左传》襄公十四年："兹率舅氏之典，纂乃祖考，无忝乃旧。"昭公十二年："齐，王舅也。"舅甥对举者，如《左传》成公二年："夫齐，甥舅之国也，而大师之后也。"哀公九年："宋、郑，甥舅也。"杜预注："宋、郑为昏姻甥舅之国。"②

第二节 "早熟的小孩"与亲属称谓泛化现象的盛行

通过以上讨论大体可以看出，中国古代的亲属称谓由最初仅用于指称范围相对狭窄、具体的血亲、姻亲身份，进而在亲属成员中扩大其使用范围，内涵逐渐丰富；随后又扩及非亲属成员（包括个体和政治群体）。那么，与世界其他文明的情况相比，中国古代的亲属称谓泛化现象具有怎样的特点，这些特点又是怎样形成的？

一 人类社会早期亲属称谓泛化现象的盛行

自19世纪70年代古典进化论人类学诞生以来，经过诸多人类学家的努力，人们最终发现了一个基本事实，随着血缘组织与地缘组织势力的消长，尤其是以人类进入政治社会为界，亲属称谓制逐渐经过了由早期的"类分制"（也译作"类分式""类别式"）向晚近的"描述制"（也译作"说明式""叙述制""叙述式"）的演变过程。③ 为了更清楚地理解亲属称谓制度如何随着社会组织的变化而发生有规律的更替，可以综合摩尔根、

---

① 杜预集解，孔颖达等正义：《春秋左传正义》卷13，阮元校刻《十三经注疏》，第1800页。
② 杜预集解，孔颖达等正义：《春秋左传正义》卷58，阮元校刻《十三经注疏》，第2165页。
③ 参见芮逸夫《论中国古今亲属称谓的异制》，《中央研究院院刊》1954年第1期。

里弗斯、罗维、基克霍夫等人关于亲属称谓分类的研究成果及本文第一部分讨论内容，得出以下结论。

首先，人类亲属称谓制可分为两大类、四小类。所谓两大类，即摩尔根所说的"类分制"与"叙述制"；所谓四小类，即两大类中各自包括的两种制度：类分制中包括夏威夷制和氏族制，叙述制中包括亲族制和家族制。按照前一类制度（及其中包括的两种制度），对亲属不加以说明，而是把他们区分为若干范畴，不论其与"自身"的亲疏如何，凡属同一范畴的人即以同一亲属称谓统称之。按照后一种制度（及其中包括的两种制度），对于亲属，或用基本亲属称谓来说明，或将这些基本亲属称谓结合起来加以说明，由此使每一个人与自身的亲属关系都不相同。①

其次，这两种亲属称谓制度大体对应于不同的人类社会发展阶段，用摩尔根的话来说："类别式和说明式这两种基本形式差不多恰好符合于野蛮民族同文明民族之间的分界。根据……各种婚姻形态和家族形态所反映的进步规律来看，可以料想得到，其结果必然如此。"② 类分制亲属称谓的发生在时间上要早于叙述制亲属称谓，而在两者之下也存在同样的现象，即夏威夷制在时间上早于氏族制，而亲族制在发生时间上也早于家族制。因此，四种亲属称谓制度之间便大体存在以下演进关系：夏威夷制—氏族制—亲族制—家族制；或者用罗伯特·罗维的术语表述为：行辈型—二分合并型—二分旁系型—直系型。

再次，亲属称谓是亲属制度的反映，类分制亲属称谓与叙述制亲属称谓之不同，是由于两者所赖以建立的组织基础大异其趣。摩尔根说："这两种亲属制度之所以存在着根本的区别是由于在一种情形下实行集体的多偶婚姻，而在另一种情形下实行一夫一妻的单偶婚姻。"③ 在多偶婚姻制度中，类分制亲属称谓将亲属区分为若干范畴，凡属同一范畴的人即以同一亲属称谓统称之。这样做的目的，在于将属于同一范畴之内的亲属紧密联系在一起，使他们扮演同样的功能。这样一种亲属制度和称谓，有助于增

---

① 参见〔美〕路易斯·亨利·摩尔根《古代社会》下册，杨东莼等译，第391页。
② 〔美〕路易斯·亨利·摩尔根：《古代社会》下册，杨东莼等译，第394页。关于摩尔根这一发现的价值，苏联民族学家谢苗诺夫也予以了肯定，他说："如果说摩尔根在个别细节方面有错误的话，那么在基本的主要的方面他还是正确的。……即关于叙述式亲属制度与类别式亲属制度之间的根本区别其根源在于婚姻形态之间的重大差别的思想，关于正像叙述式亲属制度其根源在于个体之间的婚姻一样，类别式亲属制度则起源于群婚的思想，都是完全正确的。"参见〔苏〕谢苗诺夫《婚姻和家庭的起源》，蔡俊生译，沈真校，中国社会科学出版社1983年版，第56页。
③ 〔美〕路易斯·亨利·摩尔根：《古代社会》下册，杨东莼等译，第391页。

强男性亲属集团的凝聚力。相反地，在单偶婚姻制度中，既然竭力增强以氏族为核心的血缘组织的凝聚力成为不必要，则叙述制亲属称谓对相关亲属不是归类加以联系，而是予以一对一的描述。这样做的结果，是凸显了个体在血缘组织中的地位，而忽略了集体的作用。

最后，类分制称谓盛行的初民社会中，血缘组织的力量占据主导地位。一个部族出于自身利益的考虑，会将类分制亲属称谓扩展到其他部族或部族成员身上，目的即在于建立广泛的同盟关系，或化解潜在的敌对和竞争关系。罗伯特·罗维发现，初民社会中一个人的亲戚被分为若干范畴，每一范畴各有一套特殊规则。凡适用于同一称呼的亲属，无论其为亲或疏，一个人所应采取的行动都是同一的，只不过戚谊愈亲则程度愈浓。相反地，倘若一个陌生人不属于一切已定的范畴之内，他们就会手足无措，不知道应该怎样对待他。① 生活于尼罗河流域的努尔人之间的所有社会关系都倾向于以一种亲属关系的语言来表达："在与人们讲话以及在公开场合谈到他们时，努尔人通常使用那些所表示的关系比谈话者与谈话对象之间的实际关系更为密切的词语。这些做法通常用来表示亲属关系，也常常用来对一个人在其部落中的身份予以界定。"② 巴西的两个印第安人部落之间毫无亲属关系，甚至连语言也不相同，但是这两个部落的男子却互称姻兄弟。在正常情况下，这一称谓是只用于本部落中法定配偶的兄弟的。③ 同样的现象还存在于青铜时代苏美尔地区各国的外交关系中。前 25 世纪，拉伽什国王恩美台那留下的铭文称："拉伽什王恩美台那与温马王卢伽尔凯基奈建立了兄弟关系。"在埃博拉的高官伊布布写给哈马兹国王使节的信中则说道："我是你的兄弟，你是我的兄弟"，"埃博拉国王伊尔卡博达穆是哈马兹国王孜孜的兄弟，哈马兹国王孜孜是埃博拉国王伊尔卡博达穆的兄弟。"④ 以上数例表明这种现象在史前人类文明中并不鲜见，甚至可以说极具普遍性。

由以上分析可以看出，类分制亲属称谓适应了史前社会血缘组织占据主导的需要，有助于加强血缘组织内部成员的团结，维护血缘组织自身的凝聚力。借助于类分制亲属称谓以拉近不同部族之间的关系，由此成为可

---

① 参见〔美〕罗维《初民社会》，吕叔湘译，第 48 页。
② 〔英〕埃文思-普里查德：《努尔人——对尼罗河畔一个人群的生活方式和政治制度的描述》，褚建芳等译，第 271 页。
③ 童恩正：《文化人类学》，第 187 页。
④ 参见袁指挥《亲属术语形塑青铜时代近东外交》，《中国社会科学报》2018 年 10 月 29 日第 5 版。

能。相反地，叙述制亲属称谓则适应了国家时代地缘组织占据主导的需要。因为在这种情况下，占据主导地位的不再是血缘组织（而是地缘组织），因此没有必要以同一范畴归类的方式凸显其重要性，叙述制亲属称谓遂成为必然。我们知道，叙述制称谓的特点是凸显个性，而不是强化部族团结，因此就既无必要也无可能产生大规模的亲属称谓泛化现象。那么，应该如何理解中国古代国家时代出现的亲属称谓泛化现象呢？

二　类分制亲属称谓在文明"早熟"之后的续存

国家的产生是人类历史上一件惊天动地的大事，随之发生的是包括血缘组织与地缘组织及其相应制度在内的一系列巨变。然而在这一过程中，中国古代国家与西方古典国家走了一条不尽相同的道路。早期国家产生道路、途径的特殊性，正是理解中国古代国家亲属称谓泛化现象的关键。

如前所述，在西方古典国家的产生过程中，起决定性作用的因素之一是血缘组织遭到破坏，地缘组织代之成为国家时代政治生活的基础。在恩格斯之后，以地缘组织取代血缘组织（亦即"按地区来划分它的国民"）作为国家产生重要标志之一的观点持续产生影响，并为晚近不少人类学家所赞成。

与此形成鲜明对比的是，在中国早期国家产生的过程中，血缘组织非但没有遭到破坏，相反成为重要的组织基础，在国家时代长期发挥不可替代的作用。早在20世纪40年代，侯外庐先生便利用马克思主义国家起源研究的理论及话语对中国国家起源的道路作了分析，侯先生引用马克思《政治经济学批判》的话说："有营养不良的小孩，也有早熟的小孩，也有发育不健全的小孩。在古代氏族中属于此类范畴者甚多；惟希腊人为发育正常的小孩。"在侯先生看来，以中国为代表的"东方专制君主的国家"便是"早熟的小孩"[1]。质言之，两种"小孩"的区别，在于氏族制度在国家产生过程中扮演的角色不同。"'古典的古代'是从家族到私产再到国家，国家代替了家族；'亚细亚的古代'是由家族到国家，国家混合在家族里面，叫做'社稷'。因此，前者是新陈代谢，新的冲破了旧的，这是革命的路线；后者却是新陈纠葛，旧的拖住了新的，这是维新的路线。"[2]

与中国古代国家这一特殊产生途径同步发生的，是史前家族和婚姻形态及其称谓制度（类分制称谓）没有遭到破坏，而是顺利进入国家时代，

---

[1] 侯外庐、赵纪彬、杜国庠：《中国思想通史》第1卷，第4—5页。
[2] 侯外庐、赵纪彬、杜国庠：《中国思想通史》第1卷，第10页。

并发挥新的社会和政治功能。夏商周三代，大量血缘组织仍在当时政治生活中扮演重要角色，类分制亲属称谓通过泛化自然而然地进入政治领域。《左传》僖公二十四年借富辰之口，胪列出一份周公所封文王、武王、周公本人之后等周代同姓诸侯的详细名单：

> 大上以德抚民，其次亲亲以相及也。昔周公吊二叔之不咸，故封建亲戚以蕃屏周。管、蔡、郕、霍、鲁、卫、毛、聃、郜、雍、曹、滕、毕、原、酆、郇，文之昭也；邘、晋、应、韩，武之穆也；凡、蒋、邢、茅、胙、祭，周公之胤也。

周人为了化解殷商遗民势力，将其顺势遣散各地，分而治之，这些遗民多以"族""姓""宗"之类血缘组织的形式存在。据《左传》定公四年，成王封鲁伯禽以"殷民六族"，即条氏、徐氏、萧氏、索氏、长勺氏、尾勺氏；封分卫康叔以"殷民七族"，即陶氏、施氏、繁氏、锜氏、樊氏、饥氏、终葵氏；封唐叔"怀姓九宗"，杜预注："怀姓，唐之余民。九宗，一姓为九族。"① 凡此种种，均表明中国古代社会中血缘组织势力之庞大，构成一种非常独特的文化现象。

由于大量史前时期的氏族组织进入国家时代，类分制亲属称谓由此成为中国古代社会长期存在的一种现象。克娄伯曾指出：

> 中国亲属制最初显然是和许多初民的非叙述制相同的，但经力求改进，加上许多叙述词之后，就一般的性质说，已很像欧洲的叙述制，不过内容和功能不同罢了。他们（中国人）因对附加成份选择的明敏，同时保存了许多古来的区别，已造成一种丰富的称谓制，而我们的（英、美称谓制）却是贫乏的。由理论的观点说，这个现象的旨趣，全在其可供叙述型称谓演变的又一例证；由历史上观来，无疑的是一个独立的例证。②

大量血缘组织的保留，使得中国古代国家时代的婚姻形态保留了氏族

---

① 杜预集解，孔颖达等正义：《春秋左传正义》卷54，阮元校刻《十三经注疏》，第2134—2135页。
② 转引自芮逸夫《论中国古今亲属称谓的异制》，《中央研究院院刊》1954年第1期。

外婚制的特征,相应地,初民社会的类分制亲属称谓制得以赓续。丁山、胡厚宣研究发现,中国古代始于殷商时期的宗法制度,其社会基础便是外婚制氏族制度,可见在中国古代,外婚氏族和类分制称谓的相关性是清晰明确的。[1] 20世纪40年代,芮逸夫先后发表多篇文章,初步揭示了中国古代亲属制度的类型及演变脉络。[2] 近年来,有学者结合新出地下文献,进一步指出商周社会的亲属称谓制近于类分制中的二分合并型,从商到周,亲属称谓制体现出逐渐向二分旁系型过渡的趋势。[3] 这一结论,与西方人类学家的认识大体一致。

据上可知,在中国古代国家特殊的产生过程中,大量氏族作为婚姻制度的重要基础得以保留,并成为国家时代政治生活的重要基础。因此,与这种组织及外婚制相应的亲属称谓制度(类分制)得以保留,并在当时的政治、社会生活中发挥特殊功能,其具体表现就是亲属称谓的泛化。

第三节 亲属称谓泛化的影响:"推爱的家族主义"

亲属称谓的泛化社会将一种原本属于血缘或家族内部的组织原则推广到非血缘组织中,结果产生了一种"推爱的家族主义"。

一 类分制亲属称谓通过三种途径泛化

在不同社会中,亲属称谓发生泛化的途径是有所区别的。比如在尼罗河畔的努尔人主要通过三种方式将一般的社会关系"转译成亲属关系",分别是收养、亲属认同以及神话构建。[4] 具体而言,中国古代国家产生之后的亲属泛化主要是通过以下三种渠道实现的。

第一种,是亲属关系渗入政治领域而导致亲属称谓泛化。在中国古代,当一个新政权建立的时候,统治阶层中原有的家庭血亲、姻亲关系就

---

[1] 参见芮逸夫《中国亲属称谓制的演变及其与家族组织的相关性》,《民族学研究集刊》第6本,1948年。
[2] 芮逸夫:《中国亲属称谓制的演变及其与家族组织的相关性》,《民族学研究集刊》第6本,1948年。
[3] 参见黄国辉《商周亲属称谓的演变及其比较研究》,《中国史研究》2014年第2期;黄国辉:《从亲属称谓看殷墟甲骨的分期问题》,《文物》2012年第7期。
[4] 〔英〕埃文思-普里查德:《努尔人——对尼罗河畔一个人群的生活方式和政治制度的描述》,褚建芳等译,第264页。

被赋予政治的色彩。随着政治体制的建立,"宗统"必须服务于"君统",原先亲属意义上的父子、兄弟、舅甥关系必然会变为君臣关系。发生这种变化之后,原先相对简单的关系趋于复杂化:"父"同时又是"君","子"同时又是"民"。《史记·太史公自序》:"为人君父而不通于《春秋》之义者,必蒙首恶之名。为人臣子而不通于《春秋》之义者,必陷篡弑之诛,死罪之名。"① 所谓"君父"与"臣子"对举,既有类比的含义,也生动体现了家庭血缘关系变为政治关系之后发生的称谓泛化。

血缘因素在中国国家产生之初就自然而然地渗入政治活动中。如前引《尚书·洪范》:"天子作民父母,以为天下王。"② 再如《礼记·祭义》:"至孝近乎王,虽天子必有父。至弟近乎霸,虽诸侯必有兄。"③ 类似现象也存在于初民社会中,拉德克利夫-布朗在非洲祖鲁王国发现:

> 在恩古尼族的早期历史中,政治效忠往往与亲属关系的隶属相一致。……尽管政治群体的亲属基础已消失,但新出现的群体是以亲属术语来描述的,因为所有政治官员被称为人民的父亲,他和他们的关系与父亲和子女的关系相似。国王或酋长的领地被称为 umzikaMpande(姆潘德的家宅)或 umzikaZibu(齐贝图的家宅),因为 umzikaMpande 的意思是谁谁家的家宅。国家的子女不能称他为"父亲",因为"他是人们的父亲,而不只是他家族的"。④

祖鲁王国的以上情况,与中国古代政治的情况不乏一致之处。

第二种,是通过政治联姻或分封引起亲属称谓泛化。在先秦历史上,以缔结政治婚姻的方式加强联盟、化解矛盾的案例俯拾皆是。这些不同的姓氏集团长期发生稳定的姻亲关系,属于典型的外婚制集团。由姻亲关系导致的亲属称谓泛化,自然演变为重要的政治符号。《仪礼·觐礼》:"其异姓小邦则曰叔舅。"政治关系被赋予姻亲的色彩,以亲属称谓为符号的这种关系,在两者关系趋于紧张时便能成为缓释剂,当两者关系良好时则

---

① 《史记》卷130《太史公自序》,第3298页。
② 王肃、孔安国传,孔颖达等正义:《尚书正义》卷12,阮元校刻《十三经注疏》,第190页。
③ 郑玄注,孔颖达等正义:《礼记正义》卷47《祭义》,阮元校刻《十三经注疏》,第1594页。
④ 〔英〕M. 福蒂斯、〔英〕E. E. 埃文思-普里查德编:《非洲的政治制度》,刘真译,刘海涛校,第36—37页。

能强化这种联盟。

西周时期的封建制度也在很大程度上促成了类分制亲属称谓的泛化。通过封建制度，同姓（姬姓）子弟建立的诸侯，成为周王朝的所谓"伯父"或"叔父"之国，至于同姓诸侯之间，则成为所谓"兄弟之国"。如《左传》僖公二十八年使者批评晋文公云："齐桓公为会而封异姓，今君为会而灭同姓。曹叔振铎，文之昭也。先君唐叔，武之穆也。且合诸侯而灭兄弟，非礼也。"文公对曹国的举动之所以遭到批判，是因为曹、晋皆姬姓，故而春秋时期两国可以"兄弟"相称。两国之间既有"兄弟"之名，自然应该情同手足、患难相恤。晋文公因小过而忘大义，对曹国率尔讨伐，殊失古礼"疏不间亲"之义，难怪被讥为"合诸侯而灭兄弟，非礼也"。

第三种，是亲属称谓在一般社会生活中的泛化。如何利用血缘因素作为巩固统治、维护社会秩序的手段，是古代政治家长期念兹在兹的问题。办法之一，是将家庭道德政治化，鼓励人们以处理家庭关系的办法处理政治关系，或者借助于家庭伦理关系构建政治伦理关系。

家庭与家庭关系在古人社会生活和观念中占据主导性位置，然而，剧烈的社会变动迫使人们越来越多、越来越频繁地走出血缘组织的范围，突破"熟人的圈子"，走向陌生的社会。借用一贯擅长的亲属称谓，拉近自己与陌生人的关系成为重要手段，由此导致的亲属称谓泛化现象不晚于春秋时期已不少见。《论语·为政》子曰："《书》云：'孝乎惟孝，友于兄弟。'施于有政，是亦为政，奚其为为政？"是以处理兄弟之间关系的模式，作为处理政治关系的参照物。另如同书《颜渊》子夏曰："君子敬而无失，与人恭而有礼，四海之内，皆兄弟也。君子何患乎无兄弟也？"这是说只要做到恭敬待人，即使没有血缘关系的人，也可以如同兄弟一样。

二　亲属称谓泛化的重要社会功能

亲属称谓最主要的功能就是标识亲属成员在一个血缘或姻亲组织中的位置，这种标识所对应的是一系列的权利和义务关系。美国人类学家威廉·哈维兰曾经将这种功能概括为两类："所有的亲属称谓都完成了两项重要的任务。首先，它们把相类似的人分到同一个具体的范畴之下；第二，它们把不同类的人分到截然不同的范畴之下。一般而言，两个或更多的具有相似地位的亲属共享一个称谓，而这个称谓就突出了这些相似性。"[1] 这就是说，亲

---

[1] 〔英〕威廉·W. 哈维兰：《文化人类学》，瞿铁鹏、张钰译，上海社会科学出版社2006年版，第308页。

属称谓在血亲与姻亲亲属群体内发挥了"同类相合"("合同")和"异类相分"("别异")两项功能。

不同类型的亲属称谓,发挥社会功能的强度不尽相同。具体而言,类分制亲属称谓的特征,是对父、母及其兄、弟、姊、妹和对子、女及兄、弟、姊、妹的子、女,全部或部分地不分辨直系、旁系,而是同称为"父""母"及"子"。显而易见,由于没有对血缘组织中的直系、旁系成员做出区分(而是使用同一个称谓),便意味着社会以称谓的方式,赋予这些成员相应的权利和责任。这也就意味着,社会通过亲属称谓的方式将尽可能多的亲族成员团结在一起,使之形成牢固的社会组织形式。英国人类学家马凌诺斯基(又译作马林诺夫斯基)敏锐地注意到初民社会中亲属称谓中的"类别性的称呼"(即"类分制亲属称谓")具有"隐喻"的功能:

> 在初民社会中近亲有一种义务,在嫡亲父母死亡或不能履行其义务时,当为代替履行,并且在其他情状下亦将分担他们一部分的责任。……一人对于他人的称呼常是带着相当法律意义的,这在初民社会中,尤其是这样。……类别性称呼的推广所有的功能,是在用推广亲属称呼的隐喻功能,以确立各种父母责任的法律关系。①

类分式亲属称谓以"隐喻"的方式,使称谓所指对象承担相应的义务,享有相应的权利。商周时期的二分合并型称谓制(类分制的一种)把父与父之兄弟同称为"父",把母与母之姊妹同称为"母","这在客观上拉近了己身与其他亲属成员之间的关系,有利于团结己身父辈家族与父之兄弟家族,己身之母辈家族与母之姊妹家族,在凝聚宗族成员的情感,维护宗族成员的团结方面发挥着重要作用"②。

与之形成对比的是,叙述制亲属称谓的特征,是对父、母及其兄、弟、姊、妹和对子、女及兄、弟、姊、妹的子、女,全部分辨直系、旁系,也就是说,对他(她)们的称谓,与对自己之父、母和子、女的称谓不同。其典型代表为英、美人的称谓制。③ 在这种亲属制度中,直系亲属与旁系亲属被做出明确区分。其结果,就是血缘组织中每个人作为个体的

---

① 〔英〕马凌诺斯基:《文化论》,费孝通译,华夏出版社 2002 年版,第 41 页。
② 黄国辉:《商周亲属称谓的演变及其比较研究》,《中国史研究》2014 年第 2 期。
③ 参见芮逸夫《论中国古今亲属称谓的异制》,《中央研究院院刊》1954 年第 1 期。

地位得到突出，而他（她）与整个群体的责权关系则被置于相对次要位置。

以上所讨论类分制亲属称谓与叙述制亲属称谓的不同，绝不简单是词汇或分类标准的形式化差异，相反两者之间存在质的区别。苏联民族学家谢苗诺夫就这一个区别论述说：

> 如果说叙述式亲属名称只知道个体之间的亲属关系，而不是群体之间的亲属关系；那末类别式亲属名称则与其相反，只知道群体之间的亲属关系，而不知道个体之间的亲属关系。由此可见，类别式亲属制度与叙述式亲属制度之所以不同，其根据在于这两种亲属制度所表现的亲属关系之间存在着根本的区别。叙述式亲属制度所反映的是个体之间的亲属关系，而类别式亲属制度所反映的却是与个体之间的亲属关系存在质的区别的群体之间的亲属关系。①

类分制亲属称谓强调群体关系，有助于在尽可能广泛的领域内，最大程度实现亲属集团的团结，体现出明显的"合同"色彩；相反地，叙述制亲属称谓则突出个体的作用，强调个体的角色。两者体现出的社会团结力是截然不同的。有学者概括说："西方人集团生活偏胜，中国人家族生活偏胜，正是分向两方走去，由此开出两种相反的文化。"② 这种解释虽嫌笼统，但大体而言是正确的。

亲属称谓一旦进入政治或一般社会领域，它的基本原则和功能就会得到延续甚至强化，产生新的社会影响。同亲属称谓的功能类似，泛化之后的亲属称谓也承担着两方面的重要功能：实现社会团结与划分社会群体。

所谓"实现社会团结"，指的是亲属称谓泛化拉近了各个政治群体之间的关系，强化了群体之间休戚与共的关系，此即所谓"合同"。比如说，"伯父""叔父"等称谓表明父亲的兄弟应当扮演与父亲类似的角色，在一定程度上负担教育、保护、督责同族晚辈的义务。这实际上是强大的家族功能在语言系统中的反映，而与早期家庭或婚姻组织无涉。同样的道理，当亲属称谓泛化至政治领域中时，就代表这些主体（诸侯或天子）之间履行与亲属之间类似的权利和义务，他们的关系较之于一般的政治关系应该更近一层，更多一层温情与责任。正如布朗所说："对于使用同一个

---

① 〔苏〕谢苗诺夫：《婚姻和家庭的起源》，蔡俊生译，沈真校，第48—49页。
② 梁漱溟：《中国文化要义》，学林出版社1987年版，第73页。

称谓来称呼的所有亲属，通常都会有一些仅适合于他们而不适合于别人的态度或行为要素。"①

某称谓一定代表或象征着某种特定的道德义务或权责规范，泛化的亲属称谓也是如此。举例来说，《左传》僖公九年（前651）夏，齐桓公与诸侯会于葵丘，寻盟且修好：

> 王使宰孔赐齐侯胙，曰："天子有事于文武，使孔赐伯舅胙。"齐侯将下拜。孔曰："且有后命。天子使孔曰：'以伯舅耋老，加劳，赐一级，无下拜！'"对曰："天威不违颜咫尺，小白余敢贪天子之命'无下拜'！恐陨越于下，以遗天子羞，敢不下拜？"下，拜，登，受。

桓公九合诸侯、一匡天下，为巩固周王室的地位发挥了重要作用。为表示尊宠，周天子不仅"赐伯舅胙"，而且通过使臣殊加礼遇："以伯舅耋老，加劳，赐一级，无下拜。"通过亲属称谓的使用，一般的政治关系之上添加了血缘姻亲关系的色彩。与此形成对比的是晋文公重耳，《左传》僖公二十八年：

> 己酉，王享醴，命晋侯宥。王命尹氏及王子虎、内史叔兴父策命晋侯为侯伯，赐之大辂之服、戎辂之服、彤弓一、彤矢百、玈弓矢千、秬鬯一卣、虎贲三百人。曰："王谓叔父，敬服王命，以绥四国。纠逖王慝。"晋侯三辞，从命。曰："重耳敢再拜稽首，奉扬天子之丕显休命。"受策以出，出入三觐。

由以上所举齐桓晋文之事，可以看出周人正是通过泛化亲属称谓将异姓、同姓诸侯维系在一起，一方面加强了他们同周人的关系，另一方面又保持了必要的亲疏距离。

在初民社会中，拉德克利夫-布朗也发现了类似现象："不同部落或不同牧群的人，通过亲属系统而联接在一起。一个人通过某种亲属关系，接近或疏远与他有社会接触的每一个人，不管他们属于哪个牧群或部落。……任何一个人的亲属都被归为有限的类别中，在其中的每一个人各

---

① 〔英〕A. R 拉德克利夫-布朗：《原始社会的结构与功能》，潘蛟等译，潘蛟校，中央民族大学出版社1999年版，第71、73页。

由一个亲属称谓表示，并因而确定了他在该类别中的亲疏关系。"① 换言之，同一般性的亲属称谓相比，泛化后的亲属称谓承担了类似的功能。在这里需要强调指出的是，所谓"类似"，是说这种功能并不与亲属称谓实指对象所应承担的功能完全相同，两者其实只是一种隐喻或参照关系。马凌诺斯基就发现，父母的称呼第一步推广是及于父亲的兄弟及母亲的姊妹，但在推广到这些亲属时，很明白的是一种隐喻性质，而且称呼本身亦得到了新的意义和原有者不同，不会因之和原来所有的意义相混杂。②

关于所谓"别异"，是指亲属称谓泛化之后形成不同的差别，使得个体之间的关系又呈现某种差异。比如说，对于周天子而言，同姓诸侯国（伯父、叔父）要比异姓诸侯国（伯舅、叔舅）之关系更亲密，利益攸关程度更高；相对于所谓蛮夷戎狄而言，周天子与异姓诸侯国（伯舅、叔舅）诸侯的地位和重要性更为突出。关于这点，由上举齐桓晋文之事可以看出。这里再举一例，《左传》隐公十一年（前701）春：

> 滕侯、薛侯来朝，争长。薛侯曰："我先封。"滕侯曰："我，周之卜正也；薛，庶姓也。我不可以后之。"公使羽父请于薛侯曰："君与滕君辱在寡人。周谚有之曰：'山有木，工则度之；宾有礼，主则择之。'周之宗盟，异姓为后。寡人若朝于薛，不敢与诸任齿。君若辱贶寡人，则愿以滕君为请。"薛侯许之。乃长滕侯。

鲁侯遵照周礼"周之宗盟，异姓为后"的原则，以姬姓滕侯为长，显而易见，如同血缘亲属关系一样，泛化的亲属称谓可以将本来没有血缘关系的政治群体纳入一个"差序格局"中。在古代社会，这是建立广泛同盟关系的有效方式。《公羊传》成公十五年所谓"内其国而外诸夏，内诸夏而外夷狄"，不正是参照亲属关系的疏近而确定的一套天下国家渐近于治的理想图式吗？

综上可见，古代社会所见亲属称谓的泛化其实是人们试图将亲属之间的权利和义务，通过符号化的工具，转移到非亲属成员间的关系之上而已。通过这种"名实变乱"的手段，亲属称谓泛化所及的成员将承担（或尽量承担）与亲属称谓本身所指对象相同（或相似）的义务，并且享受相同（或相似）的权利。即使在非亲属成员之间，亲属称谓泛化后的运用差

---

① 〔英〕拉德克利夫－布朗：《社会人类学方法》，夏建中译，第162页。
② 〔英〕马凌诺斯基：《文化论》，费孝通译，第40—41页。

别，也足以准确界定其关系之远近、身份之高低。由此也可看出，一种文明中亲属称谓的泛化程度与血缘组织（家族）在其中所扮演的角色的重要程度是成正比的。当血缘组织与政治组织在某种程度上高度契合时，亲属称谓以及其背后的亲属关系的准则，便会成为处理政治或社会关系的重要凭借。相反，如果一个社会中的血缘组织因某种原因未能占据重要位置，则其中的政治生活的原则便不可能参照血缘组织的原则进行构建。相应地，在这种社会中，不仅不会出现亲属称谓泛化的现象，就连亲属关系本身也会或迟或早面临衰落或瓦解的命运。亲属称谓是一种文化符号，然而其生动反映出一种文明中诸多因素之间的因果关系。由此亦可看出，导致文化本身产生与嬗变的因素十分复杂，但只要善于利用多学科知识，就会发现其中有一定的规律可循。

第五章 用社会学方法阐释中国古代文明特质

第一节 孝道的社会学分析

20世纪80年代以来，中国学术界出现了研究古代孝道问题的热潮，一大批高水平、影响广泛的历史学、伦理学著作相继产生。这种情况的出现除学术方面的原因之外，还有更加深刻的社会背景，具体而言，就是随着现代化进程在中国社会的逐渐展开，人们在家庭养老、社会保障、家庭伦理、亲子关系、道德教育等方面面临着一系列新的问题和挑战。许多学者不约而同地认为，了解历史时期孝道的发展状况和基本原理，对于我们解决问题和应对挑战具有重要的现实指导意义。将历史研究与现实结合起来的想法无疑令人鼓舞，它不禁让我们想起美国人类学家克娄伯曾经发表过的一段话，他说："那种不希望对生活建设至少有所贡献的科学分支，已步入绝境。因此，如果我们不能为这个世界提供有用的东西，那么，至少有一点是义不容辞的，这就是让失败烧灼我们的良心。"[1]

20世纪的先秦孝道研究主要是在传统叙事史学的框架下完成的。由于叙事史学的从业者把"复原"历史作为自己事业的最高追求，因而主张对历史事物的具体发生、发展、结束等情形作尽可能细致真实的描述。在这种研究思路的指导下，学者们日复一日不厌其烦地进行着关于先秦孝道起源、演变以及衰落过程的描述；偶尔他们也会换一个角度，于是在我们眼前涌现出关于儒、道、法、墨等家及其代表人物孝道思想的各种不同版本。实际上，正是这些繁简各异、真实程度不等的叙事史著作构成20世纪先秦孝道研究的主体。不容否认，读者能够从这些叙述中发现一些有益的历史信息，然而这种以叙事见长的历史作品却不能给我们以更多的教

---

[1] 〔英〕拉德克利夫-布朗：《社会人类学方法》，夏建中译，第26—27页。

益。究其原因，无非是由于叙事史只着眼于具体历史事物的"实证"，而对于揭示这些事物背后的一般性规律了无兴趣。这种陈陈相因的做法已引起人们的警觉，有学者就指出理论与方法的滞后成为制约目前孝道研究的桎梏，"史学方面的断代的对具体问题的实证分析，涌现了一批水平较高的论文，但仅仅是只见树木，不见森林"①。"只见树木，不见森林"的比喻准确反映出研究者受传统史学理论影响，在孝道研究中往往勤于就事论事，而疏于理论概括的真实状况。

历史学家曾一度标榜自己的学问是"科学"，那么究竟什么是科学呢？美国人类学家莱斯利·A. 怀特指出："科学不单是事实和公式的汇集。它是处理经验的主要方式。'科学'一词适当地当作动词使用：某人科学，即某人根据一定的假设和一定的技术处理经验。"②德国学者汉斯·波塞尔也认为："科学并非事实的简单堆积，即便是材料的整理，充其量也只能称作是科学的初期阶段。最主要的是，科学能够提供一系列的概念，用这些概念可以解释实际中出现的具体情况。"③由此可见，科学意味着解释，它是建立在经验基础之上的一系列分析活动的总和，材料和事实的编排罗列充其量只能算是科学研究的基点，而不是科学本身。同样，历史学要成为一门真正意义上的科学，就不能满足于史实的叙述，因为具有科学价值的结论只有在材料的解释和分析中才能得出。我们乐意承认，历史学迈向科学的途径可能有多种，然而文化学方法，即"用文化解释文化"无疑是其中值得注意的一种。文化学家认为，人类社会的任何一种文化现象都是其他各种文化现象共同影响和作用的产物，因此它的成因、功能以及规律都应该从文化之间的关系中加以寻找。怀特曾经指出："文化是自成一体的东西；文化作为文化，只能够按照文化来加以解释。"④涂尔干也说过类似的话："社会现象的确切原因应该从那些以往的社会现象中去寻找。"⑤孝道作为先秦时期一种普遍的文化现象，乃是种种社会组织、文化观念共同作用的结果，因此关于它的解释无疑也应遵循上述原则。家庭组织是孝道发生发展的核心领域，它的类型、地位、结构以及规模与孝道之间有什么关系呢？我们不妨以家庭组织类型的考察作为开始。

---

① 肖群忠：《孝与中国文化》，人民出版社2001年版，第5页。
② 〔美〕莱斯利·A. 怀特：《文化科学——人和文明的研究》，曹锦清等译，第3页。
③ 〔德〕汉斯·波塞尔：《科学：什么是科学》，李文潮译，生活·读书·新知三联书店2002年版，第29页。
④ 〔美〕莱斯利·A. 怀特：《文化科学——人和文明的研究》，曹锦清等译，第74页。
⑤ 〔法〕E. 迪尔凯姆：《社会学方法的规则》，胡伟译，华夏出版社1999年版，第89—90页。

一　家庭组织与孝道

(一) 家庭类型与孝道

众所周知，按照家庭血统、权利和财产继承方式的不同，人类有史以来的家庭组织至少可分为父系制家庭与母系制家庭。[①] 父系制家庭是人类发展史上最普遍和典型的一种家庭组织类型，中国历史上夏商周以及欧洲历史上希腊、罗马的家庭，都可归入此类。人们关于母系制家庭组织的了解主要来自现代人类学的知识，生活在南太平洋美拉尼西亚群岛的特罗布来恩人为我们提供了这种家庭类型的最真确材料。

以特罗布来恩人为代表的母系制家庭中是否存在像中国古代那样特征鲜明的孝道呢？经过比较我们发现，答案是否定的。《论语·为政》载孟懿子问孝，孔子回答说"无违"，事后又解释说："生，事之以礼；死，葬之以礼，祭之以礼。"由此可见，先秦孝道的基本内涵是在父母活着的时候殷勤侍奉，而在他们去世之后按照礼俗规定埋葬、祭祀。古人讲求事死如事生，因此"死，葬之以礼，祭之以礼"乃是"生，事之以礼"的继续，古人称后者为"孝养"，称前者为"追孝"，正说明它们在本质上是相通的。因此，只要搞清楚不同家庭类型中人们"事生"方式的异同，就足以了解彼此间孝道的差异。

首先，孝道要求人们对健在的父母悉心赡养和照料。《论语·为政》子游问孝，孔子曰："今之孝者，是谓能养，至于犬马皆能有养，不敬，何以别乎？"这是以敬为孝之根本。又子夏问孝，孔子曰："色难。有事弟子服其劳，有酒食先生馔，曾是以为孝乎？"孔子的批评固然反映了春秋之际孝道衰落的事实，然而时人对这一道德规范期望之高、要求之严，岂不正好说明孝道在古代社会生活中的极端重要性？孝道不仅要求人们心悦诚服地为父母供给衣食、解除身体的劳苦，还要悉心照顾父母的生活起居。《礼记·曲礼上》："凡为人子之礼：冬温而夏凊，昏定而晨省。"《内则》："子事父母，鸡初鸣，咸盥、漱、栉、縰、笄、总，拂髦、冠、緌、缨、端、韠、绅，搢笏，左右佩用。左佩纷帨、刀、砺、小觿、金燧，右佩玦、捍、管、遰、大觿、木燧，偪，屦着綦。"这是说子女在日常生活中应当随身做好准备，以便照料父母。古人对孝道的训练自子女的童年时期就已开始："男女未冠笄者，鸡初鸣，咸盥、漱、栉、縰、拂髦、总角，

[①] 〔法〕安德烈·比尔基埃：《家庭史》，袁树仁等译，生活·读书·新知三联书店1998年版，第59—73页。

衿缨,皆佩容臭。昧爽而朝,问:'何食饮矣?'若已食则退,若未食则佐长者视具。"在父母年老体弱或身患疾病时,孝养显得尤为重要。《论语·为政》孟武伯问孝,子曰:"父母唯其疾之忧。"《里仁》载孔子的话说:"父母之年不可不知也,一则以喜一则以惧。"在这些关于孝道的记载中,我们一方面看到父母(尤其是父亲)对子女的无上权威,另一方面则看到子女对父母无可逃避的义务。

然而在母系制家庭中,我们看到的是完全不同的情况。根据马凌诺斯基的介绍:

> 特罗布来恩群岛上的孩子们享有充分的自由和独立。他们很小就摆脱了父母的从来都不十分严格的看管。他们有的愿意顺从父母,但这完全是双方的个人性格问题:绝不存在什么固定的原则观念或家庭内部的强制制度。常常是当我们坐在他们当中观察家庭的纠纷或父母与孩子之间的争吵时,总是听到年幼者被要求去干这干那,但是,一般来说,不管是什么事,都是以帮忙的方式去做(而非孩子必须尽的责任),尽管这种要求有时会以武力威胁作后盾。父母像对待平辈人那样对待孩子,要么哄劝,要么责骂,要么请求。在特罗布来恩群岛,父母与子女之间,根本听不到父母期望孩子天然服从的单纯的命令。①

父母与子女之间相互对待的态度和方式所反映的绝不是个人的好恶,而是社会文化对人们的要求。我们看到,母系制家庭中的子女既没有顺从父母的意识,也没有"有事弟子服其劳"之类的义务,这与中国先秦时期家庭中的情形截然不同。不仅如此,母系制中父亲担任着与父系制家庭中截然不同的角色,人类学调查表明:"模式的超卜连兹(按:即特罗布来恩——引者注)的父亲是个耐苦耐劳谨慎小心的护士;社会传统所有的呼声就是使他尽到这项义务。事实是这样:父亲永远关心子女,有时关心得火热,所以对于一切职务即使是被社会所加上的劳苦职务,也心悦而诚服地执行着。"②尽管父亲对子女具有基于生理上的自然情感,然而子女却无须为此给予相应的回报,"子女永远感不到父亲底重手加到自己底身上,

---

① 〔英〕马林诺夫斯基:《原始的性爱》,王启龙、邓小咏译,中国社会出版社2000年版,第56—57页。
② 〔英〕马林诺夫斯基:《两性社会学》,中国民间文艺出版社1986年版,第24—25页。

父亲既不是子女底宗人,也不是子女底主人,更不是子女底恩人。父亲并没有权利或专权。然他们仍然像世界上常态的父亲一样,对于子女感到强烈爱情。父亲既爱子女,再有对于子女的传统义务,于是设法获得子女底爱情,保持住对于子女的影响。"① 这说明母系制下人们没有将子女对父母的感情和义务予以高度重视,文化也没有形成这方面的要求。

其次,除赡养和照料之外,孝道也要求子女在对待父母的态度方面下气怡色、恭敬有加。《礼记·祭义》说:"孝子之有深爱者,必有和气,有和气者必有愉色,有愉色者,必有婉容。孝子如执玉,如奉盈,洞洞属属然,如弗胜,如将失之。严威俨恪,非所以事亲也。成人之道也。"《曲礼上》又说"父子不同席","为人子者,居不主奥,坐不中席,行不中道,立不中门"。即使父母有过,恭敬也同样不可或缺,《内则》:"父母有过,下气怡色,柔声以谏,谏若不入,起敬起孝。说则复谏,不说,与其得罪于乡党州闾,宁孰谏。父母怒,不说而挞之,流血,不敢疾怨,起敬起孝。"

与此形成鲜明对比的是,母权制家庭中亲子关系则充满着平等和民主色彩。子女年幼的时候,父亲"与他们作朋友,帮忙他们,教导他们,他们乐意什么就是什么,喜欢多少就是多少。孩子在此时期较不关心于他,这是诚然因为他们都是通体上喜欢自己底小伙伴。然而父亲老在那里作着有裨益的顾问,一半是游戏的伴侣,一半是保护人"②。与这种平等关系同时出现的是子女与父母之间的频繁冲突及其独特的化解方式。马凌诺斯基曾举例说:"有时,人们也会生孩子们的气,在极度愤怒时动手责打孩子;但是,我也常常会看到孩子愤怒地冲向父母攻击他们的情形。这种攻击可能会得到一个温厚的微笑,也可能遭到愤怒的回击;但是,对土著人来说,明确的报复意识和强制性惩罚的观念不但极为少见,甚至令人厌恶。有几次在孩子明显做了错事之后,我建议说如果硬着心肠打他们一顿或用其他方法给予惩罚,今后有助于他们改邪归正,可是这种想法在土著朋友们看来显得不近情理而没有道德,故而遭到怀有几分敌意的拒绝。"③ 由此可见,对父母的毕恭毕敬至为罕见,而且也并不为世俗所格外鼓励。

母系制家庭之所以不存在中国先秦时期那种意义上的孝道,这完全是由家庭组织类型的不同造成的。父系制家庭中,家庭的世系、遗产、权利

---

① 〔英〕马林诺夫斯基:《两性社会学》,第32页。
② 〔英〕马林诺夫斯基:《两性社会学》,第44—45页。
③ 〔英〕马林诺夫斯基:《原始的性爱》,王启龙、邓小咏译,第56—57页。

是以父亲作为依据的，父亲由此成为家庭的重心。在这种家庭类型中，家庭成员的基本问题（如孕育、出生、成长、婚姻等），都要依赖父系家庭自身得以解决。因此，父系家庭的巩固以及家庭秩序的维系便成为社会的当务之急，强调父亲的权威也是顺理成章的事情。孝道体现的是父系的权威，它的本质就在于以道德的方式约束家庭成员（子女），加强家庭的凝聚力。相反在母系制家庭中，人们依据母亲的血统进行世系、遗产、权利的计算或继承，而这些世袭原则的代表者则是另外一个人——生活于另一家庭之中的母舅。与《论语·里仁》所谓"父母在，不远游，游必有方"不同，母系制下的子女（尤其是男子）在成年之后必须进入新的生活空间，离开自己所出生的家庭，搬到母舅家中。这种居所的变迁既意味着生活重心的转变，也意味着角色的变换，"母舅好像我们之间的父亲，是理想化给孩子的；他们教给孩子，那是他要得其欢心的人，且是将来所要仿效的标准。我们就是这样见到，使我们底社会里的父亲这么困难的质素，大多数（虽非全数）都在梅兰内西亚人之间交给母舅了。他是有权势的，他是理想化的，孩子和母亲都要服从他；父亲则完全解除了这些可恨的权柄和特点。"[1] 这样，母舅的权力在客观上便成为瓦解子女与父母关系的重要原因，也成为对早先家庭秩序的破坏力量。由于文化的这种特殊要求，"孝道"便显得既属多余，也不可能。就这样，母舅担当了父系家庭中父亲的角色，他是外甥顺从、恭敬的对象，也是外甥履行自己人生各项主要义务的对象。家庭类型的不同造成人们文化观念的迥异，正如我们曾对母系制下甥舅关系的状况心存疑惑一样，特罗布来恩人对父系制下的父子关系也感到大为不解。据说早期的基督教传教士为让土人们理解西方基督教的教义，甚至不得不将父系制下的上帝观做适当变通，"基督教三位一体的教理将不得不译成母系的术语：我们将不得不称圣父为'圣舅'（God-kadala，母亲的兄弟），称圣子为'圣姐妹之子'（God-sister's son），称圣灵为神圣的巴罗马（a divine baloma）了！"可以想象，假如我们非得在母系制家庭中寻找"孝道"的话，那么就只能找到那种外甥对母舅的道德义务规范。

（二）家庭组织在社会中的地位与孝道

父权是孝道发生的基础，然而并非所有父系制家庭都会产生先秦那样的孝道，以希腊、罗马为代表的古代西方社会就是这样。20世纪早期的许多学者都将孝道视为中国文化的重要内容和特征之一，正是比较中西文化

---

[1] 〔英〕马林诺夫斯基：《两性社会学》，第47页。

的不同之后得出的正确结论。钱穆曾指出中国文化是"孝的文化"。谢幼伟也说："中国文化在某一意义上，可谓为'孝的文化'。孝在中国文化上作用至大，地位至高；谈中国文化而忽视孝，即非于中国文化真有所知。"梁漱溟则将"孝"列为中国文化的第十三项特征。① 中西社会都是父系制类型家庭，然而一者发展出特色鲜明，影响巨大的"孝文化"，一者则始终在这方面几无作为，这说明除受家庭组织类型的影响以外，孝道的发生、发展还一定受其他文化因素的左右。

按照文化学的一般观点，一种普遍文化现象的产生，往往不仅因为它满足社会中某些小团体的需要，更是由于它对整个社会的运行发挥重要功能，因此文化的成因与功能应当从社会整体的运行中得到解释。孝道也不外乎如此：从表面上看它是家庭的产物，并维系着家庭的存在和稳定；然而社会之所以积极提倡孝道，绝不是因为它能给各个家庭带来好处，而毋宁是由于孝道符合社会的总体利益。进而言之，正是家庭在社会生活中的重要地位，为孝道的发生提出要求，而家庭组织之社会地位的显著差异，乃是不同父系制家庭条件下孝道发展状况趋异的根本原因。

家庭组织虽然是人类初民社会的普遍文化现象，然而由于历史发展的种种特殊原因，它在政治及社会生活中地位之高低、作用之大小却远非整齐划一。家庭组织在中国古代政治生活中地位显赫、作用巨大，这主要与早期国家的独特产生方式有关。常金仓先生曾指出：在世界各民族中，国家产生所走过的道路是多种多样的……但是无论它有多少式样，从氏族制到国家的出现都需要经过两个步骤：首先必须在普通氏族成员中产生一个或几个首领、首长、长老来，他们是血缘组织以外公设的权力机关的代表，然后才能由这些首领渐次攘夺公共权力，使这种非血缘组织显得越来越重要最终取代氏族组织。② 如前所述，中国古代国家的产生，与马克思主义经典学家所概括的希腊、罗马、德意志等三种国家产生方式不尽相同，具体表现为家庭组织在国家产生过程中角色有别、作用各异。在雅典、罗马和德意志等国家的产生过程中，以血缘为纽带的氏族遭到破坏，家庭组织也因此未能发挥积极作用。中国则不然，夏代早期国家是通过大禹之子启破坏部落民主传统，"以家代国"的方式产生的，以夏启为领袖的姒姓家族在缔造早期国家时发挥巨大作用。"以家代国"深刻影响了古代国家的结构和模式，同时奠定了家庭在政治及社会生活中的崇高地位和

---

① 梁漱溟：《中国文化要义》，第21页。
② 常金仓：《穷变通久：文化史学的理论与实践》，第120页。

巨大影响力。

首先，夏启以家庭力量暴力夺权的历史事件不仅开辟了一种国家政权缔造模式，也铸就了家庭组织与国家政权的特殊关系。国家产生方式不同致使家、国关系迥异。也就是说：希腊、罗马的国家完全冲破以家庭组织为寓所的血缘关系的束缚，因而国家与家庭之间关系不甚密切；而中国的国家则由大家族势力膨胀攘夺而来，国家也因此与家庭组织融为一体。"以家代国"所产生的国家当然不是家庭组织的简单扩大，然而由此却使得国家政权带上鲜明的血缘色彩，则是毋庸置疑的。古人在谈到夏商周三代政权的获得时都要追溯它们各自祖先功绩的伟大与家世的源远流长，目的即在于说明这些政权的合法性。这说明"以家代国"不仅是三代以来的历史事实，而且也是先秦人们关于政权合法性的一般共识。不仅如此，殷周以来的政治军事史几乎就是一部大族活跃和兴替的历史。如《荀子·儒效篇》说周初分封，周公"立七十一国，姬姓独居五十三人，而天下不称偏焉"。《左传》定公四年（前506）记载说，鲁国受封时曾被赐予"殷民六族：条氏、徐氏、萧氏、索氏、长勺氏、尾勺氏"；卫国也被赐予"殷民七族：陶氏、施氏、繁氏、锜氏、樊氏、饥氏、终葵氏。"殷民"六族""七族"的具体情况虽不得而知，但它们同属商代历史上具有重要影响力的巨族无疑。周王室与诸侯国的执政者也多属世家大族：仅就史料所见，周有周氏、召氏、祭氏、原氏、毛氏、单氏、刘氏、尹氏等；鲁有仲孙氏、叔孙氏、季孙氏、展氏、东门氏等；晋有韩氏、赵氏、魏氏、范氏（士氏）、荀氏（后分为知氏、中行氏）、栾氏、郤氏等；齐有高氏、国氏、鲍氏、晏氏、陈氏等；宋有孔氏、华氏、乐氏、皇氏等；郑有良氏、游氏、罕氏等；……这些世族（或称"氏族"）或由周王室为代表的姬姓分化而来，或者本身就有光辉悠久的历史，总之都是周代历史上规模庞大、结构复杂的家庭组织。大量世族群体的存在，正说明它们在先秦历史上不可忽视的地位，及其在政治社会生活中的巨大作用。

其次，在"以家代国"模式的影响下，古人认为君臣之道同于父子，朋友之道同于兄弟，家庭无形中成为政府的"缩影"。处理好家庭关系，被认为是走上社会、从事政治生活的前奏。《论语·为政》："或谓孔子曰：子奚不为政？子曰：书云'孝乎惟孝，友于兄弟，施于有政。'是亦为政，奚其为为政？"《诗经·大雅·思齐》称文王"刑于寡妻，至于兄弟，以御于家邦"。《礼记·大学》："古之欲明明德于天下者先治其国，欲治其国者先齐其家……家齐而后国治，国治而后天下平……所谓治国必先齐其家者，其家不可教而能教人者无之。故君子不出家而成教于国。孝者所事君也。"又说:"一家仁,一国兴仁;一家让,一国兴让。一人贪戾,一国作乱。其机如此,此谓一言偾事,一人定国。"又说:"《诗》云:'桃之夭夭,其叶蓁蓁;之子于归,宜其家人。'宜其家人而后可以教国人。《诗》云:'宜兄宜弟。'宜兄宜弟而后可以教国人。《诗》云:'其仪不忒,正是四国。'其为父子兄弟足法而后民法之也。此谓治国在齐其家。"《大学》成书时间虽较晚,然而其中"修齐治平"的理论却绝非出自后代儒家的向壁虚构,而是先秦以来家、国关系的准确反映。

最后,家庭不仅仅是社会成员的出生之处,还是人们社会生活的重心所在,因为大凡儿童教育、青年职业训练、老人赡养以及救济赈灾等问题的解决都离不开它。在不同的文化当中,人们从事社会活动的核心领域和借以解决社会问题的机构也各有不同。特罗布来恩人的孩子们自幼便走出家庭,在家庭以外建立自己的社团,这种团体是一个独立的组织,孩子们从四五岁起就自然加入进去,直到青春期到来时为止。由于这种社团意识的驱使,白天孩子们要么同父母们待在一块儿,要么到自己的小团体里跟伙伴们一起玩耍。这种存在于某个大社团里的小社团总是根据自己成员的意愿行事,故而经常表现出对其长辈们的一种集体性的对抗行为①。这些团体既是幼儿从事社会活动的训练场,也是众多成人社会组织的雏形,那里便是他们解决各种社会生活问题的主要领域。不啻如此,不同社会组织之间还往往存在竞争,因此在很多时候我们看到有些社会组织成为家庭的对立面,甚至瓦解力量。比如在法兰克人当中,法兰克人的亲族制度并不构成社会组织的主要框架,亲属关系只是社会秩序诸因素中的一个因素——社会秩序则以其他机构为框架。亲属关系有时与这些机构相竞争,但并不压倒这些机构。家庭机制被摧毁之后,由公共机构来代替家庭机制。②

这说明各社会往往倚重于不同的组织解决社会问题,当社会将重心倾向于教会、法庭、社团等家庭以外的组织时,人们通常会容许甚至鼓励对家庭影响力的削弱甚至破坏。中国古代解决社会问题倚重于家庭而非社会组织,近代以来的许多学者都有准确揭示。梁漱溟说:"家族生活、集团生活同为最早人群所固有;但后来中国人家族生活偏胜,西方人集团生活偏胜,各走一路。"③古人倚重于家庭,并非出于主观好恶,而是由于在漫长的历史过程中家庭已经发展出较为完备的运行机制,各种社会问题大多

---

① 参见〔英〕马林诺夫斯基《原始的性爱》,王启龙、邓小咏译,第56—57页。
② 〔法〕安德烈·比尔基埃:《家庭史》,袁树仁等译,第483页。
③ 梁漱溟:《中国文化要义》,第95页。

可以在其中得到妥善解决。在有的文化类型中，人们"轻家庭而重集团"，也是出于同样的原因。在罗马，一个人除年幼时在母亲膝下接受教育之外，"男子约莫在六七岁时，就成为父亲的长随。父亲履行田场上、疆场上或公所里的责任时，领他一同去，所以罗马人在人生的学校里受训练，等到责任一经压在身上，便立刻担负起来了。他们从实际的动作上，习会赶牛、牵犁及监督田场上的工人。他在公共体育场、健身室的操练，变成一个耐劳的兵士。……当一个伟大人物死去之时，父亲领他去听表扬死者的公德的哀悼的演说"[1]。在古希腊，一些哲学家为维护政治组织的利益，甚至主张严格限制家庭对子女的影响力，以压低家庭在社会中的地位。顾素尔说："柏拉图和亚里士多德从社会需要的最高立脚点，去讨论全部的家庭问题，和儿童的训练。他们助长国家干涉婚姻的结合，及这些配偶的儿童最适当的生活。"[2] 尽管这只是哲学家的一种理想，但也生动反映出家庭在西方古代社会中地位之相对低下。先秦社会倚重于家庭，正如西方社会倚重于教会、行会、法庭，两类组织的结构原则各有不同，然而都以解决社会问题为目的。

由于家庭在中国古人政治、社会生活中具有如此重要的功能，因而家庭组织的稳定及其秩序的维持就成为社会的根本利益所在。对统治者而言，家庭组织的瓦解就是它们权利丧失的前兆，《左传》昭公三年叔向论公室之衰时惋惜地说道："栾、郤、胥、原、狐、续、庆伯降在皂隶。"同样，一般家族势力的崛起对政治上的既得利益者而言也不是一件好事，东周时期六家之于晋、陈田之于齐正是如此。另外从一般社会领域而言，家庭秩序的破坏必然带来幼无所教、老无所养、灾患无以救济等问题，这对政权和社会具有极大的负面影响。为避免上述问题出现，古人使用多种维护家庭利益的手段，孝道、悌道就是其中的主要内容。孝道是这样一种道德规范，它借助于父系制的血缘纽带，通过父权方式将家庭成员统一起来。在这个意义上来说，孝道是社会对家庭的要求，而不仅仅是家庭自身的产物，只有将家庭作为社会结构中的有机组成部分加以考虑，孝道才能得到合理的解释。

（三）家庭组织的结构、规模与孝道

家庭组织的结构和规模也与孝道有着重要关系，关于这点我们只要将先秦不同时期家庭组织的情况比较便可说明。先秦所谓"大家族"有两方

---

[1] 〔美〕顾素尔：《家族制度史》，黄石译，上海文艺出版社1989年版，第161—162页。

[2] 〔美〕顾素尔：《家族制度史》，黄石译，第186页。

面的含义，一是指它规模巨大，人口众多；二是指这种家庭在结构上有别于一般核心家庭，而属于复合式家庭。① 家庭人口愈多，各分子所产生的离心力也会愈大，家庭秩序的维持难度也就相应增加。家庭结构的复杂也带来同样的问题：随着家庭结构的复杂化，家庭成员间的血缘关系也逐渐疏远，要将这些成员有效控制在一起殊非易事。如果说子女与父母之间的凝聚力尚且可以通过建立于生物基础之上的感情加以维系的话，那么祖孙之间、婆媳之间、从兄弟之间甚至再从兄弟之间关系的有序化就不足以用自然亲情作为纽带了。在这种家庭组织和规模条件下，强调道德（尤其是孝道）的约束力量，无疑非常必要，这也是为什么往往家族规模愈大，结构愈复杂，孝道就愈被强调的根本原因。关于这点东周时期秦国的情况即可得到证实，据《史记·商君列传》记载，商鞅为富国强民，有效推行法制，遂极力改变秦人家庭组织的规模和结构，"民有二男不分异者，倍其赋"。变法的结果自然是复合式家庭组织瓦解，结构简单人数较少的核心家庭取而代之。对于一家之长而言，维系这种家庭组织秩序当然显得相对容易，孝道在这种环境中既无须强调，当然也就很容易发生衰落。东周以后甚嚣尘上的孝道衰落之风，大多可以循此途径得到解释。

通过分析，我们大致可以得出以下结论。首先，家庭组织与孝道之间存在着一种稳定的共变关系。一方面，孝道的对象随着家庭类型的改变而改变，父系社会与母系社会条件下晚辈对于长辈履行道德义务时对象往往不同。另一方面，当家庭功能复杂、社会地位重要、规模庞大时，孝道的范围和强度就随着增大；反之，当家庭功能简单、社会地位次要、规模缩小时，孝道的范围和强度就随之缩小。稳定的共变性表明家庭与孝道之间存在紧密的因果关系，也足以证明孝道作为一种道德现象不过是家庭组织的产物而已。正因为这样，不论要解决孝道的成因、功能、本质等学术性问题，还是要解决生活中与孝道有关的实际问题，都应该以家庭组织作为突破口，舍此而从生物学、心理学等因素入手的话往往难以切中要害。

其次，作为通则研究法之一的"共变研究法"虽然是涂尔干为社会学而设计的一套科学研究方法，但事实证明它有可能成功地运用于历史问题的解决。这套方法不仅为我们提供了一种考察问题的新策略，更重要的是它引导人们从新的角度去看待问题。共变法要求人们尝试用实证主义的科学精神处理史料，以求将结论建立在扎实的基础之上。总的看来，在近代

---

① 关于先秦家庭组织的规模和结构，学术界存在不同看法，本书采用先秦通行"大家族"说（参见谢维扬《周代家庭形态》，中国社会科学出版社1990年版，第211页）。

以来历史学实现科学化的漫长历程中，人们应当对这种研究方法给予足够的重视。

二 社会组织力与孝道

（一）礼制与孝道

综上可知，父系制的家庭类型、家庭组织的社会地位与重要程度，都在很大程度上制约着孝道的发生发展。然而在有些父系制社会中，尽管家庭组织与政治生活联系紧密并在社会上居于很高的地位，但那里并没有发展出孝道。我们还以古希腊、罗马家庭为例加以说明。

希腊社会属于父系制家庭，这是毫无疑问的，"希腊的家族，和希伯来一样，是父权的。一切权利，都集中于父亲的手上，他就是管治全家的元首"①。与父系制伴生的是强大的父权，"希腊的父权家族，包含两亲，子女，和奴隶，合成一个小社会，而隶属于男性的家长的权威之下。在梭伦时代以前，父亲有卖掉他的子女的权利，也许所卖的不是儿童的身体，只是他的劳动力；因为他仍然是隶属于父亲权力之下的"②。希腊家庭在社会中的重要程度虽不及古代中国，但它也承担着相当部分的职能，如子女的生育、幼儿的训练、衣食的来源处、工业的中心，等等。所有这些职能为家庭组织的维持提出要求，然而社会用来加强家庭凝聚力，实现家族的团结的主要手段却并非孝道等家庭伦理，而是宗教。有学者指出：

> （希腊人）父权的扩大，祖先崇拜是一个更有力的原因。祖先崇拜，使各个希腊的家族，成为极团结的宗教组织。他们因围绕家族的祭坛，以崇拜家族的神祇，而互相结合。有学者说希腊家族的真约束，正如罗马一样，是圣火和已故的祖先。……宙斯赫启欧斯（Zeus HerkEios）是家族的保护者，他的祭坛，居于希腊家庭的中心，家长就是一家的祭司，代表家人献祭。中庭里面有一个会客厅（andron），这里有一个火炉，为家庭生活真正的中心。希腊人常在火炉之旁，举行好几种庄重的宗教仪式，他们相信这样就可以取得家庭的幸福。③

希腊家庭靠宗教力量来实现它的凝聚，这与先秦依靠孝道等伦理规范

---

① 〔美〕顾素尔：《家族制度史》，黄石译，第98页。
② 〔美〕顾素尔：《家族制度史》，黄石译，第102—103页。
③ 〔美〕顾素尔：《家族制度史》，黄石译，第100—102页。

维护家庭的团结截然不同。与希腊的情况不同,罗马的父系制家庭则通过宗教、法律、经济等多种手段实现家庭的秩序化:"古代罗马的家族,由妻子、子(有时还包含孙及奴隶)组织而成,它是一个宗教的、法律的及经济的单位。它的特质之所以能够长久保存,是因为最年长的男性家长掌握一切宗教的、法律的及经济的权力。在宗教上他是家族祖先崇拜的祭司;在法律上,他是法律所承认的唯一的'个人';在经济上,他是家族财产动产还是不动产的唯一的所有者。"① 法律维护父权,这在《十二铜表法》中有生动的体现:父权是《十二表法》所公然承认的,其权力之大,竟掌握生死之权。家长可以鞭挞他的儿女,卖他们做奴隶,放逐他们出国外,或竟至把他们置诸死地。只是他对于儿女之法律的审判,和处分的权力,却有点儿限制。要是儿女犯了重大的罪过,家长要召集亲族,即大众的成年的男子,开会商议,方能宣布他的罪状,科以奴隶或死刑。但要是他的意见,和大多数相反,却可照己见而行。② 以上证据表明,家庭组织的维护和巩固并不一定都要依靠道德(孝道),相反法律(如罗马)、宗教(如希腊)都可能成为实现这一社会功能的重要力量。这样看来,孝道与社会组织力之间有着密切的关系。

常金仓先生曾经指出,即使在最不成熟的社会中也普遍存在着四种社会组织力或控制力:血缘关系、礼仪风俗、原始宗教和习惯法。在人类发展史上,这四种力量之间的关系往往并非势均力敌、齐头并进;相反,由于各民族历史发展的特殊性,通常是其中某一种力量得到优先发展,然后在它的主导下对其余各种力量的关系进行重新配置。社会组织力的不同通常也决定了文化类型的差异,因此,在那些原始宗教特别发达的地区就会出现类似后世政教合一的神权国家;在那些原始习惯法得到优先发展的地区,可能出现早期的法治国家;而在原始风俗礼仪特别盛行的地方,则可能出现礼治国家。③ 关于中国古代的情况,常先生依据大量古史材料指出:

> 史前时代的中国,由于图腾崇拜没有转化为地方的守护神乃至国家的主要神祇,原始巫术又过早地受到无情的摧残,使中国古代的宗教精神先天不足,而早期法治实践又因自身的不成熟归于失败,于是便迫使中国的第一个文化形态顺着以礼为主、礼法相辅的方向发展

---

① 〔美〕顾素尔:《家族制度史》,黄石译,第144页。
② 〔美〕顾素尔:《家族制度史》,黄石译,第145—146页。
③ 常金仓:《穷变通久:文化史学的理论与实践》,第68—70页。

下来。①

此处"以礼为主"之"礼",实际上就是三代以来的主流文化——礼乐。先秦时期的礼乐文化渗透于社会各个层面之中,几乎达到无孔不入的程度。《礼记·曲礼上》说:"道德仁义,非礼不成;教训正俗,非礼不备;分争辩讼,非礼不决;君臣上下,父子兄弟,非礼不定;宦学事师,非礼不亲;班朝治军、莅官行法,非礼威严不行;祷祠祭祀、供给鬼神,非礼不诚不庄。"可以说礼乐是先秦时期人们行为规范的最主要约束力量。礼制虽然具有巨大的强制性,然而它不像法律那样以严刑峻法作为后盾,也不像宗教那样以超自然力的信仰为基础,相反,礼制主要通过社会风俗和舆论来发挥它的社会功能。在这个意义上而言,礼制的本质就是"德治",古人每每礼德、法刑并称正说明这点。《论语·为政》:"子曰:道之以政,齐之以刑,民免而无耻;道之以德,齐之以礼,有耻且格。"何晏引古人注:"政谓法教","德谓道德";又说"齐,整之以刑法"。可谓得其正解。

由于时隔悬远、史料阙如,我们已经无法了解在漫长的史前历史过程中,宗教、法律、礼俗曾围绕家庭组织的控制权发生过怎样激烈的矛盾冲突,然而以下事实恐怕是不可否认的:那就是史前时期的家庭组织在宗教渐衰、法治实践失败的情况下,最终选择以道德作为维系自身存在及秩序的力量。孝道就是在这样的社会条件下才得以发生的。

(二) 孝道与法治、宗教的关系

先秦社会虽然将孝道作为巩固家庭组织,加强凝聚力的主要力量,但这并不意味着就此将其他社会组织力全然抛开。事实上,法律、宗教并没有从社会领域中销声匿迹,而是在道德的主导下继续发挥其社会功能。

首先看宗教与孝道的关系。《论语·为政》孔子所谓"死,葬之以礼,祭之以礼",着眼点虽在于以礼释孝,却反映出宗教的道德目的。家庭内部进行祭祀主要是为弘扬孝道,古人对此了然于胸,故《礼记·祭统》说:"祭者,所以追养继孝也。"《祭义》也说:"唯圣人为能飨帝,孝子为能飨亲。"又说:"君子生则敬养,死则敬享,思终身弗辱也。"祭祀是将对父母生前的孝敬推而广之,甚至及于早已故去的先祖,目的是以神道设教的方式,将尽可能多的家庭成员笼络在家庭组织之内。祭祀不仅可以安定和凝聚人心,同时也可以对家庭成员进行孝道教化。

---

① 常金仓:《穷变通久:文化史学的理论与实践》,第 88 页。

《祭义》："祭之日，入室，僾然必有见乎其位；周还出户，肃然必有闻乎其容声；出户而听，忾然必有闻乎其叹息之声。"又说："孝子之祭也，尽其悫而悫焉，尽其信而信焉，尽其敬而敬焉，尽其礼而不过失焉。进退必敬，如亲听命则或使之也。"长期反复的习礼本身就是一个接受教育的过程，孝的意识在超自然力的作用下更能震撼人心。另外，在孝道衰落的情况下，宗教往往为孝道"辩护"，用宗教故事或语言说明其合理性。《墨子》一书中《天志》《明鬼》等篇的不少故事就是以劝勉世人躬行孝道为主旨的。

法律也对孝道起不可忽视的补充作用。《尚书·康诰》记载周公告诫康叔说："元恶大憝，矧惟不孝不友……天惟与我民彝大泯乱。曰：乃其速由文王作罚，刑兹无赦。"不孝便是罪大恶极，因为它扰乱社会的正常秩序，因此当根据文王之法严加惩罚。《周礼·地官·司徒》大司徒之职："以乡八刑纠万民，一曰不孝之刑。"《吕氏春秋·孝行览》引《商书》曰："刑三百，罪莫重于不孝。"高诱注："商汤所制法也。"《孝经》也说："五刑之属三千，而罪莫大于不孝。"以上所引材料年代不尽一致，背景自然各有不同，但都说明一个问题：法律在家庭道德出现危机的情况下，往往会弥补由此形成的真空。在法治的干预下，"孝道"的性质实际上已经发生根本性变化。

应该指出的是，尽管宗教、法律在整个先秦历史上先后对孝道发挥过重要的补充或辅助作用，然而它们始终未能从根本上取代孝道在家庭乃至社会领域中的重要地位。传统所造成的社会组织结构使得文化的改变困难重重，因此人们通常只是试图通过恢复的方式去解决孝道的衰落问题。东周之后，传统社会结构发生变化，孝道随之衰落，然而关于孝道的讨论却愈演愈烈，就是最好的说明。

三　结论

通过以上分析我们可以看出，孝道是一种道德现象，它以家庭组织之中的血缘亲亲为基础，然而又超出于一般意义上的亲子感情。正是在这个意义上，许多学者指出西方家庭有亲子之情而无孝道，只有中国才称得上具有"孝的文化"。同其他任何一种文化现象一样，孝道乃是众多文化因素共同作用的结果。孝道的产生和存在需要特殊的"配方"：当一个社会将某些因素按照特定方式加以培植时，孝道就会产生，反之就不会产生。孝道的发生发展与以下因素有关。

首先，父系制家庭组织是孝道产生的第一个条件。父系制家庭以父亲的血缘作为世系、财产、权力传承的纽带,家庭成员的基本关系也是在父系家庭内部建立起来的。在这种条件下,只有家庭组织稳固、秩序良好,个体成员的利益才能得到保障。父母(尤其是父亲)相对于子女而言具有年龄上的优势,因此是维护家庭秩序的"最佳选择",孝道就是这种基于生理关系的亲子感情被社会极力强调的结果。在这个意义上,我们可以说孝道的本质就在于它是一种以父权为凭借,以维护家庭组织稳定为目的的文化要求。

其次,只有家庭力量的强大符合整个社会的整体利益时,社会才会鼓励甚至帮助家庭通过道德、宗教等手段维护其自身利益。由于历史的原因,家庭在中国古代政治和社会生活中地位颇高,影响重大。家庭组织的兴衰不仅影响着政权的安危兴替,同时也关系到社会的有序运行。由此可见孝道与家庭在整个社会中的地位和作用有关,它是社会用以保障切身利益的重要手段。可以预料,随着现代社会多种社会组织的建立,以及社会福利、养老等制度的建立,家庭的功能会逐渐得到分化,人们的生活重心一旦转移到家庭之外,孝道就不会再像传统那样受到重视。

再次,家庭组织的规模和结构影响着孝道的产生与发展。庞大的规模和结构为孝道的产生提出要求,而当家庭组织的社会功能弱化、地位降低时,它的结构和规模自然而然就势必受到制约,孝道也会随之衰落。在"弘扬传统文化"之声高唱的当前,人们似乎认为传统孝道也在"弘扬"之列,这恐怕是一种误解。孝道是家庭与社会互动过程中自我调适的产物,家庭小型化、结构简单化已是现代社会的大势所趋。传统的孝道服务于家庭养老、救济、教育等,而随着小型家庭的普遍出现,以上功能显然已经不是家庭所能承担。在这种情况下盲目地提倡"孝道",恐怕未必是明智之举。

最后,道德虽然可能对家庭发生有效的组织作用,但并非所有家庭秩序的维护都要靠道德力量实现。文明类型不同,社会组织力的发展状况也往往随之有别,除道德之外,法律、宗教都是促使加强家庭凝聚力的有效力量。中国古代法制、宗教二者不够发达,而以礼俗为载体的道德力量则得到优先发展,众多社会组织的维系都通过道德得以实现。孝道,就是作为社会组织力的道德在家庭领域的一种表现。现代社会正在迈向法制社会,法律的触角已伸入家庭内部,这些都成为传统家庭道德的取代品。总的看来,孝道在当前社会下的瓦解乃是不可挽回的必然趋势。

第二节 乱伦禁忌与家庭组织之间的"共变"

对于乱伦禁忌这个话题，近百年来不少学者已经从人类学、心理学、历史学、生物学等角度做了多种解释，随之也产生大量研究成果。美国人类学家莱斯利·A. 怀特在 20 世纪中期曾经说："乱伦这个主题对人类具有一种奇特的魅力。人类远在掌握写作艺术之前，就被这一主题吸引住了。……然而，不管这种关注是多么强烈和持久，但事实上，即使在今天，乱伦依然很少为人所了解。科学家们往往不得不承认，他们对乱伦困惑不解，并且声称，它太神秘、太模糊，以致无法作出合理的解释，至少目前的情况便是如此。"[1] 无独有偶，楚云先生在《乱伦与禁忌》中历数了百余年学术史上关于乱伦禁忌的 11 种解释，并指出理论与方法的歧异是导致这种多样化的重要因素："100 多年来，各国学者对此众说纷纭，各种理论与方法都争相在这个俄狄浦斯之谜上一试身手，于是形成了众多的理论与学说。"[2]

由以上描述不难看出，人们在解释乱伦禁忌时所产生的困惑不仅由于这个问题本身的复杂性，同时也与方法论方面的疏漏不无关系。英国科学史家丹皮尔曾经指出："科学的功用，在追溯各种现象间的关系，或更恰当地说，在追溯表述各种现象的概念间的关系。"[3] 那么在历史与文化研究中究竟有没有一种可靠的方法帮助人们正确地"追溯各种现象间的关系"？具言之，我们能否凭借一种方法排除乱伦禁忌与其他现象之间的虚假联系，并进一步确认它们之间真正的内在联系呢？在这方面，法国社会学家涂尔干所倡导的"共变研究法"为我们提供了一种新的思路。家庭组织是先秦社会至关重要的一种文化现象，它与乱伦禁忌之间存在怎样的联系呢？本节试图通过家庭组织与乱伦禁忌之间三种共变关系的讨论，从而初步确定两种现象之间稳定的因果联系。我们相信这种尝试不仅对于正确理解乱伦禁忌有所启示，而且对于当代史学方法论的建设也不乏意义。

一 乱伦禁忌维护家庭的利益

现代人类学调查材料表明，无论在史前民族或文明民族的社会生活

---

[1] 〔美〕莱斯利·A. 怀特：《文化科学——人和文明的研究》，曹锦清等译，第 289 页。
[2] 楚云：《乱伦与禁忌》，上海文艺出版社 2002 年版，第 146 页。
[3] 〔英〕W. C. 丹皮尔：《科学史及其与哲学和宗教的关系》，李珩译，第 438 页。

中，家庭组织与乱伦禁忌之间都有着相伴而生、密不可分的关系。我们甚至可以断言，世界上不存在没有乱伦禁忌的家庭，也不存在脱离家庭的乱伦禁忌。首先，乱伦禁忌通常发挥着保障家庭秩序，维持家庭稳定的功能。请以春秋时期晋文公与怀嬴故事的分析作为开始，《国语·晋语四》司空季子曰："异姓则异德，异德则异类，异类虽近，男女相及，以生民也。同姓则同德，同德则同心，同心则同志，同志虽远，男女不相及，畏黩敬也。黩则生怨，怨乱毓（育）灾，灾毓灭姓。是故娶妻避其同姓，畏乱灾也。故异德合姓，同德合义。义以道利，利以阜姓。"当时晋公子重耳因骊姬之乱流落至秦寻求支持，秦伯嫁给他五个女子，其中之一的怀嬴，曾是晋公子圉在秦国做人质时的妻子。由于公子圉是重耳之侄，因此文公在这件事上进退两难：若辞退怀嬴便可能失去秦国的欢心与支持，若接受她又畏于道德的压力。在这种情况下，司空季子引黄帝、炎帝的例证帮助重耳作出选择。

　　这段话透露出古代婚姻中的两条基本戒律：一是同姓男女间不得发生婚姻或两性关系，古人谓之"同姓不婚"；二是男子不得与庶母、兄弟之妻、子（侄）妇等女性家庭成员发生两性关系，可以称为"族内异姓婚姻禁忌"。二者在本质上都是为了防范对既定家庭伦理关系的威胁，因此可以通归于人类学意义上的乱伦禁忌之列。乱伦禁忌是当时深入人心的道德观念，人们没有违背它时难以感觉到它的压力，然而当这种规范将被破坏时压力就来临了。这种非法婚姻可能引起的后果被司空季子一语道破："黩则生怨，怨乱毓灾，灾毓灭姓。"这是说如果人们违反"同姓不婚"原则的话，家族内部就会因不正常的两性关系而萌生嫉妒和怨恨，从而导致家庭秩序紊乱甚至宗族灭绝。由此可见，乱伦禁忌的重要功能就在于防止因家庭成员之间的性嫉妒而导致的家庭破裂。

　　同样的道理又见《左传》昭公元年子产聘晋且问晋侯之疾一事，子产曰："内官不及同姓，其生不殖。美先尽矣，则相生疾，君子是以恶之。……男女辨姓，礼之大司也。今君内实有四姬焉，其无乃是也乎？若由是二者，弗可为也已。四姬有省犹可，无则必生疾矣。"晋侯身为姬姓而与四个姬姓女子为婚，这显然有悖于同姓不婚的礼制，子产遂借探病之机委婉地加以批评。据子产解释，这种婚姻不为世俗所嘉许的原因有二。其一，它将导致"其生不殖"。无独有偶，韦昭注《国语·晋语四》"同姓不婚，惧不殖也"一语曰："殖，蕃。""不殖"盖指家族不发达。其二，同姓而婚使得"美先尽矣，则相生疾"。其中"疾"字前人多以为是指疾病,其实当解为嫉妒之"嫉"为妥。① 这是说同姓婚姻虽然在短期内会使当事人亲上加亲,但从长远来看,它难免引起内部的嫉妒和争斗,最终威胁到家庭的稳定。

当乱伦禁忌遭到破坏时,这种婚姻和两性关系会对家庭造成什么影响呢?早在20世纪初期,马凌诺斯基就曾对此有过细致的考察,他总结道:"性冲动,总的来说是一种非常不安定的社会分裂力量。不对性冲动进行一场革命性的变革,它是不能被先前业已存在的情感所接受的。……如果允许情欲侵入家庭范围,那么,它不仅会造成忌妒和竞争因素,并致使家庭解体,而且也会搅乱最重要的亲属关系纽带,而亲属关系乃是全部社会赖以进一步发展的基础……一个允许乱伦的社会内连一个稳定的家庭都产生不出来;亲属关系的最稳固的基础(家庭)因此而丧失殆尽,在一个原始共同体中,这意味着社会秩序的瓦解。"② 可见乱伦禁忌为人类婚姻和两性关系划定一个禁区,除非一个社会不再以家庭为细胞,家庭的存亡与社会稳定毫无关系时人们才会放弃这个禁区;相反地,对于建立在家庭基础之上的社会而言禁忌是不可或缺的。涂尔干也曾断言:"任何对乱伦的压制,其前提条件都是家庭关系要得到社会的承认,并被社会组织起来。只有当社会把一种社会性赋予了这种亲属关系以后,它才能够去阻止亲属间的性结合;否则,这对社会就没有什么意义了。"③ 正因为这样,生理或心理因素不能改变禁忌,只要社会以家庭作为基础,乱伦禁忌就会一直存在下去。通过以上共变关系可以看出,乱伦禁忌将婚姻关系排除于家族范围以外,防止了同族成员发生性冲突的可能,维护了家庭的秩序和稳定;相反当禁忌遭到破坏时,家庭就有瓦解之虞。可见乱伦禁忌的首要功能在于维护家庭组织的稳定和秩序。

其次,乱伦禁忌扩大了家庭的影响力。在人类婚姻史上,与乱伦禁忌相伴而生的另外一种现象是外婚制。禁忌把家庭内部划为婚姻的禁区,迫使家庭成员到外部建立婚姻关系,这不仅扩大了家庭与外界的联系而且增强了家庭的社会影响力。在古代社会,一个家庭要生存和发展,异姓的作用不可忽视,婚姻就是建立和维护家庭间友好关系的重要途径。大量史料表明,异姓通婚对三代历史上的家庭和政治都产生过深远影响。《国语·周语中》富辰曰:"夫婚姻,祸福之阶也。……昔挚、畴之国也由大任,

---

① 常金仓:《周人同姓不婚为优生说辨》,《山西师范大学学报》1996年第4期。
② 转引自〔美〕莱斯利·A. 怀特《文化科学——人和文明的研究》,曹锦清等译,第310页。
③ 〔法〕爱弥尔·涂尔干:《乱伦禁忌及其起源》,汲喆等译,世纪出版集团、上海人民出版社2003年版,第13页。

杞、缯由大姒，弃、许、申、吕由大姜，陈由大姬……昔鄢之亡也由仲任，密须由伯姞，郐由叔妘，聃由郑姬，息由陈妫，邓由楚曼，罗由季姬，卢由荆妫。"这是说群体力量往往由理想的婚姻关系而得以壮大，也往往因不当的婚姻关系而遭遇重创。富辰是在谏阻周王以狄女为后时说这番话的，本义在于强调谨慎选择婚姻对象的重要性，然而从中不难看出异姓婚姻对古代家庭乃至政治的影响。异姓联姻有助于提高或巩固家庭的社会地位，春秋时期的贵族对此有着清醒的认识，《晋语九》："董叔将取（娶）于范氏，叔向曰：'范氏富，盍已乎？'曰：'欲为系援焉。'它日，董祁愬于范献子曰：'不吾敬也。'献子执而纺于庭之槐，叔向过之，曰：'子盍为我请乎？'叔向曰：'求系，既系矣，求援既援矣，欲而得之，又何请焉？'"董叔所谓"系援"一词，准确反映了婚姻对家庭兴衰的重要价值。不仅如此，古代思想家们还将异姓通婚的价值提升到哲学的高度加以宣传。《郑语》史伯曰："夫和实生物，同则不继。以他平他谓之和，故能丰长而物归之；若以同裨同，尽乃弃矣。……于是乎先王聘后于异姓……务和同也。"异姓之间谓之"和"，同姓之间谓之"同"。"和而不同"在古代婚姻中的含义，是说异姓家族间凭借婚姻纽带加强团结、增进合作。史伯的论述是用哲学化的语言，表述了异姓通婚对于古代家庭和政治的重要意义。此外如《鲁语上》"夫为四邻之援，结诸侯之信，重之以婚姻，申之以盟誓，固国之艰急是为"，以及《礼记·郊特牲》"取（娶）于异姓，所以附远厚别也"云云，都是说异姓通婚能够将关系疏远者团结在一起，提高家庭的社会地位。

当乱伦禁忌被破坏时，它对家庭自身的地位有何影响呢？新几内亚的一个土著人在人类学家就这个题目质询他时反问道："怎么？你想娶你的姐妹吗？你什么毛病？你不愿意有大舅子、小舅子？你难道不明白，如果你娶了另外一个男子的姐妹，又有另外一个男子娶了你自己的姐妹，这样你至少就有了两个（大、小）舅子，而你如果娶你自己的姐妹，你就一个（大、小）舅子也没有？那你跟谁去打猎呢？跟谁去经营种植园呢？上谁家去串门呢？"① 对特罗布来恩岛上的酋长而言，与异姓的通婚必然带来数量可观的婚姻馈赠，这笔收入可以使他有足够的经济实力维持自身地位，并实现对整个部落的有效管理。② 肯尼亚的卢奥人谈到他们要去找老婆的相邻部落时说道："他们是我们的敌人，所以我们到那里找老婆。"早在

---

① 〔法〕安德烈·比尔基埃：《家庭史》，袁树仁等译，第41页。
② 〔英〕马林诺夫斯基：《原始的性爱》，王启龙、邓小咏译，第136页。

1888年，英国人类学家泰勒也发现同样的现象。他说："在人类历史上，有许多次，野人部落大概就面临着二者必须择一的选择：要么到另一个部落里去娶个老婆，要么为另一个部落所杀死。"① 中国早期历史上黄、炎部族之间就曾经历一个由"二帝用师以相济也"，到后世稳固姬、姜婚姻联盟形成的转变过程。联系人类学材料似乎可以推知，这种不同血缘团体之间"化干戈为玉帛"的现象绝非出于偶然，而是乱伦禁忌在不同社会条件下稳定发挥功能的结果。

二　家庭类型决定禁忌的范围和对象

不同家庭类型中禁忌涉及的对象和范围各异，这是家庭组织与乱伦禁忌之间存在共变关系的第二项证据。在父系制家庭中，血统、财产、权力的传承以男性家长为依据，人们生活在一个以父家长为核心的群体中。这个群体的稳定是整个社会利益攸关的大事，因此人们首先要排除父权家庭内部的婚姻关系，以期维护群体的团结。服务于该目标，父系社会的乱伦禁忌中包括以下名单：同胞兄弟姊妹、从兄弟姊妹，以及家族内部的异姓婚姻关系。《左传》襄公二十五年："齐棠公之妻，东郭偃之姊也。东郭偃臣崔武子。棠公死，偃御武子以吊焉。见棠姜而美之，使偃取之。偃曰：'男女辨姓，今君出自丁，臣出自桓，不可。'……遂取之。"崔杼的祖先是齐丁公，东郭偃的祖先是齐桓公，二者皆为姜姓。据同姓不婚原则，东郭偃的姊妹不能与崔杼通婚，尽管崔杼巧立名目而最终促成这桩婚姻，但它并不符合当时的道德观念。又襄公二十年："（卢蒲）癸臣子之（庆舍），有宠，妻之。庆舍之士谓卢蒲癸曰：'男女辨姓，子不辟宗，何也？'曰：'宗不余辟，余独焉辟之？赋诗断章，余取所求焉，恶识宗？'"庆氏、卢蒲氏皆为姜氏，而庆舍却不顾祖宗之法，试图将女儿嫁给卢蒲癸。由庆舍之士与卢蒲癸的对话可知，春秋时期的人们往往在政治或权贵的压力下顾不得遵守道德规范了。

在父系家庭条件下，以下两种血亲之间的婚姻关系被认为合法并受到鼓励：姑舅表兄弟姊妹婚，以及姨表兄弟姊妹婚。先秦时期周王室与齐国间的婚姻属于典型的姑舅表兄弟姊妹婚，这种关系也反映在亲属称谓中。《仪礼·觐礼》："同姓大国，则曰伯父；其异姓，则曰伯舅；同姓小邦，则曰叔父；其异姓小邦，则曰叔舅。"此处伯父伯舅、叔父叔舅，是从周王室角度来说的。如就伯舅、叔舅而言，齐国女子嫁到周王室，所生子女

---

① 〔法〕安德烈·比尔基埃：《家庭史》，袁树仁等译，第41—42页。

以齐为母舅之国。当这种婚姻关系继续进行时，对于嫁到齐国的王室女子而言，丈夫的父亲就是自己的母舅；同样，对于娶得齐女的周王室男子而言，妻子的父亲则是自己的母舅。《左传》昭公十二年楚右尹子革说："齐，王舅也。"成公二年周定王使单襄公辞晋献齐捷时也说："夫齐，舅甥之国也。"先秦时期姬、姜互为婚姻的事实表明，这种姑舅表兄弟姊妹婚在当时受到时俗的容许甚至鼓励。

家庭类型的变化会导致婚姻禁忌在范围和对象方面发生戏剧性的变化。在母系家庭中，不仅血统、财产和权利的沿袭通过母系进行，而且母舅还取代父亲成为家庭权力的中心。由于是母舅（而非父亲）把整个社会组织起来了，因此维护母舅家族的稳定和秩序便成为婚姻禁忌的要务。所以母系社会乱伦禁忌的范围中除同胞兄弟姊妹婚之外，还包括姨表婚以及同家族内部的异姓婚姻关系。

姨表婚在父系家庭属于合法婚姻，但在母系家庭却在严格禁止之列。马凌诺斯基肯定地说："当然啦，一对男女青年，如果他们的母亲是亲姐妹，那么他们就要遵守在兄弟姐妹之间严格的性禁忌。"[1] 论者没有提供有关这种禁忌的进一步说明，但这显然是由于母舅居于家庭权力的核心，血统、权力、财产的传递主要以他为依据，故而保护以母舅为中心的亲属体系的稳定是婚姻禁忌的主要目的。为达到这种目的，姊妹的子女之间的性冲突必然要加以避免，他们也由此而成为乱伦禁忌的重点防范对象。

与此同时，母系社会对姨表婚的禁忌还与他们对姑舅表婚的放纵乃至鼓励形成鲜明对比。据人类学家介绍，如果男女双方是兄弟俩的孩子的话，只要他们愿意就可以结婚，但是没有任何理由说明他们应该结婚，因为它在母系社会中是无足轻重的。然而当男孩和女孩分别属于某兄弟和某姐妹的孩子时，他们之间的婚姻（即姑舅表婚）便受到积极鼓励。人们认为这种婚姻与那些"杂乱无章"的婚姻关系根本不同，只有这种婚姻中的双方才会互相称为"榻哺古"（tabugu），这个术语表示性关系的合法性。[2] 此类婚姻之所以受到热衷，人类学家认为这是人们在父爱与母系制之间进行权衡折中的结果，"如果我们回过头去考虑一下父爱和母系制之间达成的协调关系，就不难理解这种制度的重要性了。部落法律制度强调母系的继承权，父爱驱动力倾向于将父亲的全部特权传给自己的儿子，这两者之

---

[1] 〔英〕马林诺夫斯基：《原始的性爱》，王启龙、邓小咏译，第108—109页。
[2] 〔英〕马林诺夫斯基：《原始的性爱》，王启龙、邓小咏译，第109页。

间在交错姑表婚姻制度的实践中找到了某种平等的调整和足够的满足"①。这种分析无疑有其道理,然而在我们看来,人们鼓励这种婚姻的最主要理由其实与父系社会下强调"取(娶)于异姓,所以附远厚别"(《礼记·坊记》)毫无二致。家庭类型决定乱伦禁忌的范围和对象,这是家庭与乱伦禁忌之间存在共变关系的第二项证据。

三 家庭功能、地位与乱伦禁忌的强度

先秦时期的家庭往往承担复杂的社会、政治功能。由于"国之本在家"(《孟子·离娄上》),家庭与社会乃至国家利益息息相关,因此对家庭的损害有可能构成"牵一发而动全身"的特殊效应。在这种情况下,以维护家庭稳定和团结为目的的乱伦禁忌自然会得到高度重视,《礼记·大传》说:"四世而缌,服之穷也;五世祖免,杀同姓也;六世亲属竭矣。其庶姓别于上而戚单于下,昏姻可以通乎?系之以姓而弗别,缀之以食而弗殊,虽百世而昏姻不通者,周道然也。"是亲属间的血缘关系即使因代代疏远而不再有服丧礼节,但仍不能互通婚姻。这种"虽百世而昏(婚)姻不通"的观念,投射出古人对同姓通婚所可能导致恶性后果的深刻忧虑。《礼记·曲礼上》说:"取(娶)妻不取同姓,故买妾不知其姓则卜之。"对于两可之间的婚姻以占卜方式决定取舍,这是一种宁可失之于严,不可失之于宽的处理方式。先秦乱伦禁忌的强度尤其表现为烦琐的礼制规范,《礼记·内则》:"(男女)非祭、非丧,不相授器。其相授,则女受以篚。其无篚,则皆坐,奠之,而后取之。"《曲礼》:"嫂叔不通问。"《檀弓》:"嫂叔之无服。"《杂记》:"嫂不抚叔,叔不抚嫂。"这些规定表明人们极端重视家庭价值、家庭稳定与社会安危紧密相关的基本事实。

相反地,在家庭功能单一化、社会地位降低的情况下,乱伦禁忌的范围和严格程度便会缩减。现代家庭在功能方面已不可与古代同日而语,家庭的稳定与否最多也只能影响到有限的几人而已。正因为这样,现代法律或习俗往往侧重于从优生学角度考虑婚姻关系的可行性,要求三至四代直系亲属之间不得发生婚姻关系,超过此限者则不在禁止之列。禁忌标准的这种变化,其实正是现代社会中家庭功能衰退、地位降低的结果。

家庭功能、地位与乱伦禁忌之间的共变关系,还反映在不同条件下人们对乱伦行为惩处的严厉程度。一般而言,当家庭功能复杂、地位崇高时,社会对乱伦的惩处就趋于严厉;相反地,当家庭功能简单、地位降低

---

① 〔英〕马林诺夫斯基:《原始的性爱》,王启龙、邓小咏译,第103页。

时，这种惩处就趋于温和。齐襄公与其姊文姜的乱伦行为发生之后，春秋时期的史书、诗歌纷纷对之予以谴责和讽刺。同样的道理，《春秋》三传及《论语》对鲁昭公娶吴女之事也进行了严厉的指责。在特罗布里恩岛那样的母系社会中，乱伦行为一旦被发现，双方当事人面临的便是死亡。1915年，瓦卡伊鲁瓦村有一个名叫科马依的男青年从树上跳下自杀了。三年之后人类学家才发现事情的真相：原来科马依爱上了他姨妈的女儿，持坚决反对态度的人们试图将他们分开但没有成功。最后科马依的情敌、女孩的合法恋人公众羞辱了他，在村里高喊他违反了乱伦禁忌并指明这一关系中所涉及的女子。在舆论的强大压力下，科马依不得已走上自杀之路。[①] 在印度阿萨姆邦的卡西人中，如果某个男人被发现与本氏族的女人同居，就被视为乱伦，人们认为这样将招致大祸临头。霍屯督人规定在血缘上接近的男女一旦被确认发生婚姻或私通关系，就必须用棍棒打死。当暴雨倾盆时，东印度哈尔马赫拉岛的加莱拉人就说，一定是有某种乱伦行为发生。只有将这件事找出来，尽人皆知，才能使雨停下来，被指控的肇事者将被溺死或扔进火山口。婆罗洲的海上达雅克人遇到连日大雨，庄稼在地里要烂掉时，就会将它视为有人乱伦或重婚的结果，长老们会聚集起来审理这类案件，并且用猪血净化大地。山地达雅克人厌恶乱伦，连表亲婚也不容许。1864年，当地人告诉一个西方人休·洛尔先生，说是因为有个酋长娶了自己的孙女，结果破坏了整个村子的安宁，土地再也得不到好天气的护佑，于是那老东西就被废黜了。[②] 怀特曾分析了原始社会与现代社会条件下人们对乱伦行为惩处方式的显著差别，他总结说，"乱伦犯罪在原始社会中要比在我们的社会中受到更加严厉的惩处"，"在原始社会里，处死是常见的惩罚，在我们的社会里，惩罚却很少超过10年监禁，而通常要比这少得多"。关于这一差别的原因，他分析说：

> 在原始社会中，个人和家庭之间的人际关系和亲属关系远比在高度发展的文化中来得重要。小型互助群体在为自身安全而作的斗争中是一个极其重要的社会单位。群体本身的生存，在很大程度上取决于由族外婚结成的联盟。在发达的文化中，情形便不同了。社会不再以亲属关系为基础，而是以财产关系和领土划分为基础。政治国家代替

[①] 〔英〕马林诺夫斯基：《原始的性爱》，王启龙、邓小咏译，第411页。
[②] 〔英〕J. G. 弗雷泽：《魔鬼的律师——为迷信辩护》，阎云祥、龚小夏译，东方出版社1988年版，第41—106页。

了部落和部族。职业团体和经济组织也变成了社会生活的重要基础。族外婚的意义因此而大大削弱，对乱伦的惩罚也减轻了。①

这就是说，乱伦禁忌的强度在不同社会状况下发生显著变化，根本原因就是家庭在两种社会类型中的功能和地位形同霄壤。家庭功能、地位与乱伦禁忌的强度之间相互制约，这是二者之间存在共变关系的第三个证据。

通过以上分析我们可以看出，家庭与乱伦禁忌之间存在一种稳定的共变关系。简言之，当家庭功能复杂，社会地位较高时，乱伦禁忌的范围就较为广泛，强制力度也较大；反之当家庭功能简单化，社会地位降低时，乱伦禁忌的范围也将缩小，强度亦会降低；乱伦禁忌的范围和对象也随着家庭类型的改变而改变，父系社会与母系社会条件下乱伦禁忌的对象不同。这三方面稳定的共变性表明家庭与乱伦禁忌之间存在着紧密的因果关系，也足以证明乱伦禁忌作为一种道德现象不过是家庭环境的产物而已。正因为这样，不论要解答乱伦禁忌的成因、功能、本质等学术性问题，还是要解决生活中与乱伦禁忌有关的实际问题，都应该以家庭作为突破口，舍此而从生物学、心理学等因素入手的话往往难以切中要害。

第三节 东周时期的道德虚伪与周礼的名实分离

道德虚伪是发生于东周时期社会生活领域的一种重要的文化现象，它集中体现为人们在传统道德如仁义、孝道、诚信等方面的言行相违。面对这种状况，道家学说有明显的反道德倾向，如《庄子·天运》说："夫孝悌、仁义、忠信、贞廉，此皆自勉以役其德者也，不足多也。"对比东周之际人们的道德言行以及当时诸子有关道德的是非臧否，我们不难发现这一文化现象的主要特征及其与周礼结构之间的内在关系。

一 道德虚伪的主要表现

（一）虚仁假义

仁义是周代传统道德的重要内容之一，也曾在当时发挥过积极的社会作用。东周时期，仁义的道德权威逐渐受到挑战。《老子》三十八章说：

---

① 〔美〕莱斯利·A. 怀特：《文化科学——人和文明的研究》，曹锦清等译，第312页。

"上仁为之而无以为,上义为之而有以为……故失道而后德,失德而后仁,失仁而后义,失义而后礼。""上仁"是最原始也是最高境界的仁,"上仁为之而无以为",就是《礼记·曲礼上》所谓"太上贵德",即广施而不求回报。"上义为之而有以为",亦即《礼记》同篇之"其次务施报",是说人们追求义时已带有一定的目的性。

在道家看来,道、德、仁、义、礼构成一个退化的序列,世俗之所谓"仁义"乃是大道既丧,人们不能自觉躬行道德,遂在强制之下有意为之的结果。这种仁义徒具道德之名,在本质上只是假仁假义而已。至于天地造化万物、圣人治国安邦则与此不同,《老子》五章"天地不仁,以万物为刍狗;圣人不仁,以百姓为刍狗"讲的就是这个道理。道家认为,世俗之仁者常以"仁义"为名造立施化,实则暗藏心机,其结果必然使万物失其本真,此正所谓"大道废,有仁义"(十八章)。好的统治者应效法天地无为,"绝仁弃义"(十九章),以自然"不仁"之道对待百姓。实际上,老子并不笼统地反对道德,他所反对的只是那种有名无实、虚伪化的"仁义",道家的上述批评正是针对当时社会各领域中甚嚣尘上的虚仁假义而发的。

进入战国,统治者之间的争权夺利愈演愈烈,仁义虚伪也较先前有过之而无不及。诸侯多有因一己私欲而借仁义之名,从事攻人城池、窃人邦国之类的可耻行径者。《墨子·鲁问》说:"世俗之君子,皆知小物,而不知大物。今有人于此,窃一犬一彘则谓之不仁,窃一国一都则以为义。"仁义足以制小物,而不足以制大物,完全是统治者出于现实利益需要变乱名实的结果。统治者意识到仁义之名对自己的价值,故而往往以仁义者自居,《墨子·非攻下》说:"夫好攻伐之君,又饰其说曰:'我非以金玉子女壤地为不足也,我欲以义名立于天下,以德求诸侯也'。"这是对战国欲壑难填的统治者假仁假义行为的生动记载。《庄子·胠箧》说,世俗之人只知束结袋囊绳索、坚固箱环以防止盗贼,然而大盗既至,却会举箱担囊连同绳环一并偷走,还唯恐绳环不够结实!可见以前的防盗器具最终竟沦为盗贼作恶的工具。

古昔圣贤所高倡的仁义到战国又何尝不是如此呢?庄子感慨地说:"昔者齐国邻邑相望,鸡狗之音相闻,罔罟之所布,耒耨之所刺,方二千余里。阖四竟之内,所以立宗庙社稷,治邑屋州闾乡曲者,曷尝不法圣人哉?然而田成子一旦杀齐君而盗其国,所盗者岂独其国邪?并与其圣知之法而盗之。"以此足见仁义名存实亡,"圣人之法"变为田成子之流政治盗贼窃取政权的工具。这种"仁义",非但无益于治世反倒助纣为虐,因而有之不如无之。庄子的这一思想通过"盗亦有道"的寓言形象地表达出来：庄子说，仁义本是为人服务的，然而"天下之善人少，而不善人多，则圣人之利天下也少，而害天下也多。五者所以禁盗，而反为盗资也"。由此可见，仁义道德就像斗斛、权衡、符玺之类工具一样，而今只能作为"不善人"大行苟且之事的遮羞布。

在统治者粉饰仁义、欺世盗名的同时，儒者之中也习染了严重的虚伪之风。《庄子·外物》以寓言的形式把他们比作盗墓贼。儒家素来用作修身范本的《诗》《书》，如今竟堕落为研习者发人坟冢、攫人财物的指南。这则寓言通过"大儒""小儒"日习圣贤之书、口颂仁义之辞、身行不道之事等言行背离的描述揭示出仁义的空前虚伪化。

（二）孝道虚伪

"孝"作为治家的道德，在春秋战国之际也出现虚伪化倾向。《老子》十八章"六亲不和，有孝慈"，十九章"绝仁弃义，民复孝慈"，已透露出春秋时孝道方面的严重危机。古人对孝道有着详细规定，其中基本内容就是按礼的规定对父母生时敬养、死后埋葬和祭祀。故《论语·为政》孟懿子问孝，子曰："生，事之以礼；死，葬之以礼，祭之以礼。"古人制礼讲求称情立文，认为苟无其实，礼不虚行，故恭敬为孝道所不可缺者。《礼记·檀弓上》载子路语曰："吾闻诸夫子：丧礼，与其哀不足而礼有余也，不若礼不足而哀有余也；祭礼，与其敬不足而礼有余也，不若礼不足而敬有余也。"可见丧主哀、祭主敬乃古礼精神所在，无哀之丧、无敬之祭无疑都是孝道虚伪的表征。

东周社会已出现奉养不敬、亲死不葬、居丧不哀、厚葬寡孝等现象。《诗经·邶风·凯风》载："凯风自南，吹彼棘心。棘心夭夭，母氏劬劳……有子七人，母氏劳苦……有子七人，莫慰母心。"《诗序》以为此诗旨在"美孝子"，然若此说可信则反足以证明孝道的动摇。《论语·为政》载子游问孝，孔子曰："今之孝者是谓能养，至于犬马皆能有养，不敬，何以别乎？"说明时人多勉为其难供养父母而乏心中之诚。《墨子·公孟》说："鲁有昆弟五人者，其父死，其长子嗜酒而不葬，其四弟曰：'子与我葬，当为子沽酒。'劝于善言而葬，已葬，而责酒于其四弟。"这个故事说明孝道在战国时期已难敷其用，有的子女只是迫于无奈才尽葬亲义务，这种葬礼实际上已与"孝道"无涉了。

与此同时，社会上盛行累饰礼乐、久丧伪哀之风，不少人因贪赗赙之资而大办丧事，其用心已全不在慎终追远。《墨子·非儒下》批评说：时人多居丧不哀者，甚至于"富人有丧，乃大说（悦）喜曰：此衣食之端也",将厚葬父母视为发财致富的门径。更有甚者乃至矫揉造作、过分毁瘠以博取功名利禄。《庄子·外物》载:"演门有亲死者,以善毁爵为官师,其党人毁而死者半。"《韩非子·内储说上》说:"宋崇门之巷服丧,而毁甚瘠。上以为慈爱于亲,举以为官师。明年,人之所以毁死者岁十余人。""崇门之丧"与"演门之丧"是否同一事件的不同版本,今已不得而知。然而道、法两家各就其观点立论,所引例证却别无二致,更说明当时借居丧以沽名钓誉、捞取政治资本者不在少数。

不啻如此,形式化厚葬造成社会物质财富的严重浪费,从而引起统治者的警觉。《韩非子·内储说上》说:"齐国好厚葬,布帛尽于衣衾,材木尽于棺椁。桓公患之,以告管仲曰:'布帛尽则无以为蔽,材木尽则无以为守备,而人厚葬不休,禁之奈何?'管仲对曰:'凡人之有为也,非名之,则利之也。'于是乃下令曰:'棺椁过度者戮其尸。'罪夫当丧者无利,人何故为之也?"

以上所述是否韩非子托古改制的寓言并不重要,重要的是它从另一侧面揭示出孝道的虚伪化。郭店楚简《性自命出》说:"君子……居丧必有夫恋恋之哀。君子身以为主心。"[1] 然而世人"非名之,则利之"的现实功利心态不但将这种"恋恋之哀"冲击得了无踪迹,甚至引发社会灾难,这确是道德史上的惊人一幕。《吕氏春秋·节丧》记载了"大国弥富,葬弥厚"的社会风气,并批评说:"今世俗大乱,之主愈侈其葬,则心非为乎死者虑也,生者以相矜尚也。侈靡者以为荣,俭节者以为陋,不以便死为故,而徒以生者之诽誉为务,此非慈亲孝子之心也。"诸侯贵族纷纷凭借强大的经济实力为厚葬之风推波助澜,然而厚葬愈甚,则孝道虚伪愈甚,这是不争的事实。

《礼记·祭义》说:"孝子之祭也,尽其悫而悫焉,尽其信而信焉,尽其敬而敬焉,尽其礼而不过失焉。"然而东周之际,隆重频繁的祭祀活动中却隐藏着"孝子"们不可告人的功利目的。康学伟先生曾就战国的情况论述说:"战国时代虽亦不乏祭祖之举,但却失去了其中等级这一精髓,祭祖与孝道分离了。终战国之世,祭祖方面的情况与丧葬略同,主要以标榜生者的金钱地位为目的,或者说纯然出于功利的动机,已经大悖于周礼的本意了。"[2] 总之,种种迹象表明,东周之际那些"孝子贤孙"们的种种"孝行"往往并非发自内心,孝道已流于虚伪化。

---

[1] 刘钊:《郭店楚简校释》,福建人民出版社2003年版,第106页。
[2] 康学伟:《先秦孝道研究》,吉林人民出版社2000年版,第136页。

（三）诚信的虚伪

周代历史上，制约人们诚信行为的因素有君主典范和宗教力量两项。《诗经·小雅·节南山》说："不躬不亲，庶民不信。"是以为统治者切身实践道德为人表率，对于推广诚信具有积极意义。借宗教权威以鬼神的名义保证承诺的兑现，古人谓之"盟以底信"（《左传》昭公十三年）。《周礼·宗伯》诅祝之职："作盟诅之载辞，以叙国之信用，以质邦国之剂信。"《秋官·司寇》又有司约、司盟之职，凡掌邦国及万民之约剂、盟载之法。这些材料足以说明"盟以底信"确是周人道德生活中的重要内容。宗教制约效力的发挥有赖于强大的宗教权威，西周大部分时期都具备这一条件。

春秋以后，人际的诚信危机日甚一日，支持诚信的条件——个人典范作用也趋于衰落。在此情况下，与盟者口血未干即违背誓约之事极为常见。《左传》桓公十二年，鲁欲平息宋郑不和，遂先后盟宋于句渎之丘、虚、龟，又盟郑伯于武父。然而与盟者各怀心思，结果非但未能解决问题，还引起鲁、宋间的军事冲突。《左传》作者评论这一系列盟誓闹剧说："苟信不继，盟无益也。《诗》云：'君子屡盟，乱是用长。'无信也。"在当时，诸侯多视盟誓为儿戏，歃血苴盟几乎成为各国借以缓解燃眉之急、以备再战的工具。在各国统治者的内部斗争中，这种情况也不鲜见。《左传》襄公二十九年，郑臣伯有与行人公孙黑因使楚发生分歧，"大夫和之。十二月己巳，郑大夫盟于伯有氏。裨谌曰：'是盟也，其与几何？《诗》曰："君子屡盟，乱是用长。"今是长乱之道也。'"这说明诚信与宗教仪式趋于分离，盟誓在各种场合下都已成为一种形式。

屡盟无益的结果，使得"盟以底信"的功能逐渐丧失，人们开始寻求制约诚信的新手段，这就是"交质"。有关交质的最早记载发生于周郑之间。《左传》隐公三年载："周郑交质：王子狐为质于郑，郑公子忽为质于周。王崩，周人将畀虢公政。四月，郑祭足帅师取温之麦，秋又取成周之禾。周郑交恶。"然而，周郑交质并不能有效约束双方行为，原因就在于"信不由中"。《左传》君子曰："信不由中，质无益也。明恕而行，要之以礼，虽无有质，谁能间之？……而况君子结二国之信，行之以礼，又焉用质？"（《左传》隐公三年）详传之意可知，论者认为盟誓甚至比"交质"更利于约束人们的社会行为，这大概是因为前者产生较早且与周礼的基本精神更靠近一些吧？

然而值得深思的是，交质（而非盟誓）却成为战国之世政治家达成协议的最有力凭借，这的确是颇具讽刺意味的。《谷梁传》隐公八年说："诰誓不及五帝，盟诅不及三王，交质子不及二伯。"（又见《荀子·大略》）

这种概括虽不尽符合历史实际，但大体反映出东周诚信观崩溃的次第。到战国时期，诚信的虚伪化终于以这一道德的自我取消告终。正如清代学者顾炎武所说："春秋时犹尊礼重信，而七国绝不言礼与信矣……文武之道尽矣！"① 七国不言礼与信的原因当然不是因为当时社会不需要诚信，恰恰相反，由于诚信已完全遭到破坏，人们的关系只有通过各种现实利益加以调节了。

二 道德虚伪的根源：周礼"名""实"的分离

（一）周礼的结构："名"与"实"

东周时期的道德虚伪表明，当时的道德领域出现严重问题，旧道德已难以有效地发挥原先的社会功能。众所周知，不同文化背景下道德的衰落通常表现为两种不同情形：其一，旧道德在较短时间内土崩瓦解，新道德迅速取而代之；其二，旧道德自身发生情况复杂的分裂，其中部分因素退出历史舞台，而另外一些内容则顽固地保留下来，并在较长时期中继续发挥作用。通过上文分析可以看出，东周时期道德领域的剧烈变动属于第二种情况。

"周礼"是周代社会形成的一个以礼乐为核心，包括各种社会行为规范、价值观念在内的有机整体。从结构看，周礼由内容和形式两方面结合而成；内容是周礼的"实"，而形式则是周礼的"名"。名与实之间相互区别又紧密联系，这就是周礼最基本的结构特征。先说周礼之"名"的方面，《左传》昭公二十五年说："子大叔见赵简子，简子问揖让周旋之礼焉。对曰：'是仪也，非礼也。'简子曰：'敢问何谓礼？'对曰：'……夫礼，天之经也，地之义也，民之行也。天地之经而民实则之，则天之明，因地之性，生其六气，用其五行。气为五味，发为五色，章为五声。淫则昏乱，民失其性。是故为礼以奉之，为六畜、五牲、三牺以奉五味；为九文、六采、五章以奉五色；为九歌、八风、七音、六律以奉五声……'"

分析可知，按照子大叔的看法，完全意义上的礼是内容（实）与形式（名）的合体。周礼的形式（名）包括周旋揖让等动仪及各种规范标准、乐律文采，大凡论者所列五味、五色、五声、六畜、五牲、三牺、九文、六采、五章、九歌、八风、七音、六律等均属周礼之"名"。常金仓先生曾经指出，古代礼仪是史前时期手势语言在长期历史过程中积累沉淀、质

---

① 顾炎武著，黄汝成集释：《日知录集释》卷30，岳麓书社1994年版。

文损益的结果。① 至为明显，古人的"重名"更使周礼的形式得到进一步发展，《礼记·中庸》所谓"礼仪三百，威仪三千"便是生动的概括。《墨子·非儒下》借晏子之口说："孔丘盛容修饰以蛊世，弦歌鼓舞以聚徒，繁登降之礼以示仪，务趋翔之节以观众……累寿不能尽其学，当年不能行其礼，积财不能赡其乐。"批评者的看法是有根据的，因为儒家所标榜的等级隆杀、进退揖让、衣服车马等都是周礼的"名"，而汲汲行礼以图救世的主张在东周更是显得迂腐无效。周礼之名的烦琐复杂，实际已蕴含名胜于实、名实分离的隐患。

再就周礼的"实"而言，它由两个层面构成。其一，与一定形式相对应的道德标准、价值理想。《礼记·礼器》载："先王之立礼也，有本有文。忠信，礼之本也；义理，礼之文也。无本不立，无文不行。"《论语·卫灵公》载："人而不仁，如礼何？人而不仁，如乐何？"《八佾》载："义以为质，礼以行之。"此处"本""忠信""仁""义"都是先秦重要的道德范畴，亦即周礼的实。道德是周礼的核心内容，正如有学者所说："任何内容都需要借助于一定的形式来表达，礼仪失却了道德内涵而独立出来，就不再成其为礼，道德失却了礼仪的形式也就难以存在。"②

周礼之"实"的第二个层面是对应于一定名位制度的权力利益。《左传》成公二年载齐、卫之战，卫军战败，新筑人仲叔于奚救援孙桓子。战后论功行赏，"卫人赏之以邑，辞，请曲县、繁缨以朝，许之。仲尼闻之曰：'惜也，不如多与之邑。唯器与名，不可以假人。君之所司也。名以出信，信以守器，器以藏礼，礼以行义，义以生利，利以平民，政之大节也。若以假人，与人政也，政亡则国家从之，弗可止也已。'"曲县、繁缨虽是名物，但它代表的是诸侯的权力和利益，因此在礼制森严的宗周历史上只有诸侯才能享有。仲叔于奚以邑大夫的身份觊觎并终于获得诸侯之名器，难怪要遭到孔子的批评。

（二）周礼"名""实"之间的关系

就一般意义而言，名实关系主要表现为二。第一，实产生、决定名。《公孙龙子·名实论》说："夫名，实谓也。"《庄子·逍遥游》说："名者，实之宾也。"名既为实之宾，反之亦可谓实为名之主。"实"之于"名"犹主之于宾，说明前者决定后者，后者反映前者。周礼的名实关系也是这样，正因为礼乐文化中的"名"在很大程度上决定"实"，有名斯

---

① 常金仓：《手势语言与原始礼仪》，《陕西师范大学学报》1996年第1期。
② 康学伟：《先秦孝道研究》，第137页。

有实,所以人们往往为得到某种名物制度而不遗余力竞相角逐。明白了这一点,我们就能明白春秋晚期鲁国季氏"八佾舞于庭"的真实用心,以及《左传》成公二年仲叔于奚宁可放弃封邑也要争取"曲县、繁缨以朝"的真正原因。

第二,名制约、维护实。《荀子·正名》说"名闻而实喻,名之用也","故王者之制名,名实而实辨"。《枢言》也说:"有名则治,无名则乱,治者以其名。"这是说,善于治理者能以礼仪训练德性、规范道德行为。《左传》桓公二年说:"夫名以制义,义以出礼,礼以体政,政以正民。是以政成而民听,易则生乱。"也是讲同一道理。由于古代法治、宗教等社会控制手段不够发达,社会秩序的维持和人们行为的规范化遂不得不格外倚重于道德,因此古人极为重视礼对道德的规范效用。周礼虽然表现为一整套周旋揖让的动仪和各种名物制度,但其中皆有特定的道德含义,因此堪称道德训练的工具。统治者利用周礼规范人们的行为,古人谓之"坊民"。《礼记·坊记》说:"升自客阶,受吊于宾位,教民追孝也……以此坊民,子犹有弑其父者。丧父三年,丧君三年,示民不疑也……以此坊民,民犹忘其亲而贰其君。礼之先币帛也,欲民之先事而后禄也……以此坊民,民犹贵禄而贱行。夫礼,坊民所淫,章民之别,使民无嫌,以为民纪者也。……以此坊民,民犹有自献其身。"

《礼记·曲礼上》说:"道德仁义,非礼不成;教训正俗,非礼不备……是以君子恭敬撙节退让以明礼。"如果我们将这段话视为古人对《坊记》"礼以坊民"思想的精练总结,大概虽不中,亦不远矣。

周代历史上,名对实的规范贯彻于日常生活各领域,以至人们随时处于这种影响之下。《诗经·国风·相鼠》云:"相鼠有皮,人而无仪,人而无仪,不死何为?相鼠有齿,人而无止,人而无止,不死何俟?相鼠有体,人而无礼,人而无礼,胡不遄死?"此谓君子应该仪表堂堂、举止得体,否则便不如速死!先秦古籍中类似言论还有很多,如《礼记·玉藻》说:"君子无故玉不去身,君子于玉比德焉。"《乐记》说:"乐者,所以象德也。"《孟子·尽心上》说:"动容周旋中礼者,盛德之至也。"以及郭店楚简《缁衣》载:"其容不改,出言有章,黎民所望","淑慎尔止,不愆于仪","慎尔出话,敬尔威仪"等。[①]

这些言论说明,古人在礼乐的熏陶下已习惯于将形式作为判断一个人内在修养和德性的依据。周礼名实关系的特殊性使古人非常重视端正名

---

① 刘钊:《郭店楚简校释》,第57—64页。

实。《礼记·祭法》说："黄帝正名百物以明民共财。"《公孙龙子·名实论》说："至矣哉！古之明王，审其名实，慎其所谓。至矣哉！古之明王。"由于周礼延伸到道德生活的各层面，才使得人们以"名之用"来标榜、制约道德成为可能，然而这也意味着"名之用"一旦失效，道德虚伪就必然随之而来。

（三）周礼的名实分离与道德虚伪的出现

在典型的礼乐文化中，仪式代表权利、象征德性，权利与德性之间完全一致，"仪式—权利—德性"三者构成一个彼此制约的整体。古人清醒地意识到周礼的名实分离可能带来的严重后果，故云："忠信之人，可以学礼，苟无忠信之人，则礼不虚道。是以得其人之为贵也。"（《礼记·礼器》）这是说唯有厚德之人有资格躬身行礼，并享有礼所赋予的权力、利益。相反，如果学礼者缺乏必要的道德修养，而只是冀望于攫取权力、利益，那将是非常危险的事情。原因在于周礼是宗周社会关系的产物，随着社会结构的解体，周礼名实的错位只是时间问题。在以道德为主要社会控制力的背景下，人们竞相"争名"以求"夺利"便是事之常理。战国儒者以《诗》《书》发冢、宋人因毁瘠得官一类现象正是周礼崩溃引起道德危机的典型表现。

平王东迁之后，宗周礼乐摧枯拉朽般解体，周礼名实严重分离。上文提到子太叔强调"仪""礼"之辨，目的虽在提醒人们切勿混乱名实、本末倒置，却恰好反映了当时社会名实紊乱的事实。与此有关的另一则例子见于《左传》昭公五年："（鲁昭）公如晋，自郊劳至于赠贿无失礼。晋侯谓女叔齐曰：'鲁侯不亦善于礼乎？'对曰：'鲁侯焉知礼。'公曰：'何为？自郊劳至于赠贿礼无违者，何故不知？'对曰：'是仪也，不可谓礼。礼所以守其国，行其政令，无失其民者也……礼之本末将于此乎在？而屑屑焉习仪，以亟言善于礼，不亦远乎？'"鲁昭公在位之时，政权已完全落入季氏为首的三桓之手，昭公本人亦最终为权臣所出、客死异国。昭公生前既无大德也无实权，而其生平屑屑所为者只是周礼的名而已，这反映了旧贵族对周礼之名的无可奈何和迷恋。

在周礼流于形式的情况下，时人多表达了对名实之乱的强烈不满。《论语·阳货》载："子曰：'礼云礼云，玉帛云乎哉？乐云乐云，钟鼓云乎哉？'"《雍也》载："子曰：'觚不觚，觚哉觚哉！'"也是出于同样的原因，如何有效地维护周礼之名在当时就显得尤为重要。《八佾》说："子贡欲去告朔之饩羊。子曰：'赐也，尔爱其羊，我爱其礼。'"《礼记·哀公问》也说："今之君子，好实无厌，淫德不倦，荒怠敖慢，固民是尽，午其众以伐有道，求得当欲，不以其所……今之君子莫为礼也。"正是因为意识到合理名实关系对于解决政治问题的重要价值，因而孔子高度重视"正名"，强调"必也正名乎"。（《论语·子路》）为"正名"，战国时期的荀子甚至提出用暴力手段惩治变乱名实者的极端主张："故析辞擅作名，以乱正名，使民疑惑，民多辩讼则谓之大奸，其罪犹为符节度量之罪也。故民莫敢为奇辞以乱正名。"（《荀子·正名》）

然而历史证明社会问题不可能通过正名的方式得到解决。与孔子关于周代历史大势的概括相一致，诸侯、大夫、家臣先后成为周礼名实分离的最大受益者，同时也成为道德虚伪的主要体现者。战国时期，道德虚伪之风进一步盛行，儒者"古言古服"而无道德之实者已不在少数。《墨子·非儒下》说："儒者曰：君子必服古言，然后仁。"《公孟》也说："公孟子曰：君子必古言服，然后仁。"墨子对此加以尖锐批评，并指出古言古服只是礼的名，仁之与否"不在古服与古言矣"。《庄子·田子方》曾以"鲁少儒"的寓言给予讽刺。实际上，由战国儒者的虚伪化可以看出，东周的道德虚伪已发展到无以复加的程度，传统的伦理价值观也走到彻底崩溃的边缘。这是一个新旧道德交替的时期。综上所述，东周时期的道德虚伪在本质上乃是传统伦理价值观趋于衰落的重要表现，它的产生与周代礼乐文化的内在结构紧密相关。实际上，正是周礼名实关系的特殊性，使得礼乐文化下道德的衰落以"道德虚伪"的独特形式表现出来。

第四节　礼乐兴衰与中国古代相人术流变

人类的相貌仪态不仅秉承生物遗传的因素，更是个体接受文化习染、实现社会化的自然结果，所以它除具有生理学内涵之外，也代表一定的文化意义。在人类早期历史上，不少理论家、实践者就试图通过个体相貌仪态的观察判断性格品质、预测吉凶休咎，从而形成相人术的前身。[①] 不少学者正确地指出，古代相人术出现于东周时期，战国秦汉之后出现理论化的趋势，并逐渐走向成熟。有学者试图从认识论角度揭示相人术兴起的原因，即认为早期人类缺乏征服和解释自然的足够能力，因而相信一切均由

[①] 公元前4世纪，希腊哲学家亚里士多德曾撰写过《形象学》，讲述如何从人的相貌、体型、姿态、手型、头发颜色等特征推断人的性格。中国流传至今的最早一部相人术著作《相书》是汉代相术家许负的作品，这部书的内容涉及从头到脚的看相方法，从中可以看到古人基本的相术理论。

"命定",遂试图从相貌仪态等因素窥测"天命",解释和把握现实。这种解释糅合西方古典进化论和心理学理论在内,对于我们理解人类文化的共性无疑具有一定参考价值,但在分析具体文化案例时还需结合特定的文化背景加以考量,否则有关结论就可能背离中国历史的实际。比如说,在人类认识能力相对低下的夏商周时期,我们几乎看不到相人术的踪影(其中当然不排除有文献不足等因素的影响);相反在天命思想并不浓厚的东周社会,却开始普遍出现相人术。再比如,秦汉之后民众的天命观念未必日渐强烈,但相人术却获得日盛一日的重要发展。凡此种种,均表明要正确理解古代相人术的发展演变规则,就不能仅仅依据人类学的进化理论本身,而应深入中国文化的内部寻找答案。

在研习先秦史料的过程中,笔者初步意识到:中国上古时期的相人术酝酿于三代礼乐文化的大背景之下,而在礼乐文化衰落的情况下才获得实质性发展;相人术与礼乐文化之间存在着密切的联系,割裂或无视这种联系的话,上古相人术的来源及本质等问题就难以得到正解。

一 礼乐文化与礼容训练

与世界其他国家和地区早期文明强调宗教或法治的重要性有所不同,礼乐(或礼制)文化在中国古代尤其是夏商周历史上曾长期占据主导地位。按照春秋时期人们的一般看法,三代礼乐在内容和特点方面虽然存在"损益"关系,但其重要性和本质却并无不同。《论语·为政》孔子曰:"殷因于夏礼,所损益,可知也;周因于殷礼,所损益,可知也。其或继周者,虽百世可知也。"在礼乐文化的承袭演变方面,殷商继承于夏礼,姬周继承于殷商,其中礼乐的精神一以贯之。类似的言论也出现在《礼记·礼器》中:"三代之礼,一也。民共由之,或素或青,夏造殷因。"近代以来,礼乐在三代社会与文化史上的统治性地位也得到不少学者的肯定,这就是不少学者都将夏商周文化的基本特征概括为"礼乐文明""礼乐文化"或"礼乐制度"的原因。[1]

礼乐之所以能够在较长历史时期内有效维系和协调着社会秩序的正常运行,与其自身结构及运行机制相关。如前所述,从结构上而言,典型意义上的礼乐由权利、道德、仪节三项因素构成,其中权利和道德是礼乐的

---

[1] 相关著作包括杨向奎《宗周社会与礼乐文明》,人民出版社 1992 年版;谢谦《中国古代宗教与礼乐文化》,四川人民出版社 1996 年版;杨华《先秦礼乐文化》,湖北教育出版社 1996 年版;张岩《从部落文明到礼乐制度》,上海三联书店 2004 年版。

内容，仪节是礼乐的表现形式。礼乐文化的运作机制，在于以车马器服、仪仗容貌、进退揖让、举手投足等仪节为标识而区分不同的权利阶层，并将它们与行礼者个体的道德修养建立一一对应关系。按照礼乐文化的逻辑，仪节可以反映出个体的道德素养，而道德素养是一个人享有政治权利的必要条件。关于这个道路，儒家后学有十分精辟的论述。如《荀子·富国》说："礼者，贵贱有等，长幼有差，贫富轻重皆有称者也……德必称位，位必称禄，禄必称用。"《礼记·中庸》也说："子曰：'虽有其位，苟无其德，不敢作礼乐焉；虽有其德，苟无其位，亦不敢作礼乐焉。'"可见在古人看来，一个人的仪节、道德与权利之间应该具有对应和匹配关系。

礼容是人们在行礼过程中所表现出的种种肢体动作和语言行为，也是仪节的重要构成部分。按照《礼记》的说法，礼容又可细化为"行容""足容""手容""目容""口容""声容""头容""气容""立容""色容"等"十容"[1]。礼容并不纯粹由先天而来，也不像车马器服由他人馈赠赏赐，而是需通过后天的特殊训练才能养成。在礼乐文明政治体制下，理想化的优秀统治者必须具备良好的道德修养，而这又需通过他的礼容加以鉴别和制约。[2]《诗·鄘风·相鼠》云："相鼠有皮，人而无仪。人而无仪。不死何为。相鼠有齿，人而无止。人而无止，不死何俟。相鼠有体，人而无礼。人而无礼，胡不遄死。"礼乐教化的本质，就在于通过贯彻终身的礼容训练和行礼实践提升人们的道德修养，强化人们尊崇道德权利的价值观念，进而约束每个行礼者的行为。

上引《礼记》"十容"之说是战国秦汉时期的礼学家对三代礼乐进行理论化总结的成果，涉及足、手、目、口、声、头、气、立、色诸项，举凡个体的周旋揖让、坐立俯仰、面容神态、言语声音等均属此类，可谓不胜其烦。为尽可能简单地说明古人如何从细节上着手培养人们的行礼习

---

[1]《礼记·玉藻》："凡行容惕惕，庙中齐齐，朝庭济济翔翔。君子之容舒迟，见所尊者齐遫。足容重，手容恭，目容端，口容止，声容静，头容直，气容肃，立容德，色容庄，坐如尸。燕居告温温。"子曰："君子不失足于人，不失色于人，不失口于人，是故君子貌足畏也，色足惮也，言足信也。"

[2] 三代贤明大多被塑造为具有形象光辉和高尚道德者，应是受礼乐文化这一观念影响的结果。如《礼记·中庸》孔子曰："舜其大孝也与! 德为圣人，尊为天子，富有四海之内，宗庙飨之，子孙保之。故大德必得其位，必得其禄，必得其名，必得其寿。故天之生物，必因其材而笃焉。故栽者培之，倾者覆之。《诗》曰：'嘉乐君子，宪宪令德。宜民宜人，受禄于天。保佑命之，自天申之。'"

惯，本书将礼容概括为举止、面容及语言三项略加考述。①

礼乐文化意义下的举止，包括站、坐、行、卧等行为仪态。《礼记》："坐如尸，立如齐（斋）。""坐必安。"是说坐者应正襟危坐，如祭祀时的尸主；立者应肃穆庄严，如斋戒者。"为人子者，居不主奥，坐不中席，行不中道，立不中门。"这是因为家庭中有父母等尊长，尊贵之处应由尊长居之，子女在日常生活中要避开这些地方，以体现孝道。"孝子如执玉，如奉盈，洞洞属属然如弗胜，如将失之。严威俨恪，非所以事亲也，成人之道也。""登城不指。""车上不广欬、不妄指。"《论语·乡党》："车中……不亲指。"盖无端手指，容易引发他人的误解或不安。在堂上所处位置不同、行为不同，则仪节有别："帷薄之外不趋，堂上不趋，执玉不趋。堂上接武，堂下布武。堂中不翔。并坐不横肱。授立不跪，授坐不立。"《论语·乡党》："寝不尸，居不客。"清洁室内卫生时，要注意敬重长者："凡为长者粪之礼：必加帚于箕上，以袂拘而退，其尘不及长者；以箕自乡而扱之。"在父母舅姑之所，子女儿媳要特别留意自己的行为，"进退周旋慎齐，升降出入揖游，不敢哕噫、嚏咳、欠伸、跛倚……不敢唾洟，寒不敢袭，痒不敢搔，不有敬事，不敢袒裼，不涉不撅，亵衣衾不见里。"（《内则》）侍坐于所尊敬者，如何就位、何时起身，均有规定："侍坐于所尊敬，毋余席，见同等不起。烛至，起，食至，起；上客，起。烛不见跋。""侍坐于长者，屦不上于堂，解屦不敢当阶。就屦，跪而举之，屏于侧。乡长者而屦，跪而迁屦，俯而纳屦。离坐离立，毋往参焉；离立者，不出中间。"与他人交往，在倾听、应对、坐立等方面，也须多加留意："毋侧听，毋噭应……毋怠荒。游毋倨，立毋跛，坐毋箕，寝毋伏。敛发毋髢，冠毋免，劳毋袒，暑毋褰裳。"遭遇非常状态（如亲人、君主疾病或丧事）时，仪态当哀伤肃穆："父母有疾，冠者不栉，行不翔……琴瑟不御，食肉不至变味……疾止复故。有忧者侧席而坐，有丧者专席而坐。"有忧者是指父母患病者。据《礼记·乐记》，亲人去世与既殡后，仪态均以悲哀为主，但细节略有不同："始死，充充如有穷；既殡，瞿瞿如有求而弗至。练而慨然，祥而廓然。"客人的仪态，要以谦恭为主："入户……毋践屦，毋踏席，抠衣趋隅。必慎唯诺。""主人与客让登，主人先登。客从之。""若非饮食之客，则布席，席间函丈。主人跪正席，客

---

① 《礼记·冠义》："礼义之始，在于正容体、齐颜色、顺辞令。容体正、颜色齐、辞令顺，而后礼义备，以正君臣、亲父子、和长幼。"这是将礼容区分为容体、颜色、辞令三者，本书所谓举止、面容、语言略与三者相当。

跪抚席而辞。客彻重席,主人固辞。客践席,乃坐。主人不问,客不先举。将即席,客毋怍。"祭祀之日,"孝子……行必恐,如惧不及爱然。"行为戒惧者,唯恐于礼疏忽。对于受教者而言,也要以特定的举止侍奉先生:"童子……立必正方,不倾听。长者与之提携,则两手奉长者之手。""遭先生于道,趋而进,正立拱手。""先生书策琴瑟在前,坐而迁之,戒勿越。"在不同场合下,应以不同方式携带物体,以代表不同的文化内涵:"执天子之器,则上衡;国君,则平衡;大夫,则绥之;士则提之。凡执主器,执轻如不克。执主器,操币圭璧,则尚左手。行不举足,车轮曳踵,立则磬折,垂佩。主佩倚,则臣佩垂;主佩垂,则臣佩委。执玉,其有藉者则裼,无藉者袭。""执玉、执龟策不趋,堂上不趋,城上不趋。武车不式。介者不拜。"(《少仪》)另外,身份不同,仪态也应有别:"天子穆穆,诸侯皇皇,大夫济济,士跄跄,庶人僬僬。"(《曲礼下》)君主面前,贵族的仪态尤须讲究:"凡侍于君,绅垂,足如履齐,颐霤垂拱。""士大夫出入君门,由闑右,不践阈。""君与尸行接武,大夫继武,士中武,徐趋皆用是。疾趋则欲发而手足毋移。圈豚行不举足,齐如流,席上亦然。端行,颐霤如矢;弁行,剡剡起屦;执龟玉,举前曳踵,蹜蹜如也。"《论语·乡党》:"君在,踧踖如也,与与如也。"《论语·乡党》:"君召使摈……足躩如也。……趋进,翼如也。""入公门,鞠躬如也,如不容。立不中门,行不履阈。"

在礼乐文化的社会背景下,行礼者目、口、气、色的状态也被赋予丰富的文化内涵,人们的一颦一笑均有深意存焉,不恰当的神情轻则被责以不识礼数,重则会引起他人的鄙夷唾弃。孟子认为君子所贵者三,其中即有"动容貌""正颜色"。《论语·乡党》:"君召使摈,色勃如也。"《论语·乡党》:"有盛馔,必变色而作。迅雷风烈必变。""车中,不内顾,不疾言。"《礼记·曲礼上》:"为人子者……不苟訾,不苟笑。"是说为人子者不能在人后诋毁贤者、不能随意发笑,以免因自己的行为而给父母带来侮辱。"毋不敬,俨若思。"神态要恭敬严肃、沉静安详,就像陷入沉思一样。"听必恭。"倾听他人说话时,态度要恭敬。"从长者而上丘陵,则必乡长者所视。"随长者出行时应以长者为主,以表示对长辈的尊重。"城上不呼。"以防止引起不必要的误解。在祭祀、居丧、军事等不同场合,参与者的面容神态往往俨然有别:"凡祭,容貌颜色如见所祭者。丧容累累,色容颠颠,视容瞿瞿梅梅,言容茧茧。戎容暨暨,言语谘谘,色容厉肃,视容清明。立容辨卑,毋谄,头颈必中。山立,时行,盛气颠实,扬休,玉色。"(《玉藻》)参加丧礼者同样需要遵守严格的规定:"临丧不笑。揖人必违其位。望柩不歌。入临不翔。当食不叹。""临丧则必有哀色，执绋不笑。临乐不叹。介胄则有不可犯之色。故君子戒慎，不失色于人。"父母有疾，"饮酒不至变貌，笑不至矧"，饮酒失态、笑露齿龈，均有悖丧礼规定。这方面的例证有高子皋："高子皋之执亲之丧也，泣血三年，未尝见齿，君子以为难。"（《檀弓下》）祭礼在周礼中属吉礼，行礼者的面部仪态应恭敬温婉："孝子之祭……已撤而退，敬齐之色不绝于面。……孝子之有深爱者……必有愉色……必有婉容。""孝子……及祭之日，颜色必温……其奠之也，容貌必温。"（《祭义》）日常居处，君子要"执尔颜"，"正尔容"，即注意面部表情。再看目光：在父母公婆的居处，子女儿媳不得"睇视"，郑玄注："睇，倾视也。"这是因为斜视带有不恭的意味，有悖孝道。乘车时，"立视五巂，式视马尾，顾不过毂。""将入户，视必下。入户奉扃，视瞻毋回。"此即《论语·颜渊》所谓"非礼勿视"。《礼记》："毋淫视。"（《曲礼上》）眼光应有所专注，而不能游移不定。拜见不同级别的贵族时，目光所及范围高度各不相同："天子视不上于袷，不下于带。国君绥视。大夫衡视。士视五步。"（《檀弓上》）"凡侍于君……视下而听上，视带以及袷，听乡任左。"这是由于身份尊卑所致。

在礼乐社会中，言谈的方式、内容、时机把握等也成为关系礼仪得失的大事。《荀子·大略》说："言语之美，穆穆皇皇。"是说言谈的优美，在于谦恭、和气、文雅。《礼记》："安定辞。"是说言谈用辞要审慎和气，从容不迫。孟子认为君子所贵者三，其中就包括"出辞气"，即讲究言辞语调。在父母、先生等长者之前，言谈要有节制，不能率尔操之："在父母舅姑之所，有命之，应唯，敬对。"听到父亲的召唤，应迅速恭敬地响应，不能懈怠："父召，无诺；先生召，无诺。唯而起。"晚辈不能打断长者的谈话，贸然抢言："长者不及，毋儳言。""侍坐于先生，先生问焉，终则对。"也不能剿袭他人言论以为己有："毋剿说，毋雷同，必则古昔，称先王。"以上几点与《论语·季氏》所载相同："侍坐于君子有三愆：言未及之而言谓之躁，言及之而不言谓之隐，未见颜色而言谓之瞽。"《论语·乡党》："食不语，寝不言。"父母遭遇疾病时，子女言论不能怠惰，生气时不能责骂他人："父母有疾，言不惰……怒不至詈。"跟随先生出行时，言论也有一定规范："从于先生，不越路而与人言。""遭先生于道……先生与之言，则对，不与之言，则趋而退。"《仪礼·士相见礼》："与君言，言使臣；与大夫言，言事君；与老者言，言使弟子；与幼者言，言孝弟于父兄；与众言，言忠信慈祥；与居官者言，言忠信。"春秋时期，礼乐虽然已经出现衰落迹象，但不少贵族仍十分重视辞令在交际活动中的作用。《国语·周语下》说晋悼公："言敬必及天，言忠必及意，言信必及身，言仁必及人，言义必及利，言智必及事，言勇必及制，言教必及辩，言孝必及神，言惠必及和，言让必及敌。"是说悼公言论处处符合礼的要求。《论语·里仁》："古者言之不出，耻躬之不逮也。""君子欲讷于言而敏于行。"《论语·八佾》说孔子入太庙，每事问，或曰："孰谓鄹人之子知礼乎？入太庙，每事问。"子闻之，曰："是礼也。"盖宗庙之礼不能自专，每事必问是表示谦恭，自然更符合礼的要求。《论语·乡党》："孔子于乡党，恂恂如也，似不能言者；其在宗庙朝廷，便便言，唯谨尔；朝，与下大夫言，侃侃如也；与上大夫言，誾誾如也。"《论语·乡党》："入公门……过位……其言似不足者。"这是说在不同的场合中，针对不同的谈话对象，行礼者发表言论的态度和方式自应有所差异，否则便为失礼。

礼容给古人带来的影响是实实在在的。《礼记·檀弓下》记载说，季孙之母死，哀公前来吊唁，孔子的弟子曾子和子贡也来吊唁。由于国君在内，守门人不让二人进门，"曾子与子贡入于其厩而修容焉。子贡先入……曾子后入，阍人辟之。涉内霤，卿大夫皆辟位，公降一等而揖之。"君子评论这件事说："尽饰之道，斯其行者远矣。"恰当的仪容足以为当事人赢得尊严和荣耀，相反，不恰当的仪容则会带来相反的后果。《左传》载昭公十六年二月，晋韩起聘于郑，郑伯享之。子产戒曰："苟有位于朝，无有不共恪。"孔张后到，站在客人中间，典礼者挡住他，孔张又到客人后边，典礼者又挡住他，他只好到悬挂乐器的间隙中待着。客人因此而笑他失礼。典礼结束后，富子批评子产说："夫大国之人，不可不慎也，几为之笑而不陵我？我皆有礼，夫犹鄙我。国而无礼，何以求荣？孔张失位，吾子之耻也。"这是礼容不当几乎给国家外交带来严重不良影响的一个生动案例。

二　礼坏乐崩与相人术之兴起

（一）礼坏乐崩引起礼容的工具化

东周时期，伴随日渐剧烈的政治军事斗争，统治阶层内部的权利分配发生显著变化，旧贵族逐渐衰落、新贵族相应兴起，成为普遍现象；失势的旧贵族在礼乐活动方面也渐渐失去原有的严肃性，以至在物质条件方面捉襟见肘、难以为继，不能应付庞大的礼乐活动开支；新贵族中的情形则恰恰相反。正因为如此，春秋时期的礼乐文化进入一个新阶段，政治、社会生活的各个领域出现礼乐遭遇破坏的现象，这就是东周时期所谓的"礼坏乐崩"。礼坏乐崩不是礼乐文化的局部调适或变化，它意味着一种社会秩序的崩溃，给东周时期的人们带来深刻而重要的影响。《左传》昭公三年叔向与晏婴论晋齐之季世：

> 叔向曰："齐其何如？"晏子曰："……齐其为陈氏矣！公弃其民，而归于陈氏……箕伯、直柄、虞遂、伯戏，其相胡公、大姬，已在齐矣。"叔向曰："然。虽吾公室，今亦季世也。戎马不驾，卿无军行，公乘无人，卒列无长……栾、郤、胥、原、狐、续、庆、伯，降在皂隶……以乐慆忧。公室之卑，其何日之有？"……叔向曰："晋之公族尽矣……肸之宗十一族，唯羊舌氏在而已……公室无度，幸而得死，岂其获祀？"

原先享有尊贵礼乐仪节的贵族渐渐丧失以往与之相称的富贵尊严，"降在皂隶"者不在少数。这种情况不仅存在于齐、晋两国，在"礼仪之邦"的鲁国也极为典型。《左传》昭公三十二年载鲁昭公被大夫季氏驱逐出国，死在国外，晋赵简子问史墨："季氏出其君，而民服焉？"史墨说："鲁君世从其失，季氏世修其勤，民忘君矣，虽死于外，其谁矜之？社稷无常奉，君臣无常位，自古以然。故《诗》曰：'高岸为谷，深谷为陵。'三后之姓，于今为庶。"历史上曾盛极一时的诸多政治群体在权利斗争中败下阵来，丧失昔日的荣光，而在时人的心目中，地位升降已成天经地义，权利移易也不再被认为石破天惊的大事。

政治、经济实力的升降自然而然地折射到礼乐领域。春秋时期的旧贵族多疏于礼乐修养，包括国君、大夫在内的许多贵族不了解礼乐的精髓，原有仪节的维持已变得越来越困难，礼乐也随之流于形式。《左传》昭公五年载昭公自郊劳至赠贿，无失礼，或以为昭公知礼，唯有女叔齐反对说："是仪也，不可谓礼。礼所以守其国，行其政令，无失其民者也。"如前所说，礼乐的本质在于通过仪节养成道德、维护权利、拥有民众，鲁昭公在国内屡遭三桓排挤，已久失民心，诸侯高位也名存实亡。尽管他能在外交场合娴于礼容仪节，却与礼乐的精神并不吻合。同样的例证还见于《左传》昭公二十五年，子大叔见赵简子，简子问"揖让周旋之礼"，子太叔曰："是仪也，不可谓礼。礼，上下之纪，天地之经纬，民之所以生也。"所谓"揖让周旋之礼"，显然就是上文所述种种仪容。可见当时的贵族阶层中大量存在徒行礼容，丧失道德权利的现象。

与此同时，斗争中的成功者攫取财富和权力，但他们却没有相应的仪节作为保障，因此势必巧取豪夺、软硬兼施，博取仪节、伪饰礼容。这类事件最晚从春秋时期既已频繁发生。《左传》僖公二十五年说晋文公朝见周天子，并向周王请求一种称为"隧"的仪节，周王不许，而与之阳樊、温、原、攒茅之田。（又见《国语·晋语四》）晋文公"请隧"乃是试图得到一种天子礼器的使用权。①《左传》宣公三年楚子问鼎之大小轻重，得到的回答是："周德虽衰，天命未改，鼎之轻重，未可问也。"盖东周以降，周天子的权利地位虽今非昔比，但他仍深知紧握"王章"最后这根救命稻草的重要意义。僭越礼乐仪节的案例不仅存在于周王室与诸侯之间，也同样出现在晋、楚、鲁、卫诸侯国中。《左传》襄公三十一年说楚国的令尹围效仿其君主威仪，被北宫文子评价为："令尹无威仪，民无则焉。民所不则，以在民上，不可以终。"所谓"无威仪"，其实是指"威仪"不合礼制，而不似人臣、僭越君主。鲁国是保存周代礼乐文化最为完整的诸侯，"三桓"原为国之栋梁的大夫阶层，然而也正是因为他们最了解仪节对于权利的特殊意义，因此随着其势力的坐大，他们在僭越礼乐仪仗、觊觎公室权力方面走得比许多国家的大夫更为极端。《论语·八佾》说季氏八佾舞于庭，孔子气愤地指责道："是可忍，孰不可忍？"同篇又说："三家者以雍彻。子曰：'相维辟公，天子穆穆'，奚取于三家之堂？"三家是指鲁大夫孟孙、叔孙、季孙。天子宗庙之祭则歌《雍》以彻，三家僭用天子礼乐，故而孔子以为大谬不然。另外，"季氏旅于泰山"，孔子责冉有以"弗能救"。季氏"八佾舞于庭""以雍彻""旅于泰山"，是明目张胆僭越仪节的行为。与晋文公的情况不同，卫人仲叔于奚请求诸侯仪节的举动获得成功。《左传》成公二年载卫新筑大夫仲叔于奚建立战功，"既，卫人赏之以邑，辞。请曲县、繁缨以朝，许之。"孔子得知之后十分遗憾，说道："惜也，不如多与之邑。唯器与名，不可以假人，君之所司也。名以出信，信以守器，器以藏礼，礼以行义，义以生利，利以平民，政之大节也。若以假人，与人政也。政亡，则国家从之，弗可止也已。"曲县、繁缨属诸侯礼，仲叔于奚请赏越制，难怪遭到孔子的非议。

礼坏乐崩造成的现实后果是有威仪者无权力、有权力者无威仪，从礼乐自身结构角度而言则表现为形式（仪节）与内容（道德、权力）的背离，即所谓名实分离。② 应如何解决礼乐文化愈演愈烈的名实分离问题？儒家意识到仪节得失关系权力有无，这是春秋时期许多贵族坚持追求和博

---

① 参见常金仓《晋侯请隧新解》，《山西师大学报》1988 年第 4 期。
② 参见李景林《正德性与兴礼乐——孔子正名思想的理论内涵及其方法学意义》，《北京师范大学学报》2011 年第 3 期。

取本不属于自己的仪节的原因，因此着力通过复兴礼乐（"复礼"）维护现实秩序。儒家认为"复礼"的关键在于"正名"，即理顺礼乐的名实关系。《论语》一书两次提到"名实"问题，均与礼乐相关。《子路》云："名不正，则言不顺；言不顺，则事不成；事不成，则礼乐不兴；礼乐不兴，则刑罚不中；刑罚不中，则民无所措手足。"所谓正名，实际上就是严格审查礼乐的内容与形式间的关系以使名实相符。《颜渊》齐景公问政于孔子。孔子对曰："君君，臣臣，父父，子子。"公曰："善哉！信如君不君，臣不臣，父不父，子不子，虽有粟，吾得而食诸？"在孔子看来，只有端正名实才能从源头上遏制乱臣贼子的不法行为。孔子汲汲于推动"正名"之事，尽管他清楚春秋时期的许多礼乐已经丧失本质，流于形式，如《论语·阳货》所谓"礼云礼云，玉帛云乎哉？乐云乐云，钟鼓云乎哉？"问题在于，礼乐文化的结构与运行机制决定了它不能离开仪节而独存，故子贡欲去告朔之饩羊，孔子应之以"尔爱其羊，我爱其礼"，并提出"以旧礼为无所用而去之者，必有乱患"（《大戴礼记·礼察》），反对轻易地变乱旧礼、混淆名实。

问题在于，尽管有儒家正名之类的积极努力，但礼坏乐崩的趋势并未因此而有所改变。相反地，随着时间的推移，礼乐解体的程度愈加剧烈，贵族新旧陵替也更加频繁。① 战国时期，新贵对礼乐的僭越由较为温和的"巧取"变为暴力式的"豪夺"，礼乐的异化过程至此彻底完成，典型意义下的礼乐文明则完全瓦解。《庄子·盗跖》说圣、勇、义、知（智）、仁五者本来是用于防备盗贼的，却反被他们作为为非作歹的工具，原因就在于这些传统的仁义道德都被盗贼窃取：

> 为之斗斛以量之，则并与斗斛而窃之；为之权衡以称之，则并与权衡而窃之；为之符玺以信之，则并与符玺而窃之；为之仁义以矫之，则并与仁义而窃之。何以知其然邪？彼窃钩者诛，窃国者为诸侯，诸侯之门而仁义存焉。则是非窃仁义圣知邪？故逐于大盗，揭诸侯，窃仁义并斗斛权衡符玺之利者，虽有轩冕之赏弗能劝，斧钺之威弗能禁。此重利盗跖而使不可禁者，是乃圣人之过也。

---

① 《孟子·滕文公下》也曾描述士失位后的状况："士之失位也，犹诸侯之失国家也……惟士无田，则亦不祭，牲杀、器皿、衣服不备，不敢以祭，则不敢以宴，亦不足吊乎？"士与庶人间的升降转化关系，也见于《荀子·王制》："虽王公士大夫之子孙也，不能属于礼义则归之庶人；虽庶人之子孙也，积文学，正身行，能属于礼义，则归之卿相士大夫。"

"彼窃钩者诛,窃国者为诸侯,诸侯之门而仁义存焉",深刻揭示出当时真正的盗贼其实是窃取国家权力的昏君乱主。《庄子·胠箧》也说,世人只知束紧袋囊绳索、加固小箱环扣以防盗贼,然而大盗却会举起小箱、担起囊袋,连同绳索环扣一同偷走,还唯恐绳索环扣不够结实!在统治者粉饰仁义、欺世盗名的同时,礼乐文化的忠实传承者儒家学者中也出现普遍的仪节工具化现象。①

一个颇具讽刺意味的现象是,新贵族对于他们曾孜孜以求的礼乐其实既不理解也无兴趣。以音乐为例,战国时期新兴诸侯感兴趣的乃是具有娱乐功能的郑卫之音、世俗之乐而已。《礼记·乐记》记载魏文侯问子夏的一段话:"吾端冕而听古乐,则唯恐卧;听郑卫之音,则不知倦。敢问古乐之如彼何也,新乐之如此何也?"无独有偶,《孟子·梁惠王下》载孟子见齐宣王,宣王也坦承:"寡人非能好先王之乐也,直好世俗之乐耳。"为攘夺权力,贵族汲汲于僭越礼乐、伪饰仪容,其结果却是更大程度地造成礼乐的破坏,形式主义兴起与礼乐衰落成为同步发生的两种重要社会现象。一方面礼乐遭到歪曲,另一方面仪节得到空前绝后的重视,历史似乎和人们开了一个玩笑,但这种看似荒唐的文化现象中恰好隐含着晚周相人术迅速崛起的深刻原因。

(二)两种不同的相人术

1. "淑人君子,其仪不忒":仪容与道德

受礼乐文化的影响,通过仪容判断个体的道德修养可以说是中国上古最早的相人术之一。礼乐文化既规定个体礼容的方方面面,同时也使人们养成通过礼容判断个体修养的思维模式。在西周至春秋时期的不少文献中,对一个人的正面描写往往由相貌开始,对其负面的评判也不例外。后世典型意义下的相人术中兼理性与非理性、评判与预测的多种成分,而礼乐文化背景下的这类道德评判往往带有较强的理性主义色彩,在某种意义上可以视为古代相人术的雏形。

通过仪容判断一个人道德境界的状况,这在春秋时期已经颇为流行。《诗经》以文学的手法刻画了不少人们理想中的君子形象。《曹风·鸤鸠》

---

① 《庄子·外物》说:"儒以《诗》、《礼》发冢,大儒胪传曰:'东方作矣!事之何若?'小儒曰:'未解裙襦,口中有珠。'《诗》固有之曰:'青青之麦,生于陵陂;生不布施,死何含珠为?'接其鬓,压其颥,儒以金椎控其颐,徐别其颊,无伤口中珠。"《诗》《书》是礼乐文化的载体,儒家是礼乐文化的继承和传播者,然而两者在此时却与掘人坟墓、窃人财物之类的勾当牵扯在一起。这则寓言通过一些儒生日习圣贤之书、口颂仁义之辞,身行不道之事等言行背离的事实揭示出礼乐在战国中期空前虚伪化的严峻事实。

云:"淑人君子,其仪一兮。其仪一兮,心如结兮……淑人君子,其仪不忒。其仪不忒,正是四国。"诗歌以仪表堂堂、内外如一作为君子贤人的判断标准。《大雅·抑》说:"抑抑威仪,维德之隅……有觉德行,四国顺之……敬慎威仪,维民之则。"这是通过仪容庄严推断出一个人的德行高尚,并将其树立为民众学习的榜样。同篇又说:"慎尔出话,敬尔威仪,无不柔嘉。……淑慎尔止,不愆于仪……温温恭人,维德之基。"在时人眼中,一个人是正人君子还是卑鄙小人,完全可以从他的言论、举止、行为上得到反映。《大雅·民劳》:"敬慎威仪,以近有德。"《瞻卬》:"不吊不祥,威仪不类。"《大雅·假乐》中赞美周王是"威仪抑抑,德音秩秩"。《仪礼·士冠礼》:"敬尔威仪,淑慎尔德。"将礼容修饰和道德修养并提,因为古人认为两者本来就是相统一的。《周语下》称晋周"视无还",是说晋周礼容端庄、内心周正。《国语·周语下》说晋孙谈之子周适周,事单襄公,"立无跛"。这些例证中都提到道德修养与仪表之间的内在联系:仪表堂堂者往往道德高尚,具有君子风范。好的仪容不但显示一个人的身份地位风度,还象征着一个人的良好品质。

反之,如果一个人的形象不合仪礼要求,就从一个侧面折射出其道德修养之欠缺。柯陵之会上晋厉公"视远步高",表明其傲慢自大。此人后来在政治上果然出现严重问题。《左传》僖公十一年:"天王使召武公、内史过赐晋侯命,受玉惰。"惰即神情怠惰,说明晋惠公行礼时缺乏恭敬,此人后来在政治事件中遭遇失败。古人是如何通过仪容判断一个人的修养乃至前程的?《左传》襄公三十一年对此有一段生动的记载:

> 卫侯在楚,北宫文子见令尹围之威仪,言于卫侯曰:"令尹似君矣,将有他志。虽获其志,不能终也……"公曰:"子何以知之?"对曰:"《诗》云:'敬慎威仪,惟民之则。'令尹无威仪,民无则焉。民所不则,以在民上,不可以终。"公曰:"善哉!何谓威仪?"对曰:"有威而可畏谓之威,有仪而可象谓之仪。君有君之威仪,其臣畏而爱之,则而象之,故能有其国家,令闻长世。臣有臣之威仪,其下畏而爱之,故能守其官职,保族宜家。顺是以下皆如是,是以上下能相固也……故君子在位可畏,施舍可爱,进退可度,周旋可则,容止可观,作事可法,德行可象,声气可乐;动作有文,言语有章,以临其下,谓之有威仪也。"

是说包括君臣父子在内的各种身份的人都有其相应的仪容,这样才符合礼乐的要求。如果打破这种规则，下级僭越上级的仪容便会引起社会秩序的混乱，这就是孔子所批评的"君不君，臣不臣，父不父，子不子"。受礼乐文化思维模式的影响，古人多倾向于从礼容中窥测个体的内在信息。《论语·为政》子夏问孝，子曰："色难。"是说表情是内心的写照，由子女的表情即可反映出他（她）究竟是不是真心地孝敬父母。在礼乐文明的氛围中，威仪（礼乐的仪节）的确是人们衡量个人内在道德修养的重要依据。古人重视威仪，甚至动辄"以貌取人"，这是礼乐文化影响人们观念的自然结果。

儒家是周代礼乐文化的坚定拥护者和忠实继承者，他们谙熟礼乐机制，相信通过仪容足以判断一个人品行的良莠。《大戴礼记·少闲》甚至认为上古贤王的选拔便是以仪容作为标准："昔尧取人以状，舜取人以色，禹取人以言，汤取人以声，文王取人以度。"这种说法未必真有历史依据，但至少表明东周时期的儒家对于仪容相术颇为崇信。孔子等人就颇善于从一个人的仪容判断其道德修养甚至发展前景。《论语·学而》引孔子语曰："巧言令色，鲜矣仁。"同书《子路》也说："刚、毅、木、讷，近仁。"《颜渊》司马牛问仁，孔子曰："仁者，其言也讱。"牛曰："其言也讱，斯谓之仁也乎？"子曰："为之难，言之能无讱乎？"讱，即言语迟钝。这是说善于言辞、表情机巧者往往缺乏仁德，而拙于言辞、表情呆板者则往往接近仁者的要求，因此可以从一个人的言谈、表情可以断言其道德修养状况。孔子也曾表示自己要见贤思齐，从仪容方面向仁者学习，如《论语·公冶长》云："巧言、令色、足恭，左丘明耻之，丘亦耻之。"不仅如此，仪容也被儒家用于预测个体命运。《论语·先进》说孔门弟子侍坐，仪容各有特色："闵子侍侧，訚訚如也；子路，行行如也；冉有、子贡，侃侃如也。子乐。'若由也者，不得其死然。'"是说闵子骞仪容恭敬正直，子路仪容刚强果敢，冉有、子贡仪容温和快乐。孔子由此判断子路将来可能不得善终，后来的情况表明孔子的预测是准确的。通过仪容判断人们的道德，这种做法一直持续到战国时期。孟子首次见到梁襄王时，就是通过他的外貌作出了一个大胆的判断："望之不似人君，就之而不见所畏焉。"赵岐注曰："望之无俨然之威仪也。……就与之言，无人君操秉之威，知其不足畏。"这是通过君主有无"威仪"判断其内在素养。《孟子·尽心下》也说："动容周旋中礼者，盛德之至也。"

值得注意的是，东周时期的不少礼乐文化鼓吹者一方面极力强调从仪容判断个体的内在修养，另一方面又似乎意识到其中可能存在的某种风险。《史记·仲尼弟子列传》载孔子语曰："吾以言取人，失之宰予，以貌取人，失之子羽。"宰予最初以言论而给孔子留下良好印象，但后来渐渐露出懒惰而缺乏仁德的本性，因此被孔子责以"朽木不可雕"。相反地，子羽（澹台灭明）的举止开始时给孔子的印象不佳，可后来的事实却表明他是一个品质不错的儒者。按照孔子此处的说法，单凭一个人的仪容就对其品质能力作出判断的做法似乎又并不可取，故而《论语·先进》孔子说："论笃是与，君子者乎？色庄者乎？"这表明儒家学者已经明确认识到并反思了仪容与道德之间的这种对应关系的可靠性。儒家为什么对由仪容判断道德的相人术持有两种完全不同的看法？在笔者看来，这仍与春秋战国时期礼乐文化逐渐衰落，仪容与道德之间发生错位有关。也就是说，在礼乐衰落、仪节工具化的情况下，有德者未必能恪守仪容，而无德者则善于伪饰容貌、欺世盗名。在这种情况下，人们要通过仪容甄别人格的优劣就变得越来越困难。[①] 然而相人术并未因此而被人们放弃，它相反还促使人们不断地丰富和发展了相人术。东周相人术非但没有随着礼乐的衰落而消失，倒随着礼乐衰落程度的增加而愈加得到丰富和发展。

2. "察相"与前程预测

按照内容和目标的不同，中国古代的相人术大致可以分为两种：第一种是通过仪容判断个体道德修养，这种相人术的原理就是礼乐文化的运行机制，因而具有较强的理性主义特征，孕育并盛行于礼乐文化的氛围之中，其例证已如上述；第二种是通过仪容预测个体的未来（包括政治前途和休咎），这种相人术具有非理性主义的特点。随着礼乐的衰落，典型礼乐文化逐渐退出上层民众的社会生活和观念世界，人们对道德的关注程度也逐渐下降。对于贵族来说，他们更关心的是政治斗争对自己权利沉浮的影响；对普通民众来说，他们更关心个体命运的休咎。就这样，以预测为内容和主旨的相人术在春秋战国时期得到迅速的发展，以下我们以《左传》等古籍所载东周相人术为例对此略加说明。

[①] 东周时期的人们不仅伪饰仪容，而且也试图通过穿着等方式获得他人认可。《礼记·儒行》鲁哀公问于孔子曰："夫子之服，其儒服与？"孔子对曰："丘少居鲁，衣逢掖之衣。长居宋，冠章甫之冠。丘闻之也：君子之学也博，其服也乡。丘不知儒服。"《墨子·非儒》："（孔子）繁登降之礼以示仪，务趋翔之节以观众。"《庄子·田子方》则说：庄子见鲁哀公。哀公曰："鲁多儒士，少为先生方者。"庄子曰："鲁少儒。"哀公曰："举鲁国而儒服，何谓少乎？"庄子曰："周闻之，儒者冠圜冠者，知天时；履句履者，知地形；缓佩玦者，事至而断。君子有其道，未必为其服也；为其服者，未必知其道也。公固以为不然，何不号于国中曰：'无此道而为此服者，其罪死。'"于是哀公号之五日，而鲁国无敢儒服者，独有一丈夫僻服而立乎公门。公即召而问以国事，千转万变而不穷。庄子曰："以鲁国而儒者一人耳，可谓多乎？"

东周时期以仪容预测个体前程，较多者仍根据礼乐文化的一般原理。如《左传》桓公九年载，曹国太子到鲁国朝见鲁君，鲁国待之以上卿之礼，"初献，乐终而叹。施父曰：'曹大子其有忧乎？非叹所也。'"按：周礼规定"当食不叹"，《左传》昭公二十八年也说："唯食忘忧。"当食而叹透露出此人内心忧郁，曹太子之父曹桓公果然于次年去世。桓公十三年春，楚国莫敖屈瑕伐罗，贵族斗伯比送之。还，谓其御曰："莫敖必败，举趾高，心不固矣！"周礼规定"行不举足"，莫敖步态高昂，反映出其内心的自大骄傲。其后莫敖屈瑕拒绝纳谏，刚愎自用，果然落得一个兵败自杀的悲惨结果。《左传》僖公十一年，"天王使召武公、内史过赐晋命，受玉惰"。过归，告王曰："晋侯其无后乎！王赐之命，而惰于受瑞，先自弃也已，其何继之有？"按照周礼规定，"执龟玉，举前曳踵，蹜蹜如也"，"执玉不趋"，"执玉，其有藉者则裼，无藉者袭"，"执天子之器，则上衡"，"天子视不上于袷，不下于带"，晋惠公懈怠礼容，预示着他藐视礼乐，失道寡助。《左传》成公六年春，郑伯如晋答谢往年结盟事宜，子游相礼，授玉于东楹之东。士贞伯曰："郑伯其死乎？自弃也已！视流而行速，不安其位，宜不能久。"按礼，晋、郑作为地位相当的国家应在两楹之间举行授玉之礼，由于郑国畏惧晋国霸主威势，竟在东楹之东举行此礼，且郑悼公神情慌张、步履仓促，与礼制要求相悖，是年六月，郑伯死。成公十四年："苦成叔家其亡乎！古之为享食也，以观威仪，省祸福也。……今夫子傲，取祸之道也。"昭公十一年说周大夫单子在诸侯盟会上"视下，言徐"，叔向断言其将死，理由是："会朝之言，必闻于表著之位，所以昭事序也。视不过结襘之中，所以道容貌也。言以定之，容貌以明之，失则有阙。今单子为王官伯而命事于会，视不登带，言不过步，貌不道容，而言不昭矣！不道不恭，不昭不从，无守气矣！"礼书说："天子视不上于袷，不下于带。"又说："凡视，上于面则敖，下于带则忧，倾则奸。"作为周天子的代表，单子目光低垂、声音细小，反映了他内有隐忧的情况。又定公十五年，邾隐公朝鲁，子贡见他"执玉高，其容仰"，而作为主人的鲁定公"受玉卑，其容俯"，遂断言两位君主或将死去或将逃亡，原因是："高、仰，骄也；卑、俯，替也。骄近乱，替近疾。"此后的事实证明果然如此。

《左传》文公元年载，楚子将以商臣为太子，访诸令尹子上。子上表示反对，其中一个原因就是商臣"蜂目而豺声，忍人也，不可立也"。服虔注云："言忍为不义。"眼神如蜂，声音似豺，这都不符合前述《礼记》关于君子"目容""声容"的规定。按照礼乐文化的要求，这样的寡德之人显然不符合太子人选的要求。楚成王没听从这个意见。后来果然如子上所料，成王立商臣后又想换立他人为太子，因机密泄露而遭商臣起兵夺权，最终被逼自尽。《左传》宣公四年追溯了一则关于楚越椒的相术："初，楚司马子良生子越椒。子文曰：'必杀之。是子也，熊虎之状而豺狼之声。弗杀，必灭若敖氏矣！谚曰"狼子野心"，是乃狼也，其可畜乎？'"文公九年也记载道："冬，楚子越椒来聘，执币傲。叔仲惠伯曰：'是必灭若敖氏之宗。傲其先君，神弗福也。'"诸侯聘礼是十分严肃的外交事务，子越椒竟然草率从事，态度傲慢，因此被认为凶兆。子越椒的傲慢给其家族带来祸患，若敖氏于宣公四年被楚所灭。

　　《左传》昭公二十八年载，叔向之子伯石出生时，叔向之母前往探望："及堂，闻其声而还，曰：'是豺狼之声也。狼子野心，非是，莫丧羊舌氏矣。'遂弗视。"按：伯石即杨食我，因参与祁盈之乱而于昭公二十八年被杀，羊舌氏因此灭族。类似的例证还见于《国语·晋语八》，其中说到叔向同母弟叔鱼（羊舌鲋）出生时，他的母亲根据其目、口、肩、腹等部分特征，对其品质和政治前程作出判断："叔鱼生，其母视之，曰：'是虎目而豕喙，鸢肩而牛腹，溪壑可盈，是不可餍也，必以贿死。'"此人后来任赞理，受雍子女而抑邢侯，为邢侯所杀。昭公二年记载说，宣子遂如齐纳币。见子雅。子雅召子旗，使见宣子。宣子曰："非保家之主也。不臣。"见子尾。子尾见强，宣子谓之如子旗。大夫多笑之，唯晏子信之，曰："夫子，君子也。君子有信，其有以知之矣。"

　　春秋之际是贵族地位变迁剧烈而频繁的时期，权利得失成为许多贵族担心的问题，这就是前引《左传》等文献都以个体未来政治前途为讨论重心的原因所在。战国时期，上层统治阶层的权利斗争已见分晓，旧贵族逐渐隐退，新贵族牢牢地占据历史舞台，双方已不再对权利的得失忧心忡忡。加之礼乐解构，礼乐已经退出传统官方文化领域，包括礼容在内的仪节渐渐渗入普通民众阶层。正因为如此，战国时期的相人术逐渐出现民间化的趋势，"相命的风气已从贵族阶层蔓延到民间，初步形成一种民俗"[①]。战国时期见诸史载的著名相术家为数颇众，其中如唐举、尉缭、平原君、邓通、条侯等人均有各自的相人经历。《史记·蔡泽列传》载，蔡泽者，燕人也。游学干诸侯小大甚众，不遇。而从唐举相，曰："吾闻先生相李兑，曰'百日之内持国秉'，有之乎？"曰："有之。"曰："若臣者何如？"

---

① 陈兴仁：《神秘的相术——中国古代体相法研究与批判》，广西人民出版社2004年版，第24页。

唐举孰视而笑曰:"先生曷鼻,巨肩,魋颜,蹙齃,膝挛。吾闻圣人不相,殆先生乎?"蔡泽知唐举戏之,乃曰:"富贵吾所自有,吾所不知者寿也,愿闻之。"唐举曰:"先生之寿,从今以往者四十三岁。"蔡泽笑谢而去,谓其御者曰:"吾持粱刺齿肥,跃马疾驱,怀黄金之印,结紫绶于要,揖让人主之前,食肉富贵,四十三年足矣。"《吴越春秋》记载,子胥之吴,乃被发佯狂,跣足涂面,行乞于市,市人观罔有识者。翌日,吴市吏善相者见之,曰:"吾之相人多矣,未尝见斯人也,非异国之亡臣乎?"乃白吴王僚,具陈其状。

《庄子·应帝王》有一篇关于相人术的著名寓言,说郑国有个神巫季咸,他知道人的生死存亡、祸福寿夭,所预卜的年、月、旬、日都准确应验。郑国人见到他,都急忙跑开,原因是担心被他言中死亡和凶祸。列子见到季咸后,内心深为折服,回来后把见到的情况告诉老师壶子。壶子让列子将季咸请来为自己相面:

> 明日,列子与之见壶子。出而谓列子曰:"嘻!子之先生死矣!弗活矣!不以旬数矣!吾见怪焉,见湿灰焉。"列子入,泣涕沾襟以告壶子。壶子曰:"乡吾示之以地文,萌乎不震不正。是殆见吾杜德机也。尝又与来。"明日,又与之见壶子。出而谓列子曰:"幸矣,子之先生遇我也!有瘳矣,全然有生矣!吾见其杜权矣。"列子入,以告壶子。壶子曰:"乡吾示之以天壤,名实不入,而机发于踵。是殆见吾善者机也。尝又与来。"明日,又与之见壶子。出而谓列子曰:"子之先生不齐,吾无得而相焉。试齐,且复相之。"列子入,以告壶子。壶子曰:"乡吾示之以太冲莫胜。是殆见吾衡气机也。鲵桓之审为渊,止水之审为渊,流水之审为渊。渊有九名,此处三焉。尝又与来。"明日,又与之见壶子。立未定,自失而走。壶子曰:"追之!"列子追之不及,反,以报壶子曰:"已灭矣,已失矣,吾弗及已。"壶子曰:"乡吾示之以未始出吾宗。吾与之虚而委蛇,不知其谁何,因以为弟靡,因以为波流,故逃也。"

季咸以相人手段高明而闻名郑国,但在为壶子相面的过程中败下阵来,狼狈而逃。这段文字旨在通过神巫给壶子看相的寓言,批判"有为"、提倡无为,讲述了凭借"虚"的办法才能不为人所测的道理,告诫为政者虚己而顺物。其中反映出了以下几条信息:第一,战国时期的相人术已经在很大程度上专业化,相人方式虽然仍是从仪容(此处主要是神情)入手,但术士对不同神情所代表的内涵已经有十分细微的区分;第二,战国相人术重在预测人们的死生存亡、祸福寿夭等问题,而不再像春秋时期一样重在判断个体的品行,这应当是相人术在很大程度上转向民间的结果。其中的原因在于礼乐文化已经彻底瓦解,道德在很大程度上名存实亡,对于人们丧失吸引力。寓言不同于历史事实,但却从一个侧面生动地反映出相人术在战国时期发展的基本情形。

战国相人术的发展情况也可从《荀子·非相》中得到反映。《非相》以"古之姑布子卿"和"今之梁有唐举"为例,指出他们的主要活动是"相人之形状颜色,而知其吉凶妖祥"。姑布子卿故事见载于《史记·越世家》:姑布子卿见赵简子,简子遍召诸子相之。子卿曰:"无为将军者。"简子曰:"赵氏其灭乎?"子卿相赵毋恤曰:"此真将军矣!"并说:"天所授,虽贱必贵。"后简子果然发现毋恤贤能,遂废太子伯鲁,而以毋恤为太子。① 姑布子卿相赵毋恤的具体情节我们不得而知,但根据东周其他相术案例推测,其根据大致不外乎仪容与骨相二端。

对于相人术,战国时期的人们存在两种截然不同的看法:"世俗称之。古之人无有也,学者不道也。"(《荀子·非相》)荀子是相人术的坚决反对者,他认为一个人是否为君子,与其"形相"的善恶无关,"故长短小大,善恶形相,非吉凶也。古之人无有也,学者不道也。"他举例说,帝尧长、帝舜短、文王长、周公短、仲尼长、子弓短,但与他们的德行无关。再如卫灵公之臣公孙吕,身长七尺,面长三尺,焉广三寸,鼻目耳具,而名动天下;楚之孙叔敖,突秃长左,轩较之下,而以楚霸;叶公子高,微小短瘠,而能诛白公、定楚国,仁义功名善于后世。又如徐偃王之状,目可瞻马。仲尼之状,面如蒙供。周公之状,身如断菑。皋陶之状,色如削瓜。闳夭之状,面无见肤。傅说之状,身如植鳍。伊尹之状,面无须麋。禹跳汤偏。尧舜参牟子。但并无碍于其贤不肖,由此可见:"长短大小,美恶形相,岂论也哉!""形相虽恶而心术善,无害为君子也形相虽善而术恶,无害为小人也。"(《荀子·非相》)

三 余论

要正确解释中国古代的相人术及其流变规则,就需要在诸多历史文化现象中进行排查分析,以确定它究竟与哪些现象紧密相关,而与哪些现象并无实质关系。历史学家往往善于考证、梳理和叙述历史文化事实的脉

---

① 《史记》卷43《越世家》,第2165页。

络,而在各种社会文化事实之间寻找和确定联系则非其所长。有社会学家曾无不尖刻地将历史学家比喻为"业余的、近视的、缺乏体系和方法的事实收集者",并认为他们"数据库"的粗陋不堪恰与他们的分析低能相称。① 一位人类学家还指出,就人类学研究的目的来说,历史学家可被看作仅仅是一位编年史作者,一位所发生事件的记录者;历史学家在这儿发现一连串事实的顺序是按时间推移排列的,又在那儿发现另一连串史实的顺序也是同样的情况;而从众多的事实序列中归纳出一种顺序性就不再是他的工作了。② 这是说历史学家习惯于叙述史实,而不关心从史实中概括出具有规则性的内容。笔者认为,问题的关键在于历史学在方法论方面与社会学、文化人类学存在较大差异。涂尔干认为,"共变法"可以帮助人们确定两种社会现象之间的因果关系。

在笔者看来,涂尔干所提出的方法不应仅限于社会学本身,它对于历史学家未尝没有启发和借鉴意义。按照共变法的上述原理,如果能在先秦历史上找出与相人术同时存在或同时发生变化的另一种社会文化现象,就大致可以确定两者之间存在某种因果关系。我们从大量史料中揭示中国上古相人术流变的影响因素,并发现礼乐文明与相人术之间可能存在一种同步变化的关系。具体而言,通过仪容的观察和评判制约人们的道德,并借以维护社会秩序,乃是先秦典型礼乐文化的主要运作机制。在典型礼乐文化背景下,通过仪容评价个体道德的做法普遍存在,这实际上便是中国相人术的雏形。东周时期,随着社会权利格局的剧烈变化,礼乐文化中出现严重的错位现象:不少遭遇权利危机的旧贵族或疏于礼乐修养,或难以继续礼乐活动,而在政治军事斗争中获胜的新贵则急于求取仪节,获得社会的认可。这种情况导致礼乐的名实分离现象,也导致整个社会出现普遍的窃取名器、伪饰仪容等现象。大致而言,伴随着礼乐文化的兴盛与衰落,相人术前后呈现出三种形态:首先,在礼乐文化盛行的情况下,道德、权利、仪节之间的关系为社会所认可,人们习惯于通过仪容判断个体道德修养的优劣;其次,在礼乐文化走向衰落的情形下,人们更重视的是通过仪容预测个体的政治前程;最后,当礼乐文化彻底瓦解时,仪容纯粹工具化,相人术走向非理性化,更多地是以预测个体前程为主。以上三种形态,大致构成礼乐兴衰与中国上古相人术流变的基本脉络。

---

① 〔法〕E. 迪尔凯姆:《历史学与社会学》,上海世纪出版集团2002年版,第3页。
② 〔英〕R. R. 马雷特:《心理学与民俗学》,张颖凡等译,山东人民出版社1988年版,第130页。

值得注意的是，典型意义上的礼乐文化在秦汉之后虽然已经不复存在，但中国古代的政治文化仍然渗透着鲜明的礼乐文化特征。这种特质就是重视道德与仪容。由于上文所述礼乐文化与相人术之间的联系，礼乐文化的变化必然影响相人术的流变，因此中国古代文化从总体而言较之世界其他文化更重视相人术。即使在传统政治体制崩溃之后，相人术的传统仍然得到民间的热力吹捧，通过仪容判断个体道德、预测前程，仍然是不少人关心的问题。鲁迅先生曾以杂文的形式对近代以来的面相文化进行过形象的揭示，他说：

> 我们的古人，倒似乎并不放松自己中国人的相貌。……分起来，可以说有两派罢：一是从脸上看出他的智愚贤不肖；一是从脸上看出他过去，现在和将来的荣枯。于是天下纷纷，从此多事，许多人就都战战兢兢地研究自己的脸。……日本的长谷川如是闲是善于做讽刺文字的。去年我见过他的一本随笔集，叫作《猫·狗·人》；其中有一篇就说到中国人的脸。大意是初见中国人，即令人感到较之日本人或西洋人，脸上总欠缺着一点什么。久而久之，看惯了，便觉得这样已经尽够，并不缺少东西；倒是看得西洋人之流的脸上，多余着一点什么。这多余着的东西，他就给它一个不大高妙的名目：兽性。中国人的脸上没有这个，是人，则加上多余的东西，即成了下列的算式：人 + 兽性 = 西洋人。①

鲁迅先生以文学的笔法描绘国人的"形象情结"，并由此作为解析中华民族的国民性格的切入点，极富启示性。很显然，鲁迅所说"从脸上看出他的智愚贤不肖"指相个体的道德，而"从脸上看出他过去，现在和将来的荣枯"，则是指相个体的前程命运。论者虽然没有指出中国相人术与礼乐文化之间的联系，但其中的有些分析却给人以深刻启迪。中国人为什么"脸上总欠缺着一点什么"？其中所"欠缺"的东西是什么？通过上面的分析，我们不难看出答案。简言之，由于受礼乐文化的影响，中国古人十分重视仪容训练，久而久之便形成某种在古人看来十分得体的外貌和仪节。这些经过长期培养而形成的仪容渐渐成为一种文化符号，成为在人们交际过程中发挥作用的身体语言。礼乐文化的衰歇，使得"礼不下庶人"

---

① 《鲁迅全集》第3卷《而已集 华盖集 华盖集续编》，人民文学出版社1973年版，第397—401页。

的时代渐行渐远，重视仪容的传统并未中断，因而通过装饰仪容获得他人的认可便是最为"经济"的做法。当然，容仪毕竟是后天文化习染的结果，出于功利目的的伪饰容仪现象变得越来越普遍，这也给相术增加了难度。换句话说，礼乐的衰落造成道德与仪容之间关系的断裂，至少到春秋时期人们已清醒地认识到个体的仪容未必与道德、能力成正比：仪容"符合"礼仪规范者未必真的具有良好的道德修养和政治才华，相反不修仪容者未必都是道德低下、才能不足者。礼乐文化衰落带来的种种名实分离现象，使人们发现仅仅通过仪容装饰并不足以准确揭示个体道德或政治命运。在这种情况下，人们遂将注意力转向个体的生理特征。与后天装饰相比，个体的生理特征具有更大的解释空间：声音、骨相、掌纹等均成为预测一个人成年后道德素养和政治前程的重要因素；一个人的成败得失往往也要追溯到他出生时期的生理表现。春秋时期，相术不仅要参考人们的仪容，还要从先天的生理特征入手，无非就是为获得更多解释余地。前引晋国的叔向之母相叔向之子伯石的故事，典型说明了中国上古相人术随着礼乐衰落而逐渐兴起的这个道理。

礼乐文化与相人术的紧密共生关系，也可用于解释相人术在不同文化背景或历史阶段的发展状况。在西方，影响并制约人们社会行为的并不是礼乐文化，因此他们并不特别重视仪容的修饰，他们脸上"多余的东西"（所谓"兽性"）也因此而保留得更多。从本质上而言，相人术乃是一种文化产物，而不是一种放之四海而皆准的客观技艺。因此当礼乐文化嬗变至一定程度、重视仪容的传统慢慢消失之后，或者当我们试图将它用于考量其他文化环境下成长起来的个体仪容时，它自然会失去"屡验屡中"的效应。

第六章 人类学视阈中的宗教、图腾与巫术

第一节 宗教、图腾与巫术研究基本情况

19世纪以来，西方文化人类学家在他们所接触的"野蛮社会"中发现了丰富的宗教现象，这使得近代以来科学意义上的宗教学获得了迅速的发展。从那时起，无论是古典进化论人类学家路易斯·摩尔根、爱德华·泰勒、詹姆斯·乔治·弗雷泽，还是后来的功能派人类学家马凌诺斯基、拉德克利夫－布朗等人，他们几乎一无例外地对宗教研究投入了大量精力。在一百多年的研究之中，人类学家们围绕宗教的起源、本质、功能等等提出了一系列富有启发意义的概念、观点以及理论。伴随着20世纪两次"西学东渐"浪潮的兴起，这些理论引起了中国古史研究者的极大热情。这种热情并不难理解，因为在熟谙人类进化理论的当代学者看来，先秦时期的中国社会与文化人类学家笔下的野蛮社会很可能具有类似的宗教现象。正因为如此，借助西方的理论和概念就有可能使我们更加科学、正确地认识古代社会的实际。

宗教有狭义与广义之别：狭义的宗教主要指以鬼神等超自然力、超自然物的信仰和崇拜为内容的观念和仪式；而广义的宗教还包括图腾、巫术等信仰类型在内。在本节中，我们试图将图腾、巫术从广义上的宗教范畴中剥离出来加以讨论，这既是出于行文方便的考虑，同时也是为了充分展示三者在中国古史的跨学科研究中所占据的重要地位。接下来先讨论狭义的先秦宗教研究。

一 狭义的先秦宗教研究——鬼神崇拜

（一）80年代以前的研究概况

作为一种复杂而重要的社会文化现象，宗教在不同民族和文化的历史上所占据的地位往往相去甚远。早在20世纪前半期，已有不少学者对先

秦宗教问题提出看法，其中最具代表性的人物有钱穆、梁漱溟、郭沫若等人。钱穆通过中西文化的比较，较早指出中国古代宗教在当时社会中所处的地位及其特点，他说：

> 西方人常看世界是两体对立的，在宗教上也有一个"天国"和"人世"的对立。在中国人观念里，则世界只有一个。中国人不看重并亦不相信有另外的一个天国，因此中国人要求永生，也只想永生在这个世界上。中国人要求不朽，也只想不朽在这个世界上。中国古代所传诵的立德、立功、立言三不朽，便从这种观念下产生。中国人只想把他的德行、事业、教训永远留存在这个世界这个社会上。中国人不想超世界超社会之外，还有一个天国。因此在西方发展为宗教的，在中国发展成"伦理"。①

这是说中国古代宗教在整个社会生活中占据的地位较之西方较低，并且带有强烈的现实主义色彩。作者通过实证分析指出，古人虽有"殷人尚鬼"之说，但宗教在当时的地位已很特殊，因为"似乎那时他们，已把宗教范围在政治圈里了。……这是中国民族的才性，在其将来发展上，政治成绩胜过宗教之最先征兆。"而到了周代，"依然采用商代人信念而略略变换之"。作者由此得出结论说："因此中国宗教，很富于现实性。但此所谓现实，并非眼光短浅，兴味狭窄，只限于尘俗的现状生活之谓。"② 无独有偶，梁漱溟先生虽然坚信人类所有文化皆由宗教发端，但认为中国文化很早就具有宗教色彩淡化的特点。在《中国文化要义》中，梁氏以"几乎没有宗教的人生"为中国文化的特征之一，并指出："中国文化内宗教之缺乏，中国人之远于宗教，自来为许多学者所同看到的。"③

1935年，郭沫若先生在《先秦天道观之进展》中结合大量甲骨文、金文及传世文献，讨论了先秦宗教由商代到战国逐渐走向理性化的发展过程。作者认为，殷商时期已经有了至上神的观念，起初称之为"帝"，后来称之为"上帝"，大约在殷周之际又称之为"天"。作者在卜辞中发现殷人的至上神是有意志的一种人格神，上帝能够命令，上帝有好恶，一切天时上的风雨晦冥，人事上的吉凶祸福，如年岁的丰啬，战争的胜败，城

---

① 钱穆：《中国文化史导论》，商务印书馆1994年版，第18—19页。
② 钱穆：《中国文化史导论》，第44—47页。
③ 梁漱溟：《中国文化要义》，第8页。

邑的建筑，官吏的黜陟，都是由天所主宰。《礼记·表记》："夏道尊命，事鬼敬神而远之。……殷人尊神，率民以事神。……周人尊礼尚施，事鬼敬神而远之。"郭沫若先生认为这段话恰好揭示出先秦宗教发展的一种阶段性特征，"到了周人在关于天的思想上却有了一个很大的进步"。这个"进步"表现在以下几方面。首先，周人的宗教观念虽然是继承殷人的结果，但殷周之际的重大变革却使其中出现了"天命靡常""天不可信"的怀疑主义思想。其次，由于怀疑天命，将"天"作为一种工具对待，遂进一步提出"敬德"的观念。作者认为，"这种'敬德'的思想在周初的几篇文章中就像同一个母题的和奏曲一样，翻来覆去地重复着。这的确是周人所独有的思想"。最后，大抵由夷、厉以后，天的思想发生了动摇，宣王时代的为政者虽然努力地在把周初的思想唤醒，但已经普遍而深刻地遭到了动摇的天，有意志的人格神的天，再不能有从前那样的效力了。到了春秋时期，天就和他的代理人周天子一样只是拥有一个虚名，信仰的人自然还有，但毫不信仰的人却特别的多。这也正是东周时期包括道、儒诸家理性主义思想崛起的背景。[①]

略加比较我们便不难发现，钱穆、梁漱溟、郭沫若三位先生关于先秦宗教问题的立论角度、材料基础、论述方式虽各有不同，但他们的基本结论却是一致的。首先，他们都认识到宗教是先秦文化的一个重要构成部分，而正确理解宗教的内容和社会作用对于理解古代社会很有意义。其次，不管出于什么原因，他们都认为先秦时期（尤其是周代）的宗教具有浓郁的理性主义、现实主义特色，这也是它与西方文化的显著区别之一。当然，时代的局限使得开创者们难以毕其功于一役，为各种相关问题提供一个圆满的答案。其中最主要的问题有两个：第一，先秦宗教具有哪些更为丰富的内涵？第二，先秦宗教为什么会具有理性主义、现实主义的特色？凡此种种，都为后来的研究提供了开拓的空间。20世纪70年代后期以来，西方文化人类学理论和材料的传入为以上问题的探讨提供了可能。

（二）先秦宗教的跨学科研究

20世纪70年代后期，先秦宗教研究一时成为热点。其中带有跨学科特色的论著至少有朱天顺《中国古代宗教初探》[②]、何星亮《中国自然神

[①] 郭沫若：《先秦天道观之进展》，《郭沫若全集·历史编》第1册，人民出版社1982年版，第317—376页。

[②] 朱天顺：《中国古代宗教初探》，上海人民出版社1982年版。

与自然崇拜》①、王小盾《原始信仰和中国古神》②、宋兆麟等《中国原始社会史》③，以及陈来《古代宗教与伦理》④ 等。在这些著作之中，陈来先生《古代宗教与伦理：儒家思想的起源》一书在利用西方文化人类学的理论、材料解释先秦（尤其是三代）宗教的发展历程及其特征方面做了大量工作，取得了引人瞩目的成就。对于陈来先生的学术影响以及该书的成绩，季羡林先生曾进行了简要的概括，他说：

> 在北大中年学者中，陈来教授是一个佼佼者。据我个人的观察，研究中国国学的老一代学者中，博古通今而有卓越造就与贡献者，颇不乏人。但既能博通今古又能融合中西者，则极为难得。居今之世，研究国学而不能通西学，其成就与贡献必将受到局限，此事理之至者。陈来教授正是一位沿着博通古今，融会中西之路奋进的学者。他的新著《古代宗教与伦理——儒家思想的根源》就表现了这一特点。对许多前辈学者探讨过的问题，他确有新的而且言之成理的真知灼见。本书可称对中外学术界的一个新贡献。⑤

在这段文字中，季先生概括性地将作者的成绩归纳为两个方面。第一是治学路径上的"博通古今、融会中西"，亦即将中国历史、文化的研究与西方学术（尤其是文化人类学）理论冶于一炉。第二是提出了不少真知灼见，其中不乏超越陈说者。据笔者的浅见，作为20世纪末出版的一部涉及先秦宗教史的著作，该书的最主要成就在于季先生提到的第二方面，即作者竭力以文化人类学理论为依据，对某些先秦宗教现象进行了新的解释。

先秦宗教为什么具有现实性的特点？西周宗教为什么会带有浓厚的伦理性色彩？中国早期宗教的这种发展路径与西方其他文化中的宗教有没有共同之处？如前所述，文化人类学理论的引入为人们正确回答这个问题提供了可能，积极尝试用这些理论解释先秦宗教发展演变的内在合理性，正是本书最值得注意的成就之一。

钱穆、梁漱溟、郭沫若先生已经指出先秦宗教在西周尤其是春秋战国

---

① 何星亮：《中国自然神与自然崇拜》，上海三联书店1992年版。
② 王小盾：《原始信仰和中国古神》，上海古籍出版社1989年版。
③ 宋兆麟、黎家芳、杜耀西：《中国原始社会史》，文物出版社1983年版。
④ 陈来：《古代宗教与伦理：儒家思想的根源》，生活·读书·新知三联书店1996年版。
⑤ 陈来：《古代宗教与伦理：儒家思想的根源》。

之后转向理性主义,而与之形成鲜明对比的是,西方宗教在古典时代之后却一度走向空前发达,甚至出现了一个宗教占据主导地位的漫长的中世纪时代。那么先秦宗教的发展能否用人类学的理论加以解释呢?作者的回答是肯定的。英国古典进化论派人类学家泰勒、弗雷泽等人都认为人类宗教是沿着由低级到高级、由非理性到理性的途径不断获得发展的。弗雷泽则更加直接地指出,人类历史上的信仰或思维形态先后经历了三个发展阶段,那就是"巫术时代""宗教时代"以及"科学时代"。巫术时代是人们试图用强制力量控制和操作超自然力的时期,巫术作为一种"伪科学"得到巫师和民众的青睐。然而当人们控制超自然力的企图长期不能见效时,早期社会的某些睿智之士便认识到超自然力的伟大力量,他们对神灵的态度也因此而由先前的强迫、威吓,转向献祭、吁请、谄媚,人类社会由此过渡到了宗教时代。最后,随着认识和控制自然的能力不断提高,人们积累了越来越多行之有效的理性办法来解决社会上的难题,神灵渐渐失去了吸引力,社会便进入了科学时代。弗雷泽推测说:

> 虽然在许多世纪里和许多国土上巫术与宗教相融合、相混淆,但我们仍然有理由认为这种融合并非自始即有。曾有一个时期人们为满足他们那些超越一般动物需求的愿望而只相信巫术。首先,考虑到巫术与宗教的基本见解,我们就倾向于作出这样的判断:在人类历史上巫术的出现要早于宗教。我们已经看到,一方面,巫术仅只是错误地应用了人类最简单、最基本的思维过程,即类似联想或接触联想;另一方面,宗教却假定在大自然的可见屏幕后面有一种超人的有意识的具有人格的神的存在。很明显,具有人格的神的概念要比那种关于类似或接触概念的简单认识复杂得多。
>
> 所以,很可能是,在人类发展进步过程中,巫术的出现早于宗教的出现,人在努力通过祈祷、献祭等温和谄媚手段以求哄诱安抚顽固暴躁、变幻莫测的神灵之前,曾试图借符咒魔法的力量来使自然界符合人的愿望。①

陈来先生认为弗雷泽关于人类思维演进阶段的这一解释恰好符合中国古代信仰的发展情形,也足以解释先秦宗教的理性化趋势。比如说,殷墟卜辞中的大量材料表明当时已有大量祈求、献祭"帝"或"上帝"的现

---

① 〔英〕詹姆士·乔治·弗雷泽:《金枝:巫术与宗教之研究》,徐育新等译。

象，商人每事必卜，正表明当时处于弗雷泽所谓的宗教时代。殷商时期宗教信仰的内容已极为丰富。首先，殷人的信仰已不是单纯的万物有灵论，而是多神论或多神教的形态。其次，这个神灵王国的最高神，正如泰勒所说，本身是由涵盖作用较大的物神转化而来的，是与自然生活最密切联系的职能神发展而来的。再次，祖先神灵的信仰在殷人中很突出，在多神信仰的体系中祖先神灵占有重要地位，虽然帝是否为祖灵尚难以断定，但帝已经人格化，而祖灵也已天神化。最后，帝与祖先神灵对人世的影响都有正负两个方面。陈先生说："殷人对鬼神的信仰与行为，正如弗雷泽所说，表现出殷商文化的意识已经完全超出巫术阶段，是以'努力通过祈祷、献计等温和谐媚手段以求哄诱安抚顽固暴躁、变化莫测的神灵'。用弗雷泽的话说，殷人的意识已进于宗教阶段。"① 至于西周时期，人们对宗教的理性化看法逐渐凸现出来。比如在周初重要政治人物周公的思想中，就透露出强烈的现实性色彩。作者通过"周公早期的天命观""摄政时期周公的思想"以及"还政以后的周公思想"等内容的分析和讨论指出，"以周公为卓越代表的西周思想，以宗教观念和政治思想为主要内容，取得了殷商所不能比的积极进展，这些进展就宗教观念的角度来说，可以概括为：第一，天命无常；第二，天命惟德；第三，天意在民"②。值得注意的是，作者并没有将弗雷泽的宗教进化理论生搬硬套，而是加以灵活的变通，所以他指出，中国先秦历史上继"巫术时代"与"宗教时代"之后而来的并不是弗雷泽所谓"科学时代"，而是以西周为代表的"礼乐时代"。作者依据以上材料以及弗雷泽的宗教进化理论推测说，"夏以前是巫觋时代，商殷已是典型的祭祀时代，周代是礼乐时代"，"巫觋文化发展为祭祀文化既是宗教学上的进化表现，也是理性化的表现，祭祀文化不再诉诸巫术力量，而更多通过献祭和祈祷"③。

在所谓"礼乐时代"的西周时期，人们的信仰和观念不仅逐渐趋于理性化，而且还带有伦理性色彩，由此开启了梁漱溟所谓"以道德代宗教"的先河。那么该如何认识这样一种显著的发展趋势呢？在这里，陈先生试图利用荷兰学者提埃利以及德国学者卡西尔的宗教进化理论加以解释。提埃利曾经提出有关宗教进化的分类体系，认为宗教的进化基本上是从自然宗教发展为伦理宗教的过程。通过西方不同历史时期宗教的比较分析，卡

---

① 陈来：《古代宗教与伦理：儒家思想的根源》，第115页。
② 陈来：《古代宗教与伦理：儒家思想的根源》，第191页。
③ 陈来：《古代宗教与伦理：儒家思想的根源》，第11页。

西尔发现古典宗教时期的荷马神祇身上没有道德理想,而"在那些大的一神宗教中我们遇见的是样子完全不同的神。这些宗教是道德力量的产物,它们全神贯注于一点上——善与恶的问题。……原始神话遭遇到了一种新的力量,一种纯粹伦理力量的攻击并且被战胜。在最初的神和超自然现象的概念中,人们是全然不知道这样一种力量的"①。在卡西尔看来,一切较成熟的宗教必须完成的最大奇迹之一,就是要从最原始的概念和最粗俗的迷信之粗糙素材中提取它们的品质,提取出它们对生活的伦理解释和宗教解释。这就是说,人类的宗教—伦理文化的发展,就是伦理意识摆脱巫术的消极压抑和强制,走向自由理想的过程。

作者认为中国古代宗教的发展规则正是如此,他推测道:"在殷商对鬼神的恐惧崇拜,与周人对天的尊崇精微之间,有着很大的道德差别。前者仍是自然宗教的体现,后者包含着社会进步与道德秩序的原则。需要指出的是,周人文化的这种特质和发展,虽然与'伦理宗教'的阶段相当,但周代的礼乐文化并非走的唯一神教的路子,它的独特的礼乐文化与德性追求,开启着通往圣哲宗教的东亚道路——德礼文化。"②所谓"德礼文化",当是"道德文化"与"礼乐文化"的合称。郭沫若等人曾试图用商周之际剧烈的社会变动来解释周人思想中浓烈的重德主义思想倾向,然而按照陈先生的看法,西周宗教的道德色彩其实也是人类宗教文化发展逻辑的必然结果。他认为,殷商和西周世界观的重要区别,不在于商人是否以"天"为至上神,因为如果天只是人格的"皇天震怒"的天,那么它在信仰实质上就与"帝"的观念并无区别。事实上,二者在许多文献中是等同或可以互换的,因而很难明确分别。商周世界观的根本区别,是商人对"帝"或"天"的信仰中并无伦理的内容,总体上还不能达到伦理宗教的水平。而在周人的理解中,"天"与"天命"已经有了确定的道德内涵,这种道德内涵是以"敬德"和"保民"为主要特征的。天的神性的渐趋淡化和"人"与"民"的相对于"神"的地位的上升,是周代思想发展的方向。如果用宗教学语言表述的话,商人的世界观是"自然宗教"的信仰,而周代的天命观则已具有"伦理宗教"的品格,"所以正如犹太教诞生时所提供的新东西不是新的宗教性的,而是伦理意义一样,周人所提出的新的东西并不是一种新的宗教性,而是它所了解的天的道德意义"③。这

---

① 〔德〕卡西尔:《人论》,甘阳译,上海译文出版社1985年版,第128页。
② 陈来:《古代宗教与伦理:儒家思想的根源》,第149页。
③ 陈来:《古代宗教与伦理:儒家思想的根源》,第168页。

就是说，西周时期诸如"明德慎罚"（《尚书·康诰》）、"敬德"（《召诰》）、"恭明德"（《君奭》）、"勤用明德"（《梓材》）之类的思想固然与殷周之际的重大社会变革有关，是周人总结商人亡国教训的结果，同时也符合人类思想和信仰发展的一般逻辑。

为了阐述儒家思想的根源，《古代宗教与伦理》一书竭力将文化人类学的相关理论用于剖析先秦宗教发展演进过程，除了借鉴上述两项宗教进化理论之外，还借鉴了诸如雅斯贝尔斯的"轴心时代"理论、雷德菲尔德的文化"大传统与小传统"理论，以及美国人类学家本尼迪克特的"日神—酒神"理论等。总的看来，这些理论的引入不仅为人们提供了文化比较研究的新思维，而且对于我们将先秦宗教置于世界文化的背景之下加以认识具有非常重要的启发意义。正如季羡林先生所评价的那样，西方理论与中国史学实践的结合的确给人以"博通古今、融会中西"的深刻影响。

然而金无足赤，作者在文化人类学理论与中国古史研究的结合中仍存在一些不足之处。人类认识、改造自然的能力和水平在漫长的历史过程中不断趋于提高，这是毫无问题的。不过宗教的发展是不是呈现出一个单线、固定的进化模式呢？早期进化论人类学家大多对此持以肯定的看法，弗雷泽关于人类思维发展曾经过"巫术时代""宗教时代"以及"科学时代"的看法就是其中的代表。弗雷泽的看法一经提出，便获得了极为广泛的影响，因为作者以人类学家的身份首次将人类思维也纳入一个严整划一式的进化轨道，恰好迎合了19世纪后半期以来欧洲学界关于人类社会进化的假说。但是值得注意的是，这种关于人类思维进化的理论在20世纪的人类学实践中遭到了严重的质疑。首先，随着人类学调查的不断深入，越来越多的人类学家发现没有一个野蛮社会存在弗雷泽所谓"巫术时代"的证据，弗雷泽曾经认为，在"巫术时代"中，人们只知道行使巫术，而没有宗教和科学意识，他说："曾有一个时期人们为满足他们那些超越一般动物需求的愿望而只相信巫术。"[1] 他举澳大利亚土著居民的例子来证明说："在那些我们已经掌握有准确资料的最原始的野蛮人中间，巫术是普遍流行的；而被视为对更高权威的一种调节或抚慰的宗教则几乎不为人所知。"[2] 事实究竟怎样呢？功能派人类学家马凌诺斯基在经过对西太平洋岛原始居民的长期调查后发现，实际情况恰恰相反，"无论怎样原始的民族，

---

[1] 〔英〕詹姆士·乔治·弗雷泽：《金枝：巫术与宗教之研究》，徐育新等译，第83页。
[2] 〔英〕詹姆士·乔治·弗雷泽：《金枝：巫术与宗教之研究》，徐育新等译，第84页。

都有宗教与巫术"①。一位叫做布林·莫里斯的人类学家还发现弗雷泽关于澳洲宗教状况的了解并不准确,他指出:"不用说,根本就没有证据来支持弗雷泽的理论;事实上,正如很多人类学家从那时以来所论证的,澳大利亚土著社团有复杂的宗教体系。"② 弗雷泽的宗教进化理论产生的原因是多方面的,除了早期人类学那种"书斋式"的研究方式之外,古典进化论的理论局限更应为这一错误理论负责。马凌诺斯基曾批评说:"进化学派把文化的发展视作一串依着一定法则自动的蜕化,有一定的阶段。……这是很明白的,种种工具的变革确都经过一串阶段,遵守着多少有一定的进化法则,但是家庭、婚姻或宗教信仰却并不受制于任何简单而动人的退化次序。"③ 总的看来,弗雷泽的宗教进化理论在西方人类学史上虽曾盛行一时,但它在大量反面证据的攻击下已经完全坍塌了。正因为如此,按照这样一个因缺乏科学价值而早已过时的理论解读中国古代史料时就难免显得捉襟见肘、进退失据。兹举一例试加说明。《国语·楚语下》有一段反映上古宗教发展状况的珍贵史料,这就是观射父答楚昭王关于所谓"绝地天通"的故事。其文略云:

> 昭王问于观射父,曰:"《周书》所谓重、黎氏实使天地不通者,何也?若无然,民将能登天乎?"对曰:"非此之谓也。古者民神不杂。民之精爽不携贰者,而又能齐肃衷正,其智能上下比义,其圣能光远宣朗,其明能光照之,其聪能听彻之,如是则明神降之,在男曰觋,在女曰巫。是使制神之处位次主,而为之牲器时服,而后使先圣之后之有光烈……以为之祝。使名姓之后……而心率旧典者为之宗。于是乎有天地神民类物之官,是谓五官,各司其序,不相乱也。民是以能有忠信,神是以能有明德,民神异业,敬而不渎,故神降之嘉生,民以物享,祸灾不至,求用不匮。及少皞之衰也,九黎乱德,民神杂糅,不可方物。夫人作享,家为巫史,无有要质。民匮于祀,而不知其福。烝享无度,民神同位。民渎齐盟,无有严威。神狎民则,不蠲其为。嘉生不降,无物以享。祸灾荐臻,莫尽其气。颛顼受之,乃命南正重司天以属神,命火正黎司地以属民。使复旧常,无相侵渎。是谓绝地天通。"

---

① 〔英〕詹姆士·乔治·弗雷泽:《金枝:巫术与宗教之研究》,徐育新等译,第3页。
② 〔英〕布林·莫里斯:《宗教人类学》,周国黎译,今日中国出版社1992年版,第139页。
③ 〔英〕马林诺夫斯基:《巫术科学宗教与神话》,李安宅译,第11页。

观射父为楚昭王讲述的是一段湮没已久而又充满神奇色彩的历史,也许正是因为如此,它也引起了近代以来许多古史研究者的浓厚兴趣以及长期争论。① 那么如何从宗教进化的角度解释这段材料呢?陈来先生一方面指出,观射父概括出了古代宗教经历过三个阶段:民神不杂、民神异业——民神杂糅、家为巫史——绝地天通、无相侵渎。另一方面又认为:"这样的一种演变,并不是宗教自身自然演化过程的体现,而是由于在第二阶段上的九黎乱德而导致的一种社会性的变化。"② 这样推测的理由就是弗雷泽等人的宗教进化理论,陈先生说:"弗雷泽及人类学的知识告诉我们,'民神不杂'的状态不可能是最原始的文化—宗教状态,而'民神杂糅'倒是原始文明早期的普遍情形。中国上古传说的一大问题是,像《楚语》中记载的这种传说,究竟在多大程度上保留了原生线索和原生情景,又在多大程度上染着西周文化的色彩,往往并非一目了然。《楚语》记载的少皞时代的巫似乎是一种祭司程序的功能操作者,这究竟是否为上古巫觋的原生情景,就值得怀疑。"③ 这就是说,按照人类思维的进化序列,人们对宗教的理性态度只能出现于发达的宗教信仰阶段之后,而不可能相反;因此那种将"民神不杂"置于"民神杂糅"之前的看法只能是后人的杜撰。作者的表述反映了近年来不少古史研究者当中普遍流行的做法:那就是一旦古籍记载与西方理论不相吻合时,研究者首先想到的就是给古籍扣上"值得怀疑"的帽子。

这段材料大致包括以下三层含义。首先,在观射父所谓古老的史前时期,宗教由一些具备特殊素质的专业人员(其中包括巫、觋、祝、宗等)所掌握。在这种条件下,人类社会生活的世俗领域与神圣领域之间既存在秩序井然、有条不紊的沟通和交流,同时又保持着和谐相处、泾渭分明的独立性。其次,到了少皞氏统治衰落的时期,九黎破坏了民神之间原有的那种良好的关系和秩序,宗教从此不再是某些特殊职事人员手中的特权,相反可以被每一个社会成员得以实施。由于人人都有资格染指,遂使得整个社会沉溺于鬼神的崇信乃至迷狂之中。然而更为严重的社会问题也随之出现:缺乏规范、放任自流引发的宗教泛滥不仅未能给人们带来福祉,相反还造成民神关系失敬、社会灾患频仍等一系列严重后果。鉴于这种惨痛的现实教训,颛顼氏采取措施整顿巫术秩序,终于使神民关系又回到上古

---

① 有关研究参见徐旭生《中国古史的传说时代》,文物出版社 1985 年版;杨向奎:《中国古代社会与古代思想研究》,上海人民出版社 1962 年版。
② 陈来:《古代宗教与伦理:儒家思想的根源》,第 26 页。
③ 陈来:《古代宗教与伦理:儒家思想的根源》,第 26 页。

时期的情况。最后，尧舜统治期间，三苗重演了当初九黎破坏宗教秩序的那一幕历史，幸亏帝尧及时地扶植名姓之后并使之各司其职，才维护了自颛顼氏以来"绝地天通"的传统，从而为后世乃至三代以来宗教的发展奠定了基调和方向。总的看来，《楚语》的这段材料为我们传递了这样一种信息，那就是中国史前时期虽然曾出现过宗教短暂繁荣的局面，然而来自上层社会的频繁打击使得这种文化现象最终未能得到充分的发展。史前宗教的遭遇不仅在很大程度上影响了中国古代文明类型的形成，而且也直接决定了宗教在整个文明中的地位。观射父最后说道："其后三苗复九黎之德，尧复育重黎之后，不忘旧者，使复典之。以至于夏商，故重、黎氏世叙天地而别其分主者也。"这是说以宗教为辅、现实为主的文化精神一直持续到了三代之际，这其实乃是中国文化现实主义特征的直接来源。

由此可见，人类文化的进化虽然是普遍趋势，但在各个民族中的表现却非千篇一律。正因为如此，我们没有理由期待中国古代的宗教也必然符合西方人类学家的见解，更何况弗雷泽等人所给出的那套宗教进化理论早已被西方新的观点所取代。在这种情况下，如果我们还坚持用那套早已过时的宗教理论来衡量古代宗教发展的阶段的话，就难免犯那种削足适履的错误。

二 图腾与"泛图腾论"

"图腾"一名源于北美印第安部落阿尔衮琴部落奥吉布瓦方言，意为"他的亲族"。图腾的实体是某种动物、植物或者无生物，原始人认为，他们与这些现实的存在物之间存在某种本质上的联系。尽管学术界关于图腾问题的研究迄今有200余年的历史，西方众多知名的文化人类学家和社会学家如麦克伦南、摩尔根、史密斯、泰勒、斯宾塞、兰格、哈登、弗雷泽、涂尔干、马凌诺斯基、布朗等人都曾研究过这个问题，但由于图腾信仰本身的复杂性、资料的欠缺等原因，目前学术界关于图腾的本质、起源、存在范围，甚至定义都存在较大争议。仅就图腾的本质而言，摩尔根认为图腾"意指一个氏族的标志或图徽"[①]；兰格认为图腾是个人保护神；弗雷泽认为图腾既是亲属，又是祖先；涂尔干认为，图腾既是氏族的象征和标志，又是氏族的神；弗洛伊德则指出："大抵说来，图腾总是宗族的祖先，同时也是守护者。"戈登卫泽则认为，图腾就是原始人"把某一动物，或鸟，或任何一物件认为是他们的祖先，或者他们自认和这些物件有

---

① 〔美〕路易斯·亨利·摩尔根：《古代社会》，杨东莼等译，第162页。

某种联系"①。学术正是在争论中不断取得进步的，20世纪中期以来，人们不仅得到了更多关于北美洲、澳大利亚等地的图腾例证，而且也在其他一些地方发现了新的图腾现象。据苏联学者海通说，弗雷泽在《图腾崇拜与外婚制》和《〈图腾崇拜与外婚制〉补篇》两书中曾证实图腾崇拜的分布十分广泛，几乎普遍存在。但弗雷泽否认世界上的一些民族和部落，如闪米特人、雅利安人和西伯利亚各族存在图腾崇拜，或认为这些地方存在图腾崇拜的证据不足。海通批评说："诚然，在大规模的考察中出现一些空白是完全可以理解的，这在历史文献中也可找到解释，但上述学派的一些追随者利用了这些空白。如美国民族学家R.罗维就是这样，他以某些部落（塔斯马尼亚人、布须曼人等）似乎不存在图腾氏族为根据，便不仅否认图腾崇拜的普遍性，而且断言氏族组织也不一定具有普遍性。"② 正是为了打破"图腾崇拜没有普遍性"的神话，苏联学者在寻找新的图腾证据方面下了很大功夫，海通的《图腾崇拜》在很大程度上就是这样一部著作。作者的这一宗旨典型体现在下述一段话中："根据我们所分析的民族学资料（尽管这些资料不很完备，其质量也不是十分理想），我们认为，图腾崇拜不是偶然的现象，不是某个部落、部族或美国历史学派和'文化圈'学派的代表人物所说的'文化圈'所固有的，而是具有普遍性的现象，因为世界上绝大部分的部落和民族都曾存在作为现实制度的图腾崇拜或图腾崇拜残余。上述事实表明，作为现实制度的图腾制度，一般只是在实行早期氏族制度的部落中才存在，随着社会的进一步发展，它逐渐成为残余现象。由此，我们可以得出一个结论：图腾崇拜是世界所有部落和民族在一定历史发展时期的宗教信仰发展的一个阶段。"③

当20世纪初期图腾概念传入中国时，引起了不少学者的强烈兴趣。1903年，严复翻译英国学者甄克思《社会通诠》时，首次将"totem"翻译为"图腾"，成为中国学界的通用译名。继严复之后，郭沫若、闻一多、吕振羽、李玄伯、孙作云等人都曾关注或考察过中国历史上的图腾问题。在这些学者当中，对先秦图腾问题的研究最具开拓之功的当推李玄伯及其《古代社会新研》一书。该书中的《中国古代图腾制度及政权的逐渐集中》旨在用中国古代的例证说明图腾是一种普遍性的文化现象，即使中国社会也存在图腾现象。他说："这篇文字并非欲简括原始社会的普遍研究，

---

① 何星亮：《中国图腾文化》，中国社会科学出版社1992年版，第10—11页。
② 〔苏〕海通：《图腾崇拜》，何星亮译，广西师范大学出版社2004年版，第76—77页。
③ 〔苏〕海通：《图腾崇拜》，何星亮译，第128—129页。

只欲以原始社会的若干事实与中国古代社会若干痕迹比较观看，以证明我国史前有否图腾社会，若有，则更进一步再观察由图腾社会进至政权个人化的阶段如何，这就是本篇的目的。"① 作者主要的工作体现在两方面。第一，力图证明中国古代的姓即图腾，图腾团亦即原始宗族，也就是有史时代家族的前身。人类学家豪伊特（Howitt）在东南澳洲各部落内共查出五百个图腾名字，其中只有 40 个非动植物，而斯宾塞和吉伦在澳洲北部调查过 204 种图腾，其中 188 种系动植物。李玄伯由此推测说："足证图腾以动植物为多系常例。我国古代姓多半系动物或植物，尤足为姓即图腾的有力证据。"② 第二，除了将先秦时期中国古姓视为图腾之外，李氏在该文的下篇还举例说明了图腾的父系化、个人化、地方化、地域化等现象。《中国古代社会新研》将先秦中国文化现象与图腾联系起来，给人们提供了认识和理解先秦社会的新思路。关于该书的贡献与不足，作者曾有一番介绍，他说："这自然是一篇极不完备的文章，有些材料或尚未为著者所采及，或蕴藏地中而尚未被发现，当然尚有待极端的补充，但研究的大纲似已具于是篇。"③ 作者在结论部分指出，图腾问题的研究至少具有两方面的重要意义。首先，对于中国古代历史或文化而言，几乎可以说图腾与初民研究合而为一，固然不能说初民社会的种种现象皆出于图腾，但若说这些现象以前就曾存在，却因图腾而发生改变，似非过甚之辞。其次，中国图腾的研究有助于改变一些西方学者的成见。作者指出，包括弗雷泽在内的不少学者曾一度认为图腾制度只存在于澳、美、非三洲及亚洲的一小部分，而大部分的亚洲、欧洲、北非洲都没有这种现象。正因为这样，如果学者能够通过研究证实在中国这样一个庞大的地域范围内存在图腾，使图腾制度的存在的区域增加的话，这对于提高中华民族在人类史上的地位也很有意义。④ 用将近 70 年之后的眼光来看，我们会发现李氏的这番总结虽属谦词，但也展现出他准确的预见性。因为随着考古资料的发掘以及西方文化人类学理论的传入，我们发现古代图腾研究的确有进一步开拓的必要和可能。

1992 年，何新亮先生在其博士学位论文基础上完成了《中国图腾文化》一书，该书在某种意义上正是当代学者为了弥补前人研究中的不足，而将中国古代图腾文化的内容进一步丰富起来的结果。作者表述他的研究

---

① 李玄伯：《中国古代社会新研》，上海文艺出版社 1988 年版，第 81 页。
② 李玄伯：《中国古代社会新研》，第 83 页。
③ 李玄伯：《中国古代社会新研》，第 245 页。
④ 李玄伯：《中国古代社会新研》，第 347—348 页。

旨趣时指出，中国的图腾文化丰富多彩，源远流长，自远古至今，发现不少图腾文化的遗迹。无论在考古学资料中，还是在历史学资料中；也无论在文字学资料中，还是在民族学资料中，都随处可见。然而，过去国外一些学者，对中国的图腾文化毫无所知，如图腾文化研究的奠基人、英国著名学者 J. G. 弗雷泽在其所编四卷本的《图腾文化与外婚制》一书中，介绍了世界许多民族的图腾文化，但未提及中国存在图腾文化。在该书第四卷末所附的世界图腾文化分布图中，中国境内也是一片空白。苏联学者海通于1958年著《图腾崇拜：实质和起源》一书，是书第二章较为详细地介绍了世界各民族的图腾文化分布情况，但也只字未提中国各民族曾存在过图腾文化。在国内学术界，大多数人认为中国存在图腾文化，但也有极少数人否认这一事实。[①] 带着这样的目标，作者费了很大功夫搜集了中国图腾文化的种种表现，并力图用作者所说的"文化层次分析法"来研究它们。这本书的贡献大致有这样几个方面。

首先，作者在前人的基础上，进一步详细介绍了文化人类学关于图腾制度的知识，并搜集了中国历史和文化中的大量资料，丰富了人们关于图腾问题的认识。中国古代文化史上的许多现象向来难以得到科学的解释，原因之一就在于缺乏广阔的视野和科学的理论。近代以来，文化人类学与社会学理论的传入在极大程度上改变了这种状况。梁启超在1922曾经写下这样一段意味深长的话，他说："国故之学，曷为直至今日乃渐复活耶？盖由吾侪受外来学术之影响，采彼都治学方法以理吾故物。于是乎昔人绝未注意之资料，映吾眼而忽莹；昔人认为不可理之系统，经吾手而忽整；乃至昔人不甚了解之语句，旋吾脑而忽畅；质言之，则吾侪所恃之利器，实'洋货'也。"[②] 图腾理论的引进也正是梁氏所说的这类"利器"，在这一思想工具的帮助下，包括郭沫若、李宗侗在内的不少古史学家都明确肯定了图腾崇拜在中国古代历史上的存在。然而对于古代图腾崇拜的具体情况，很长时间以来并没有专门的著作加以讨论。朱天顺先生在20世纪80年代初期曾指出"中国也曾有过图腾崇拜是可以肯定的"，可是"关于我国古代图腾崇拜问题的上面种种主张，严格说来，都尚缺乏比较全面、完整的材料证实，可以说是一种推测，因此尚有待于进一步搜集资料和深入研究，以得出可靠结论，并丰富其内容"[③]。何星亮先生长期致力于中国图

---

① 何星亮：《中国图腾文化》，第33页。
② 梁启超：《先秦政治思想史》，东方出版社1996年版，第14—15页。
③ 朱天顺：《中国古代宗教初探》，上海人民出版社1982年版，第112、118页。

腾文化的研究,他的努力在很大程度上使我们关于中国图腾问题的认识有所推进,使得我们了解到《左传》昭公十七年所谓"太皞氏以龙纪,故为龙师而龙名",以及《史记·黄帝本纪》"黄帝……教熊、罴、貔、貅、䝙、虎,以与炎帝战于阪泉之野"的记载并不是好事者的杜撰,而很可能是不同的图腾部落。[①] 这些工作不仅加强了人们关于中国古代图腾文化存在的观念,而且丰富了世界图腾文化内涵,为人们研究图腾文化的发展、变迁规律及其一般性等理论问题提供了新启示。在论著的核心部分,作者分别对中国文化中的图腾观念、图腾名称、图腾标志、图腾禁忌与图腾外婚、图腾仪式、图腾生育与图腾化身信仰、图腾圣物与图腾圣地、图腾神话、图腾艺术、图腾类型等问题进行了叙述和介绍。其中的主要分类方法与术语虽然多借自西方文化人类学家以及20世纪前半期中国学者的有关论著,但作者首次对中国图腾文化进行了系统的整理和汇总,并使之与西方学者的有关概念之间建立对应关系,这一工作堪称首创。

其次,在理论创新方面作者也下了很大功夫。在200余年的西方图腾研究史上,先后形成了关于图腾制度方方面面纷纭复杂的理论。且不说如何将这些理论灵活应用于中国古史研究,即使对各种理论的科学价值作一个恰当的估计也是一项非常不易的工作。然而作者却在总结前人图腾理论的基础之上,形成了自己关于图腾文化的一般看法,正如作者的导师何耀华先生所评论的那样:"他对西方的种种理论不盲从,不照搬,而是批判地吸收,并在掌握大量资料的基础上,对图腾文化的各个方面进行深入的研究,先后发表十多篇专题论文,对图腾文化的实质及其起源、发展、演变规律作了深入的探讨,并提出自己的独到见解,形成了自己的图腾文化理论体系。"[②] 这些理论能否成立姑且不论,但他表明中国学者在引进新学的同时具有自己的独立创新意识,这对于西方社会科学理论的中国化和灵活运用很有意义。

作为运用西方文化人类学理论解读中国历史与文化的一步跨学科著作,《中国图腾文化》存在一些明显的不足。其一为,作者在有些案例的研究中缺乏严格的史料批判意识,甚至忽视史料产生的具体历史背景,这就使得一批不可能是图腾崇拜的现象被纳入图腾之列。比如说,西方文化人类学家在民族学调查中曾经发现,某些原始部落的人们往往将它们的图腾描写为半人半兽的形象,而在有些史前岩画上也出现了类似的现象。这

---

① 何星亮:《中国图腾文化》,第333—334页。
② 何星亮:《中国图腾文化·序》,第2页。

些形象通常被人类学家解释为图腾崇拜的一种演变形式,因为早期的原始人径直将自己理解为某些动物的后代,到后来才将人类的形象与这些动物结合在一起加以膜拜。比如海通就断言:"我们认为,图腾崇拜的主要信仰是相信氏族起源于图腾。在我们看来,关于图腾—祖先观念中最古老的祖先不是人,而是幻想中的生物——半人半兽或与动物和植物同时出现的人。"论者还认为这种图腾形象的产生与早期人类的生产力水平有关,"半人半兽动物,是由于人们在历史上意识到个人力量在自然力面前无能为力,而在为生存而斗争中却遭受重重困难的情况下想象出来的"[1]。中国学者的解释也与此相去不远,"半人半兽的神祇,即其外形为人身兽首,或为人首兽身;或为人身上有动物的某一部分。这类神祇大多是由图腾演化的,其兽即为原来的图腾动物"[2]。我们承认,对于当代人类学家视野中的原始部落,或若干史前时期留下的岩画形象来说,这种推测当然有其合理之处。然而问题在于是否所有历史时期的半人半兽形象都可视为图腾崇拜或其遗留?我们能不能一看到半人半兽形象的东西都将它们用"图腾"来解释呢?这个问题是值得推敲的。西方一些学者确曾有这样的看法,即将历史上的多种动物形象都与图腾崇拜联系起来。然而在史前社会,人们除了基本的宗教信仰之外,还从事大量现实、素朴、没有任何神秘色彩的生产或生活活动。我们有理由相信原始人对于宗教的崇信要胜于现代人,因为这是由当时人们的认识水平和社会发展条件所决定的,但我们没有理由相信原始人除了宗教便无其他现实生活。海通在考察世界各地的图腾现象时就曾指出:"我们对流行的资产阶级学者的观点提出一些不同意见。一些学者认为,所有旧石器时代的岩画和雕像都是神圣的,都与宗教有关。据斯宾塞和吉伦的报道,澳大利亚人中有'没有任何意义'的画,即非神圣的话。在这些画中,有哺乳动物、爬行动物,甚至有人手的素描。但是,据澳大利亚人的信仰,用红色颜料着色的才是'阿尔切林加'祖先遗留下来的,因此才是神圣的。"[3] 另外据马凌诺斯基介绍,西太平洋岛上一些原始居民的独木舟上常常可以看到一些绘制成各种形象的图案,而据当地居民说,它们并没有什么宗教或图腾的含义。这就是说,这些图案很可能仅仅为当时一种艺术行为的体现。

《山海经》一书中也有不少这样的形象,对它们的认识无疑应该联系

---

[1] 〔苏〕海通:《图腾崇拜》,何星亮译,第214—215页。
[2] 何星亮:《中国图腾文化》,第79页。
[3] 〔苏〕海通:《图腾崇拜》,何星亮译,第153—154页。

先秦社会和历史的实际才能得到正解。比如《西次二经》："其十神者，皆人面而马身，其七神皆人面而牛身，四足而一臂，操杖以行，是为飞兽之神。"《南次三经》："其神皆龙身而人面。"《北山首经》："其神皆人面蛇身。"《北次二经》："其神皆蛇身人面。"《北次三经》："其神状皆马身而人面者廿神。"《东山首经》："其神状皆人身龙首。"《东次三经》："其神状皆人身而羊角。"《中次七经》："其十六神者，皆豕身人面。"《中次八经》："其神状皆鸟身而人面。"除了这些无名之神外，还有一些有名的半人半兽神，如《西次三经》："（神陆吾）其神状虎身而九尾，人面而虎爪。"《中次八经》："（神计蒙）其状人身而龙首。"《中次三经》："（吉神泰逢）其状如人而虎尾。"《西次三经》："（神英招）其状马身而人面，虎文而鸟翼。"对于这些形象，作者的结论是："《山海经》所记的半人半兽神，大多因地而不同，或因山而异，似由图腾演化的地域图腾神或山神。"① 作者在另一处又说："《山海经》记各山经之神状各不相同……这些神状可能就是根据图腾柱描绘的。"②

作者的这些结论是不能成立的。理由之一，《山海经》成书时代不可能早于战国，其中纵然保留着某些古代文化的遗留，也绝不会追溯到石器时代。如果说这样丰富而生动的图腾遗留在漫长的三代历史上不曾记载于文献，而直到战国时期才被人们以文字形式表现出来，这件事就显得蹊跷而不可理解。理由之二，形式上相同的文化现象之间未必具有相同的功能和本质。的确，某些国外学者曾断言半人半兽的传说与图腾制度有关，比如海通就指出，"相信群体起源于神幻生物——半人半兽或动物、植物和自然力，或相信人与动物结合而繁衍了某群体，这也是过去存在图腾崇拜的证明，特别是当氏族名称与传说中的祖先名称相符"，"由于阶级社会形成之后，一些部落，甚至是氏族的图腾—祖先神灵加入了神的行列，并往往保留了自己的兽形，或是以人格化的动物形象出现，而且都拥有化身为动物的能力。我们认为，所有这样的观念，都是图腾崇拜的遗迹"③。但我们在理解这段话时要注意，中国古代的半人半兽形象以《山海经》最为渊薮，而此书中的许多神话都是战国方士为了蛊惑诸侯之心而编造出来的。这些奇怪的形象即使保留了若干史实的影子，也不能与石器时代的宗教信仰对号入座。

---

① 何星亮：《中国图腾文化》，第 86 页。
② 何星亮：《中国图腾文化》，第 129 页。
③ 〔苏〕海通：《图腾崇拜》，何星亮译，第 78 页。

《中国图腾文化》的第二项不足，在于作者未能对中国古代文化的本质加以充分的理解，这就过分夸大了图腾崇拜在中国历史与文化中的影响和地位。图腾作为较早的一种宗教现象，在人类文化史上具有普遍性并不难理解。然而我们不能据此便断言图腾在各文明之中必然具有同等重要的地位和作用，人类学家在长期的调查中已经发现，即使在野蛮部落中，图腾的发达程度往往相去甚远。事实上，如果我们大致回顾一番中国古代历史与文化的实际状况，就不难发现它的一个基本特质是现实主义意识的主导地位几乎未曾动摇过。如果史前存在丰富而发达的图腾文化的话，我们就难以解释这样一个基本事实：三代以来的中国社会为什么没有发展出像世界其他某些国家中那样丰富的宗教文化，中国文化的现实主义特征为什么如此明显？这样看来，离开对中国古代文化特质的基本认识，而仅仅从中西比照的角度发挥古代图腾文化的内涵的话，就会得出一些看似新奇，其实不足为训的结论。

由以上两点遂导致人们在寻找和分析图腾问题时往往超出一定界限，把一些本与图腾无关的现象混入其中，从而出现了有学者所批评的所谓"泛图腾论"倾向。① 然而在何先生的论著中，我们看到的是作者极力增加图腾现象的认定标准，这就难免为图腾论的泛化开启方便之门。何先生认为，根据世界各民族的图腾文化资料，图腾文化及其残余的特征主要有如下几方面。其一，相信某种有生物或无生物与某群体（氏族、胞族、部落、民族、家庭等）或个人存在血缘亲属关系。其二，相信自己的始祖是某种动物、植物、无生物或自然现象，或是半人半兽、半人半禽和半人半植物等；相信自己的始祖系由人与某种动物结合而生或某女子感某物而生。其三，氏族、胞族、部落、民族、家庭或个人以某种动植物或自然物作为保护神，相信人们与它有着特殊的关系。其四，氏族、胞族、部落、民族、家族、家庭或姓氏等以某种有生物或无生物命名，并以它作为识别的标志。其五，相信人或帝王、巫师能化身为某种动物、植物、无生物等；相信人死后化身为某种物象。其六，古代有关于某种动植物、无生物是本群体的亲属、祖先或保护神的传说，现在又有与之有关的各种禁忌、仪式、神话和艺术等。

作者断言说，"以上六条，是判别图腾文化及其残余的主要准则，其中最主要的是前四条，只要存在其中一条，便可视为图腾文化或残余。"②

---

① 常金仓：《古史研究中的泛图腾论》，《陕西师范大学学报》1999年第3期。
② 何星亮：《中国图腾文化》，第31—32页。

按照这样一些宽泛的标准衡量的话，恐怕历史上所有与动物、植物、无生物有关的"难解之谜"都可以与图腾联系起来了。中国学者在引用西方理论的时候仍然缺乏一种审慎的态度，尤其是缺乏一种批判的意识，这样怎能保证西方社会科学理论的活学活用呢？

三　巫术及关于巫术的强制阐释

（一）研究状况

巫术属于广义上的宗教范畴，但由于它在世界文化史上往往具有自身的特点而被不少文化学家单列出来加以考察。英国文化人类学家泰勒《原始文化》①、弗雷泽《金枝：巫术与宗教之研究》②、马凌诺斯基《巫术科学宗教与神话》③、埃文斯-普里查德《阿赞德人的巫术、神谕和魔法》、④马塞尔·莫斯《巫术的一般理论：献祭的性质与功能》⑤ 等都是西方文化人类学史上巫术文化研究方面的经典之作。从20世纪二三十年代开始，众多中国著名学者相继利用西方人类学论著中的巫术材料和理论（主要是早期进化论派理论）解释中国古代的巫术现象，并取得了初步成就。这方面的代表性论著有李安宅《巫术与语言》《巫术问题的解析》、陈梦家《商代的巫术与神话》、⑥ 江绍原《发须爪：关于它们的迷信》、⑦ 瞿兑之《释巫》、⑧ 郑振铎《汤祷篇》、⑨ 梁钊韬《中国古代巫术：宗教的起源和发展》⑩ 等。其中梁钊韬先生的著作是中国学者利用弗雷泽等人巫术理论系统研究古代巫术的第一部著作，其中不仅介绍了文化人类学界关于巫术及其起源的一般理论、玛纳观的中国巫术基础观念、生机观的中国巫术要素，而且描述了中国古代的占卜、祭礼等行为中所反映的巫术观念。

改革开放以来，跨学科的视野使人们更关注于传统文化的"小传统"方面，中国古代巫术研究因此而进入一个新阶段，各种相关论著也层出不

---

① 〔英〕爱德华·泰勒：《原始文化》，连树声译，上海文艺出版社1992年版。
② 〔英〕詹姆士·乔治·弗雷泽：《金枝：巫术与宗教之研究》，徐育新等译。
③ 〔英〕马林诺夫斯基：《巫术科学宗教与神话》，李安宅译，中国民间文艺出版社1986年版。
④ 〔英〕E.E 埃文斯-普里查德：《阿赞德人的巫术、神谕和魔法》，覃俐俐译，商务印书馆2006年版。
⑤ 〔法〕马塞尔·莫斯、昂利·于贝尔：《巫术的一般理论：献祭的性质与功能》，杨渝东等译，广西师范大学出版社2007年版。
⑥ 陈梦家：《商代的神话与巫术》，《燕京学报》1930年第20期。
⑦ 江绍原：《发须爪：关于它们的迷信》，中华书局2007年版。
⑧ 瞿兑之：《释巫》，《燕京学报》1930年第7期。
⑨ 郑振铎：《汤祷篇》，上海古典文学出版社1957年版。
⑩ 梁钊韬：《中国古代巫术：宗教的起源和发展》，中山大学出版社1999年版。

穷。就笔者有限的目力所及，这方面的专著已不下数十种。宋兆麟《巫与巫术》出版于 1989 年，该书结合大量历史文献记载、考古资料以及民族学材料，综合多学科研究方法，对巫教的源流及其巫教对中国社会文化诸多方面的影响进行了分析。1990 年，张紫晨发表《中国巫术》，该书从人类学、历史学、宗教学、民族学等多种角度对中国巫术进行了系统研究。1995 年，臧振《蒙昧中的智慧：中国巫术》[①]论述了巫术在我国古代产生的文化背景及后来数千年发展的演变过程。1998 年，胡新生《中国古代巫术》对中国古代曾经盛行的典型巫术做了一次全面的清理。全书所涉及的研究工作主要包括三个方面：为中国古代揭示了每类巫术的总体特征和内在联系；对各种巫术形成、发展和演变的历史过程做了详细的考察；对一种巫术能盛行的文化背景以及它对中国古代其他人文现象所产生的影响作了比较系统的说明。1993 年、2001 年，李零先后发表《中国方术考》及《中国方术续考》，其中于古代巫术多所论及。2001 年，詹鄞鑫《心智的误区——巫术与中国巫术文化研究》探讨了巫术的性质、起源、原理、分类、功能，巫术与宗教、迷信、科学、魔法、民俗等方面的关系。由此出发，作者还征引大量文献、考古、古文字和民俗学方面的材料，阐释专职巫术、养生治病巫术、改造自然巫术、人际关系巫术，以及巫术与各种艺术形式的关系，为中国巫术的研究奠定了良好的基础。此外，这方面的专著还有王振复《巫术：周易的文化智慧》、林河《中国巫傩史》等，而有关论文则多至不胜枚举。总的看来，改革开放以来的中国古代巫术研究是史学跨学科研究的一个典型案例，其中的成就与问题很值得我们进行总结。本节试图结合高国藩先生出版于 1999 年的《中国巫术史》一书，对近 30 年间这一领域所取得的成就和问题略加分析。

（二）主要成绩

《中国巫术史》一书的贡献和成就是重要而突出的，在笔者看来，这些贡献和成就主要可以概括为两个方面。其一，对西方巫术研究理论进行了较为系统的介绍。《中国巫术史》一书共四十三章，其中前五章主要围绕巫术的基本概念，巫术与原始医学、原始艺术的关系，巫师的条件、类别、名称表、古名拾遗，巫师的装扮与乐器，以及贯穿中国巫术史的四类巫术等理论问题进行了总体介绍。需要指出的是，作者除了系统介绍西方文化人类学家研究巫术问题的理论成果之外，还对巫术的类别划分提出了新的看法。比如作者在划分巫术基本类型的时候，没有教条地局限于英国

[①] 臧振：《蒙昧中的智慧：中国巫术》，华夏出版社 1994 年版。

人类学家弗雷泽所谓的"交感理论",而是综合其他中国学者的看法又提出"模仿巫术原理""反抗巫术原理""蛊道巫术原理"三种类型。这种补充不仅丰富了巫术理论的类型,而且更加符合中国历史与文化的实际。不仅如此,作者在介绍巫术理论的同时,还结合大量中西案例讨论了巫术与原始音乐、舞蹈、绘画、雕刻、医学的关系。该书的成就之二,在于用丰富的材料和理论对中国自古以来的巫术现象进行了一次系统的梳理。中国的巫术文化研究虽然始于20世纪前半期,但当时的学者未能对其做系统的考察。实际上,中国传统文化的内涵丰富、成分复杂,只有对它的方方面面进行深入细致的实证分析才有可能了解它。当然,古代巫术史的大量材料不一定集中在一二史料当中,而是散见于各种文献中。如何将这些材料鉴别、搜罗出来,无疑是对研究者学术功底和眼光的一种考验。在这个过程中,作者遵循了三项原则:第一,博考各类文献,力求言必有据,对中国巫术史进行了宏观探讨;第二,对个别巫术加以微观审查,进而抽出不同历史时期的同类巫术做细致研究;第三,对各国、各民族的巫术现象进行比较研究,以便使人们对所研究的巫术类型有所认识。总之,作者试图做到宏观与微观相结合,找出中国巫术史中的新问题,开拓巫术史研究的新领域。

(三)强制阐释

从《国语·楚语》关于上古时期"绝地天通"的传说来看,中国文化很早以来便具有宗教情绪相对淡漠,理性主义占据上风的特点。关于这一特点形成的具体过程虽有待于进一步的研究,但我们将这一特点的形成归之于中国古代文明抉择时期一系列重大而特殊的历史事件似无疑问。一种宗教情绪淡漠的民族或文化不可能具有丰富而发达的巫术或图腾信仰,这是众多文化人类学家的一项共识。这样看来,在甄别和解释古代文献中若干类似于巫术的史料时就应持以尤为审慎的态度。然而在《中国古代巫术》关于上古至春秋战国间巫术的讨论中,我们却看到了不少随意而草率的论述。在第六章"原始时代巫术"中作者认为:"远古神话时代自然处于原始社会历史阶段,当时也是巫术盛行时期。"为了将中国上古说成巫术、巫师占据主导地位的社会,作者发掘了大量的史料。作者认为,大凡古籍中所谓女娲抟土造人、华胥履迹生伏羲、姜嫄履迹生后稷、神农氏尝百草、大禹治水、精卫化鸟、刑天舞干戚、鲧化黄熊等之类的传说都是上古时期巫术的证据。在笔者看来,这些观点大多受到早期进化论派人类学关于史前巫术极为盛行之说的影响,其实并不可靠。试举数例略加说明。

第一例是关于所谓"脚印巫术"的论述。作者认为,中国古代存在一种所谓"踩脚印"的交感巫术,他说:"脚印巫术是最古老的交感巫术,它在远古神话时代曾经盛极一时。"① 为了证明这点,作者试图根据四条史料证明"华胥履大人迹而生伏羲"就是"脚印巫术"的代表。这四条史料分别是:

> (1)《史记·补三皇本纪》:"太皞庖牺氏,风姓,代燧人氏继天而王。母曰华胥,履大人迹于雷泽,而生庖牺(伏羲)于成纪,蛇身人首,有圣德。"
> (2)《诗含神雾》:"大迹出雷泽,华胥履之,生伏牺(伏羲)。"
> (3)《孝经援神契》:"华胥履迹怪生皇牺。"
> (4)《水经注·瓠子河》:"瓠河又左经雷泽北。其泽薮在大成阳县故城西北十余里,昔华胥履大迹处也。"

首先需要注意的是,这四则史料虽然描写的是上古时期的状况,但没有一条完全可靠。第一条史料取自唐人司马贞的《补三皇本纪》,"三皇"之事在太史公看来已不可信从,因而《史记》起自五帝,司马贞的补充也因此被人们认为是劳而无功,并没有多少史料价值可言。第二、三条材料由《太平御览》卷七十八引自汉代纬书,即使所引无误,也最多说明这是汉代谶纬思潮的产物。作者用这样四条产生时代甚晚的材料试图证明"伏羲氏"的母亲因施行"脚印巫术"而生育了伏羲,其结论之缺乏说服力自不必说。事实上,华胥氏履迹的故事完全是后世好事者根据周祖姜嫄的神话附会而来的。

作者所举第二条脚印巫术的证据是姜嫄神话。《诗经·大雅·生民》:"厥初生民,时维姜嫄。生民如何?克禋克祀。以弗无子。履帝武敏歆,攸介攸止。载震载夙,载生载育,时维后稷。"《生民》是周人回顾其祖先的神话,这段神话到司马迁的时代变得更为生动具体了。《史记·周本纪》说:"周后稷,名弃,其母有邰氏之女,曰姜嫄,姜嫄为帝喾元妃。姜嫄出野,见巨人迹,心忻然说(悦),欲践之。践之而身动,如孕者。居期而生子,以为不祥,弃之隘巷,马牛过者,皆辟不践。徙置之林中,适会山林多人。迁之,而弃渠中冰上,飞鸟以其翼覆荐之。姜嫄以为神,遂收养长之。初欲弃之,因名曰弃。"司马迁之后,姜嫄履迹的故事逐渐定型,《吴越春秋》《列女传》《述征记》等书关于这则神话的描述始终不出以上情节。姜嫄神

---

① 高国藩:《中国巫术史》,上海三联书店1999年版,第75页。

话能否成为作者所谓"脚印巫术"的证据呢？在笔者看来答案是否定的。原因很简单：巫术是无效的技艺，是人们为了达到特定目的有意为之的一种策略；然而《生民》与《周本纪》的记载都表明姜嫄"履迹"之举并非有意为之，而纯属一次意外的巧合。如果姜嫄履迹像作者所理解的那样是在施行一种巫术的话，我们就难以理解她事后何以会对"居期而生子"之事"以为不祥"，乃至欲数次弃之而后快。由此可见"脚印巫术"之说颇嫌迁曲难通，倒不如把后稷故事理解为周人为"宠神其祖，以取威于民"（《国语·楚语下》观射父语）而附会出的一段感生神话更为合理。

第二例是所谓"抟土造人巫术"。女娲造人之说产生甚晚，《太平御览》卷七十八引《风俗通》云："俗说天地开辟，未有人民，女娲抟黄土作人，剧务，力不暇供，乃引绳于絚泥中，举以为人。故富贵者，黄土人也；贫贱凡庸者，絚人也。"要证明"抟土造人"是一种巫术，至少需要两个前提条件：第一是确定女娲是一个历史人物；其二是"造人之术"被后代巫师不止一次地付诸实施。女娲是不是真实的历史人物？对于这个问题，近代以来严肃的古史学者恐怕都要予以否认。作者则不顾这些基本事实，而是力图将这则神话与历史扯上联系，"在原始社会早期那种历史的条件之下，女巫具有绝对的权威性，她们在愚昧的原始人中开始了对于世界万物因果关系的探讨，她们探讨的第一个问题便是人类是如何诞生的。女娲正是中国巫术史上第一个女巫，她的最为精彩的巫术，便是用黄土造人的模仿巫术，这种巫术是被炎黄子孙从远古以来都笃信不疑的，我国原始社会早期正是从模仿巫术开始那巫术史之漫长历程的"[1]。马凌诺斯基曾经指出，巫术是一种被错误应用的技艺，然而却被实施者信奉不疑。不过穷古今中外之例，除了女娲之外还有哪位巫师曾实施过"造人巫术"呢？《绎史》卷十二引《随巢子》云："禹娶涂山，通轩辕山，化为熊，涂山氏见之，渐而去，至嵩山下化为石。禹曰：'归我子！'石破北方而生启。"大禹其人其事在较早的史籍中并没有如此丰富的情节，只不过在战国秦汉间逐渐被加入种种细节。正因为如此，这完全可以视为顾颉刚先生所谓"层累构成的中国古史"说的一个范例来加以研究。不过作者却完全忘记了这个故事的演变，而是把秦汉之后好事者的附会当作历史的真实来考察，他说："原始社会是母系制度之社会，这种社会自然是由女巫施行人类与天神之沟通，女巫施行了泥人模仿巫术，她们也施行石人模仿巫术。夏民族始祖神，即启的母亲涂山氏，实际也是女巫，她擅长的却是石模仿

---

[1] 高国藩：《中国巫术史》，第78—79页。

巫术,她宣称启是从石头中生出来的,还造出了这样一种神话来,说自己曾变为石人,启便是从石人的肚子里蹦出来的。"① 其实战国秦汉之际的神仙家方士之流为了游说人君,兜售神仙之说,最善于将素朴的历史传说涂上神秘主义色彩,《山海经》《穆天子传》《随巢子》等书即为这些神秘故事的代表。正因为如此,我们完全没有必要将其附会于巫术之列。

另一个例子是关于大禹其人其事的巫术分析。《论语·泰伯》记载了孔子对大禹的一段称赞:"禹,吾无间然矣,菲饮食,而致孝乎鬼神;恶衣服,而致美乎黻冕;卑宫室,而尽力乎沟洫。禹,吾无间然矣。"这段话是说大禹虽然地位崇高,却能坚持艰苦朴素的生活传统,不外乎是表彰他是古代君王的典范,这与《墨子》称赞大禹"茅茨不剪,采椽不斲"是同一个意思。"致孝乎鬼神、致美乎黻冕"数语虽然与祭祀有关,但并没有说他是一个巫师。作者则据此解释说:"夏禹便有着'致孝乎鬼神'的身份,这就显然是沟通鬼神的巫师。"② 传说当中大禹治水异常辛劳,甚至造成腿部畸形,故《荀子·非相》说:"禹跳,汤偏。"《尸子》也说:"禹于是疏河决江,十年不窥其家,手不爪,胫不毛,生偏枯之病,步不相过,人曰禹步。"作者告诉我们说:"禹化熊钻洞疏导洪水,就是运用模仿巫术在治水,他施巫术时采取的步法便是一种病态的巫师舞步的模拟法。"③ 秦汉之后的方士为自神其法,将他们的巫技取名为"禹步"显然是出于增强知名度的目的而已。如果我们不顾古代历史的常识,反过来把大禹视为古代巫师的代表,试问这种看法与历史上的方士之见有何不同?

再如所谓"无头模仿巫术"。作者解释说,所谓"无头模仿巫术",是说这种巫术的奇怪处,认为人被砍去了脑袋也仍然能活下去并且继续战斗。他说:"这虽然是古代巫师的虚妄的幻想,但是似已被古人所接受,故传说的神秘异常,认为人世有活着的无头人,这是它的特征。"④ 为了证明原始时代果然存在奇怪的"无头巫术",作者分别以蚩尤、形天神话为例证。《太平御览》卷七十九引《帝王世纪》云:"黄帝……讨蚩尤氏,擒之于涿鹿之野,使应龙杀之于凶黎之丘。"《管子·四时》则说:"黄帝得蚩尤而明乎天道,遂置以为六相之首。"两则史料一者说蚩尤被杀,一者说被任以职守,这很可能是因传说失实而导致一件史事出现两个版本,要之其中必有一误。作者却想到了用"无头巫术"来调和二说之见的矛

---

① 高国藩:《中国巫术史》,第 81 页。
② 高国藩:《中国巫术史》,第 67 页。
③ 高国藩:《中国巫术史》,第 67 页。
④ 高国藩:《中国巫术史》,第 83 页。

盾，他说："（黄帝）既然杀了他（蚩尤），怎么又任命他为六相之首？合乎常理的推测，他可能无头或又装上了头而复活了。"① 这一解释固然新异，然而却难以让人信从。刑天（夭）神话载于《山海经·海外西经》："形天与帝至此争神，帝断其首，葬之常羊之山，乃以乳为目，以脐为口，操干戚以舞。"作者解释说："以现代眼光看，这纯粹是奴隶时代巫师设计的一种模仿巫术罢了，不过把它编成了神话传说。……但是在奴隶社会中，人们的军事知识还很低，奴隶们虽然是起来反抗了，但施行的却是'夏耕之尸'之类的无头巫术，这就注定导致斗争失败。"② 我们认为这是完全错误的理解。首先，陶潜《读山海经》诗形天作"形夭"，《太平御览》引《山海经》亦作"形夭"，说明今本"形天"实为"形夭"之误。后人不明真相一误再误，遂有"形天""刑天"之名。《淮南子·地形篇》："西方有形残之尸。"高诱注："形残之尸，于是以两乳为目，腹脐为口，天帝断其首也。"高氏以"残"释"夭"，说明当时东汉时期"形夭"一词尚未舛误。其次，《山海经》中的形夭形象由何而来？联系到战国秦汉之际那场大规模的历史神话化运动，今人或以为这是道家寓言中身残志坚者形象的庸俗化。③ 两相比较，我们认为后一种解释的合理性要多一些。

以上这些误解反映出几方面的问题。首先，作者错误地估计了古代文化的基本特质，将古代想象为巫术占据统治地位的时期。关于这点我们在图腾研究一节已有所分析，此处不再赘述。其次，忽视了史料产生的特殊背景，动辄用秦汉之后的材料说明上古时期的历史。最后，分析文化现象时忽视了形式与内容之别，以至于将仅仅在形式上相类似的现象误解为上古时期的巫术。文化同其他客观的存在物一样，都具有内容与形式之别。对于文化研究者来说，文化的形式是次要的、表面的，而文化的内容才是深层的、本质的。正因为如此，功能派文化人类学家很早就警告人们在考察一种文化时要关注于它的本质，而不是它在形式上的相同性或相似性。马凌诺斯基曾经用"木杖"来说明这个道理，他说："相同形式的木杖，可以在同一文化中，用来撑船，用来助行，用来做简单的武器。但是在各项不同的用处中，它却都进入了不同的文化布局。这就是说，它所有不同的用处，都包围着不同的思想，都得到不同的文化价值。……一物品之成为文化的一部分，致使在人类活动中用得着它的地方，只是在它能满足人类需要的地方。"④ 马凌诺斯

---

① 高国藩：《中国巫术史》，第83—84页。
② 高国藩：《中国巫术史》，第85页。
③ 常金仓：《〈山海经〉与战国方士的造神运动》，《中国社会科学》2000年第6期。
④ 〔英〕马凌诺斯基：《文化论》，费孝通译，华夏出版社2002年版，第17页。

基所批评的这种忽视文化功能,关注文化形式的现象在历史学研究中并不少见。《中国巫术史》一书作者在考察古代巫术时,就存在忽视文化现象的本质和功能,而仅仅留意于文化形式的嫌疑。

第二节 弗雷泽"巫术时代论"与中国的巫术研究

巫术起于何时,其发展、变化有何规则?从19世纪末的西方人类学古典进化论学派到20世纪30年代中国巫术研究开展以来的诸多论述中有一个错误的假设,那就是在人类史前存在一个"巫术时代",巫术必然而且仅仅产生于"巫术时代";随着人类知识和理性的逐渐提高,宗教取代巫术,人类社会开始由所谓"巫术时代"进入"宗教时代"。

这一理论的始作俑者英国古典进化论人类学代表人物弗雷泽于1890年发表了他的巫术研究专著——《金枝:巫术与宗教之研究》。正是在这本影响深远的巨著中,弗雷泽第一次系统地提出这个被后人简称为"巫术时代论"(下文简称"时代论")的著名观点。在谈到巫术起源问题时,弗雷泽指出,在人类发展进步过程中,巫术的出现早于宗教的出现,人在努力通过祈祷、献祭等温和谄媚手段以求哄诱安抚顽固暴躁、变幻莫测的神灵之前,曾试图凭借符咒魔法的力量来使自然界符合人的愿望。他推测道:"既然在目前已知的人类社会的最后状态里,我们发现巫术是如此明显地存在而宗教却显然不存在的,那么,我们是否可以据此推测世界上的文明民族在他们历史的某个阶段也经历过类似的智力状态,即在他们想用献祭和祷词来讨好自然伟力之前也曾企图强迫它服从于自己的意愿呢?简言之,是否如人类文明在物质方面到处都有过石器时代一样,在智力方面各地也都有过巫术时代呢?我们有理由对这个问题给予肯定的回答。"作者断言:"在一切地方都是宗教时代跟在巫术时代之后来到。"[①]

"时代论"是近代巫术研究的一个错误假设。20世纪30年代,该理论随同弗雷泽的整套巫术学说传入中国,对开展伊始的中国本土巫术研究产生极大影响。虽然短短几十年内,该理论就被西方学术界所抛弃,但由于迄今仍有许多中国学者坚持这一理论,致使其不良影响不仅远未肃清,甚

---

① 〔英〕詹姆士·乔治·弗雷泽:《金枝:巫术与宗教之研究》,徐育新等译,第84、85、86页。

第六章　人类学视阈中的宗教、图腾与巫术　285

至有日渐扩大之势。有鉴于此，本节就"时代论"的基本错误予以分析批评，并结合中国巫术相关资料作为例证，以期在某种意义上起到剔除谬见、裨益学术的作用。

一　"时代论"错误之批评

（一）乌有的"巫术时代"

弗雷泽认为，在"巫术时代"，没有宗教与科学，人们普遍生活于蒙昧之中："曾有一个时期人们为满足他们那些超越一般动物需求的愿望而只相信巫术。""巫术时代"中没有宗教，他举澳大利亚土著居民的例子来证明这点："在那些我们已掌握有准确资料的最原始的野蛮人中间巫术是普遍流行的；而被视为对更高权威的一种调节或抚慰的宗教则几乎不为人所知。"①

事实究竟怎样呢？功能派人类学家马凌诺斯基长期深入调查西太平洋岛原始居民当中的宗教状况，最终得出与以往截然相反的结论："无论怎样原始的民族，都有宗教与巫术。"② 相形之下，弗雷泽所引以为豪的"准确资料"的可靠性也被推翻，即使是对澳洲土著社会的深入调查也证明同一结论——正如布林·莫里斯所反驳的那样："不用说，根本就没有证据来支持弗雷泽的理论；事实上，正如很多人类学者从那时以来所论证的，澳大利亚部落土著社团有复杂的宗教体系。"③

巫术与宗教不同，但这种区别只是相对的，弗雷泽却错误地将这一区别绝对化。在初民社会的早期阶段，巫术与宗教合而为一的例子屡见不鲜，图腾崇拜就是一个典型。据马凌诺斯基研究，一方面"图腾制是族的宗教"；另一方面，"使图腾物繁殖和兴旺的仪式，乃是巫术性质的行为"④。托卡列夫也认为："法术与种种法术观念处于举足轻重的地位，堪称澳大利亚人诸部落的宗教之特点。所谓法术观念，既见诸图腾崇拜，又见诸致厄法术、性爱法术以及巫医术。"⑤ 在早期宗教的研究中，法国社会学家涂尔干将图腾作为宗教生活的初级形式来加以考察："巫术不能生硬地与宗教区别开来，就像宗教充满了巫术一样，巫术也充满了宗教。"因此，"巫术并不像弗雷泽所主张的那样是一种原初的事实，宗教也并非仅

---

① 〔英〕詹姆士·乔治·弗雷泽：《金枝：巫术与宗教之研究》，徐育新等译，第83、84页。
② 〔英〕马林诺夫斯基：《巫术科学宗教与神话》，李安宅译，第3页。
③ 〔英〕布林·莫里斯：《宗教人类学》，周国黎译，今日中国出版社1992年版，第139页。
④ 〔英〕马林诺夫斯基：《巫术科学宗教与神话》，李安宅译，第28页。
⑤ 〔苏〕谢·亚·托卡列夫：《世界各民族历史上的宗教》，魏庆征译，中国社会科学出版社1985年版，第62页。

仅是巫术派生出来的形式。"① 结构主义人类学家列维-斯特劳斯对这一问题也持有相同观点。② 这些学者流派各异，相互之间不乏门户之见，但他们一概将弗氏的"巫术时代"之说置于批判、摒弃之列，不能说是没有道理的。

据弗雷泽说，"巫术时代"中也没有原始科学的立足之地，原因是低级的智力水平不足以产生如此伟大的成就；这样，科学只能在"巫术时代"与"宗教时代"之后姗姗来迟。但是晚近的研究却表明：多数早期进化论者低估了原始心灵的发展水平。事实恰恰相反，即使最初级的社会也孕育着科学的萌芽。马凌诺斯基如此评论传统人类学的这一失误："人类学历来忽视了原始知识，不曾加以研究。只研究野蛮心理学的，都只研究初始宗教、巫术与神话。"马氏关于"两个领域并存"的观点已经被学术界所认可：通常虽都相信原始民族缺乏科学态度与科学，然而一切原始社会，凡经可靠而胜任的观察者所研究过的，都很显然地具有两种领域：一种是神圣的领域或巫术与宗教的领域，一种是世俗的领域或科学的领域。③ 马氏的这一观点后来为恩斯特·卡西尔所吸收："即使在原始生活中，我们也能看到，在神圣的领域以外还有着尘世的或非宗教的领域。"④

（二）"时代论"错误源自单线进化理论

什么是宗教？19世纪的学者大多倾向于从基督教的角度出发以界定宗教。有人就曾囿于这种偏见，断言塔斯马尼亚人无任何宗教观念。⑤ 另外一个极端的例子是直到1866年甚至还有学者声称尼罗河流域各民族中没有任何形式的宗教信仰。⑥

泰勒是较早试图破除谬见的人类学家之一，他批评道："郎格、法特、扎拉都是有贡献的著作家，关于所亲历的部落都得有很多可贵的知识以增益民族志。只可惜他们对于没有组织及神学而也是宗教的一种东西，似乎还不大知晓。他们把信条和自己不同的民族都算作无宗教，正如神学家把

---

① 〔法〕E. 迪尔凯姆：《宗教生活的基本形式》，渠东、汲喆译，上海人民出版社1999年版，第477页。
② 参见〔澳〕加里·特朗普《宗教起源探索》，孙善玲译，四川人民出版社1995年版，第154页。
③ 〔英〕马林诺夫斯基：《巫术科学宗教与神话》，李安宅译，第11、3页。
④ 〔德〕恩斯特·卡西尔：《人论》，甘阳译，上海译文出版社1985年版，第103页。
⑤ 〔苏〕谢·亚·托卡列夫：《世界各民族历史上的宗教》，魏庆征译，中国社会科学出版社1985年版，第65页。
⑥ 〔英〕布林·莫里斯：《宗教人类学》，周国黎译，第120页。

那些所奉和他们不同的人都看作无神主义者一样。"① 泰勒意识到：

> 在对低等种族的宗教进行系统研究中，其首要前提就是要确定宗教的初步定义。如果这个定义要求宗教就是对一位至高无上的神的信仰，那么无疑许多部落都会被排除在宗教范畴之外。而这种狭隘的定义的缺点，就是只把已有特殊发展的宗教形态认同为宗教。……看来，我们最好……直截了当地宣称，对精神存在的信仰就是宗教最低限度的定义。②

弗雷泽的宗教观直接受这一定义影响："我说的宗教，指的是对被认为能够指导和控制自然与人生进程的迎合或抚慰。""统治世界的力量究竟是有意识的和有人格的，还是无意识的、不具人格的？宗教，作为一种对超人力量的邀宠，所认定的是两个答案中的前者。"③ 这个具有人格和意识特征，并且能够被人进行"邀宠"的超人力量正是泰勒所说的"精神存在"。

随着 20 世纪以来民族学调查的深入开展，史前社会的许多宗教现象得以确认，而它们已远远超出泰勒"最低定义"所能涵盖的范围。马凌诺斯基强调：

> 宗教不能用狭义的题材来解释成"精灵崇拜"，或"祖先崇拜"，或"自然崇拜"。宗教包含有灵观（animism）、有生观（animatism）、图腾制、拜物教等等，然单独一项均不足以代表整个的宗教。……宗教是"对于较高势力的乞吁"，只能与巫术分开，不能加以普遍的界说；即以宗教为对于较高势力的乞吁一说，也要加以补充，加以修正。④

涂尔干指出：由于人们只研究那些他们最熟知的宗教，所以长期以来始终认为神的观念是所有宗教的特征所在。而本书将要研究的宗教，在很大程度上与任何神性观念都毫不相干；受到仪式供奉的力量与宗教中占据着主导地位的那些力量也是不可同日而语的，虽然前者仍旧有助于我们解

---

① 参见林惠祥《文化人类学》，商务印书馆1996年版，第281页。
② 〔法〕E. 迪尔凯姆：《宗教生活的基本形式》，渠东、汲喆译，第34页。
③ 〔英〕詹姆士·乔治·弗雷泽：《金枝：巫术与宗教之研究》，徐育新等译，第77页。
④ 〔英〕马林诺夫斯基：《巫术科学宗教与神话》，李安宅译，第20页。

释后者。因此,"宗教远远超出了神或者精灵的观念,我们不能仅凭这些因素就断然定义宗教"①。宗教可以没有神吗?马雷特的回答是肯定的,他甚至认为只有用"神圣"这个词来表述宗教的共性才不致有偏狭之虞。②

由此可见,精神存在或神的观念不宜被当作区分宗教与巫术的可靠标志。但由于弗雷泽执着于错误的宗教判别标准,对于初民社会的许多宗教现象视而不见,简单将其归为巫术,一个纯粹的"巫术时代"便突兀眼前了。我们当然不能仅仅将其错误归咎于弗雷泽,因为事实上是时代风气使然。19世纪的许多人类学家(如孔德、泰勒等人)均坚持单线进化理论,孔德的论述已见上文,另如泰勒也指出:"有三种看待世界的基本方式:科学的方式、巫术的方式和宗教的方式。"这些思想促成了"时代论"的诞生,以至于有人不无夸张地评论说,弗氏的"大多数论点仅仅是把泰勒理论通俗化或锦上添花"③。

问题在于,是否人类社会的文化现象无一例外都像古典学者们所理解的那样呈直线发展趋势呢?马凌诺斯基曾批评说:"进化学派把文化的发展视作一串依着一定法则自动的退化,有一定的次序的阶段。……这是很明白的,种种工具的变更,确都经过一串阶段,遵守着多少有一定的进化法则,但是家庭、婚姻或宗教信仰却并不受制于任何简单而动人的退化次序。"④ 除非要将人类发展的实际状况做刻意简单化的理解,我们没有任何理由去相信这些千篇一律的"进化法则"。

(三) 古典人类学研究方法的不良影响

错误方法对于史前巫术研究领域这一误区的形成为害不浅。弗雷泽本人未曾参加过人类学实地考察工作,因此只能依据大量二手材料。这一研究方法难免影响其结论的可靠性。马雷特曾尖锐地批评弗雷泽说:"作者能够惟妙惟肖地描绘这些荒诞故事中的精灵,但他是否与食人生番同餐共饮过?是否冒着生命危险与他们较量过?具体地说,他是否离开过封闭的书房,露天在外工作过一天以便学会如何区分油灯的味道和原始人真实的气味?"⑤ 这番批评切中要害、一针见血,道出古典学者方法论上的致命缺陷。

心理学方法是古典学者为弥补上述缺陷所采取的不得已而为之的研究

---

① 〔法〕E. 迪尔凯姆:《宗教生活的基本形式》,渠东、汲喆译,第7页。
② 〔英〕R. 马雷特:《心理学与民俗学》,张颖凡等译,第134页。
③ 参见〔英〕布林·莫里斯《宗教人类学》,周国黎译,第139页。
④ 〔英〕马凌诺斯基:《文化论》,费孝通译,第12—13页。
⑤ 〔英〕R. 马雷特:《心理学与民俗学》,张颖凡等译,第144页。

手段。何以巫术必然产生于宗教之前，而且"宗教时代"必然会在"巫术时代"之后到来？尽管弗雷泽承认由于缺乏证据，"对于这样深奥的问题很难指望得到一个充分的和满意的答案"，但他仍然按照心理学的"规则"做出这样一个假设：巫术的原理比宗教的思想简单，因而更易为简单的头脑所接受，"这种更深的宗教观念，这种凡事唯以神的意志是从的皈依，只能对那些有较高知识的人起作用，他们具有足以理解宇宙之浩瀚和人之渺小的宽广的视野。渺小的心灵不可能掌握伟大的思想，以他们那种狭隘的理解力和近视的眼光看来，除他们自己之外似乎没有任何东西是真正伟大的了。"[1] 与宗教相比，巫术的理论真的更为"简单"一些吗？所谓"相似律"和"接触律"真的更容易为原始人所理解和接受吗？这些断言都是很成问题的。试想情况果真如此，应如何解释某些历史时期宗教衰歇、巫术勃兴的文化现象呢？

二 "时代论"影响下的中国巫术研究

弗雷泽的巫术理论对于促进20世纪初中国本土巫术研究的开展影响重大。与之相关的论著如陈梦家的《商代的神话与巫术》、郑振铎的《汤祷篇》、江绍原的《发须爪》等，都是至今为人称道的开山佳作。至于梁钊韬教授完成于1940年的《中国古代巫术：宗教的起源和发展》一书，则是将弗雷泽"时代论"用于解释中国史前巫术的初次尝试，其影响尤其不可小觑。

梁教授主张用西方巫术理论来解释中国古老的巫术史料："弗雷泽认为宗教是由巫术发展而成的，在宗教形成之前先有一个巫术的时代。这是十分正确的。""巫术是宗教的发端阶段，巫术比有灵崇拜为先，这种主张客观上是合理的，是符合事实的。"[2] 中国古史上所谓的"事实"根据何在？或是出于疑则阙如的审慎态度，梁教授没有举出任何文献或考古资料加以论证。但在同书的另外一处，他似乎倾向于将《国语·楚语》中"家为巫史"的记载理解为史前时期"巫术宗教混合的时代"——亦即"巫术时代"向"宗教时代"的过渡阶段。古神话学家坚信《楚语》所载"家为巫史""绝地天通"故事乃是上古时期的开天辟地神话。[3] 作为对梁教授观点的补充，近来有人则断言"民神不杂"的时期正是弗雷泽所指的

---

[1] 〔英〕詹姆士·乔治·弗雷泽：《金枝：巫术与宗教之研究》，徐育新等译，第89页。
[2] 梁钊韬：《中国古代巫术：宗教的起源和发展》，第18页。
[3] 袁珂：《中国神话通论》，巴蜀书社1993年版，第165页。

"巫术时代"①。

我们知道，西汉时司马迁将《国语·楚语》中的这段话采入《史记·太史公自序》，用以表明其家世的源远流长。在他看来，这则传说的本义可谓相当清楚明白：上古时期，巫术行为与人们的世俗活动并行不悖，各自服务于不同的领域之中（"民神不杂"）。少皞氏统治的末期，这种正常的社会秩序开始遭到破坏，宗教和巫术超出了常规的活动范围，以至于整个社会普遍沉迷于"重鬼神、轻人事"这样一种反传统的非理性文化氛围当中（"民神杂糅""家为巫史"）。颛顼氏执政以后，整顿宗教秩序，协调人神关系，终于使得人们一度高涨的宗教情绪归于平淡（"使复旧常""绝地天通"）。帝尧在位时，试图死灰复燃的宗教再度遭到遏制，终于使得奠定于远古的现实主义文化精神沿至夏商以降。由此可见，神话学家的观点固然不值一驳，但这也绝不是什么"巫术时代"的"事实"，而不如将其理解为中国史前文明抉择期两种文化因素相冲突的插曲更为合理一些。

饶有趣味的是，尽管有关中国史前"巫术时代"的佐证如此欠缺而且经不住推敲，但还是有愈来愈多的学者持续不断地就此话题发表惊人之语。在一部思想史论著中，作者断言："夏以前是巫觋时代，商殷已是典型的祭祀时代，周代是礼乐时代。""巫觋文化发展为祭祀文化既是宗教学上的进化表现，也是理性化的表现，祭祀文化不再诉诸巫术力量，而是更多通过献祭和祈祷。"② 作者似乎意识到"科学时代"的确非周人所能企及，所以略加变通而代之以"礼乐时代"，"时代论"由此被"中国化"了。尽管如此除对本书前引《国语·楚语》那段话断章取义地加以曲解之外，我们却看不到作者找到任何新的证据以自圆其说。

类似的见解不一而足。如有学者将"时代论"作为解释先秦以来伦理文化形成的依据："这种所谓'巫术—宗教—科学'的人类智慧发展态势，也许是一种正常的文化智慧的演变常式。""然而，也许是由于中华古代的文化智慧实际上没有真正实现从巫术向宗教的文化转换，作为'补偿'，便有先秦儒家所提倡，而后一发而不可收的伦理智慧的畸形发展，以至于某种意义上可以这样说，中华民族尝够了这种伦理的'苦果'。"③ 尽管奢谈"巫术时代"的学者难免面临断限不明的尴尬局面，但他们似乎自信将

---

① 张强：《宗教神学与神话》，《淮阴师专学报》1998年第1期。
② 陈来：《古代宗教与伦理：儒家思想的根源》，第11页。
③ 王振复：《巫术：周易的文化智慧》，浙江古籍出版社1990年版，第231—236页。

创作八卦这一古老的盛举置于那一伟大时代并无不妥："伏羲作八卦，是巫术时代一次文化创造，将原始思维升华，由此诞生了人类黄金时代文明高峰———爻画文明。"①

三 结论与反思：拒斥"洋八股"

综上所述，"时代论"是19世纪人类学古典进化论学者关于巫术起源、发展基本规律的一个错误假设，20世纪初的西方学者已对其进行了深入、彻底的批判。然而中国学术界却长期执着于此，这不能不令我们深刻反思。实际上，弗雷泽在他有生之年就对其理论的有效性有着颇为清醒的认识，他说：

> 这次研究和其他研究一样，理论的命运随着知识的增长会像儿童用沙子堆成的城堡一样被冲垮。……我对这些理论都看得很轻，一直把它们看作是联系大量事实的接头点，因为我认为理论是暂时的，而对事实的记录才是永恒的。而且我相信作为一部古代风俗和信仰的历史，我的书能在我的理论像风俗和信仰一样过时后仍然保留其有用的价值。②

弗雷泽的胸襟和远见让我们佩服。时至今日，当弗雷泽的担忧在某种意义上已变成现实时，我们惊奇地发现：曾被创造者"看得很轻"的理论，最终被阐释者"看得很重"。真正顽固不化的并不是那些理论的创造者，而是理论的传播者。这的确是学术发展史上一种耐人寻味的现象。

如何更加合理、有效地学习和借鉴国外文化学研究成果，是近年来学术界的老生常谈。从图腾制到神话学，从国家起源到社会进化形态论，在诸如此类问题的研究中，我们得到的教训不可谓不深刻。早在1935年为《巫术科学宗教与神话》所作的译者序中，李安宅先生就寓意深刻地指出："我们吃了中外两种八股的亏，这是谁都知道的。但八股的特征是甚么呢？不过是为说话而说话，为书本而书本，并不曾针对了实践界加以直接体验的工夫而有所对策，所以充满了脑筋和笔墨的只有不自觉的二手货，而无创作力量的手头货罢了。"③

---

① 张连国：《周易智之源流》，《周易研究》1995年第2期。
② 参见〔英〕R.马雷特《心理学与民俗学》，张颖凡等译，第152页。
③ 〔英〕马林诺夫斯基：《巫术科学宗教与神话》，李安宅译，"译者序"，第1页。

将文化学的研究成果应用于历史学研究是基于这样一种考虑，那就是二者的结合有利于将共时性与历时性的研究方法统一起来，为文化现象的历史解释提供可能性。这种看法无疑是正确的，然而，研究结果之可信与否则首先取决于文化学研究成果的可靠性以及研究者对世界文化多样性特征的充分估计。令人遗憾的是，鉴于中国学术界关于"巫术时代"谬论迟迟得不到廓清的事实，我们将不得不承认前贤的批评仍未过时。

第三节 "巫术时代论"对古史研究造成的不良影响

在20世纪的中国古史研究中，关于巫术文化的讨论占有比较重要的地位。值得注意的是，在弗雷泽"巫术时代论"错误观点的影响下，许多学者在讨论相关问题时将中国古代与西方学者笔下的巫术文化等量齐观。更有甚者，近年来的不少古史研究者既缺乏基本的史料批判意识，又无视西方人类学研究所取得的新近成果，却将弗雷泽的过时理论未加甄别地加以"中国化"。由于学者们把大量与巫术无关的史料与巫术加以无谓的联系和比附，甚至错误地理解了古代文化的基本精神，因而治丝益棼，造成古史研究中不少新的混乱。

一 "时代论"所致错误驳议

（一）中国史前"巫术时代论"驳议

在弗雷泽的时代，学者们开始认识到这样一种文化现象：即许多落后民族中巫术繁多而发达，而那些发达民族中的情况却恰恰相反。为什么会出现这种现象？弗雷泽试图通过人类学古典进化论的单线进化理论对之加以解释。

弗雷泽认为，同生产工具的进化一样，人类的思维也经过步调一致的进化过程，巫术、宗教与科学曾先后相继地统治历史上各民族的精神世界。这样，所有民族的史前时期都曾经历一个"巫术时代"，而各民族有史以来的各种巫术现象，都是"巫术时代"的遗留。但人类历史上根本不存在所谓的"巫术时代"，"时代论"在学理上或事实上都是经不起考验的，因此，在接踵而至的材料和理论的严峻挑战下，弗雷泽的"巫术时代论"旋即便被西方学术界果断放弃。

遗憾的是，从20世纪20年代开始，随着古典进化论人类学传入我国，许多学者受"时代论"的影响,开始试图有针对性地寻找中国史前的"巫术时代"。如前所说,他们首先注意到的是《国语·楚语》所记载的观射父答楚昭王问"绝地天通"的那段话。梁钊韬先生在20世纪40年代的一本巫术论著中即引用这段材料,他说:"弗雷泽认为宗教是由巫术发展而成的,在宗教形成之前先有一个巫术的时代,即无宗教的时代。这种说法是十分正确的。"①梁先生依据《楚语》的上述记载,将"民神杂糅""家为巫史"理解为史前时期"巫术宗教混合的时代"——即"巫术时代"向"宗教时代"的过渡阶段。这便为后人进一步任情发挥开启了方便之门。

姑举数例加以说明。在梁氏观点的启发下,有人进而断言"民神不杂"正反映了中国史前的"巫术时代",以见中西方历史的发展毫无二致。②有学者就宣称:"巫的出现是一种世界性的现象,在原始社会中巫术几乎是无处不在的,正如人类都需要经过一个石器时代一样,人类也都需要经过一个巫术的时代。"③

弗雷泽只是提供出"巫术时代"的框架,更多的学者则力图将它勾勒得更为细致入微。有作者断言:"夏以前是巫觋时代,商殷已是典型的祭祀时代,周代是礼乐时代。"④实则诸多文化制度均为三代共之,《论语·八佾》说:"周监于二代,郁郁乎文哉!"《礼记·表记》亦云:"昔三代明王,皆事天地之神明,无非卜筮之用,不敢以其私亵事上帝。"足见夏人不乏礼乐祭祀,商人未尝不兴礼乐巫术,而周人也不见得只钟情礼乐。至于《礼器》所云:"三代之礼一也,民共由之。或素或青,夏造殷因。"讲的也是同样的道理。由此可见三代文化沿袭融会,哪里有作者所描述如此整齐划一的"时代"?

"时代论"也使一些致力于解决中国史前文化之谜的学者看到了希望。先秦伦理文化形成的根源是什么?有学者将其归之于史前巫术向宗教过渡的不彻底性,称:"也许是由于中华古代的文化智慧实际上没有真正实现从巫术向宗教的文化转换,作为'补偿',便有先秦儒家所提倡,而后一发而不可收的伦理智慧的畸形发展。"⑤按照论者的推理,正是由于背离了

---

① 梁钊韬:《中国古代巫术:宗教的起源和发展》,第18—19页。
② 张强:《宗教神学与神话》,《淮阴师范学院学报》1998年第1期。
③ 朱狄:《信仰时代的文明:中西文化的趋同和差异》,中国青年出版社1999年版,第137—138页。
④ 陈来:《古代宗教与伦理:儒家思想的根源》,第11页。
⑤ 王振复:《巫术:周易的文化智慧》,浙江古籍出版社1990年版,第231页。

"巫术—宗教—科学"的"正常发展模式",所以中国文化最终没有形成重宗教、重科学的传统,而是一头扎进注重伦理这一万劫不复的深渊。这显然是一种荒唐无稽的逻辑,因为既然如人类学家早已指出的人类历史上根本不存在弗雷泽一度宣称的那种"正常发展模式",那么作者得出上述结论的根据何在呢?

还有学者对于单线进化论的错误习焉不察,津津乐道地以旧说当新闻,称:"著名人类学家弗雷泽认为万物有灵之前有个巫术时代……巫术先于宗教的观点得到中外人类学家、民族学家和社会学家的普遍支持。"① 说到底,所有这些错误认识都是因为"巫术时代"的谬论桎梏了学者的头脑,将他们引向思维的误区。

《山海经》成书于战国,是当时的方士宣传神仙思想游说诸侯的话本,已有学者就此进行了充分有力的论证。② 在"时代论"影响下,有学者错误地判断了该书的时代和性质,以之为史前"巫术时代"真实写照的"巫书"。论者说:

> 通过巫师山、巫师国所描写的中国原始社会图景可见,原始社会并不是妇女占主导地位的社会,而是巫师占主导地位的社会,正是巫师制造了整个原始社会的家庭亲属关系网络。巫师还将他们巫术的触角,渗透到生老病死、婚丧嫁娶、衣食住行等一切方面。③

在"巫术时代"顽固信念的左右下,史前的一切文化现象都被涂上浓厚的巫术色彩。有人断言:"由于原始社会是巫文化的社会,因此,凡原始艺术留下来的一切'有形符号',都是有巫文化内涵的。"④ 实际上,原始人的社会生活并不像人们一度理解的那样蒙昧野蛮、缺乏理性。恰恰相反,常识甚至科学的萌芽很早便在初民的社会生活中发挥着普遍而重要的作用,20 世纪以来的大量人类学调查材料便是关于这一事实的最好说明。

(二) 古史传说的巫术论解释驳议

历史的神话化常表现为历史人物神性的铺张或演绎,而与历史的真实相去甚远。所以我们不能简单依据它们去"还原"传说时代的历史,至为明显。但在"时代论"先入之见的影响下,研究者往往错误判断了晚起神

---

① 张劲松:《傩源流新探》,《民族艺术》1997 年第 3 期。
② 常金仓:《〈山海经〉与战国时期的造神运动》,《中国社会科学》2000 年第 6 期。
③ 高国潘:《中国巫术史》,第 5 页。
④ 林河:《中国巫傩史》,花城出版社 2001 年版,第 201 页。

话的性质,而将它们统统视为史前巫术时代所遗留下来的"活化石"。

1. "禹步"

"禹步"是战国术士根据大禹治水故事附会的一种模拟巫术。1936年,陈梦家在《金枝:巫术与宗教之研究》的影响下断言说:"由巫而史,而为王者的行政长官,王者自己虽为政治领袖,同时仍为群巫之长。"又说:"古之王即巫者,故禹步亦称巫步。"① 陈先生发前人之所未发,力主大禹为巫师,不料却为今人在相关问题的研究中进一步肆意发挥、以讹传讹提供了口实。

有学者为大禹赋予弗雷泽笔下"巫师兼国王"的生动形象,并根据晚期道教文献断定:大禹是一个巫师,但由于巫术不够高明,遂到南方学习,从而修成"禹步"等巫术。② 更有学者误解神话,将大禹治水解释为他展示巫术技艺的过程:"禹化熊钻洞疏导洪水,就是运用模仿巫术在治水,他施巫术时采取的步法便是一种病态的巫师舞步的模拟法。"③ 试想若此说可以成立,则治水的成功岂非得力于大禹巫术法力的强大,而不是传统文献所言筚路蓝缕式的辛苦经营?不仅如此,论者还不忘为大禹的所有亲属成员分别赋予巫术色彩,从而使大禹家族变成名副其实的"巫师家族"。作者称不但"鲧化黄熊"是巫术,"涂山氏化石"是巫术,就连"启出于石"等亦无一不属于模仿巫术。作者总结道:"由此可见鲧禹氏族整个来说是奉行模仿巫术的。"④

实际上,禹步的确是一种典型的模拟巫术,但该巫术的产生时代却在战国而非史前。不仅如此,由于禹步巫术的形成曾经过前后两个步骤,即大禹的神话化及由大禹神话演变出禹步巫术,因此我们不能忽视这一复杂过程而望文生义,看到以"禹"名"步"便以为历史上的大禹真是一位巫师。⑤ 归根究底,上述诸多错误结论的得出主要是由于研究者误读古书,未能把带有神话色彩的传说与历史事实分开。

2. "夔一足"

夔是舜时乐官,最早见于《尚书·尧典》:"帝曰:'夔,命女典乐,教胄子。直而温,宽而栗,刚而无虐,简而无傲。诗言志,歌永言,声依永,律和声。八音克谐,无相夺伦,神人以和。'夔曰:'于,予击石拊

---

① 陈梦家:《商代的巫术与神话》,《燕京学报》1937 年第 20 期。
② 林河:《中国巫傩史》,第 36 页。
③ 高国潘:《中国巫术史》,第 67 页。
④ 高国潘:《中国巫术史》,第 81、70 页。
⑤ 参见晁天义《禹步巫术与禹的神化》,《陕西师范大学继续教育学报》2000 年第 3 期。

石，百兽率舞。'"《荀子·成相》："夔为乐，鸟兽服。"《礼记·乐记》："夔始制乐。"夔之后嗣有名伯封者，夏初亡于有穷后羿，事载于《左传》襄公二十八年，是足证夔为真实的历史人物无疑。

战国已出现误解旧说、以夔为"一足兽"的无稽之谈。《吕氏春秋·察传》称舜举夔为乐官以兴乐教，天下大服，重黎又欲举人，"舜曰：'夫乐，天地之精也，得失之节也。故唯圣人为能和乐之本也。夔能和之以平天下，若夔者一而足矣。'"孔子据此解释道："故曰夔一足，非一足也。"但孔子的正解未能阻止谬论的传播。在战国方士的造神运动中，夔仍被染上神话色彩而多以"一足兽"的形象出现在时人笔下。《国语·鲁语下》："木石之怪曰夔、魍魉。"《庄子·秋水》有"夔怜蚿"之说，《山海经·大荒东经》中的夔最终变成"状如牛，苍身而无角，一足"的怪兽形象。由此可见，夔的神化过程完全有迹可循。

虽然如此，有学者却本末倒置，将晚起的夔神话与礼书所载的仪式加以联系，认为古代存在一种"一足巫术"。《礼记·檀弓》说，人始卒，"复，楔齿，缀足，饭，设饰，帏堂并作"。《仪礼·既夕礼》云："缀足用燕几，校在南，御者坐持之。"缀足有何含义？孔颖达《礼记·丧大记》正义说得非常明白："缀足用燕几者，为尸应著屦，恐足辟戾，亦使小臣用燕几缀拘之令直也。"可见缀足是为防止尸体变形，并无巫术含义。巫术论者却将它与夔一足神话混为一谈，认为这是一种施于死者的"一足巫术"，并说："缀足也好……夹胫也好，大概都可以看成'一其足'行为。……一足巫术目的在于限制鬼归去以后又归来的能力，鬼不能行走也就是它的效应。"① 实际上，宗教中的仪式并非都出于神秘目的，缀足同楔齿、设帏堂等仪式一样，都是出于实用性的考虑而已。缀足没有巫术含义，正如楔齿、设帏没有巫术含义一样。

3. 有关姜嫄、伏羲、瞽叟、屈原的巫术解释

《诗·大雅·生民》说："厥初生民，时维姜嫄。生民如何？克禋克祀，以弗无子，履帝武敏歆。"《史记·周本纪》也说："姜嫄出野，见巨人迹，心忻然说（悦），欲践之，践之而身动如孕者。"② 姜嫄"履武"之说初见于《诗经》，后又为太史公所采，足见其源远流长，非战国好事者杜撰。履武行为或为上古图腾崇拜的孑遗，或只是周人自神其祖的附会，要之与巫术无涉。令人匪夷所思的是，姜嫄"履武"的传说也被有的学者

---

① 孙华先：《夔一足与一足巫术》，《东南文化》1994年第4期。
② 《史记》卷4《周本纪》，第111页。

解释为一种"脚印巫术"①。实则先秦传说中除姜嫄之外,"履帝武"者并不见有第二人(更不用说巫师)。试想中外历史上哪有这样的巫术?汉代谶纬兴起之后,好事者多据先秦传说制造新神话,《潜夫论》卷八说:"大人迹出雷泽,华胥履之生伏羲。"这则"华胥履迹生伏羲"神话显然是姜嫄故事的拙劣再版,有学者却不辨史料的早晚真伪,同样以巫术解之:"所谓'华胥氏履迹生伏羲',又是足迹巫术——交感巫术中重要的一种。"②殊不知这种所谓"脚印巫术"或"足迹巫术"不仅不为古代术士所实施,即使在世界各民族文化之中也属绝无仅有。

舜父瞽叟的传说散见于先秦《尚书》《孟子》等书,司马迁将之整合于《史记·五帝本纪》,称:"舜父瞽叟盲,而舜母死,瞽叟更娶妻而生象,象傲。瞽叟爱后妻子,常欲杀舜,舜避逃;及有小过,则受罪。"③据说瞽叟对待虞舜非常恶毒,曾借完廪、浚井等事对其加以迫害,但最终均未得逞。瞽叟顽冥恶毒的程度或系后人为突出舜的孝道而有刻意夸大,要之并未流于玄虚怪异,当然也与巫术风马牛不相及。但在有的巫术论者看来,瞽叟对舜的恶毒便是一种"诅咒巫术"④。这些牵强的解释无疑难以令人信服。此外,仅仅因为《楚辞》所载颇涉楚地巫风,作者屈原便被学者目为"大巫"。有作者就断言道:"屈原是楚文化的代表人物,楚国的意识形态既然是'巫官文化',则必然会出现大巫官,屈原则应是楚国的国宝级的大巫官。"⑤总之,"时代论"者们动辄把先秦的古史传说与巫术扯在一起,似乎愈野蛮荒诞才愈加符合上古历史的真实。这种做法显然有失严谨。

(三) 神话的巫术论解释驳议

中国古代的神话并不发达,后世流传甚广的大多数神话均产生较晚,这已逐渐成为20世纪多数神话学者的一个普遍共识。但受"时代论"错误观念的左右,有学者却忽略了这点,或将神话视为信史,或用巫术解释晚起神话,试图由此恢复"巫术时代"的历史,其结果往往是曲解神话。兹仅举数例以概其余。

1. 对女娲造人神话的巫术解释

女娲造人之说盖源自战国,《山海经·大荒西经》记曰:"有神十人,名曰女娲之肠,化为神,处栗广之野,横道而处。"是说女娲善变。屈原

---

① 高国潘:《中国巫术史》,第76页。
② 林河:《中国巫傩史》,第65页。
③ 《史记》卷1《五帝本纪》,第32页。
④ 梁钊韬:《中国古代巫术:宗教的起源和发展》,第225页。
⑤ 林河:《中国巫傩史》,第363页。

不能理解女娲是何人所造，故《楚辞·天问》云："女娲有体，孰制匠之？"细绎文意，可知当时大概已有造人之说，否则上述疑问便缺乏依据。《风俗通义·佚文》引俗说云："天地开辟，未有人民，女娲抟黄土作人，剧务，力不暇供，乃引绳于泥中，举以为人。故富贵者黄土人也，贫贱凡庸者引绳人也。"造人神话至此完全成形。

在"时代论"者看来，这样神奇的造人技艺非巫术而何？因此有人便据此断言："女娲正是中国巫术史上第一个女巫，她的最为精彩的巫术，便是用黄土造人的模仿巫术，这种巫术是被炎黄子孙从远古以来都笃信不疑……如此看来，所谓'女娲抟黄土作人'，女娲便是最古的女巫了。"[1] 实际上，"时代论"者在这里忘记一个基本事实：即巫术、神话与历史三者之间虽有联系，本质上却完全不同。马凌诺斯基正确地称巫术为"术士的技艺"，可见巫术虽可能由神话演变而来，但它毕竟是现实社会中人的实践，因而一定立足于现实。若"造人巫术"之说果然成立，为什么这么重要的巫术竟然不见被战国到魏晋时期的众多术士提起？倘若说"造人巫术"在女娲实施之后湮没多年，直至今日才被我们的学者重新发现，这岂不是很奇怪的事情吗？

2. 神农神话的巫术化

战国诸子言论涉及神农者随处可见，如《孟子·滕文公上》："有为神农之言者许行。"《商君书·算地》："故神农教耕而王天下。"由于战国重农主义思潮兴起，神农神话遂应运而生，可见它所反映的并非史前先民的状况，而通过神农神话复原"巫术时代"的想法也同样不切实际。"时代论"者附会在神农身上的巫术有求雨、赭鞭、通神等数种。《管子·形势解》云："神农教耕生谷，以致民利。"可见神农正如其名，以重农为务。由于降雨对古代农业意义重大，故雨师也成为农业发达的象征。《搜神记》卷一就说："赤松子者，神农时雨师也，服冰玉散，以教神农，能入火不烧。"再到后来，赤松子的雨师职能逐渐被神农承担，各种伪托神农的求雨救灾之书也纷纷产生。清人马骕《绎史》所辑《神农求雨书》正是这类性质的著作。有学者仅仅根据《求雨书》便错误地断定神农发明过一种"求雨巫术"[2]。这显然是由于论者对神农求雨神话的形成过程疏于考察。

《世本》说："神农作琴。"《新论·琴道》据此发挥道："昔神农氏继

---

[1] 高国潘：《中国巫术史》，第78—79页。
[2] 高国潘：《中国巫术史》，第15—16页。

宓羲而王天下，上观法于天，下取法于地，近取诸身，远取诸物，于是始削桐为琴，绳丝为弦，以通神明之德，合天地之和焉。"这些阐述虽将《易传》的哲学表述与谶纬神学糅合为一，却并未流于怪诞。有论者则据此断言："神农巫师造琴目的便是为人们'通神'，使天人合和交通。"①实则"通神明之德，合天地之和"云云无非是对音乐教化功能的形象说明，可见它也与巫术无涉。

《搜神记》卷一云："神农以赭鞭鞭百草，尽知其平毒寒温之性，臭味所主，以播百谷，故天下号神农也。"唐司马贞《补三皇本纪》亦云："（神农氏）以赭鞭鞭草木，始尝百草，始有医药。"这些成书很晚的文献是后人为宣传《神农本草》等医书而制造的神话，但也被研究者据以说明上古历史："以上古史之记载，已显现了神农的巫师特征，那'赭鞭'便是巫师的魔杖，凡鞭到的草木，便具备了能够区分其药性是有毒或无毒的魔术力，所以，这实际上是以巫术的方法来分辨植物有毒或无毒的药性。"②事实上，传说人物的创造在先，他们只是在长期的历史过程中才被赋予丰富的形象，"古史辨"派学者所谓"层累构成的中国古史"所指的正是上述现象。神农求雨、造琴、鞭百草诸说都是后世好事者踵事增华的结果，因而同样不能以信史视之。

3. 对燧人氏"钻燧取火"的巫术解释

燧人氏"钻燧取火"的神话是战国法家的作品。法家思想家创造该神话是为借以说明时移世异、变法合理的道理，因此也与巫术无关。但有的研究者依据《太平御览》《艺文类聚》所引《尸子》《九州论》中"燧人上观辰星，下察五木，以为火也"的记载，断言说："燧人氏是原始时代发明钻火的巫师"，"因季节的不同而改用不同的木材来钻木取火，正是燧人氏设计出来的钻火巫术"③。实则钻燧确可取火，不待巫术便可实现，这已为民俗学调查材料所证实。而且就算燧人氏钻木取火之说可信，"上观辰星，下察五木"的记载也不足以证明钻火术的发明者便是巫师。

不容否认，神话可以衍生新巫术，巫术也可能引发新的神话，这种例证在中国古代不胜枚举。但人类各文化现象之间关系复杂，科学的文化研究就是要在有内在关系的文化要素之间建立联系，并把仅仅是形式相似的文化要素有效地分开。巫术论者的错误就在于惑于文化现象表面的相似，

---

① 高国潘：《中国巫术史》，第16页。
② 高国潘：《中国巫术史》，第12页。
③ 高国潘：《中国巫术史》，第182页。

把没有实质关系的文化因素人为地联系起来了。

二 巫术论错误倾向出现的原因

（一）对中国古代现实主义文化精神的错误理解

为正确地解释一种文化现象，我们就得首先准确认识该现象所赖以产生之文化的基本特质尤其是它的主流精神。中国古代文化以何为主流精神？巫术文化与这一主流精神之间是何关系？

关于前一问题，近代以来的许多学者已做出正确的解答。具体而言，基于中国古代文化"重现实而轻玄想"的主要特征，20世纪的不少学者都将它定位为一种典型的现实主义文化。徐复观先生从中国思想史角度总结说："我研究中国思想史所得的结论是：中国思想，有时带有形而上学的意味，但归根到底，它是安住于现实世界，对现实世界负责；而不是安住于观念世界，在观念世界中观想。"① 李泽厚先生把中国文化的特质概括为"实用理性"或"实践理性"，也表达了同样的观点。② 这些论述都正确地说明一个道理：即中国古代文化以现实主义为主流精神，而与宗教色彩浓厚的西方文化之间存在重要差别。

中国的现实主义文化特质肇源于史前时期，这可从现有文献中明显地看到。常金仓先生曾经指出，一种文化的基本类型取决于四种社会组织力在人类早期历史的发展和配置情况：即血缘关系、礼仪风俗、原始宗教和习惯法。他认为：

>   史前时代的中国，由于图腾崇拜没有转化为地方的守护神乃至国家的主要神祇，原始巫术又过早地受到无情的摧残，使中国古代的宗教精神先天不足，而早期法治实践又因自身的不成熟归于失败，于是便迫使中国的第一个文化形态顺着以礼为主、礼法相辅的方向发展了下来。③

此处所谓"以礼为主、礼法相辅的方向"所指的其实就是现实主义文化的发展方向。这就是说，由于早在中国古代文明的幼年时期，包括巫术在内的非理性主义文化的发展遭遇重创，因此"重现实而轻玄想"的现实

---

① 徐复观：《两汉思想史》卷1，华东师范大学出版社2001年版，第1页。
② 李泽厚：《中国古代思想史论》，人民出版社1985年版，第303—304页。
③ 常金仓：《穷变通久：文化史学的理论和实践》，第88页。

主义文化精神就开始发挥着独占鳌头的主导性作用。

在这种情况下，巫术在古代的发展空间和作用非常有限。首先，在处理巫术与现实要素关系孰轻孰重这一问题上，古人始终保持着"君子以为文，而百姓以为神"式的清醒态度。《左传》桓公六年记曰："夫民，神之主也，是以圣王先成民，而后致力于神。国将兴，听于民；将亡，听于神。"其次，巫术的实施往往只是人们在某些情况下不得已而为之的选择。就拿古代较为发达的卜筮巫术来说，《左传》桓公十一年"卜以决疑，不疑何卜"八个字就准确点出了它在古人生活中的有限地位。而《荀子·大略》称"以贤易不肖，不待卜而后知吉"，也表明古人并非总是与巫术纠缠不清，他们也有许多巫术无以涉足的生活领域。再次，巫术在古代的局限性还体现在，即使在巫术的实施中，古人的真正兴趣仍在现实要素方面。如《荀子·大略》引汤祷旱之辞曰："政不节与？使民疾与？以不雨至斯极也！宫室荣与？妇谒盛与？何以不雨至斯极也！苞苴行与？谗夫兴与？何以不雨至斯极也！"可见从执政使民到统治者的生活作风，再到政治的清浊，上述质疑无一脱离现实生活！

最后，巫术的参考价值多被置于诸多现实要素之下，故《尚书·洪范》云："汝则有大疑，谋及乃心，谋及卿士，谋及庶人，谋及卜筮。"更值得指出的是，正是基于现实主义与巫术文化的上述关系，所以巫术的发达只有在现实主义文化式微的间歇中才可能实现。这就深刻地揭示出大量巫术何以继魏晋神仙道教崛起之后骤然繁兴的内在原因。

因此，如果我们在研究中无视中国古代文化的上述特征，而动辄大谈所谓"巫术文化"，就势必会谬以千里。有学者曾就古代巫术提出"十大问题"，并宣称，历史上的平民文化是巫文化，古代的平民百姓，都是巫文化的信徒；少数民族是巫文化的信徒；"蛮夷文化"基本上也是巫文化；海外华人的本土文化还是巫文化；民主自由的文化基因主要出自巫文化；巫文化是科技文化的催化剂；商贾小贩都笃信巫文化；能工巧匠也是巫文化的信徒；佛道等宗教都从中、外民间巫文化发展而来。[1] 这种对古代文化的大胆构拟显然远远超出中国文化所能容纳的范围。我们往往埋怨西方学者误解了我们的文化，以致在涉及相关问题时屡犯幼稚错误，可是考虑到我们这些生于斯、长于斯的本土学者对自己的文化尚且缺乏正确的把握，则西方学者的误解岂不更甚？

---

[1] 林河：《中国巫傩史》，第38页。

(二) 古典人类学单线进化理论的影响

20世纪以来，西方人类学理论和材料的输入为中国的古史研究提供了重要启示。梁钊韬教授就曾满怀信心地说：

> 人类学的理论主要是以考古学和现存的原始社会遗留的实际观察以及调查资料作为科学根据的。把这些有科学系统的研究成果与零碎片段的古史传说和记述互相参证，就有可能像一条链子那样把各方面贯串起来，建立起合乎"人的科学"的中国古代史。这么一来，我以为有成功的可能，从而也解决了考据学上的不少困难。[①]

这种看法就其一般意义而言当然不错，但"成功的可能"首先有赖于理论的正确。如果我们所依据的理论和材料本身存在问题，就只能给研究工作造成新的混乱。众所周知，梁先生当时所说的人类学理论主要是指古典进化理论，该理论有两个基本假设：第一，人类所有文化现象均遵循一条由低级到高级，由简单到复杂的进化线索；第二，世界各民族历史上的文化都具有相同的发展道路，任何世界文明只是欧洲文明的"复制品"而已。

由于20世纪初的学者未能自觉地认识到这些错误，因而在研究中往往将注意力集中于寻找中外文化的共同点，甚至将中国文化刻意解释为西方的翻版。梁先生自己即曾在这样的观念指导下研究中国巫术问题，"意图找出中国巫术的基础观念及其与太平洋岛屿诸民族所存在的马那观有何联系"[②]。这就有可能过分夸大人类文化的共同性，而忽视各文化体系中文化特质的不同。

三 结论与反思

综上所述，20世纪以来的一些学者曾在弗雷泽"巫术时代论"的误导下以错误的西方图式来"规范"中国古代巫术文化研究，这种做法不足为训。实际上，大量的文献资料表明，非但中国史前并不存在所谓"巫术时代"，而且我们也不宜对中国古代巫术文化的作用和重要性做过高估计。中国巫术问题的研究者们通常号称要利用西方人类学、社会学的理论和方法为古史研究开辟一片新天地，这的确是一个诱人的承诺。但翻检他们的

---

① 梁钊韬：《中国古代巫术：宗教的起源和发展》，第3页。
② 梁钊韬：《中国古代巫术：宗教的起源和发展》，第38页。

研究成果却不难发现,多数学者所从事的工作其实无非是在弗雷泽巫术理论的框架下按图索骥,搜罗汇编古代的巫术材料。这是由于多数中国学者忽视了这样一个重要事实,即作为弗雷泽巫术理论体系的一支擎天大柱,"巫术时代论"虽曾为弗氏解释史前巫术起源以及历史上的诸多巫术现象提供了重要理论依据,但早在弗雷泽的理论传入中国之前,这一支柱便已随着单线进化论解释力的丧失而折断了。在"巫术时代论"的影响下,一些学者极力夸大巫术在古代中国的重要性,错误地判断古代文化的基本精神以及先秦以来诸多传说、神话的来源与性质,甚至试图削中国文化之"足"适西方文化之"履"。这已经给20世纪的中国古史研究增添了许多混乱。可以毫不夸张地说,"巫术时代论"影响下的中国古史研究是中国学者在继神话学、图腾论等问题之后误用西方人类学理论的又一深刻教训,这一教训至少对我们有以下两点启示。

首先,历史学家有必要尽快完成西方人类学理论的"补课"任务。众所周知,由各种原因所导致的学术信息的闭塞,一度造成人们对西方那些过时人类学理论的依赖。有鉴于此,费孝通先生曾提出为中国人类学"补课"的建议。他说:

> 从严复翻译的《天演论》出版时间算起,中国人类学已经存在一个世纪了。但是,在这一百年中,这门学科的发展有三十年是停顿的。……在学科的重新恢复以来,我们重新面对学科底子薄弱的问题,经历了三十年停顿,我们的学科失去了原来应有的连贯性和知识积累,对于外界发展的情况了解得不多,对于我们自己的知识传统也缺乏继承和梳理。①

费先生的建议原是针对中国人类学界发出的,但既然历史学家已认识到人类学对古史研究的重要性,那么就应该同样力争及时准确地接触和学习那些行之有效的人类学理论和方法,而不能总将目光停留在摩尔根、弗雷泽等人身上。道理很简单,那就是错误的理论和方法不但无助于历史学的进步,相反倒可能成为桎梏人们思想的新的牢笼。可以想象,人们在错误理论的指导下所能编制完成的最多也不过是一堆更为精致一些的"鸽子笼"罢了!由此可见,"补课"的建议对于我们这些试图从人类学之中取得某种启示的史学从业者而言同样具有重要意义。

---

① 费孝通:《总序》,载〔英〕马凌诺斯基《文化论》,费孝通译,第2—3页。

其次，史学研究若不加以分辨地"信古"，则将导致学术研究严肃性的丧失。基于近年中国考古学所取得的显著成就，李学勤先生提出"走出疑古时代"的口号。这一提法无疑反映了学术界对20世纪以来"古史辨"派过分疑古风气的自觉反思，但"走出疑古"之后是否便意味着"走进信古"呢？毋庸讳言，由于将"疑古"和"信古"视为简单对立的两面，"走出疑古时代"的主张业已为一些轻率的学者驰骋想象，发表无根之说提供了自由的空间。人们应清醒地看到，在这一口号的鼓舞下，不少学者在古史研究中缺乏基本的史料批判意识，或对文献资料横加裁剪和歪曲，或不惜违反史料运用的一般原则，动辄以晚近的史料证明史前的历史……凡此种种，都说明在学术界众口一词高倡反疑古的同时，一种过分信古的风气正在悄然兴起。

对待古史究竟应该采取什么样的态度？《荀子·非十二子》说过："信信，信也；疑疑，亦信也。"20世纪以来的史学发展历程表明，客观的古史研究应该信所当信而疑所当疑。信什么疑什么，要视具体情况而定，或信或疑的问题绝非一个口号、一场运动所能解决。中国古史研究中巫术论的泛滥表明：不加分辨的"信古"，同样会使得史学研究失去严肃性，信古之失并不比疑古之失为小。这是它给我们的一个重要启示。

第四节　道家哲学庸俗化与早期道教巫术的形成

冯友兰先生曾经指出："每个哲学系统都可能被人误解和滥用。"[1] 以老、庄为代表的早期道家哲学在战国、汉时期便经过一次巨大的"庸俗化运动"。道家哲学庸俗化的结果之一是促成大量巫术的产生，后者大多融入早期道教之中，成为道教颇具特色的构成要素。

一　道家哲学庸俗化的表现

战国之后误解和滥用道家哲学的基本"规则"是：将老子哲学解释为养生之道，而将庄子哲学附会为宗教巫术。《山海经·海外北经》的海外一国———聂耳国———即因时人曲解老子贵生论而成。[2] 旧题刘向撰《列仙传》称老子"养精气，贵接而不施"乃是误解"专（抟）气致柔"

---

[1] 冯友兰：《中国哲学简史》，北京大学出版社1985年版，第365页。
[2] 常金仓：《〈山海经〉与战国方士的造神运动》，《中国社会科学》2000年第6期。

而来；容成公则直接抄袭"谷神不死""专（抟）气致柔"等原文。东汉养生家已受《老子》的"启发"创造出不少养生之术。《论衡·道虚》曾批评说"世或以老子之道为可以度世，恬淡无欲，养精爱气……老子行之逾百，度世为真人矣。"又成帝时蜀人严君平"专精《大易》，耽于老庄，常卜筮于市，假蓍龟以教"，著有《老子指归》。① 占卜之人重视《老子》，可能与其书四十章"不出户，知天下；不窥牖，见天道"之类言谈有关，当然属于误解哲理。

从神仙、养生角度注《老子》也是道家哲学庸俗化的标志。《老子河上公章句》是其代表，该著作尤其看重"宝精爱气"的作用，到处弥漫养生家气息，如宣扬"自爱其身，以宝精气"，"治身者当爱精气而不放逸"，"深藏其气，固守其精，使无漏泄"；又如"深根固柢者，乃长生久视之道"，"爱精重施，髓满骨强"以及"人能自节养，不失其所受天之精气，则可以久"……在《章句》中看不到《老子》原有的丰富哲理，剩下的只有养生家粗鄙不堪的说教和对老子哲学的滥解。如注"谷神不死"曰："谷，养也。人能养神则不死。"注"及吾无身，吾又何患"曰："使吾无有身体，得道自然，轻举升云，出入无间，与道通神，当有何患？"② 宣扬神仙法术又能引经据典，尽管这些曲解使人难以卒读，然而确是时人眼中的"老子之道"。

《老子想尔注》更是不惜增字解经，歪解老子哲学。如解《老子》十六章"公乃王，王乃天"，改"王"作"生"，解释为："能行道公政，故常生也；能致常生，则副天也；天能久生，法道故也；人法道意，便能长久也。"解七章"非以其无私邪？故能成其私"，改"私"为"尸"，解释为"不知长生之道，身皆尸行，非道所行，都是尸行。道人所以得仙寿者，不行尸行，不同于流俗，故能成其尸，得为仙士。"③ 这种对老子哲学的"通俗"解释正是对严肃哲理的庸俗化。

庄子哲学本身虽遭到"王公大人不能器之"的历史命运，但在秦汉至魏晋五百年左右的时间内《庄子》中的众多哲学寓言不断地经由好事者增演，最终演变为各类宗教巫术。如由《庄子》神仙寓言附会出"飞行术"。《列仙传》说安期生"乘光适性"本自《天地》"上神乘光，与形灭亡"；任光"高飞云端"本自《天地》"千岁厌世，去而上仙，乘彼白云，

---

① 刘琳：《华阳国志校注》，巴蜀书社1984年版，第701—702页。
② 卿希泰：《中国道教》，知识出版社1994年版，第78—79页。
③ 卿希泰：《中国道教》，第82页。

至于帝乡";骑龙鸣、子先（案：二者均系人名）或"乘云骖离"或骑龙而行，皆本自《逍遥游》"乘云气，御飞龙";子英"超步太极"，本自《大宗师》"在太极之先而不为高"以及"孰能登天游雾，挠挑无极？"

与此同时，现实生活中的飞升神话应运而生。《论衡·道虚》说汉初淮南王刘安得道之后"举家升天，畜产皆仙，犬吠于天上，鸡鸣于云中"①。《后汉书·方术列传》称密县上成公得道后"举步稍高，良久乃没去"。非巫术何以至此？魏晋时期，由庄子哲学庸俗化而来的飞行术更成为神仙道教的重要组成部分。据《抱朴子·杂应》，有所谓乘蹻术："若能乘蹻者，可以周流天下，不拘山河。"有食芝乘云术，食青云芝者"能乘云通天见鬼神";同书《佚文》说食赤云芝"令人乘云，能上观见八极，通见神明";《至理》不借羽翅云气，举体轻飞者，是为"仙之上者也"②。

又如所谓"避害巫术"。《列仙传》说赤松子"能入水火自烧"，后世以身试技者多有其人。魏明帝时，河东焦生子"入火不焦，入水不冻";王仲都"当盛夏之月，十炉火炙之不热；当严冬之时，裸之而不寒"，时人称奇。③《抱朴子·仙药》称：久服云母者"入火不烧，入水不濡，践棘而不伤肤"，服玉之人"入水不沾，入火不灼，刃之不伤，百毒不犯"④。可谓简单易行，一劳永逸。《金丹》认为服金丹者"又能避五兵"，以伏丹书于门户之上，"又避盗贼虎狼"。《仙药》说："千岁之栝木，其下根如坐人，长七寸，刻之有血，以其血涂足下，可以步行水上不没；以涂人鼻，以入水，水为之开，可以止住渊底也。"同篇又说："得万岁蟾蜍，带其手于身，辟五兵。若敌人射己者，弓弩矢皆还自向也。"由庄子哲学避危远害之喻到早期道教的避害巫术，这一戏剧性变化恰好说明文化要素的流变确具复杂性。

再如"守一巫术"。道家"一""守一"思想始自老子，已如前述。《太平经》最早将其宗教化："守一之法，乃万神本根，根深神静，死之无门。"⑤ 魏伯阳《周易参同契》曰"抱一毋舍，可以长存"⑥。魏晋道士认为，有所谓守"真一"之术，"守之不失，可以无穷。陆避恶兽，水却蛟龙；不畏魍魉、挟毒之虫；鬼不敢近，刃不敢中。此真一之大略也"。又

---

① 黄晖：《论衡注释》，中华书局1990年版，第317页。
② 王明：《抱朴子内篇校释》，中华书局1985年版，第115页。
③ 张华：《博物志》卷5，上海古籍出版社1990年版。
④ 王明：《抱朴子内篇校释》，第204页。
⑤ 王明：《太平经合校》，中华书局1960年版，第741页。
⑥ 任法融：《周易参同契释义》，西北大学出版社1993年版，第167页。

《地真》有守"玄一"之术："玄一之道，亦要法也。无所不避，与真一同功。"①

二 道家哲学庸俗化的影响

老庄哲学庸俗化的影响主要表现在两方面：首先，它造成大量巫术的产生，已如前述；其次，以此为契机，秦汉新道家转向黄老道，而老子、庄子则随着这一转变先后被神学化，步入宗教祭坛。道家哲学的庸俗化过程，同时也是哲学逐渐向宗教过渡的过程。

首先被宗教化的是老子。历史上的老子并不以长寿见称，但由于《老子》多有"摄生"之说，方士们遂误以老子为一寿者。《史记·老子韩非列传》以讹传讹，竟称"盖老子百有六十岁，或言二百余岁，以其修道而养寿也"，说得活灵活现，令人莫辨其伪。（详见本书第七章第四节）

两汉之际，老子成为养生家典范。《史记·日者列传》载汉初楚人司马季主"通《易经》，术黄帝、老子"，黄、老并举，足见老子已被神化。《列仙传》云："老子西游，关令尹喜见有紫气浮关，而老子果乘青牛过也。"是为后世"老子化胡"之说张本。《后汉书·方术列传》：明帝时，楚王英"诵黄老之微言，洁斋之月，与神为誓"。明、章之际，益州太守王阜作《老子圣母铭》说："老子者，道也。乃生于无形之先，起于太初之前，行于太素之元；浮游太虚，出入幽冥，观混合之未别，窥清浊之未分。"②据《后汉书·桓帝传》延熹五年（162），"桓帝好神仙，事黄老道，悉毁诸房祀"。八年，两次遣使去苦县祭老子。次年，又亲祀黄老于濯龙宫。时人边韶作《老子铭》文曰："老子道成身化，蝉蜕度世，自羲、农以来，世为圣者作师。"③这些材料都可作为官方崇拜老子的证据。民间崇老之风同时兴起。灵帝前、中期起义军张角所事太平道，《后汉书》或称之为"黄老道"，盖亦尊老子为教主。稍后张鲁的五斗米道既以《老子》为宗教经典，神化老子自不待说。

魏晋之际，老子兼为神、仙之长。《魏书·释老志》说："道家之原，出于老子。其自言也，先天地以资万物，上出玉京，为神之宗，下在紫微，为飞仙主。千变万化，有德不德，随感应物，厥迹无常。"④此处"道家"实指道教而言。魏晋神仙道教铺张老子神性更是不遗余力，《抱朴

---

① 王明：《抱朴子内篇校释》，第325页。
② 卿希泰：《中国道教》，知识出版社1994年版，第217页。
③ 王明：《道家和道教思想研究》，中国社会科学出版社1984年版，第217页。
④ 《魏书》卷114《释老志》，中华书局1974年版，第3048页。

子·杂应》以老子为"老君":

> 老君真形者,思之,姓李名聃,字伯阳,身长九尺,黄色,鸟喙,龙隆鼻,秀眉长五寸,耳长七寸,额有三理上下彻,足有八卦,以神龟为床,金楼玉堂,白银为阶,五色云为衣,重叠之冠,锋铤之剑,从黄童百二十人,左有十二青龙,右有二十六白虎,前有二十四朱雀,后有七十二玄武,前道十二穷奇,后从三十六辟邪,雷电在上,晃晃昱昱。

上述老子形象,显然是杂采先秦以来对道家观念的种种曲解,以为教徒思想尊崇而作,与历史上的老子其人相去何止千万?至于为之加上"太上玄元皇帝""真元皇帝"等种种名号,不过是唐宋时人对登上神坛的老子再加增饰罢了。

与老子相比,庄子被宗教化的时间要晚许多。战国至汉初,以老子思想为核心的黄老学说盛极一时,而同时为道家学派的庄子思想不与焉。葛洪论道家思想,于庄子其人其学尤多讥贬,《抱朴子·勤求》:"老子以长生久视为业,而庄周贵于摇尾涂中,不为被纲之龟,被绣之牛,饿而求粟于河侯,以此知其不能齐死生也。晚学不能考核虚实,偏据一句,不亦谬乎?"① 神仙道教一边极力鄙薄庄子学说,一边又大量曲解、利用其中的某些思想,两类情况并存于《抱朴子》当中。唐玄宗开元二十九年(741),诏令两京崇玄学,令生习《道德经》《庄子》《文子》《列子》,每年准明经例考试;次年改庄子为"南华真人",《庄子》相应改称《南华真经》,令崇玄学生习之。② 直至这时,庄子才开始堂而皇之地成为道教祖师之一。

三 道家哲学庸俗化的根源

道家哲学为什么会庸俗化,以至引发大量道教巫术的产生呢?实际上,老庄哲学的自身特点、战国神仙思想,以及古代文化的现实主义传统等都是促使道家哲学庸俗化的重要因素。

(一)老庄哲学的自身特点是庸俗化的基础

《老子》五十章:"出生入死,生之徒十有三,死之徒十有三,人之生,动之死地亦十有三。夫何故?以其生生之厚。盖闻善摄生者,陆行不

---

① 王明:《抱朴子内篇校释》,第253—254页。
② 《旧唐书》卷24《礼仪志》,中华书局1975年版,第927页。

遇兕虎，入军不被甲兵，兕无所投其角，虎无所措其爪，兵无所容其刃。夫何故？以其无死地。"这就是说，世俗之人汲汲于事功，多刻意妄为，结果却舍本逐末，以致生命反受其咎；"善摄生者"则懂得因循自然、无欲则刚，因而能够知危远害。对于统治者而言，"有国之母，可以长久，是谓深根固柢，长生久视之道"（五十九章）。只有头脑清醒的政治家才不至于利令智昏，扰民无度，"故贵以身为天下，若可寄天下，爱以身为天下，若可托天下"（十三章）。除非断章取义，原文可谓比拟生动，明白易晓。

关注现实政治的旨趣始自老子，而以"摄生"为由，试图对为政者动以情理，晓以利害，则是《老子》通篇一贯的目的。《老子》四十四章云："名与身孰亲？身与货孰多？得与亡孰病？是故甚爱必大费，多藏必厚亡。知足不辱，知止不殆，可以长久。"又说："天长地久（一作天地长久），天地所以能长且久者，以其不自生，故能长生。是以圣人后其身而身先，外其身而身存，非以其无私耶？故能成其私。"（七章）是谓提醒君主当效法天地无为。相反，穷奢极欲只会导致玩物丧志，性命不保："五色令人目盲，五音令人耳聋，五味令人口爽，驰骋田猎令人心发狂，难得之货令人行妨。"（十二章）"持而盈之，不如其已；揣而锐之，不可长保。"（九章）

与《老子》相比，《庄子》更善于借神秘主义的形式表达哲学思想，该形式乃是秦汉之后道家哲学庸俗化的重要基础和有力催化剂。如果说春秋时的老子还试图挽回乱世颓风的话，《庄子》则将个人的自存、精神的自由视为主要目标。《庄子》认为，自然的个人本应自由，只是"有为"致使自由丧失。《庄子·秋水》以寓言的方式阐述这一道理："（河伯）曰：'何谓天？何谓人？'北海若曰：'牛马四足，是为天；落马首，穿牛鼻，是为人。故曰：无以人灭天，无以故灭命……'"在庄子所处的社会氛围中，要将这一道理阐明并为人所用殊非易事。《庄子·天下》说："（庄周）以天下为沉浊，不可与庄语，以卮言为曼衍，以重言为真，以寓言为广。"就是说，《庄子》以世人"不可与庄语"，投其所好，采用多种方法宣扬自己的学说。

（二）非理性主义文化推波助澜

战国以降，专事养生延命，追求不死蔚然成风。《韩非子·外储说左上》有"教王为不死之道"者；《战国策·燕策》有"献不死之药于荆王"者；《山海经》有"不死之山""不死之国""不死之药"以及"不死民""不死树"之类。至于神仙家们的访仙实践，《史记·封禅书》载之尤详:"宋毋忌、正伯侨、充尚、羡门高、最后皆燕人,为方仙道,形解销化,依于鬼神之事。驺衍以阴阳主运显于诸侯,而燕齐海上之方士传其术不能通,然则怪迂阿谀苟合之徒自此兴,不可胜数也。自威、宣、燕昭使人入海求蓬莱、方丈、瀛洲。此三神山者,其传在勃海中,去人不远;患且至,则船风引而去。盖尝有至者,诸仙人及不死之药皆在焉。"①实际上,《庄子·达生》:"世之人以为养形足以存生;而养形果不足以存生,则世奚足为哉!"《刻意》:"吹呴呼吸,吐故纳新,熊经鸟申,为寿而已矣。此道引之士,养形之人,彭祖寿考者之所好也。若夫不刻意而高,无仁义而修,无功名而治,无江海而闲,不道引而寿,无不忘也,无不有也,淡然无极而众美从之。"战国时期养生、寻仙之风广为盛行,这场规模宏大的造神运动,就是《庄子》寓言得以产生的厚壤。②

《庄子》或借神人(仙人)形象比喻个体精神之自由,如《逍遥游》:"藐姑射之山,有神人居焉,肌肤若冰雪,绰约若处子,不食五谷,吸风饮露,乘云气,御飞龙,而游乎四海之外。"此与太史公笔下燕齐方士所宣传的海上仙人形象无二,说明它们是庄子借取于神仙家,而非相反。《大宗师》:"(真人)翛然而往,翛然而来而已矣。"同篇:"孰能登天游雾,挠挑无极?"《应帝王》:"予方将与造物者为人,厌则乘夫莽眇之鸟,以出六极之外,而游无何有之乡,以处圹埌之野。"《天地》:"千岁厌世,去而上仙,乘彼白云,至于帝乡。"同样说法并见于《庄子》的内、外、杂篇。

或借神仙观念说明个体当知危远害。《齐物论》:"至人神矣!大泽焚而不能热,河汉冱而不能寒,疾雷破山,飘风振海而不能惊。"《达生》:"至人潜行不窒,蹈火不热,行乎万物之上而不栗。"这是讲古人只有熟知祸福并自觉趋利避害,方可内心安宁恬静,也就是《秋水》所说的:"至德者,火弗能热,水弗能溺,寒暑弗能害,禽兽弗能贼。非谓其薄(迫)之也,言察乎安危,宁于祸福,谨于去就,莫之能害也。"看来战国时期误解老庄哲学,得言忘义者已有之,否则上述解释岂不显得多余?

此外,受神仙之风影响,《庄子》将《老子》中一些原本质朴的思想神秘化。如"一"这个概念。"一"即道。《老子》四十二章:"道生一,一生二,二生三,三生万物。"三十九章:"昔之得一者,天得一以清,地得一以宁,神得一以灵,谷得一以盈,万物得一以生,侯王得一以为天下

---

① 《史记》卷28《封禅书》,第169—170页。
② 参见常金仓《〈山海经〉与战国方士的造神运动》,《中国社会科学》2000年第6期。

正。"一是万物的本质，故人之行事效法天道，老子称"抱一"。十章："载营魄抱一，能无离乎？"二十二章："是以圣人抱一为天下式。"这些概念自然不易理解，但终究与神秘思想无涉——直到《庄子》借神仙形象将它们表达出来为止。《庚桑楚》假托老子之言："老子曰：'卫生之经，能抱一乎？'"是径直目老子为养生者。"抱一"或称"守一"。《在宥》："我守其一，以处其和，故我修身千二百岁矣，吾形未尝衰。"倘置老子的平实论述于不顾，但就这些"阐释"来理解老子哲学而不发生误解者盖鲜矣！

又如《大宗师》释"道"一节完全由《老子》三十九章发挥而来："狶韦氏得之，以挈天地；伏戏氏得之，以袭气母；维斗得之，终古不忒；日月得之，终古不息；堪坏得之，以袭昆仑；冯夷得之，以游大川；肩吾得之，以处大山；黄帝得之，以登云天……"这段文字大量采用神仙家言，可称作典型的"谬悠之说，荒唐之言，无端崖之辞"，要之归于哲学寓言，与术士口中的神仙之说仍有本质区别。

"气"是老子哲学又一重要概念。《老子》四十二章："万物负阴而抱阳，冲气以为和。"十章："专（抟）气致柔，能如婴儿乎？"是用气的观念说明"知雄守雌"的道理。《庄子·达生》关尹解释"圣人"说："是纯气之守也，非知巧果敢之列。"同篇梓庆对鲁侯问曰："臣工人，何术之有？虽然，有一焉，臣将为镰，未尝敢以耗气也，必齐以静心。"总之，《庄子》有关"气"的论述既承袭了老子的有关思想，同时也汲取了养生家的神秘主义思想。

综上所述，早期道家哲学在不同程度上存在庸俗化的基础，东周以下的各种非理性主义文化因素，无不对老庄哲学产生鲜明的影响，老、庄正是借助于这种风气以宣播其说。学者或断然主张老庄的这种思想纯为后世好事者所为，这种看法显然将问题简单化了。

第七章 历史神话化：中国古代神话的基本形成路径

第一节 中国神话研究的基本问题

一 神话研究概况

科学意义上的中国神话史研究开始于20世纪二三十年代前后，这一研究的兴起与文化人类学神话学理论的影响具有密不可分的联系。有资料表明，最早掀起中国神话史研究热潮的学者，诸如周作人、茅盾、林惠祥、鲁迅、闻一多等，他们都曾直接或间接地接受过西方文化学者爱德华·泰勒、安德烈·兰等人所倡导的进化论派神话学理论。文化人类学的传入对中国神话史研究产生了极为深刻的影响，它不仅为中国学者开启了解释中国上古史料的新思路，为当代中国神话学的建立提供了理论或方法论依据，同时也成为每个时期中国学者研究古代神话的思维模式。改革开放以来，中国神话研究更得到众多文学家、历史学家，甚至哲学家的关注。[1] 在讨论新时期中国神话史研究的成就与问题之前，我们不妨以茅盾先生的中国古代神话史研究为例，来看看20世纪80年代以前这一领域曾取得的主要成绩。

在完成于1928年的《中国神话研究初探》（又名《中国神话研究ABC》《神话研究》）一书中，茅盾用这样的语言介绍了西方神话学研究的状况，他说："据最近的神话研究的结论，各民族的神话是各民族在上古时代（或原始时代）的生活和思想的时代。神话所述者，是'神们的行事'，但是这些'神们'不是凭空跳出来的，而是原始人民的生活状况和

---

[1] 参见潜明兹《中国神话学五十年》，《民俗研究》2000年第1期；叶舒宪：《中国神话学百年回眸》，《学术交流》2005年第1期。

第七章 历史神话化：中国古代神话的基本形成路径

心理状况之必然的产物。"① 论者所谓"最近的神话研究的结论"，并非出自中国学者（当时还没有中国学者的系统论著问世），而是由英国人类学家泰勒开其端，苏格兰人类学家安德烈·兰集其成的古典进化论派神话理论。按照这种理论，神话是人类早期社会的产物，神话的产生与原始初民在认识能力和心理状态方面的特点有关。关于这些特点，兰在《神话：仪式与宗教》一书中曾概括为如下六个方面。一为相信万物皆有生命、思想、情绪，与人类一般；此即所谓泛灵论（Animism）。二为魔术的迷信，以为人可变兽，兽亦可变为人，而风雨雷电晦冥亦可用魔术以招致。三为相信人死后魂离躯壳，仍有知觉，且存于别一世界（幽冥世界），衣食作息，与生前无异。四为相信鬼可附丽于有生的或无生的物类，灵魂亦常能脱离躯壳，变为鸟或兽而自行其是。五为相信人类本可不死，所以死者乃是受了仇人的暗算。六为好奇心非常强烈，见了自然现象（风雷雨雪）以及生死睡梦等事都觉得奇怪，极力试图加以解释。按照古典进化学者的观点，这些初级、蒙昧的心理和知识状态正是大量神话赖以产生的厚壤，茅盾试图用上述理论解释神话的形成机制，他说："原始人本此蒙昧思想，加以强烈的好奇心，务要探索宇宙间万物的秘奥，结果则为创造种种荒诞的故事以代合理的解释，此即今日我们所见的神话。"② 众所周知，包括泰勒在内的众多早期文化人类学家大多笃信人类历史与文化的单线进化学说，他们认为人类各民族和文明都会沿着一条相同的路径，由低级而高级、由简单而复杂地发展或进化。这种情况也完全适用于人类理性能力和知识水平方面：神话是人类思维非理性主义倾向的产物，因而在愈原始的社会中神话愈显发达，相反在愈文明的社会神话则愈显衰退。换言之，原始社会必然是神话孳生的时代，但随着人类理性能力的增强以及知识水平的提高，神话无论在数量还是情节上都会日渐凋零。

实际上，古典人类学的神话进化理论早在18世纪意大利学者维科（Giambattista Vico，1668—1744）那里就已初露端倪。维科在《新科学》中曾将每个民族的发展分为三个阶段：神的时代、英雄的时代和人的时代。维科进而又将"神的时代"划分为三个阶段：第一个阶段是创造神话故事的时期；第二个阶段神话故事被修改和歪曲；第三个阶段是，荷马接受的是已被修改和歪曲的神话。③ 对于古典进化论者的上述神话理论，20

---

① 茅盾：《神话研究》，百花文艺出版社1981年版，第127页。
② 茅盾：《神话研究》，第127页。
③ 潜明兹：《神话学的历程》，北方文艺出版社1989年版，第12—13页。

世纪前半期的多数中国学者深以为然。在茅盾等人看来，中国历史上同样有过一个"神话（或神学）时代"，彼时也曾有过发达而丰富的神话，只不过由于特殊的历史原因，那些丰富的神话遂大多遭遇"厄运"。作者就此推测道：

> 现代的文明民族和野蛮民族一样的有它们各自的神话。野蛮民族的神话尚为原始的形式，文明民族的神话则已颇美丽，成为文学的泉源。这并不是文明民族的神话自始即如此美丽，乃是该民族渐进文明后经过无数诗人的修改藻饰，乃始有今日的形式。这些古代诗人的努力，一方面固使朴陋的原始形式的神话变为诡丽多姿，一方面却也使得神话历史化或哲学化，甚至脱离了神话的范畴而成为古代史与哲学的一部分。这在神话的发挥光大和保存上，不能不说是"厄运"。中国神话就是受了此"厄运"而至于散亡，仅存断片了。①

换言之，初民社会的神话发达而丰富，随着神话历史化和哲学化现象的发生，不少民族中都出现了神话衰落的现象。茅盾的上述观点颇具代表性，它构成了整个20世纪中国神话史研究的理论框架，同时也是众多神话研究者的基本出发点。

既然承认中国上古也曾存在丰富的神话，那么是什么因素导致这些神话丰富性的丧失呢？鲁迅先生曾将古代神话的衰落归因于儒家的理性化倾向，他引述其他学者的观点说："孔子出，以修身齐家治国平天下等实用为教，不欲言鬼神，太古荒唐之说，俱为儒者所不道，故其后不特无所光大，而又有散亡。"言外之意如果没有东周时期儒家学派改窜的话，中国古代神话就可能以原始的丰富形态保留下来。与此有所不同，茅盾则提出"神话的历史化"理论解释这种现象，他说："我们现在据所有片段看来，中国神话之丰富美丽，不下于希腊，或且过之，可惜丧失过半，这真是一件极可惜的事。"②至于其中缘由，茅盾认为当与先秦时期的一些学者（尤其是历史学家）将神话误解为历史，并加以"历史化"有关。他说："历史家……捧着这些由神话转变来的史料皱眉头了。他们便放手删削修改，结果成了他们看来是尚可示人的历史，但实际上既非真历史，也并且失去了真神话。所以他们只是修改神话，致使消灭神话。中国神话之大部恐是

---

① 茅盾：《神话研究》，第127—128页。
② 茅盾：《神话研究》，第88页。

第七章　历史神话化：中国古代神话的基本形成路径　315

这样的被'秉公'的'太史公'消灭了去了。"① 神话历史化呈现出两方面的影响：它一方面破坏了原始神话的丰富性、完整性，另一方面却使少数原始神话幸运地保留下来。论者指出："神话的历史化，固然也保存了相当的神话；但神话的历史化太早，便容易使得神话僵死。中国北部的神话，大概在商周之交已经历史化得很完备，神话的色彩大半褪落，只剩了《生民》、《玄鸟》的'感生'故事。……然而被历史化了的一部分神话，到底还保存着。直到西汉儒术大盛以后，民间的口头的神话之和古史有关者，尚被文人采录了去，成为我们所见的关于女娲氏及蚩尤的神话的断片了。"② 作者在另一篇文章中又发挥说，神话的历史化对于神话的发挥光大和保存而言，不能不说是厄运，因为中国神话正是遭此厄运而陷于散亡零碎的。③

　　中国上古究竟有没有丰富的神话？这个问题的回答决定着 20 世纪中国神话史研究的基本方向和方法。显而易见，如果我们承认中国神话同西方古代或人类学家笔下的野蛮社会中的神话一样丰富发达，而后来出于种种原因而使之散亡的话，那么中国神话研究的重要任务就是将那些曾经被"历史化""哲学化"的神话恢复本来面目，或者将那些被笔削的神话情节恢复原貌。用茅盾的话来说，中国神话史研究的重要任务就是"如何用这些零星的材料来再造中国神话"④。相反地，如果中国神话本来并不发达的话，学者们的任务就在于实事求是地刻画中国神话的实际，并分析其中的原因。受古典进化论单线进化理论的影响，"丰富论"成为 20 世纪 80 年代以前中国神话史研究领域的主流看法，因此众多古代神话研究者都将精力用于"用零星的材料再造中国神话"。这就是袁珂先生《中国神话史》等论著取得重要成就的基本学术背景。

二　进化派神话理论与袁珂《中国神话史》的成就

　　袁珂先生是当代知名的神话史家，长期从事与中国古代神话的实证与理论研究，在这些领域取得了引人注目的成就。早在 1950 年，袁珂先生就出版第一部神话专著《中国古代神话》，由此奠定了著者在中国神话史学界的学术声望。尽管如此，袁珂关于中国神话史最主要的研究成果几乎完成于 70 年代后期以及改革开放后。其中如 1979 年出版的《古神话选

---

①　茅盾：《神话研究》，第 142 页。
②　茅盾：《神话研究》，第 130 页。
③　茅盾：《神话研究》，第 127—128 页。
④　茅盾：《神话研究》，第 88 页。

释》、1980 年出版的《山海经校注》、1982 年出版的《神话论文集》、1985 年出版的《中国神话传说辞典》、1986 年出版的《中国神话史》等著作更是在社会上产生了深远影响。

《中国神话史》既是中国第一部系统的神话史专著，也汇集了作者多年来关于中国神话问题的主要看法。该书虽然重在建立自成一体的中国神话发展历程结构，但其主要观点几乎由 20 世纪前半期以来古典进化派人类学理论引申而来，因而可以视为改革开放以来史学跨学科在神话研究方面的一部代表著作。该书的主要成就集中在实证与理论建设两个方面。

该书是当代学者对中国神话发展历程进行的首次系统整理，中国众多著作中的神话故事被搜罗编排起来。众所周知，留存至今的古代文献中虽然不乏神话的印迹，但文献成分复杂、材料庞杂而零碎却是最为突出的特点。如何依据这些材料整理出一部系统的中国神话发展史，的确是一件难度极大的事情。茅盾早在几十年前就曾指出其中的困难，他说："我想如果有什么人喜欢研究——或搜集中国的神话，那么他动手之后，将见最大的困难倒不是材料的零星和匮乏，而是材料的庞杂。第一：搜辑中国神话自然应以曾见的中国古书者为标准，换句话说，我们应从古书中搜采；可难题就在这里：我们搜罗的范围是限于周、秦的故事呢？还是竟扩充到汉、魏、晋以至六朝？……搜罗中国神话时第二感到的困难，便是现今所有的材料几乎全是夹杂着原始信仰与佛教思想，混淆至莫名其妙。"① 20 世纪 80 年代前后，当袁珂先生准备编纂《中国神话史》的时候，他对这些困难有了更深一层的认识，并将其归纳为六个方面。② 总的看来，在没有前例可循的情况下，要编成一部中国神话史的确殊非易事，"这条道路前人从来没有走过，充满着荆棘杂草，得用不惧失足、不怕蹉跌的精神，慢慢地在这片荒芜的土地上探索路径"③。

袁珂先生之所以能够突破这么多困难而完成第一部中国神话史，在很大程度上正是得益于古典进化派文化人类学理论的影响。比如在该书第一章"原始社会前期的神话"部分，作者就分别讨论了"神话传说中的中国原始社会""萌芽状态神话的产生时期""前万物有灵论：活物论时期的神话""活物论时期神话的遗迹"。如果没有人类学理论作为框架的话，要想将古史材料严整地编排起来便是不可想象的。中国上古时期"前万物有

---

① 袁珂：《中国神话史》，上海文艺出版社 1988 年版，第 88—89 页。
② 参见袁珂《中国神话史》，第 6—7 页。
③ 袁珂：《中国神话史》，第 3 页。

第七章 历史神话化：中国古代神话的基本形成路径

灵阶段"的神话呈现何种状态？这个问题无疑非常难以回答，但作者仍试图从现有古籍当中寻找这方面的蛛丝马迹。作者推测说，先秦诸子书中有些以动物故事为核心的寓言很可能就是上古神话的转化，比如"狐假虎威""鹬蚌相争""坎井之蛙""涸泽之鱼"等。作者说："早期原始先民用神话思维的眼光看世界，以身边切近的动植物为题材，从而创作出的首批神话故事，就其活泼生动的表现形式看，略近于童话；就其内容含意（任何神话故事，总是要包含一点用意的）看，又略近于寓言。因而原始社会前期的这类神话，流传演变到了后世，就成了童话或寓言，文学家得以利用它来驰骋想象，哲学家也得以利用它来发展思辨。"① 将先秦诸子的寓言故事与上古时期久已失传的神话故事联系起来，据笔者所知这属于作者的首创。无论这些观点能否最终为人们所接受，但它为人们理解古代典籍提供了新的思路却是毋庸置疑的。

为了解释古代神话的基本情况，作者在"先秦及汉初文献中的神话"一节中分别从《左传》《国语》以及诸子文献中搜罗出大量神话故事。作者正确地指出，先秦诸子著述，不论是法家的《管子》《韩非子》，儒家的《孟子》《荀子》，墨家的《墨子》《晏子春秋》，道家的《庄子》，还是秦末汉初杂家的《吕氏春秋》《淮南子》，其中零星片断或整段地保存许多神话传说材料。这些材料有的看似寓言，实际上却是神话的改装，如《庄子》；有的是将整段比较完整的神话记录出来，作为哲理阐述的佐证，如《吕氏春秋》和《淮南子》书中多有之；有的像是平淡的故事，实际上却是古代神话重要的补充，如《孟子》书中有之；有的是极寻常的谈论中，突然道出一段气势宏伟的新神话来，令人耳目为之耸骇，如《韩非子》书中有之。作者的结论是："先秦汉初哲学家们对古代神话传说是极熟悉不过的。大约终因去古未远，有未散亡的典籍可供查考，有还存在于民间的口头传说可资凭依，为了阐述哲理，随意引来，无不得心应手，我们也幸而得以从他们的征引中，去其尘氛，略窥古神话的丰富奇伟。"② 这种认识指出了古代典籍（尤其是诸子著作）在神话研究中的价值，对于我们认识这些论著本身的思想也极有帮助。

《中国神话史》一书的成就之二在理论创新方面。在解释神话的来源问题时，西方不少人类学家都将它解释为人类史前时代的"特产"。这就是说，神话只能产生于人类历史的童年，而且与原始社会相始终。随着原

---

① 袁珂：《中国神话史》，第 8 页。
② 袁珂：《中国神话史》，第 70 页。

始社会的结束，神话也失去了其产生的条件。因此文明时代的各种神话现象，都属于原始时代神话的遗留（Survivors）。"遗留说"在西方古典进化论学说中占据重要地位，长期以来成为人们解释某些文化现象来源的工具。不过根据中国古代的实际情况来看，先秦史籍留存下来的神话资料简单而零散，更多的"神的故事"则见载于秦汉之后的史料当中。要将它们一概纳入"遗留"之列，便显得格外牵强。为此，作者创造了"广义神话"的概念来化解理论上的矛盾，他说："关于神话的概念，从史的角度看，大约可以区分为这样两种：一种是说，神话和原始社会同始终，原始社会以后，神话就'消失'了；另一种是说，原始社会以后的阶级社会——乃至近代和现代也有神话，神话并未'消失'。我是赞成后一种说法的。后一种说法，我把它概括为'广义神话'这样一个意思。那就是说，即使原始神话消失了，继原始神话而起的广义神话也还并未消失，而后者和前者又本是一脉相通的，并不是判然划分的两回事。万物有始必有终，神话当然也不例外，有一天它自然会走到尽头而消失的；但是现在，从中国乃至世界的范围看，可以肯定地说，现在它还没有消失。"[①] 袁珂先生"广义神话"的概念是神话史、神话学研究领域的一个突破，它体现了作者在将西方学术理论用于中国学术研究中所具有的独特匠心。"广义神话"是作者根据中国古代历史实际作出的准确概括，据此人们可以将有史以来的一部分神秘主义故事纳入"神话"之列。比如《墨子·明鬼篇》记载了一个周宣王杀其臣杜伯的故事，其文略云：

  周宣王杀其臣而不辜。杜伯曰："吾君杀我而不辜，若以死者为无知，则止矣；若死而有知，不出三年，必使吾君知之。"其三年，周宣王合诸侯，而田于圃。田车数百乘，从数千人，满野。日中，杜伯乘白马素车，朱衣冠，执朱弓，挟朱矢，追周宣王，射之车上，中心折脊，殪车中，伏弢而死。

这则故事涉及了神秘人物和神秘事件，但故事发生的背景却是西周宣王时期。按照古典神话学家的定义，这则产生于文明时代的故事显然不属于史前神话的"遗留"，当然也难以归入神话之列了。尽管如此，中国古代史上类似这样的神秘故事却并不少见，如果我们将它与一般意义上的神话相比较来看，就会发现前者具有许多一般神话的特点：首先，它具有较

[①] 袁珂：《中国神话史》，第3页。

为丰富的、神秘主义的故事情节；其次，它具有相当的普遍性，在政治、社会化生活的各个领域都有这类故事产生，如大禹神话、老子长寿神话、刘邦感生神话等；最后，它同一般神话一样发挥着重要的社会功能。从某种意义上我们可以说，文明时代神话的丰富发达与层出不穷，正是中国古代文化的特点之一。如果将这部分内容排除在外的话，中国神话史无疑就会显得格外干瘪贫乏。正是由于实现了这项理论上的突破，《中国神话史》便获得了很多丰富而鲜活的材料。我们由此发现中国历史的各个阶段都在不断地产生着新的神话，尤其是历史事件与历史人物的神话化（或者称为"历史神话化"），的确堪称中国神话史的重要特点。关于这点，我们可以以下几个案例中看到。

第二节 从"乘蹻"术看古代神话流变的复杂性

晋葛洪所著《抱朴子》记载了许多早期神仙道教的巫术现象，"乘蹻"就是其中的一种。何谓"乘蹻"？《说文·足部》释"蹻"云："举足行高也。从足，乔声。"这一解释虽然符合汉字的造字规律，但并未道出该现象的文化根源。笔者认为，"乘蹻"巫术是综合历史时期多种文化要素而成的现象。要真正解决"乘蹻"的来源问题，既不能停留于文字学层面，也不能将其简单归结为史前巫术的遗留，而应该从最简单的文化构成要素分析开始。

一 二重证据视野中的"乘蹻"术

《抱朴子·杂应》云：

若能乘蹻者，可以周流天下，不拘山河。凡乘蹻道有三法：一曰龙蹻，二曰虎蹻，三曰鹿卢蹻。或服符精思，若欲行千里，则以一时思之。若昼夜十二时思之，则可以一日一夕行万二千里，亦不能过此，过此当更思之，如前法。或用枣心木为飞车，以牛革结环剑以引其机，或存念作五蛇、六龙、三牛，交罡而乘之，上升四十里，名为太清。太清之中，其气甚罡，能胜人也。①

---

① 王明：《抱朴子内篇校释》，第275页。

葛洪认为，若鸢、龙之类之所以扶摇直上，飞行自如，就是因为它们能够入太清、乘罡气，又"乘蹻须长斋，绝荤菜，断血食，一年之后，乃可以乘此三蹻耳。若不奉其禁，则不可妄乘蹻，有倾坠之祸也"。① 在《抱朴子》一书所涉及种类繁多的道教巫术中，该术被葛洪归入"登峻涉险、远行不极之道"一类。又《道藏·太上登真三矫灵应经》记载说："三矫经者，上则龙矫，中则虎矫，下则鹿矫。……大凡学仙之道，用龙矫者，龙能上天入地，穿山入水，不出此术，鬼神莫能测，能助奉道之士，混合查通大道也。……龙矫者，奉道之士，欲游洞天福地，一切邪魔精怪恶物不敢近，每去山川江洞州府，道出自有神祇来朝现。"② 引文中所谓"矫"，当与"蹻"通。

由以上引文可见，所谓"乘蹻"，实际上乃是一种为道教术士所掌握的飞行巫术。该巫术主要通过术士对某些特殊事物，尤其是那些被认为善于疾行、富于神秘色彩的事物（如龙、虎、鹿）的模仿或想象来加以实现，因而可以称其为典型的"交感巫术"。《抱朴子》一书著录飞行类巫术的专著有《龙蹻经》《鹿蹻经》《升天经》以及《禹蹻经》等。从《抱朴子》这些记载中不难看出，该巫术在早期神仙道教信仰者之中，影响深远且意义重大。

"乘蹻"巫术是怎样起源的？关于这个问题，传世文献中没有明确记载。值得注意的是，考古工作者曾于 1987 年在河南省濮阳市西水坡的墓葬中，发现数组仰韶文化时期的蚌塑龙虎等图案。根据有关考古报告，其中第三组蚌图显示有人骑龙的含义："人骑龙和奔虎腾空而起，如在空中奔驰，则非常形象非常壮观。"③ 已故著名人类学家张光直教授最早将该则材料与《抱朴子》三蹻之说联系起来，认为："濮阳的蚌图逼真地表现出来仰韶时代的巫师藉三矫的助力可以上天入地，与鬼神来往。"④ 作者在另外一本著作中进一步将蚌塑的功能与墓主人联系起来，他说："濮阳第 45 号墓的墓主是个仰韶文化社会中的原始道士或是巫师，而用蚌壳摆塑的龙、虎、鹿乃是他能召唤使用的三蹻的艺术形象，是助他上天入地的三蹻的形象。"⑤ 这似乎表明张光直先生认为乘蹻巫术产生于距今六七千年之前

---

① 王明：《抱朴子内篇校释》，第 275 页。
② 转引自张光直《中国考古学论文集》，生活·读书·新知三联书店 1999 年版，第 319 页。
③ 濮阳西水坡遗址考古队：《1988 年河南濮阳西水坡遗址发掘简报》，《考古》1989 年第 12 期。
④ 张光直：《中国考古学论文集》，第 148 页。
⑤ 张光直：《中国青铜时代》，第 319 页。

的仰韶文化早期。饶有趣味的是，关于这一考古材料的解释众说纷纭，其中至少有所谓"四象起源说""图腾崇拜说""权威象征说""神灵象征说"以及"灵魂升天说"等。①

以上分歧反映出近年来中国上古史研究中的一种怪现象，即在地下新出材料的推动下，基于传世文献的研究结论中"新说"频出而足以服众者不多。从人们对龙虎图的解释来看，诸多观点彼此矛盾，足以相互发难，大有所谓后息者为胜之势。该现象启示我们，"二重证据法"的运用要采取必要的慎重态度。我们认为，蚌塑龙虎图反映的其实并非巫术仪式，它只是体现了人们对于死者灵魂飞升的美好愿望。理由很简单，即真正意义上的巫术乃是术士的一种社会实践，而不会仅仅停留在观念或理想层面。借用弗雷泽的话来说："它是一种伪科学，也是一种没有成效的技艺"。巫术的价值体现在操作者的生前而非死后，谙熟飞行巫术的人却要靠假造模型这种手段在彼岸"通天地，见鬼神"，岂非咄咄怪事？

二　"乘蹻"源于战国飞行神话

马凌诺斯基指出："巫术是用来达到目的的。它与旁的技艺一样，也受理论的支配，也有一套原则来指使它怎样进行，以便达到目的。我们在分析巫术的咒、仪式与用物的时候，知道那里有好几项普遍的原则来支配它们。"②换言之，作为技艺或实践的巫术，已经综合多种要素在内，当然不是最单纯的文化现象。理论或观念是巫术产生的先决条件，也是其中相对简单的文化要素。因此，欲追溯"乘蹻"巫术的起源，应该从"乘龙飞行"观念的产生开始，然后再尝试去逐步深入。

龙善于腾飞，这是几乎所有相关材料给人们的深刻印象。《说文》云："龙，麟虫之长，能幽能明，能细能巨，能短能长，春分登天，秋分潜渊。"《周易·乾卦》九五爻辞："飞龙在天。"《管子·水地篇》："龙，生于水，被五色而游，故神。……欲上则凌于云气，欲下则入于黄泉。"《史记·夏本纪》曰："夏后氏德衰，诸侯畔之。天降龙二。"③可见"飞龙"

---

① 分见李学勤《走出疑古时代》（修订本），辽宁大学出版社1997年版，第142页；王大有：《颛顼时代与濮阳西水坡蚌塑龙的划时代意义》，《中原文物》1996年第1期；方酉生：《濮阳西水坡M45蚌壳摆塑龙虎图的发现及其重大学术意义》，《中原文物》1996年第1期；何星亮：《河南濮阳仰韶文化蚌壳龙的象征意义》，《中原文物》1998年第2期；陈江风：《从濮阳西水坡M45看"骑龙升天"神话母体》，《中原文物》1996年第1期。
② 〔英〕马林诺夫斯基：《巫术科学宗教与神话》，李安宅译，第74页。
③ 《史记》卷2《夏本纪》，中华书局1959年版，第86页。

形象自周初至汉代皆十分盛行。

前文所引仰韶文化蚌塑龙的材料表明，中国古代的史前先民，很早就已将灵魂升天的思想与"飞龙在天"之类的观念联系起来。三代时期则称其为"乘龙"。《周易·乾卦》象辞："时乘六龙以御天。"《左传》昭公七年中，龙见于绛郊，蔡墨答魏献子问时就语及"帝赐之乘龙，河、洛各二"之事。战国之际，在早期"乘龙"观念的基础上，产生大量乘龙神话。该现象与此间盛行一时的造神运动，尤其是黄帝成仙神话之间关系密切。《史记·孝武本纪》载公孙卿说辞云：

> 黄帝采首山铜，铸鼎荆山下。鼎既成，有龙垂胡髯下迎黄帝。黄帝上骑，群臣、后宫从上龙七十余人，龙乃上去。余小臣不得上，乃悉持龙髯。龙髯拔，堕黄帝之弓。百姓仰望黄帝既上天，乃抱其弓与龙胡髯号。故后世因名其处曰"鼎湖"，其弓曰"乌号"。①

太史公称"百家言黄帝，其文不雅驯，荐绅先生难言之"，上述神话即属此"不雅驯"之文无疑。尽管黄帝乘龙飞升神话直至西汉才见之于文字记载，但联系到战国方士的造神运动，我们就不难推定其形成时间当不晚于战国。又《大戴礼记·五帝德》云："（黄帝）乘龙扆云，以顺天地之纪，幽明之故，死生之说，存亡之难。"同篇又称颛顼"乘龙而至四海"；帝喾"春夏乘龙"。就连具有罕言神怪传统的儒家学派都这般热衷于奢谈"乘龙"之事，正是因为战国时期的确产生过数量不菲的乘龙神话。

战国期间，在黄帝乘龙神话的启发下，一大批乘龙神话被创造出来。《山海经·海外西经》云："西方蓐收，左耳有蛇，乘两龙。"《海外东经》："东方句芒，鸟身人面，乘两龙。"《海内北经》："从极之渊，深三百仞，维冰夷恒都焉。冰夷，人面，乘两龙。"《大荒西经》："西南海之外，赤水之南，流沙之西，有人珥两青蛇，乘两龙，名曰夏后开。开上三嫔于天，得《九辩》与《九歌》以下。此天穆之野，高二千仞。开焉得始歌《九招》。"《海外西经》："大乐之野，夏后启于此儛九代，乘两龙，云盖三层。"《大荒南经》："驩头，人面，鸟喙，有翼，食海中鱼，杖翼而行。"《海外南经》："南方祝融，兽身人面，乘两龙。"这些乘龙者当中既有形成时间较早的神，如东方句芒、西方蓐收之类，更多的则是一些被神话化的历史人物，如南方祝融、夏后开（启）、驩头（兜）等。此外，

---

① 《史记》卷12《孝武本纪》，第468页。

《山海经》中还有一些乘龙神话的变体，如《海内北经》："林氏国有珍兽，大若虎，五采毕具，尾长于身，名曰驺吾。乘之日行千里。"《海外北经》："（龙鱼）状如狸，即有神圣乘此以行九野。"其他还有乘"文马"、乘"乘黄"之类者。（《海外西经》）

乘龙神话的痕迹在诸子言论中同样屡见不鲜。屈原《楚辞·九歌·湘君》："驾飞龙兮北征，邅吾道兮洞庭。"《湘夫人》："闻佳人兮召予，将腾驾兮偕逝。"《大司命》："乘龙兮辚辚，高驰兮冲天。"《东君》："驾龙辀兮乘雷，载云旗兮委蛇。"《远游》："驾八龙之婉婉兮，载云旗之委蛇。"《河伯》："乘水车兮荷盖，驾两龙兮骖螭。"……在诗人的笔下，复有乘白鼋、乘白豹之说。如《河伯》："乘白鼋兮逐文鱼，与女游兮河之渚。"《山鬼》："乘赤豹兮从文狸，辛夷车兮结桂旗。"这些都是有关乘龙观念的富力想象或文学化叙事。

《周易·文言》："云从龙。"《韩非子·难势》引慎子语曰："飞龙乘云，腾蛇游雾，云罢雾霁，而龙蛇与蚓蚁同矣，则失其所乘也。"因为龙与云、气相关，遂由乘龙神话派生出乘云、乘风等观念。《楚辞·九歌·大司命》："广开兮天门，纷吾乘兮玄云。""高飞兮安翔，乘清气兮御阴阳。"《少司命》："人不言兮出不辞，乘回风兮载云旗。"《远游》："悲时俗之迫厄兮，愿轻举而远游。质菲薄而无因兮，焉托乘而上浮？""因气变而遂曾举兮，忽神奔而鬼怪"，"涉青云以泛滥兮，忽临睨夫旧乡。"

再以《庄子》为例。《逍遥游》云，藐姑射山之神人"乘云气，御飞龙，而游乎四海之外"，"夫列子御风而行，泠然善也，旬有五日而后反"。御风即乘风，不过是将神话换一种表达方式而已。《庄子》书中记载更多的是乘龙神话的变体。如乘鸟，《应帝王》中，无名人答天根曰："予方将与造物者为人，厌则又乘夫莽眇之鸟，以出六极之外，而游无何有之乡，以处圹垠之野。"如乘云，《天地》中，华封人对尧曰："千岁厌世，去而上仙，乘彼白云，至于帝乡。"如乘日月，《齐物论》云，至人"乘云气，骑日月，而游乎四海之外"。如乘云气，《天地》乘老子"乘乎云气，而养乎阴阳"。如乘列星，《齐物论》论古之得道者曰："黄帝得之，以登云天……傅说得之，以相武丁，奄有天下，乘东维，骑箕尾，而比于列星。"

值得注意的是，上述神话的主题，多数并非现实社会中的某些人物，而是那些居于殊方绝域之中的神仙。换言之，尽管这些神仙故事与后世乘蹻术之间关系密切，但它们并不就是术士的社会实践。从观念到作为实践的乘蹻术的转变，仍然需要假以时日。后者表明，人们已自信能够以切身行动去替代可望而不可即的理想。

史料表明，古代神仙家的访仙求药实践自战国开始，秦、汉之际进入高峰期，直至西汉武帝之后逐渐陷入低潮。在经历长期失败之后，许多神仙家开始将目光转向巫术的创作方面。由乘龙神话附会出乘蹻巫术，就发生在这一背景下。两汉之际，巫风颇盛。在当时及此后术士的眼中，龙成为人可得而乘之的脚力。据《列女传》载，浑亭人"骑龙鸣"即以熟稔骑龙之术而得名。汉中卜师呼子先获仙人所赠之茅狗，"得而骑之，乃龙也，上华阴山"。《后汉书·方术列传》载，汝南费长房从一老翁学道，"辞归，翁与一竹杖，曰：'骑此任所之，则自至矣。既至，可以杖投葛陂中也。'又为作一符，曰：'以此主地上鬼神。'长房乘杖，须臾来归，自谓去家适经旬日，而已十余年矣。即以杖投陂，顾视，则龙也。"[①]复由乘龙神话的多种变体发展成乘云巫术。同书又载，建安中道士蓟子训："初去之日，唯见白云腾起，从旦至暮，如是数十处。"[②]据葛洪说，仙药中有"青云芝"，食之者"能乘云，通见鬼神"；又有"赤云芝"，食之"令人乘云，能上天见八极，通见神明"。芝药而以"青云""赤云"名者，盖取"乘云升天"之义。无所凭借，举体轻飞，亦属乘蹻巫术的一种。东汉王充曾批判过当时民间盛传的这样一件事情：淮南王"遂得道，举家升天，畜产皆仙，犬吠于天上，鸡鸣于云中"。史载河南密县上成公得仙之后，"家人见其举步稍高，良久乃没去"[③]。

综上所述，现实生活中的人能够像传说中的神仙一样飞行自如，当然属于巫术。乘蹻巫术起源于古代的乘龙神话，由此大体可以论定。秦汉之后，随着神仙家旨趣的转变，这些神话最终衍变为乘蹻巫术。

三 余论

人类学的研究资料表明，神话发展为巫术不仅是乘蹻术形成的基本途径，也是世界文化史上普遍存在的现象。可以说，乘蹻巫术的形成方式对于我们研究作为一般文化现象的巫术形成问题具有一定理论参考价值。

马凌诺斯基在《巫术科学宗教与神话》一书中，集中探讨了巫术与神话二者的关系问题。作者认为，巫术与神话并非各不相干。大量证据表明，这两种文化现象通常不仅同时存在，而且相互影响乃至发生转换。

首先，巫术可以促使神话的发生。马氏指出："术士个人底声望与声

[①] 《后汉书》卷82下《方术列传下》，第2744页。
[②] 《后汉书》卷82下《方术列传下》，第2746页。
[③] 《后汉书》卷82下《方术列传下》，第2748页。

第七章　历史神话化：中国古代神话的基本形成路径　　325

望在提高巫术效力信仰上的重要，结果便产生一件很可注意的现象，可以叫作'巫术底当代神话'的现象。关于每一个大术士，都有一套动人听闻的故事，说他怎样会治病，怎样能杀人，怎样渔获丰盛，怎样打仗胜利，怎样调情成功。"① 巫术理论家围绕巫术杜撰神话，其目的仅仅在于论证巫术的权威、夸大巫术的效力，而非真正荒古时期的"初民的记忆"。遗憾的是，以往的一些研究者对两类性质不同的神话缺乏必要的区分。

同样，神话反过来可以滋生新巫术。马凌诺斯基认为："神话不是过去的死物，不只是流传下来的不相干的故事；乃是活的力量，随时产生新现象随时供给巫术新证据的活的力量。"② 神话中的情节被踵事增华，终于衍变成为新巫术。神话则丧失原义而成为这些巫术效能的"最佳证明"。正如作者所说："巫术是沟通荒古艺术的黄金时代与现今流行的奇行异能两者之间的桥梁。所以巫术总是充满了神话的典据，而在宣讲了之后，便发动了古来的权能，应用到现在的事物。"③ 神话在特定的历史条件下会转变为巫术，这一事实启示我们：伴随着神话勃兴时代的到来，很可能就是一个巫术大量滋生的时代。

与西方古代社会的情形有所不同，中国古代神话原本并不发达，而现存的大多数神话都具有晚起性特征。业师常金仓先生指出，战国时期曾经掀起一场规模巨大的"造神运动"。在此过程中，无论早期诸神如祝融、句芒，还是晚成之神如黄帝、夏后启、傅说、列子等的神性都得到普遍伸张。神话的大量涌现，尤其是大批历史人物的神话化，使得原本并不发达的古代神话骤然间变得异彩纷呈。④

巫术与神话关系的理论以及古代神话晚起性的基本特征，对于我们研究中国古代，尤其是秦汉以后大批巫术的来源问题具有重要参考价值。我们知道，巫术起源是19世纪以来学术界长期争论的问题之一，在这场旷日持久而迄今余音未绝的论争中，始终贯穿着一种误解，即认为所有巫术都产生于史前时期的所谓"巫术时代"，历史上的各种巫术现象则统属史前遗留。⑤ "巫术时代论"一方面使得其信从者坚信：即使看似浅近的巫术现象的背后，也一定隐含着某些远古的巫术因素，从而过分夸大文化遗留

---

① 〔英〕马林诺夫斯基：《巫术科学宗教与神话》，李安宅译，第71页。
② 〔英〕马林诺夫斯基：《巫术科学宗教与神话》，李安宅译，第71页。
③ 〔英〕马林诺夫斯基：《巫术科学宗教与神话》，李安宅译，第71页。
④ 参见常金仓《〈山海经〉与战国方士的造神运动》，《中国社会科学》2000年第6期。
⑤ 参见晁天义《巫术研究的一个误区：弗雷泽"巫术时代论"与中国的巫术研究》，《山西大学》2002年第1期。

物的生命力；另一方面，则诱导人们有意无意地忽视或割断这些巫术与战国以来众多文化现象之间的联系。那么，《抱朴子》等古代文献中存在的大量巫术，是否可以作为史前遗留来看待呢？受"巫术时代论"影响，许多研究者倾向于作出肯定的回答。①

更有学者鉴于理论与事实间的矛盾，而对巫术来源问题不置可否，下面这段论述就准确传递了这样一种信息："虽然，由后世文学作品可见民间仍有不少原生性的黑白巫术在下层流行，其来源为何尚不能断定，但我们至少可以说，在中国文字发明的时代，'巫'所承担的职能已经是祭祀宗教的一部分，而使其自身已成为祭祀之一种。这与人类学上所说的一般的巫术，有所不同。"② 以上看法与历史事实并不相符，"巫术时代论"者显然是将巫术的产生这样复杂的文化现象人为地简单化了。

总之，尽管乘蹻巫术只是秦汉及此后社会中众多巫术中的一种，但其形成方式却具有代表性，因而对于解释中国古代巫术的起源，不乏参考价值。同样道理，只有剔除"巫术时代论"的错误观点，才能建立正确认识中国古代巫术起源问题的前提，也才能正确评价巫术在中国古代文化中的位置和功能。

第三节　禹步与大禹的神话化

禹步是战国以至魏晋之后术士阶层当中普遍流行的一种巫术。同所有人类文化现象一样，禹步巫术有它形成发展的漫长历史过程。围绕这一问题，从20世纪30年代到90年代先后形成两种观点。第一种观点的代表者为陈梦家先生，早在1936年他就提出关于三代巫史关系的论断，即"由巫而史，而为王者的行政官吏；王者自己虽为政治领袖，同时仍为群巫之长"。他进而指出："古之王即巫者，故禹步亦称巫步。"③ 这一结论有两层含义。其一是陈先生显然主张古代的"王"起自宗教领袖即巫者。对此赞同者有之，反对者有之，至少目前不宜视为定论。其二是主张禹步巫术为政治领袖兼巫师的大禹所创并得以传袭。该说在提出后响应者不多。

近年来胡新生先生提出另一种观点，他认为："禹步只能是在春秋战

---

① 梁钊韬：《中国古代巫术：宗教的起源和发展》，第36页。
② 陈来：《古代宗教与伦理：儒家思想的根源》，第42页。
③ 陈梦家：《商代的神话与巫术》，《燕京学报》1936年第20期。

国时代跛者为巫现象盛极一时的环境中形成的一种巫术步法,它的首创者是当时那些腿脚有残疾的巫师,它的直接渊源就是跛脚巫师所跳的跛舞。"与陈梦家的观点不同,胡新生认为:"被后世俗巫神化的禹步与夏禹无多大关系。"①胡先生将春秋战国之际的普遍现象作为禹步巫术产生的文化背景加以考察,力图揭示二者的内在联系,这值得肯定,但他所提出"禹步源于跛步"一说显然过于牵强。作者力主此说的理由是:"腿脚残疾者担任巫师是很早就有的现象。这些跛者因为不能正常从事政治、军事和其它生产活动,只好以通神施术作为谋生职业。"②言下之意,跛者为巫的社会风气与当时生计密切相关。

事实上,这一解释不能与古代文献的记载相契合。《国语·楚语》说:"古者民神不杂。民之精爽不携贰者,而又能齐肃衷正,其智能上下比义,其圣能光远宣朗,其明能光照之,其聪能听彻之,如是则明神降之,在男曰觋,在女曰巫。"按韦注,所谓"民神不杂"是指"司民、司神之官各异",是巫师行业存在的社会前提。其次所举五个方面,则是从不同角度说明巫师的标准,"精爽不携贰者""齐肃衷正"指品行修养,而"智""圣""明""聪"无疑是体质优良的表现。可见在古代只有身心健康者才是巫士行业的理想人选,而非相反。顺便指出,先秦文献有关残疾者言行的大量记载无非是当时社会肉刑残酷的直接或间接反映,其典型代表如《庄子·德充符》中众多身残志坚的人物形象。断言禹步巫术与大禹其人其事绝无关系说法将问题简单化了。

文化史学的理论表明,一文化现象中各要素间相互联系和作用的方式是复杂多样的,在研究一文化演变过程时实在不宜将"关系"一词作过于狭隘的理解。禹步巫术就是历史人物在不同时期先后被神话化,进而被巫术化的文化产物。

一 战国之际大禹由人变"神"

战国之际并非单纯理性伸张、蒙昧隐退的时代,与此潮流齐头并进的是另外一股非理性主义的历史人物神话化运动。在后者的影响下,一批历史人物完成由人到神的转变,从而构成中国古代神话晚出的文化特点。③以"禹"名"步"的初衷在于标榜它是一种具有无上权威的巫术,这与战

---

① 胡新生:《禹步探源》,《文史哲》1996年第1期。
② 胡新生:《禹步探源》,《文史哲》1996年第1期。
③ 常金仓:《山海经与战国方士的造神运动》,《政治学研究》2000年第1期。

国时期大禹由历史人物走向神话化的历史过程相一致。

后代妇孺皆知的大禹治水等历史传说首见《尚书》各篇,《书·尧典》说帝舜时遭受洪水之灾,舜遂接受四岳举荐,命大禹作司空,委以平治水土的重任。《书·皋陶谟》:"禹曰:'洪水滔天,浩浩怀山襄陵,下民昏垫。予乘四载,随山刊木,暨益奏庶鲜食。予决九川,距四海,濬畎浍,距川;暨稷播奏庶艰食鲜食。懋迁有无化居。烝民乃粒,万邦作义。'"由此不难看出,洪水之灾危害生灵,治水是当时一项关系民众生计、社稷安危的大事。为了治水,大禹"娶于涂山,辛壬癸甲,启呱呱而泣,予弗子,惟荒度土功"(《书·益稷》)。

大禹治水以成功告终,他的功德由此为后人缅怀不已。《诗经·文王有声》:"丰水东注,维禹之绩。"《信南山》:"洪水茫茫,禹敷下土方。"《殷武》也说:"天命多辟,设都于禹之绩。"较晚的《逸周书·商誓》也有"在昔后稷,惟上帝之言克播百谷,登禹之绩"的说法。由于历年既久,历史上的人物事迹在文学作品中更显得具有诗情画意,其中"敷下土方""禹绩"等恰恰说明在丰富的文学语言比喻之间这些记载终究不失其为历史事实的一面。这些辞例并不像一味疑古的学者们所理解的那样富于神话色彩,相反表明至少在西周以前大禹的史迹还较简单,他不过是人们心目中一位功绩卓著、泽被后世的文化英雄而已。

大禹毕生功绩之二,是继续帝舜武力统治异部的政策,维护了政权的稳固。《书·舜典》:"(帝舜)流共工于幽洲(州),放驩兜于崇山,窜三苗于三危,殛鲧于羽山。"大禹继位之后,一度归服的驩兜、三苗有重新叛乱的趋势,当政者对此忧心忡忡。皋陶认为如统治者能做到"知人""安民"则足以使国家长治久安,大禹认为:"知人则哲,能官人。安民则惠,黎民怀之。能哲而惠,何忧乎驩兜,何迁乎有苗?"(《书·皋陶谟》)另据《书·益稷》:"苗顽弗即工,帝其念哉"的告诫,可知大禹至少也是流四凶族、镇压叛乱等事件的积极参与者,后世关于禹征三苗等事的发挥当本于此。

春秋战国之际,大禹其人其事受到诸多学派从不同角度进行的粉饰和描绘,久而久之使他带上神语色彩。《韩非子·显学》说:"孔子、墨子俱道尧舜,而取舍不同。皆自谓真尧舜,尧舜不复生,将谁使定儒墨之诚乎?"韩非对各家学术的这一揭示无疑是准确的,包括大禹在内的诸多历史人物正是在诸子百家借古喻今的名义下得到丰富发展,以至质变而为新生的神话主体。孔子称大禹"菲饮食,而致孝乎鬼神;恶衣服,而致美乎黻冕;卑宫室,而尽力乎沟洫"(《论语·泰伯》),成为儒家理想中的典

第七章 历史神话化：中国古代神话的基本形成路径

范君主。孟子为阐明天下之势"一治一乱"的道理，极力发挥《尚书》各篇关于大禹治水的史事，《孟子·滕文公下》：

> 当尧之时，水逆行，氾（泛）滥于中国，蛇龙居之。民无所定，下者为巢，上者为营窟。《书》曰："洚水警余。"洚水者，洪水也。使禹治之，禹掘地而注之海，驱蛇龙而放之菹。水由地中行，江、淮、河、汉是也。险阻既远，鸟兽之害人者消，然后人得平土而居之。

细绎全文不难看出，孟子善引典谟，应有所本，然无意之中已为大禹增添几分神秘色彩。而《孟子·滕文公上》所谓"禹八年于外，三过其门而不入"之辞也因孟子首倡而给后人以深刻印象。这些都为神化大禹者开启了思路。墨家在大禹身上找到其学说的基础，在墨家看来，大禹既是兼爱之君、节葬之君（《墨子·兼爱中》《节葬下》），同时又是该派"天志"哲学的直接体现者。《墨子·非攻下》说：

> 昔者三苗大乱，天命殛之。日妖宵出，雨血三朝。龙生于庙，犬哭于市。夏冰，地坼及泉，五谷变化，民乃大振（震）。高阳乃命玄宫，禹亲把天之瑞令，以征有苗。雷电悖振（震），有神人面鸟身，奉珪以侍，搤矢有苗之将。苗师大乱，后乃遂几。禹既已克有三苗，焉磨为山川，别物上下，缙制大极，而神民不违，天下乃静，则此禹之所以征有苗也。

这则故事中的大禹以巫师形象出现。他兼承上天的意志以征讨三苗，又有人面鸟身的天神协助而完成"天志"。平定三苗之后，大禹进而整顿天下秩序，协调神民关系，终于"神民不违，天下乃静"。墨家的初旨无非是以神道设教的方式发挥历史，以便约束人的思想和行为，但这些充满神秘色彩的描述正好迎合了术士之流的心理需求。神秘色彩十足的大禹崇拜由此形成。

《山海经·海外北经》："禹杀相柳，其血腥，不可以树五谷种。禹厥（掘）之，三仞三沮。乃以为众帝之台，在昆仑之北，柔利以东。相柳者，龙首人面，蛇身而青。"相柳显然是术士们为反衬大禹神威而附益出的一位怪神，"禹杀相柳"系虚构而成的神话无疑。但因为大禹毕竟是一历史人物，因此不可能在所有神话中均脱去史迹，同书另一则神话说："洪水滔天，鲧窃帝之息壤以堙洪水，不待帝命，帝令祝融杀鲧于羽郊。鲧复生禹，帝乃命禹卒布土以定九州。"（《山海经·海内经》）在这幕实现神话化的历史人物的"联合会演"中，尚不难看出早期历史的若干框架，这正是战国时期文化新综合的成果。

从笼统意义上的大禹崇拜到巫士对大禹形为的模仿——禹步巫术的产生——毕竟还有一个较长的过程。庄子以前的论述只是较笼统地说明大禹治水时如何兢兢业业、忧劳勤苦，《庄子·天下》将这一品质细节化："禹亲操橐耜而九（鸠）杂天下之川，腓无胈，胫无毛。"此说盖属推测，但终归未流于怪诞。

战国末年荀子在阐述"非相"思想时将《庄子》的说法作了进一步发挥，作者力辩人不可以貌相，以历史人物为例，"禹跳汤偏"，但能为天下圣王（《荀子·非相》）。杂家著作《吕氏春秋·行论》索性说："禹官为司空，以通水潦，颜色黧黑，步不相过。"《尸子》一书中最早出现该巫术名称："（大禹）步不相过，人曰禹步。"（《太平御览》卷40引《尸子》佚文）大禹生理缺陷由简渐繁的过程与大禹的神话化以及大禹崇拜思想的形成同步进行并最终相契合，禹步巫术便形成了。

二 禹步源于大禹神话的其他佐证

英国人类学家 J. G. 弗雷泽在分析巫术原理时将其划分为两种模式，"顺势巫术"（或称"模拟巫术"）是其中之一。模拟巫术的规则是相似律，即相同或相似的行为导致同样的结果。在巫师看来，"他能够仅仅通过模仿就实现任何他想做的事"[1]。虽然以经验的态度来看这种观念十分荒谬。

禹步是术士对权威行为的一种惟妙惟肖的模仿，自然可以归于模拟巫术。云梦睡虎地秦墓竹简《日书》甲种发现有一种以禹步预除灾祸的做法："（巫师）……禹步三，勉一步，呼：'皋！敢告曰：某行毋（无）咎，先为禹除道。'即五画地……"巫师行三个禹步，并自叙其意是要"为禹除道"，这些都与传世文献分析所得结论相合，因而可以断言禹步应是一种企图以模仿权威行为来达到巫术效力的模拟巫术。

可与禹步巫术相比照的还有一例。《仪礼·大射》云：司马命量人量侯道与所设乏以狸步。量侯道为何须用"狸步"？郑玄的解释是："狸之伺物，每举足者止，视远近，为发必中也。是以量侯道取象焉。"若此说可信，则狸步最初显然具有巫术意味，取象的目的在于试图将狸捕猎物的精

---

[1] 〔英〕詹姆士·乔治·弗雷泽：《金枝：巫术与宗教之研究》，徐育新等译，第19页。

第七章 历史神话化：中国古代神话的基本形成路径

湛技艺传授给参与大射活动的人，从而使得射人每发必中。由此可见狸步也是一种产生相当早的模拟巫术，唯其形成时代与背景与禹步有别，但两者在形成途径上几无二致。

神话可以产生巫术，巫术也可促使新神话的产生，这是马凌诺斯基关于神话与巫术关系的基本观点之一。马凌诺斯基指出：

> 术士个人底声望与声望在提高巫术效力信仰上的重要，结果便产生一件很可注意的现象，可以叫作"巫术底当代神话"的现象。关于每一个大术师，都有一套动人听闻的故事，说他怎样会治病，怎样能杀人，怎样渔获丰盛，怎样打仗胜利，怎样调情成功。任何野蛮社会里面都有这类故事作了巫术信仰底骨干，因为巫术奇迹是在每一个人底情绪经验上都可得到赞助的，所以大术师底成功奇迹乃流传极有势力，没有责难疑惑的余地。①

历史上真实的大禹并非大术师。从最古的史料可以看出，大禹治理洪灾、震慑三苗靠的并非什么法力神权，而是含辛茹苦的经营和政治手段。大禹之为神话主角显系后起，已如前文所论，但晚起的神话同样有造成巫术的文化功能，也是至为明显的。这是因为在战国术士看来，大禹业已带有神迹的声望足以"在提高巫术效力信仰上"发挥作用。

《山海经》中若干大禹神话恰可称为马氏所谓的"巫术底当代神话"，这些晚起的神话在将大禹粉饰为巫师领袖方面发挥了积极作用。与真正的术师不同，许多大禹神话中或多或少都可透视出大禹历史事实的射影。最具代表性的是前引《墨子·非攻下》关于禹征三苗一事的神话。以历史为依据的神话与某些凭空杜撰的巫术神话毕竟有差异。对于巫术信仰者来说，前者所阐发的巫术信力要远强于后者，这也正是战国的大禹神话一方面大力发挥大禹神秘的一面，另一方面又不否认他为历史人物的原因所在。从禹步巫术来源的分析追溯中可以证明马凌诺斯基的下述结论是确然可信的，那就是："神话不是过去时代底死物，不只是流传下来的不相干的故事；乃是活的力量，随时产生新现象随时供给巫术新证据的活的力量。"② 古史个案的考察结论与西方民俗学研究结果是不谋而合的。

---

① 〔英〕马林诺夫斯基：《巫术科学宗教与神话》，李安宅译，第71页。
② 〔英〕马林诺夫斯基：《巫术科学宗教与神话》，李安宅译，第71页。

三　禹步溯源问题发生误区的若干启示

由上述分析足以看出，禹步溯源这一古史研究中的细节问题长期以来为诸多古史研究者所关注，遗憾的是迄今为止尚未形成足以服人的结论。正如前文所指出的那样，1936 年陈梦家先生首倡的"禹步创自夏禹"这一观点因缺乏足够的证明而响应者寥寥，唯"禹步源于跛步"这一观点始出不久，一反旧说，看似不无道理，但实际上也是不能成立的。

这一误区产生的根源在于研究者错误看待了这样一个古史基本问题：大禹究竟是人或神，抑或在不同时期身兼两种属性？任何文化都是由现实中的人创造的。禹步巫术也是这样，如持大禹为历史人物这一观点，则自然而然得出"禹步创自大禹"的结论。相反，如认为大禹为神话主体，则必然会否认他会创造出普传于世的禹步巫术来。"禹步源于跛步"说，正无疑是这一思想指导下的产物。

顾颉刚先生最早提出大禹为神话主体的观点。这一观点长期以来影响着人们关于夏史研究的许多方面。客观地讲，顾先生的研究结论是今人研究禹步起源问题陷入误区的前奏。顾先生曾在 20 世纪二三十年代讨论古史的运动中积极主张大禹原本为神，认为他只是在大禹神话流传广久之后因人们的误解才变成历史人物的，他指出：

> 西周中期，禹为山川之神；后来有了社祭，又为社神（后土）。其神职全在土地上，故其神迹从全体上说，为铺地、陈列山川、治洪水；从农事上说，为治沟洫，事耕稼。……又因当时神人的界限不甚分清，禹又与周族的祖先并称，故禹的传说渐渐倾向于"人王"方面，而与神话脱离。①

顾先生以勇于疑古敢于创新而为史学界所服膺，但在大禹属性这一问题上他显然过于疑古而将事实的真相颠倒了。大禹确有历史与神话两种属性，顾先生看到了这点但错误理解了二者的关系，这与上文我们的考察结论恰恰相反。今天我们重新拜读顾先生的有关论著，不难看出大禹由神话而历史化这一见解缺乏真正有力的证明。考诸先秦时期的《诗》《书》及诸子论著关于大禹的论述，研究者可以顺理成章地勾勒出大禹由历史人物实现神话化的过程。研究古史固然不可持一味信古的态度，但单纯疑古的

---

① 顾颉刚：《讨论古史答刘胡二先生》，顾颉刚编著《古史辨》第 1 册，第 114 页。

精神并不能取代实证性研究,这已是当前史学研究者的共识。先秦时期尤其春秋战国之际去三代历史未远,当时人们关于古史的观点与观念必然有其可以依从的一面,在没有直接有效证据的情况下,我们没有理由轻率地舍旧而求新。

主张审慎对诗古史的"辨古"精神难能而可贵,以推翻前人古史观为目的的"疑古"做法则当为坚持史学科学研究规范的学者所不取。今天我们应当看到,以顾颉刚先生为代表的古史辨派在古史研究中借鉴传统考据方法,力争革故鼎新,确有警觉后学的作用,但其研究成果往往良莠并存。疑古的做法造成三代以前历史的空白,使其成为某些学者演绎的神话兴盛期,已不符合古史实际。唯古是疑的指导思想还使得学者关于古代史料的解释或是教条单一,或是怪论频出,学术研究反而流于缺乏严谨了。

20世纪30年代是上述弊端日渐暴露的时期,西方学术如人类学、民俗学的传入已使当时一些有识之士认识到早期的疑古之过。如郑振铎先生曾指出:"我以为古书固不可尽信为真实,但也不可单凭直觉的理智,去抹杀古代的事实。古人或不至像我们所相信的那末样的惯于作伪,惯于凭空捏造多多少少的故事出来;他们即使有什么附会,也必定有一个可以使他生出这种附会来的根据的。"[①] 是说假如不对古史加以区别,只是一味怀疑,就不能清楚认识神话发生的早晚之别及自然神话与历史神话之别。换言之,就不可能认识到禹步巫术只可能产生于晚起的历史神话而非早起的自然神话这一事实。

对于顾先生及其古史辨派的历史地位,郑振铎也有一段中肯的评论:"顾先生的《古史辨》,乃是最后一部的表现中国式的怀疑精神与求真精神的热忱的书,它是结束,不是开创,他把郑崔诸人的路线,给了一个总结束。但如果以后,要想走上另一条更近真理的路,那只有别去开辟门户。"[②] 这段评论即使在今天看起来也并不过时。

第四节 老子长寿神话再认识

老子是中国古代文化史上一个充满神秘色彩的人物,关于其人其书及

---

① 郑振铎:《汤祷篇》,《郑振铎文集》第4册,人民文学出版社1985年版,第469页。
② 郑振铎:《汤祷篇》,《郑振铎文集》第4册,第468页。

其道论的考疑和争辩自太史公之时直至今日犹未间歇。尤其是老子的年寿问题，千百年来不仅引起众多道教信徒的无限遐想，而且长期困扰着历史上的不少考证学者。

一 研究方法的检讨

司马迁在《史记·老庄申韩列传》中介绍老子生平时曾以审慎而简洁的语气写道："盖老子百有六十余岁，或言二百余岁，以其修道而养寿也。"在这里，太史公不仅指出老子的寿龄，还指出他长寿的原因在于"修道"。近代以来，学术界对于司马迁记载的老子长寿问题大致有两种观点。一种观点认为所谓老子寿考160余岁或200余岁的记载并不可靠，因此不宜视为信史。为解决这个问题，"古史辨"派的不少学者都极力主张将老子的时代拉到孔子以后、战国中期，甚至否认老子其人的存在。这一观点的倡导者包括梁启超、钱穆、冯友兰、罗根泽等人，有学者曾总结说："最令人怀疑老子的，是《史记》载他活了'百六十余岁或言二百余岁'一事。梁启超说：这是'神话'。冯友兰说：是的，这是'神话'。罗根泽因此要把老子年代移后，说是太史儋。孙次舟以为司马迁采了秦汉间神仙家附会之言。的确，一般人都只活几十岁，所以常言说得好，'人生七十古来稀'，'世上曾无百岁人'，一百六十余岁或二百余岁之说，是何等不合理啊！钱穆说：'试问古今中外，除老子而外，我们还看见有哪一个真实的人活了一百六十岁？'"论者批评说："他们是不知道还有偶然、特殊、变态之存在的。因此，由老子的年岁和世系生出种种怀疑，以致穿凿附会造出许多似是而非的证据来把老子往战国时移，甚至否认其人、其书。"[①] 受此观点的影响，即使在老子研究方面有"信古"倾向的胡适也不得不承认《史记》的记载有失实之嫌，他说："《史记》中老子活了'百有六十余岁'，'二百余岁'的话，大概也是后人加的。老子即享高寿，至多不过活了九十多岁罢了。"[②]

另一种观点则认为老子寿考是历史的真实，理由是生理学上的证据表明人的生命完全有可能达到那个极限。比如20世纪30年代就有学者著文指出："老子活了一百六十余岁或二百余岁之说，是可能有的。把他的学说和生活整个的看，也很可信。他是主张不争不刚，去骄去欲，以无为自化，清静自正的。同时亦不劳神苦思于经世济民之行为，而乃一飘然世外

[①] 叶青：《从方法上评老子考》，罗根泽编著《古史辨》第6册，第419、422—423页。
[②] 胡适：《老子略传》，罗根泽编著《古史辨》第4册，第304页。

第七章 历史神话化：中国古代神话的基本形成路径　335

的隐君子和博大真人。"论者还举证说，意大利的列托列活了一百岁，德意志的玛丽·休勃尔活了一百零六岁，西班牙的波兹诺活了一百一十岁，北京的于子衡活了一百一十岁，南斯拉夫的奇列枢和满达活了一百十六岁，波兰的墨尔夫人活了一百三十八岁，土耳其的查维亚活了一百五十七岁，天津某老人活了二百余岁，四川的李青云活了二百五十岁。① 近来还有学者认为："总观五千年中华文明史，老子是为数极少的长寿王之一。老子率先的杰出的养生理论和养寿 160 多岁的实践，是他对人类文明的巨大贡献之一。对老子长寿王和养寿文化之父的地位作用，要理直气壮地弘扬光大之。"作者又补充一些古今中外寿考者的事例，以期证明太史公所言不虚。② 著名学者高亨对于这个问题也持肯定观点，他说："古人寿逾百岁者，往往有之，则老聃寿百余岁，亦可能之事。"③

在笔者看来，以上争论固然有助于问题的逐渐廓清，但方法论上的不足却在于未能摆脱传统那种过分关注"信疑之辨"的简单化思维模式。换言之，由于研究者们从复原史实的角度看待老子的年寿问题，遂对这个问题作出两种截然对立的回答：或以之为真而竭力肯定之；或以之为伪而竭力否定之。即以 20 世纪以来"疑古"与"信古"两派关于老子年寿问题的研究方法来说，二者均不乏可指摘之处。疑古派根据大多数常人年龄推算，不相信老子那般寿考，其典型的推理方式就如前揭钱穆语云："试问古今中外，除老子而外，我们还看见有哪一个真实的人活了一百六十岁？"实际上正如反对者所指出的那样，不要说活到一百六十岁，即使活到二百五十岁的人集古今中外之例也不是没有。信古派则依据历史和现实中长寿者的事例，进而论定老子长寿之为可信。这种论证之荒谬，不待批驳可知。综合所有古今中外无数实例，找几个非常的寿考之人又有何难？问题在于他人长寿，未必能说明老子长寿。总的看来，这些枚举式的归纳证明法不符合科学的规范，难怪长期以来双方争执不休，大有所谓后息者为胜之势。

我们知道，现存历史上有关老子寿考的最早记载见于西汉史家司马迁的《史记·老庄申韩列传》。如果往前追溯就会发现，即使极力铺陈老子之事的文献如《庄子》者，也从未提及老子的长寿问题。据知，《庄子》一书提到老子的地方共 16 处，分别散见于《养生主》《德充符》《应帝

---

① 叶青：《从方法上评老子考》，罗根泽编著《古史辨》第 6 册，第 419 页。
② 江起龙：《老子——养寿 160 岁的长寿王》，《中国鹿邑老子学会——海峡两岸李氏垦亲会论文集》，2003 年版。
③ 高亨：《史记老子传笺证》，罗根泽编著：《古史辨》第 6 册，第 464 页。

王》《在宥》《天地》《天道》《天运》《田子方》《知北游》《庚桑处》《则阳》《寓言》《天下》等篇。《庄子》有所谓"寓言十九,重言十七,卮言日出"之说,这些关于老子的记载虽不必皆有其事,但却无碍于其中观念的真实性。值得注意的是,这16处之中没有一处指出或暗示老子是一个寿考之人,即使在《养生主》关于老子之死的记载中也同样如此。本篇记载说:

> 老聃死,秦失吊之,三号而出。弟子曰:"非夫子之友邪?"曰:"然。""然则吊焉若此,可乎?"曰:"然。始也吾以为其人也,而今非也。向吾入而吊焉,有老者哭之,如哭其子;少者哭之,如哭其母。彼其所以会之,必有不蕲言而言,不蕲哭而哭者。是遁天倍情,忘其所受,古者谓之遁天之刑。适来,夫子时也;适去,夫子顺也。安时而处顺,哀乐不能入也,古者谓是帝之悬解。"指穷于为薪,火传也,不知其尽也。

这段文字的主旨在于阐述道家心与物化、顺应时变、自然无为的哲学观念和处世态度,自然应以寓言视之。由此我们固然不能遽然断定老子并非寿考之人,但至少表明早期道家学派看重的乃是一个精神修养方面的卓尔不群者,而不是一个以养寿见长的老子。《庄子》与《史记》中老子形象的不同,说明战国至秦汉间人们关于老子的认识发生了一次微妙的变化:早期那个强调政治家自然无为的老子逐渐被赋予修道养寿的色彩。换言之,历史上的老子与后人心目中的老子产生较大出入,老子的形象随着历史的发展在不断发生变化。正因为真实的老子与后人观念中的老子是两回事,因此老子本人虽然未必寿考,却不能排除后人将寿考的观念附会于老子身上的可能性。以上推断到此为止仅仅是一个假设,但它却给我们一种研究方法上的启发,那就是研究者有必要将历史上的老子其人与秦汉之后人们观念中的老子形象分开处理:前者是一个一经产生不再变化的历史真实,后者则是一种处于不断流变中的文化现象。如果说历史真实的确认和"复原"必须依赖于史料考订和叙述的话,那么文化现象的解释则需要通过文化学的方法才能奏效。这种文化学方法所遵循的基本准则就是"用文化解释文化"[①]。在这里我们将调整一下思路,把老子寿考作为一种文化现象加以看待,并用文化学方法对其成因与影响进行初步分析。

[①] 参见〔美〕莱斯利·A. 怀特《文化科学——人和文明的研究》,曹锦清等译,第83页。

二 老子长寿神话的成因

(一) 三个"老子"

从战国时期的文献来看,老子其人长寿的可能性不是很大。《庄子·盗跖》说:"人上寿百岁,中寿八十,下寿六十。"试想如果老子真的活到160余岁或者200余岁的话,庄子及其后学也不至于说出这样的话来。在这一点上,我们完全同意疑古派学者的看法,即历史上真实的老子即使寿考,其年岁超过100岁的概率却极小。那么为什么《史记》老子本传中会出现160余岁和200余岁这两种版本的老子长寿说呢?我们认为这首先与战国秦汉间人们关于老子生平的神秘传说有关。从《史记》有关记载来看,西汉时期严谨的史学家已搞不清老子这个人生平经历的具体情况了。司马迁综合当时盛行的种种说法,为我们提供了一个扑朔迷离的谜面,现将这段文字择要摘录如下:

> 老子者,楚苦县厉乡曲仁里人也。姓李氏,名耳,字聃,周守藏室之史也。孔子适周,将问礼于老子。……老子修道德,其学以自隐无名为务。居周久之,见周之衰,乃遂去。至关,关令尹喜曰:"子将隐矣,强为我著书。"于是老子乃著书上下篇,言道德之意五千余言而去,莫知其所终。或曰:老莱子亦楚人也,著书十五篇,言道家之用,与孔子同时云。盖老子百有六十余岁,或言二百余岁,以其修道而养寿也。自孔子死之后百二十九年,而史记周太史儋见秦献公曰:"始秦与周合,合五百岁而离,离七十岁而霸王者出焉。"或曰儋即老子,或曰非也,世莫知其然否。老子,隐君子也。[①]

老子究竟是谁?司马迁为我们提供了三个可能的答案。第一,老子即楚国人李耳,春秋晚期周王室的守藏史,时代早于孔子,晚年西游归隐,著《道德经》五千言。第二,老子即楚国人老莱子,春秋晚期孔子同时代者,此人亦属道家,曾著书十五篇。第三,老子即太史儋,战国中期周王室史官,与秦献公同时。以上三个"老子"之间的相似性是显而易见的。首先,李耳与老莱子的相似性有三:(1) 二者皆为楚人;(2) 二人均宣扬道家学说;(3) 二人均有著作行世(虽然篇目明显不同)。其次,李耳与太史儋的相似性也有三:(1) 二人之名(或谥)"聃""儋"两字读音

[①] 《史记》卷63《老子韩非列传》,第2139—2142页。

相同；（2）二人都因担任"史"职而与周王室结下不解之缘；（3）二人均与秦国或秦地有关，李耳晚年西游至关，似归隐于秦地，太史儋也恰好以预言家的身份给秦献公建言。对于好事者来说，将几个名似实异的"老子"当作一个人来看待，不仅有助于调停诸说，又可增强故事的丰富性和神秘性，这种附会对他们来说便是毫不困难的事情。

那么如何才能冲破时代的间隔，将他们塑造为一个人呢？最简单便捷的做法无疑就是将他们的年龄叠加起来，并以长寿为由加以解释。这是一个简单的逻辑推理和数学运算过程。我们知道，李耳是三个"老子"中时代最早的一个，他的具体生年虽不可考，但有学者根据先秦史料将其定于前590—前580年的观点大致可信。[①] 第二个"老子"即老莱子，太史公说他是与孔子同时的楚人。我们不知道他何时去世，要之不会晚于战国中期。第三个"老子"即战国中期的太史儋是三个"老子"中所居时代最晚的一个，太史儋见秦献公之事的确切年代也无由得知，然必不出于献公在位的24年内，即献公元年（前384）至二十四年（前361年）之间。根据以上材料，我们首先可以知道所谓老子长寿达200余岁的结论是怎样得出来的：姑且以前590年为老子生年，至前551年孔子出生时老子已39岁。又据《史记》老子本传，孔子死后一百二十九年乃有太史儋见秦献公事。因为孔子年龄为73岁，此后历129（或119，或105）年左右[②]而有太史儋，则李耳与太史儋合一式的"老子"年龄至少是（39＋73＋105＝）217岁，亦即司马迁所谓"或言二百余岁"。那么160余岁的结论是怎样得出的呢？唐人司马贞《史记索隐》在"盖老子百有六十余岁，或言二百余岁"后写道："此前古好事者据外传，以老子生年至孔子时，故百六十岁。"细玩文义，司马贞似乎是说160余岁结论的得出是"古好事者"将李耳的年龄加上孔子的年龄而得出的。这样理解有何根据呢？旧题刘向著《列仙传》说："老子……转为守藏史，积八十余年。……仲尼至周见老子，知其圣人，乃师之。"这似乎是说老子任守藏史的最后年龄为八十余岁，好事者将它与"老莱子……与孔子同时"的传说合二为一，遂在此基础上加上孔子年龄（73岁）来推断老子年龄，这样的话便可得出160余岁的结论。司马贞对于这一问题的解释虽嫌语焉不详，但他主张所谓老

[①] 参见黄方刚《老子年代之考证》，罗根泽编著《古史辨》第4册，第382页。
[②] 关于太史儋见秦献公之事距离孔子之死的时间，司马迁认为是一百二十九年，裴骃《史记集解》引徐广《音义》则曰："实百一十九年。"今人高亨则认为："（其时）去孔子之死实非百零五年，非百二十九年，亦非百一十九年也。"说见高亨《史记老子传笺证》，罗根泽编著《古史辨》第6册，第465页。本书取高亨说。

子长寿之说本系好事者夸饰所致的态度则是显而易见的。

如果以上推断可信的话，足见老子（李耳）生平的神秘性，以及春秋至战国中期200余年间三个"老子"的相似性传说为战国秦汉间好事者踵事增华、发挥想象力提供了广阔的空间，正是在这种背景下，老子的年龄被极力夸张和具体化。司马迁作为一个"信以传信，疑以传疑"的良史之才，只不过将当时社会普遍流传的说法尽可能真实地保留下来而已。

（二）《老子》的"贵生""摄生"思想

老子本人生平的神秘性，以及三个老子的相似性不过是导致人们设法将老子的年寿极力增长的原因之一。老子长寿神话的产生还与《老子》思想的特点具有紧密联系。换言之，如果不是《老子》一书存在许多容易引人误解的文字的话，老子就不可能被人们视为长寿者的典范而加以塑造。《老子》一书的性质是什么？《汉书·艺文志》说："道家者流，盖出于史官，历记成败存亡祸福古今之道，然后知秉要执本，清虚以自守，卑弱以自持，此君人南面之术也。"在我们看来，笼统地将"道家者流"均归诸"君人南面之术"是不对的，至少《庄子》就并非如此，但是《老子》却是一部阐述"君人南面之术"的典型著作。《老子》由哲学入手，旨在宣传作者那套崇尚自然、"无为而无不为"的政治理念，为说理的生动性，其中不少地方都以养生或摄生为例。

《老子》第七章："天长地久。天地所以能长且久者，以其不自生，故能长生。是以圣人后其身而身先；外其身而身存。非以其无私邪？故能成其私。"是说只有像天地一样做到博施利物，统治者才能使其政权长治久安。第十章："专（抟）气致柔，能如婴儿乎？……爱国治民，能无为乎？"是说君主应该像婴儿那样无欲无争。第十二章："五色令人目盲；五音令人耳聋；五味令人口爽；驰骋畋猎，令人心发狂；难得之货，令人行妨。是以圣人为腹不为目，故去彼取此。"这是警告统治者不应沉迷于声色犬马的享受当中，因为这些物质上的享乐会使人玩物丧志。第十三章："宠辱若惊，贵大患若身。何谓宠辱若惊？宠为下，得之若惊，失之若惊，是谓宠辱若惊。何谓贵大患若身？吾所以有大患者，为吾有身，及吾无身，吾有何患？故贵以身为天下，若可寄天下；爱以身为天下，若可托天下。"这是要求统治者居安思危，杜绝乐以忘忧。第三十三章："知人者智，自知者明。胜人者有力，自胜者强。知足者富。强行者有志。不失其所者久。死而不亡者寿。"联系前几句可知，所谓"死而不亡者寿"指的显然并非肉体的长生，而是说给百姓带来幸福的统治者才会被代代铭记，犹今人言"永垂不朽"。第五十章："出生入死。生之徒，十有三；死之徒，十有三；人之生，动之死地，亦十有三。夫何故？以其生生之厚。盖闻善摄生者，陆行不遇兕虎，入军不被甲兵；兕无所投其角，虎无所措其爪，兵无所容其刃。夫何故？以其无死地。"这段文字最易引人误解，似乎老子在描述什么神秘的"护身法术"似的。其实不然，联系前后文义不难发现，"善摄生者"数语的主旨在告诫统治者只有遵循自然无为之道，才可以做到面对危险逢凶化吉、置之死地而后生，这与《周易·乾卦》九三爻辞所谓"君子终日乾乾，夕惕若，厉无咎"完全是一个道理。第五十二章："用其光，复归其明，无遗身殃，是为袭常。"这是说一个人如果能够运用智慧的光芒返照内在的明亮，避免给自己带来灾殃，这才是亘古永存的大道。第五十五章："含德之厚，比于赤子。毒虫不螫，猛兽不据，攫鸟不搏。骨弱筋柔而握固。未知牝牡之合而朘作，精之至也。终日号而不嗄，和之至也。"这是用婴儿来比喻一个人得道后的状态，即不妄为、不造作，而是顺应自然、应时而变，这样就没有什么东西能够对他构成伤害。第五十九章："治人事天，莫若啬。夫为啬，是谓早服；早服谓之重积德；重积德则无不克；无不克则莫知其极；莫知其极，可以有国；有国之母，可以长久；是谓深根固柢，长生久视之道。"这是说治理国家、养护身心的关键在于恬淡无为，唯此才能不断地积累德行，德行的积累可以使人胜任事务，他的潜力也因此而不可限量，国家也不至灭亡。第七十五章："民之饥，以其上食税之多，是以饥。民之难治，以其上之有为，是以难治。民之轻死，以其上求生之厚，是以轻死。夫唯无以生为者，是贤于贵生。"此是将当时社会民乱难治的根源归之于统治者的多欲妄为，"夫唯无以生为者，是贤于贵生"是说清静恬淡的人，能够胜于奉养奢厚的人。总的看来，除非断章取义，否则任何一个严谨的解释者都不会把这些比喻理解为老子对养生术的宣传，也绝不会因此而将老子理解为一个养生家。

形象思维的发达是中国古代文化的一个重要特点，这一特点在很大程度上也影响了古代哲学的发展。钱穆先生指出："至于中国方面，因其一向偏重在人文科学一边，故其对于知识之获得，常重人生实际经验之综括与会通，往往看不起抽象的由一个概念演绎引申或偏于形式方面的逻辑和理论。因此中国人之思想，似乎只像是一种纪录，具体而综括的纪录。他们既看轻了知识中之逻辑的理论的成分，因此也不易发展有长幅的有系统的纯思辨式的语言和文字。"① 以上所引《老子》的文字在某种程度上恰好为钱穆这段话作了一个注脚，由此我们不难发现，作为早期道家哲学主

---

① 钱穆：《中国文化史导论》，第260页。

要经典的《老子》一书虽然具有较强的思辨色彩,但它阐述哲理的主要方式却不是通过逻辑推理和术语界定,而是借助于直观化、形象化的比喻。这就是何以《老子》五千言中处处要借用诸如"水""婴儿""赤子""玄牝""母""子""父""飘风""骤雨""雌""雄""百谷""川谷""江海""草木"之类事物来描述"道"这个抽象存在的根本原因。形象思维的发达与中国古代文化的特殊结构和内容具有紧密联系,这个问题已超出本书所能讨论的范围。在这里我们只需从一个角度来解决这样一个问题,那就是"摄生""贵生""长生久视"等观念何以成为《老子》取材的对象?对这个问题的最简要回答,就是中国上古文化具有鼓励人们珍视生命、看重实际、鄙薄玄想、轻视彼岸的特点。《尚书·泰誓》:"天视自我民视,天听自我民听。"这种"先民后神""重民轻神"的观念在先秦文献中曾不止一次地被加以表述,《左传》桓公六年季梁曰:"夫民,神之主也,是以圣王先成民而后致力于神。"庄公三十二年秋七月,有神降于莘。史嚚曰:"吾闻之:国将兴,听于人;将亡,听于神。神,聪明正直而壹者也,依人而行。"僖公十九年司马子鱼曰:"民,神之主也。"重人事而轻鬼神的观念在儒家思想中体现得尤为典型,《论语·先进》季路问事鬼神,孔子曰:"未能事人,焉能事鬼?"又曰:"敢问死?"答曰:"未知生,焉知死?"孔子虽然没有否认鬼神的存在,但坚持应以生前之事为重。《大戴礼记·四代》:"鬼神过节,妨于政。"凡此种种都表明在古人的观念深处,人事应当重于或先于鬼神之事;相反地,频繁过度的宗教活动不仅不利于社会秩序的稳定,还会妨碍正常的政治生活。轻视鬼神之事的另一面是鼓励人们看重现实事务,长寿同富贵、多子孙一样是中国古人最关心的几件大事之一。《诗经·豳风·七月》:"为此春酒,以介眉寿。"毛传:"眉寿,豪眉也。"孔颖达疏:"人年老者必有豪眉秀出者。"高亨注:"眉寿,长寿也。"同篇又云:"九月肃霜,十月涤场。朋酒斯飨,曰杀羔羊。跻彼公堂,称彼兕觥,万寿无疆。"这些祝福之辞表现了古人珍爱生命、追求长生的价值观念。最典型的大概要数《小雅·天保》,其中用一系列比喻代表了时人对生命的无限眷恋。

  天保定尔,以莫不兴。如山如阜,如冈如陵,如川之方至,以莫不增。
  吉蠲为饎,是用孝享。禴祠烝尝,于公先王。君曰:卜尔,万寿无疆。
  神之吊矣,诒尔多福。民之质矣,日用饮食。群黎百姓,遍为尔德。

> 如月之恒，如日之升。如南山之寿，不骞不崩。如松柏之茂，无不尔或承。

经文中的"九如"成为自古以来人们相互祝福康健的习惯用语，而"如南山之寿，不骞不崩。如松柏之茂，无不尔或承"迄今仍以"福如东海，寿比南山"的简洁化语句流行于世。这方面的例子还有《小雅·南山有台》："万寿无期。"《信南山》："寿考万年。"《大雅·江汉》："天子万年"，"天子万寿"。《鲁颂》："俾尔耆尔艾，万有千岁"，"三寿作朋，如岗如陵。""三寿"一词向来解释纷纭，但似不能排除它与长寿有关。《行苇》："酌以大斗，以祈黄耇"，"以引以翼，寿考维祺。"《商颂·烈祖》："绥我眉寿，黄耇无疆。"《尚书·洪范》五福："一曰寿，二曰富，三曰康宁，四曰攸好德，五曰考终命。"其中第一、三、五均与保全生命、健康长寿有关。相应地，同篇六极："一曰凶短折，二曰疾，三曰忧，四曰贫，五曰恶，六曰弱。"第一、二、六显然是人们失去健康后的不良境遇。至于在周代金文中，诸如"万年无疆""眉寿无疆""万年眉寿""眉寿永年""用祈眉寿""黄耇弥生"之类的嘏辞更是随处可见。《老子》的思想在很大程度上正是形成于中国古代现实主义文化的这块厚壤之上，因而大量吸收诸如"贵生""摄生""长生久视"之类的观念便不足为奇。早期道家思想产生于一个变乱的时代，而此后的战国秦汉更进入一个社会、文化急剧转型的历史时期。在此期间，随着诸子百家的崛起，各种非理性主义文化因素也一度甚嚣尘上，后者在极大程度上导致老子思想的庸俗化和神秘化。在这种背景下，老子长寿神话便应运而生。

（三）战国秦汉之际的历史神话化运动

前人在研究东周时期思想与文化的时候往往强调理性主义的张扬及其对传统神学、宗教、巫术思维的冲击和破坏之功，从人类历史发展的总体趋势来看，这种认识和强调当然是正确而无可厚非的。不过客观来说，将东周时期描写为理性主义之光普照，非理性主义思潮完全淡出的时代并不准确。实际上，在道家学者强调"道法自然""天地不仁，以万物为刍狗"，以及儒家学者"不语怪力乱神"的同时或更晚，还有一批养生家、神仙家、方士在宣扬包括大量非理性主义因素在内的养生、长生、不老之术。从现有的材料来看，这个特殊的群体登上历史舞台的时间最晚也不过战国中期前后，他们虽然没有统一的思想体系或主张，也没有代表性的论著，但其作用却不可小觑。

第七章　历史神话化：中国古代神话的基本形成路径

《庄子》一书为生动地阐述精神自由之道，曾采取大量养生家、神仙家的例证。《达生》周威公问田开之："吾闻祝肾学生，吾子与祝肾游，亦何闻焉？"所谓"学生"即学习养生之术者。《大宗师》南伯子葵问乎女偊曰："子之年长矣，而色若孺子，何也？"曰："吾闻道矣。"《在宥》黄帝问广成子："敢问治身奈何而可以长久？"答曰："我守其一以处其和，故我修身千二百岁矣，吾形未常衰。"另外从《庄子》《韩非子》等著作还可以看出，当时社会上广为流行的养生之方包括辟谷、导引呼吸、按摩、养气、服药等。① 由祈求"长寿"进而追求"不死"，这是古代寿考观念演变过程中的一个重大转折，它表明神仙家的介入使得长寿观念由世人的一种现实主义理想成为神秘的宗教信念。《庄子·山木》太公任曰："予尝言不死之道。"《韩非子·外储说左上》："客有教燕王为不死之道者，王使人学之，所使学者未及学而客死。"《观行》："有贲育之强而无法术，不得长生。"在先秦诸书当中，《山海经》对"不死"的重视和描述最为引人注目。《海外南经》："不死民在其东，其为人黑色，寿，不死。一曰在穿匈国东。"《海内西经》："开明北有视肉、珠树、文玉树、玗琪树、不死树"，"开明东有巫彭、巫抵、巫阳、巫履、巫凡、巫相，夹窫窳之尸，皆操不死之药以距之。"《大荒南经》："有不死之国，阿姓，甘木是食。"《大荒西经》："大荒之中，有山，名曰大荒之山，日月所入。有人焉三面，是颛顼之子，三面一臂，三面之人不死。是谓大荒之野。"《庄子·天地》说"千岁厌世，去而上仙"，道家的这句话有意无意地为方士之说作了广告。结合战国后期燕齐方士编造神仙故事、鼓吹神仙法术，以及秦皇、汉武先后沉迷于访仙求药之事的基本史实，我们不难推测战国养生家和神仙方士的这些言论其实正是针对统治者长生久视的幻想而发的。为兜售自己的学说，为他们的长生不老之方提供更有力的佐证，神仙术士们极力从历史上寻找"神仙"的例证。无论术士们的出发点如何，他们的活动最终却导致大批历史人物、历史事实被打上了神话的烙印，正是在这个意义上有学者形象地称之为"造神运动"②。在这场"运动"中，先后有不少历史人物成为术士故事中长生不老的典范。

首先引起术士们浓厚兴趣的是黄帝，《韩非子·外储说左上》说"郑人有相与争年者，一人曰：吾与尧同年。其一人曰：我与黄帝之兄同年"，可知黄帝已是当时公认的寿考之人。黄帝究竟活了多少岁？虽然严谨的史

---

① 参见《庄子》的《逍遥游》《刻意》《外物》《达生》以及《韩非子·说林》诸篇。
② 常金仓：《〈山海经〉与战国方士的造神运动》，《中国社会科学》2000 年第 6 期。

家难以回答这个问题，但方士们却能为之提供准确的答案。《大戴礼记·五帝德》宰我问孔子曰："昔者予闻诸荣伊，言黄帝三百年。请问黄帝者人邪？抑非人邪？何以至于三百年乎？"孔子回答说："予！禹、汤、文、武、成王、周公，可胜观也！夫黄帝尚矣，女何以为？先生难言之。"又说："（黄帝）时播百谷草木，故教化淳鸟兽昆虫，历离日月星辰；极畋土石金玉，劳心力耳目，节用水火材物。生而民得其利百年，死而民畏其神百年，亡而民用其教百年，故曰三百年。"如果《五帝德》所载果然是孔子与宰我的对话，则表明春秋晚期已出现关于黄帝长寿的神话，否则它恰好可以视为战国方士造神运动的产物。司马迁在撰写《五帝本纪》时已经感到这些荒唐之言与信史之间纠葛杂糅、真伪难辨，遂有"百家言黄帝，其文不雅驯"的慨叹。

第二个被赋予高寿的历史人物是彭祖。《史记·楚世家》说彭祖乃陆终六子之一，《大戴礼记·虞戴德》《论语·述而》皆称他为"老彭"，说明彭祖高寿之说春秋即有。在战国神仙术士的鼓动下，彭祖八百岁的神话呼之欲出。《庄子·刻意》："吹呴呼吸，吐故纳新，熊经鸟申，为寿而已矣；此道引之士，养形之人，彭祖寿考者之所好也。"《逍遥游》："而彭祖乃今以久特闻，众人匹之，不亦悲乎？"《齐物论》："天下莫大于秋豪之末，而大山为小；莫寿于殇子，而彭祖为夭。"《大宗师》："彭祖得之（按：指道），上及有虞，下及五伯。"这就成为《列仙传》"彭祖……历夏至殷末八百余岁"的最早根据。

第三个被方士夸大的寿考者便是本书的主人公老子。如前所述，这个人物虽然距离战国时期未久，但他的"隐君子"身份，尤其是《老子》一书大量出现的"贵生""摄生"字眼为术士们的附会提供了依据。《山海经》中已出现将老子其人及其道论加以神话化的趋势，《海外北经》："聂耳之国在无肠国东，使两文虎，为人两手聂其耳。"常金仓先生解释说：

> 聂耳即摄耳。摄，持也。由于耳大出奇才须两手摄持。我以为此国即由老子附会而来。先秦文献上老子又曰老聃，老为高寿之名，聃从耳，《说文解字》训"耳曼也"，段玉裁注："曼者，引也。耳曼者，耳如引之而大也。"《史记·老子列传》："老子者……姓李氏，名耳，字聃"，古人名、字意义相因，则老子之耳必为高寿之相，故本传又说："盖老子百有六十余岁，或言一百余岁。"[1]

---

[1] 常金仓：《〈山海经〉与战国方士的造神运动》，《中国社会科学》2000年第6期。

《山海经》神化老子及其思想的地方不止一处,《大荒北经》说:"有儋耳之国,任姓,禺号子,食谷。"此处"儋""耳"二字连用构成一个国名,使我们不得不联想起《史记》老子本传关于"老子者……姓李氏,名耳,字聃……或曰儋即老子"的幽隐传说。《山海经》同篇又说:"有牛黎之国。有人无骨,儋耳之子。"所谓"有人无骨""儋耳之子"盖由《老子》"专(抟)气致柔""柔弱胜刚强""守柔曰强",以及前引《老子》第五十五章"含德之厚,比于赤子。……骨弱筋柔而握固"之义演绎而来。"牛黎"又作"柔利"或"留利",故《海外北经》:"柔利国在一目东,为人一手一足,反膝,曲足居上。一云留利之国,人足反折。"从这些附会来看,最迟不过战国后期,不仅老子其人被方士涂上浓厚的神秘主义色彩,就是《老子》一书的思想也已经被歪曲得一塌糊涂。难怪经过神仙家的一番打扮之后,西汉初年的司马迁也辨识不出老子的真正面目,而只能留下一段"叙事省简,措辞犹豫"[1]的文字。关于他的年寿,太史公也不得不以"盖老子百有六十余岁,或言二百余岁,以其修道而养寿也"寥寥数语落笔。

三 老子"长寿"神话的影响

由以上讨论我们大致可以看出,老子的长寿神话是以老子其人其书的神秘性为基础,以战国历史神话化运动为契机,多种文化因素交相作用的结果。经过战国秦汉之间数百年的塑造之后,老子长寿神话到司马迁的时代大概已经称得上妇孺皆知、深入人心。当然,文化现象的流变没有一个绝对的终点,当我们放宽历史的眼界之后就会发现:战国方士只不过为老子神话开启了头绪而已,有关神话在汉代以后继续丰富衍变,最终被融入道教神话的复杂体系之中。《列仙传》这样描写老子年龄的形象:"老子……生于殷,时为周柱下史。好养精气,贵接而不施。转为守藏史,积八十余年。《史记》云:二百余年时称为隐君子,谥曰聃。"如果按照这样算法,老子的年龄其实已远不止200余岁。幸好我们现在都知道《列仙传》是一部地道的方士之书,没有人将它当作信史看待。其实司马迁载入《史记》的流俗之言"盖老子百有六十余岁,或言二百余岁"云云又何尝不是如此呢?非常有趣的是,在后世术士的笔下老子不仅长寿,而且孕期也非同寻常。唐人张守节《史记正义》引《朱韬玉札》及《神仙传》云:

---

[1] 参见高亨《史记老子传笺证》,罗根泽编著《古史辨》第6册,第441页。

"老子……周时人，李母八十一年而生。"又引《玄妙内篇》云："李母怀胎八十一载，逍遥李树下，乃割左腋而生。"又云："玄妙玉女梦流星入口而有娠，七十二年而生老子。"这些都是后世宗教徒的附会无疑。东汉桓帝时边韶所作《老子铭》说老子自从羲农以来，历代"为圣者作师"。到晋葛洪写《神仙传·老子传》时，或云老子在"伏羲时为郁华子，神农时为九灵老子，祝融时为广寿子，黄帝时为广成子，颛顼时为赤精子，帝喾时为禄图子，尧时为务成子，舜时为尹寿子，夏禹时为真行子，殷汤时为锡则子，文王时为文邑先生"。似乎老子是以不断变化的形体保持了他的长寿特征。在《老子想尔注》等道教著作中，老子开始被赋予"太上老君"的名号："一散形为气，聚形为太上老君。"① 葛洪《抱朴子内篇·杂应》对"老君真形"进行一番生动的描述之后指出："见老君则年命延长，心如日月，无所不知也。"② 由此可见老子长寿的特点已经被完整地融入道教神话之中。踵事增华的结果，终于使得《西游记》等文学作品中的太上老君（老子）成为一个居于兜率天宫的炼丹专家。这仙丹，便是秦皇汉武曾一度梦寐以求的长生不老药。

---

① 饶宗颐：《老子想尔注校证》，上海古籍出版社 1991 年版，第 12 页。
② 葛洪：《抱朴子》，上海古籍出版社 1990 年版，第 116 页。

第八章 "大一统"含义流变的历史阐释

自西汉直至晚清乃至当代，人们关于"大一统"一词的理解和使用分别有两种虽有联系但内涵不同的所指。本义层面的"大一统"初见于儒家经典《公羊传》隐公元年，被今文经学家认为是《春秋》"微言大义"的核心内容之一。用今天的话来讲，《公羊传》所谓"大一统"的本义是"推崇一个（以时间开端为标志的）统绪"。这个本义的要点有三：（1）"大一统"之"大"，是动词"张大""推崇"（而不是形容词"巨大""伟大"）之义；[1]（2）"大一统"之"统"，指以一年起始时间为标志的"统绪"（而非政治、意识形态、领土等方面的"统治"）；（3）"大一统"之"一统"，是相对于"三统"（而不是"统一"）而言的（详下）。

然而及至晚近以来，"大一统"本义逐渐被人们忽视，在很多场合下被理解为"大统一"，即"大规模的统一"或"大范围的统一"。"大一统"引申义的出现固然可以视为对概念本义的一种创造性发展，然而由于容易导致对经典的误解，因此引起不少人的警惕。如有学者指出："现代学者虽给予特别的重视与论述，却普遍'误解'了《公羊传》'大一统'的本义与思想，很多人把'大一统'的'大'视为形容词，普遍把'一统'等同于'统一'，把'大一统'解释为'统一'论。""因为现代学者对《公羊传》传文'大一统'的理解在语义层面上就出现错误，所以自然就错误地把'大一统'视为'统一'论，所以不足为训。"[2] 还有学者指出："在春秋公羊学中，现代人误解最深的恐怕要算大一统思想了。……在现代人的心目中，大一统就是要建立起一个地域宽广、民族众多、君主

---

[1] 将"大"作动词表示对某种行为赞赏、赞同者，在古籍中并不少见。如《公羊》隐公三年："故君子大居正。"宣公十五年："大其平乎己也。"《史记》卷110《匈奴传》："昔齐襄公复九世之仇，《春秋》大之。"（第2917页）《汉书》卷25下《郊祀志下》："《春秋》大复古。"（第1259页）

[2] 李景明、宫云维：《〈公羊传〉"大一统"新探》，《浙江学刊》2011年第1期。

专制、中央集权的庞大帝国。大一统的'大'被现代人理解为'大小'的'大',即理解为一个形容词;'一统'则被理解为政治上的整齐划一,即'统一'。"①

以上学者的观察无疑是准确的,提出的批评也的确有一定道理。我们知道,"大一统"这个经典概念自产生迄今已有两千多年历史,与之相关的主要文本今天仍然存在并可以方便地加以研究。更值得注意的是,提倡和宣传"大一统"理论的公羊学是中国古代儒家学派中最具思辨性的理论流派,某种程度可以说,公羊学对于包括"大一统"在内所谓《春秋》"微言大义"的阐释代表了中国古代政治学或历史理论思考的最高水平。既然如此,人们对于"大一统"的含义何以会出现前后两种相去甚远的理解?换言之,是什么样的因素导致人们对一种有大量文献依据可查的概念发生了明显背离本义的理解?搞清楚这种现象背后的原因,比笼统地指责这种"错误"更有意义。

刘歆《移书让太常博士书》说:"及夫子殁而微言绝,七十子卒而大义乖。"② 这句话似乎是在强调孔子及其弟子在维护儒家经典本义中的重要作用。实际上,作者之死与经典本义丧失之间并没有必然的因果关系。有时候,作者虽然死了,但他所创作的文本却反而能更好地被人们理解,成为后人"知人论世"的有力凭借;相反有些时候,即使作者没有死,他所创作的文本也会丧失生命力,或者成为人们借题发挥的材料。由此可见,文本一经产生就具有了自身相对独立的生命力,它的命运往往取决于自身与时代的关系,而不是作者的生死。具言之,在时代需要的情况下,文本便会得到人们的重视,发出自己的声音;反之一旦时代不再需要文本"发声",或者需要文本发出"不同的声音"时,就会出现本义丧失、新义迭出的现象。因此,文本产生之后面临的主要问题就是如何对它进行理解和解释,这在很大程度上与文本及理解者的处境有关,而与作者关系不大。与其将"大一统"含义的流变归因于"夫子殁""七十子丧",不如归之于文本和解释者处境的变化更为可取。

"大一统"的含义是如何随着环境的变化而变化的?要回答这个问题,就需要从与之紧密相关的儒家历史理论"通三统"说入手。原因之一,"大一统"与"通三统"是一套理论的两个重要组成部分,互为补充、不

---

① 蒋庆:《公羊学引论:儒家的政治智慧与历史信仰》,海峡出版发行集团、福建教育出版社2014年版,第285—286页。
② 《汉书》卷36《艺文志》,第1968页。

容割裂，只有理解了"通三统"才有可能理解"大一统"，反之亦然；原因之二，正是由于秦汉及其之后政治体制、社会环境的变化最终导致"通三统"理论失去合理性，"大一统"随之丧失本义，并在晚近以来被赋予新的内涵。下文先从东周至秦汉时期儒家所极力倡导的重要历史理论"三统说"中两个重要组成部分——"通三统"与"大一统"的辩证关系说起。

第一节 "通三统"与"大一统"说的辩证关系

（一）"三统说"及其依据

所谓"三统说"是春秋晚期由儒家学派构建而成的一种历史理论，其核心内容是主张历史的发展按照"黑→白→赤→……"三种不同统系的顺序依次更替且循环演变。"三统说"包括"通三统"与"大一统"两个层面。所谓"通三统"，又称存三统、存三正、通三王、通三微，是儒家公羊学派所推崇一套历史哲学和意识形态理论。"通三统"之说初见于《公羊传》隐公三年："春王二月。"何休注："王者存二王之后，使统其正朔，服其服色，行其礼乐，所以尊先圣，通三统。师法之义，恭让之礼，于是可得而观之。"至于"三统"的具体内容，则见于同书隐公元年何注："王者受命必徙居处，改正朔，易服色，殊徽号，变牺牲，异器械，明受之于天，不受之于人。夏以斗建寅之月为正，平旦为朔，法物见，色尚黑。殷以斗建丑之月为正，鸡鸣为朔。法物牙，色尚白。周以斗建子之月为正，夜半为朔，法物萌，色尚赤。"[①]

综合两段引文可得出以下认识。第一，当一个新政权建立之后，就要开展一系列的制度变革，其中最具代表性的就是以每年开始之月、每日开始之时（正朔）不同为标志的历法变革。这是为了表明新政权的建立不是简单的人力所为使然，而是有其必然的历史、道义以及现实合法性。第二，夏商周三代分别以正朔不同来确定其各自的合法性。具体而言，夏代以冬至之后第三月为正月，以日出为一日的开始，效仿此时植物长出地面显示的颜色，因此崇尚黑色；商代以冬至之后第二月为正月，以鸡鸣时为一日的开始，效仿此时植物发芽的颜色，因此崇尚白色；周代以冬至所在

---

① 何休解诂，徐彦疏：《春秋公羊传注疏》上，刁小龙整理，上海古籍出版社2014年版，第11页。

之月为正月，以半夜为一日的开始，效仿此时植物初萌所显示的颜色，因此崇尚红色。① 第三，新政权建立之后，此前两个政权的后代及其相应的正朔、服色、礼乐也要得到保留。"三统"并存的目的，是尊崇古圣王的德行。

值得注意的是，何休所举例证虽然是夏商周三代，但"三统说"所适用的范围并不限于三代，而是历史及现实中所有政权。也就是说，"三统说"认为随着德运的转移，政权便会按照以三正为标志的"三统"次序发生更替和循环。这种更替和循环表现在建正上就是建寅→建丑→建子……表现在所崇尚颜色上就是黑→白→赤……与此同时，"三统"之间并不是一种单线的替代循环关系，而是在替代循环的同时以其中一统为主，以其余二统为辅。比如说，西周建立之后，以前的政权夏、商虽被推翻，但他们的后代和祀统却得以存续，他们曾使用的历法、礼乐、制度、服色仍在一定范围内保留和继承，这就是儒家鼓吹的"存二王之后"。

那么，"三统说"究竟是一种什么性质的学说？儒家的今文经学派为什么要鼓吹这种看似奇怪的学说？它的历史依据又是什么？我们认为，"三统说"是东周时期儒家依据周代封建制度提出的一种政治学说和历史理论，目的在于应对春秋晚期王纲解纽、礼坏乐崩、霸权崛起的局面，为以孔子为代表的儒家所追求的王道政治赋予合法性，即所谓"以为天下仪表，贬天子，退诸侯，讨大夫，以达王事"。这一判断的主要理由有三。

根据之一，西周初期"存二王之后"的传统和事实。所谓"存二王之后"，是指夏、商二代灭亡之后，他们的后代被周人分封，沿袭各自的祭祀和历法。武王克商之后，统治者出于巩固政权的需要，保留历史上曾经建立政权者的后裔，分给他们一定土地，使之维系部族统治，延续祖先的祀统。《史记·陈杞世家》："武王克殷，求禹之后，得东楼公，封之于杞，以奉夏后氏之祀。"② 是杞之初封，即为夏人之后。《书序》："成王既黜殷命，杀武庚，命微子启代殷后，作《微子之命》。"③ 是宋为殷人之后，成王始命之。周人存商人之后的事实曾被春秋时期政治家作为典范加以效仿，如《左传》僖公六年："许僖公见楚子于武城。许男面缚，衔璧，大夫衰绖，士舆榇。楚子问诸逢伯。对曰：'昔武王克殷，微子启如是。武

---

① 童书业先生不同意所谓黑、白、赤源于建正之月植物之色的说法，而是认为三统说是以五行说为背景生成的，黑、白、赤之说是截取了五行说的部分内容。参见童书业《附志》，吕思勉、童书业编著《古史辨》第7册中，第289—290页。
② 《史记》卷36《陈杞世家》，第1583页。
③ 《尚书·微子之命》，阮元校刻：《十三经注疏》，中华书局1980年版，第23页。

王亲释其缚，受其璧而祓之，焚其榇，礼而命之，使复其所。'"《史记·留侯世家》郦食其说汉王曰："昔汤伐桀，封其后于杞。武王伐纣，封其后于宋。今秦失德弃义，侵伐诸侯社稷，灭六国之后，使无立锥之地。陛下诚能复立六国后世，毕已受印，此其君臣百姓必皆戴陛下之德，莫不向风慕义，愿为臣妾。德义已行，陛下南乡称霸，楚必敛衽而朝。"① 这是试图劝谏高祖效仿商周"存二王之后"故事封建项羽。

除关于夏商二王之后的分封，还有关于古圣王之后的襃封。如《史记·周本纪》记载："武王追思先圣王，乃襃封神农之后于焦，黄帝之后于祝，帝尧之后于蓟，帝舜之后于陈，大禹之后于杞。"② 以上记载出于可靠史料，而且被后人作为游说的依据，如果是后人的虚构的话，岂能有点滴说服力？将上至伏羲下至汉代几乎所有帝王配以"黑白赤"的三统序列，这种做法无疑是汉人不断附会糅合的结果，自然不必信以为真。然而因为汉人的附会，便认为"存二王之后"在先秦绝无其事，恐怕就要陷入疑古过度的泥淖了。汉人笔下这些关于周人分封古圣王之后的记载一定增添了若干理想化的成分，这正如西周时期绝不可能出现汉人所说那种严整划一的"三统说"理论和体系是一个道理。尽管如此，我们却不能因此走向另一个极端，认为所有这些都是古人的伪造，否则的话便有可能造成历史因果的倒置。周人这种"襃封"先圣王、"存二王之后"的做法，倒不是因为西周统治者多么敦厚仁慈、重视以德治国，而是因为先秦时期血缘组织对政治活动的影响极大，只有通过对这些庞大的血缘组织加以整合利用，才能消除不稳定因素，起到"以藩屏周"的作用。这就是所谓"三统说"的现实意义。

根据之二，由东周文献可知孔子本人具有"通三统"的思想。比如《论语·为政》："殷因于夏礼，所损益，可知也；周因于殷礼，所损益，可知也。其或继周者，虽百世可知也。"《八佾》："周监于二代，郁郁乎文哉！吾从周。"《卫灵公》："行夏之时，乘殷之辂，服周之冕，乐则韶舞。"这几段话据说都是孔子所说。如果此说可信的话，则在他看来三代礼乐文化各有不同，但存在后代因袭前代的关系，而不是一种简单的打断或取代关系。孔子所谓"通三统"的思想与其所追求的"达王事"目标相一致。司马迁在回答壶遂"夫子何为而作《春秋》"之问时说："夫《春秋》，上明三王之道，下辨人事之纪，别嫌疑，明是非，定犹豫，善善恶

---

① 《史记》卷25《留侯世家》，第2040页。
② 《史记》卷4《周本纪》，第127页。

恶，贤贤贱不肖，存亡国，继绝世，补敝起废，王道之大者也。"① 所谓"上明三王之道""存亡国，继绝世，补弊起废，王道之大者也"云云，就包含借助"通三统"理论实现王道的含义。

根据之三，汉初博士伏胜所撰《尚书大传》中已系统论述"通三统，立三正"问题。其文略云：

> 王者存二代之后，与己为三，所以通三统，立三正。是故周人以日至为正，殷人以日至三十日为正，夏以日至六十日为正。周以至动，殷以萌，夏以牙。天有三统，物有三变，故正色有三。天有三生三死，故土有三王，王持一生死，是故夏以孟春为正，殷以季冬为正，周以仲冬为正。夏以十三月为正，色尚黑，以平旦为朔；殷以十二月为正，色尚白，以鸡鸣为朔；周以十一月为正，色尚赤，以夜半为朔。不以三月后为正者，万物不齐，莫适所统。故必以三微之月为岁之三正也。三统者，所以序生也。三正者，所以统天下也。是故三统三正若循连环，周则又始，穷则反本也。……王者一质一文，据天地之道。三王之治，若循环之无端，如水之胜火。②

伏胜为秦时博士，其所述《尚书》思想无疑来自先秦。所谓"三统三正若循连环，周则又始，穷则反本也。……王者一质一文，据天地之道。三王之治，循环之无端，如水之胜火"云云，生动阐释了历史循环的思想，较之东汉时期何休的论说无疑更为深入透彻。另如《礼记·郊特牲》曰："王者存二代之后，犹尊贤也。尊贤不过二代。"《书传》曰："天子存二王之后，与己三，所以通天三统，立三正。"礼书所载的这些内容与《尚书大传》互为证据，可以表明早在战国时期"三统说"已完全形成，并且成为儒生当中颇为流行的历史理论。

（二）"三统说"的实践

两汉时期，"三统说"在儒家和谶纬思想的鼓动下进一步完善，逐渐被用于解释更广范围内的历史演变。20世纪前半期，疑古派大家顾颉刚先生曾撰文专门讨论纬书所见"三统说"与历史时期各政权对应关系，得出结论如表8-1所示。③

---

① 《史记》卷130《太史公自序》，第3297页。
② 《尚书大传》卷3《夏传五·甘誓》，郑玄注，王闿运补注，商务印书馆1937年版，第23—24页。
③ 参见顾颉刚《三统说的演变》，吕思勉、童书业编著《古史辨》第7册中，第284—289页。

表8-1　　　纬书所见"三统说"与各历史时期对应关系

代次	伏羲	女娲	共工	神农	黄帝	少皞	颛顼	帝喾	唐	虞	夏	殷	周	汉
《尚书中侯》							赤	黑	白	赤				
《推度灾》				黑	白	赤	黑	白	赤	黑	白	赤	黑	
《稽命徵》（甲）		白		赤	黑	白	赤	黑	白	赤				
《稽命徵》（乙）	黑			白	赤						黑	白	赤	
崔灵恩说	黑		白	赤	黑	白	赤	黑	白	赤	黑	白	赤	

由表8-1可得出以下结论。第一，这是一个经过不断完善补缀最终趋于整齐划一的古史系统说或者说历史理论，由于其中最后涉及的政权是汉代，因此可以断言这些人是最终定格于两汉时期。以上认识的形成过程，完全符合顾颉刚先生所谓"层累构成的中国古史说"的基本规律。第二，从伏羲到汉代各政权统系的传递，显示出一种依据"黑→白→赤→……"次序更替且循环的过程。对于历史时期的同一个政权所属的统系，各书所持看法或有差别［如《稽命徵》（乙）认为神农、黄帝分别为白统、赤统，其他各书则均认为二者系赤统、黑统；又如只有《推度灾》列出汉代为黑统，其他诸书均未标明］，但整体内容却是相同的。这很可能是秦汉时期人们对神话及传说时代哪些人物有资格被纳入正统的看法不同所致。无论如何不可否认的是，这种对应背后起作用的是一种"三统说"的历史理论。第三，表格没有纳入《春秋经》《公羊传》《尚书大传》《春秋繁露》《春秋公羊传解诂》《白虎通德论》等汉代今文经学家著作中的相关内容，这是因为顾先生的概括主要依据的是纬书，而谶纬家的主要兴趣正在于为历史时期的不同政权确定统系。

实际上，"三统说"既非谶纬家的发明，也不是他们的"专利"，相反很可能是他们从今文经学家手中借鉴了"三统说"并将其朝着神秘化的角度加以发展了。在鼓吹和推广"三统说"方面，以公羊学为代表的今文经学家更为平实，但尤其善于铺陈、贴近古义。兹分别列举《春秋经》《公羊传》《春秋公羊传解诂》以及《尚书大传》《春秋繁露》《白虎通义》等六书所见"通三统"说典型材料如表8-2、表8-3。

表 8-2　《春秋经》《公羊传》《春秋公羊传解诂》所见"三统说"

时间	出处及内容		
	《春秋》	《公羊传》	《春秋公羊传解诂》
隐公元年	元年春王正月	曷为先言王而后言正月？王正月也	王者受命，必徙居处，改正朔，易服色，殊徽号，变牺牲，异器械，明受之于天，不受之于人。夏以斗建寅之月为正，平旦为朔，法物见，色尚黑；殷以斗建丑之月为正，鸡鸣为朔，法物牙，色尚白；周以斗建子之月为正，夜半为朔，法物萌，色尚赤
隐公三年	春王二月		二月三月皆有王者，二月，殷之正月也；三月，夏之正月也。王者存二王之后，使统其正朔，服其服色，行其礼乐，所以尊先圣，通三统。师法之义，恭让之礼，于是可得而观之
隐公三年	八月庚辰，宋公和卒		宋称公者，殷后也。王者封二王后地方百里，爵称公，客待之而不臣也
庄公二十七年	杞伯来朝		杞，夏后。不称公者，《春秋》黜杞新周而故宋，以《春秋》当新王
宣公十六年	成周宣榭灾	外灾不书，此何以书？新周也	新周，故分别有灾，不与宋同也。孔子以《春秋》当新王，上黜杞，下新周而故宋。因天灾中兴之乐器，示周不复兴。故系宣榭于成周，使若周文，黜而新之，从为王者后记灾也
桓公三年	春正月，公会齐侯于嬴		无王者，以见桓公无王而行也。……一月非周之正月，所以复去之者，明《春秋》之道，亦通于三王，非主假周以为汉制而已
哀公十四年	西狩获麟		河阳冬言狩、获麟春言狩者，盖据鲁变周之春以为冬，去周之正行夏之时

表 8-3　《尚书大传》《春秋繁露》《白虎通义》所见"三统说"

出处	具体内容
《尚书大传》	王者存二代之后，与己为三，所以通三统，立三正。是故周人以日至为正，殷人以日至三十日为正，夏以日至六十日为正。周以至动，殷以萌，夏以牙。天有三统，物有三变，故正色有三。天有三生三死，故土有三王，王持一生死，是故夏以孟春为正，殷以季冬为正，周以仲冬为正。夏以十三月为正，色尚黑，以平旦为朔；殷以十二月为正，色尚白，以鸡鸣为朔；周以十一月为正，色尚赤，以夜半为朔。不以三月后为正者，万物不齐，莫适所统。故必以三微之月为岁之三正也。三统者，所以序生也。三正者，所以统天下也。是故三统三正若循连环，周则又始，穷则反本也。……王者一质一文，据天地之道。三王之治，循环之无端，如水之胜火

第八章 "大一统"含义流变的历史阐释　355

续表

出处	具体内容
《春秋繁露》	王者必受命而后王。王者必改正朔，易服色，制礼乐，一统于天下，所以明易姓非继人，通以己受之于天也。王者受命而王，制此月以应变，故作科以奉天地，故谓之王正月也。王者改制作科奈何？曰：当十二色，历各法而正色。逆数三而复，绌三之前曰五帝，帝迭首一色；顺数五而相复，礼乐各以其法，象其宜；顺数四而相复，咸作国号，迁宫邑，易官名，制礼作乐。……然则其说奈何？曰：三正以黑统初。正日月朔于营室，斗建寅，天统气始通化物，物见萌达，其色黑……亲赤统，故日分平明，平明朝正。正白统奈何？曰：正白统者，历正日月朔于虚，斗建丑。天统气始蜕化物，物初芽，其色白……亲黑统，故日分鸣晨，鸣晨朝正。正赤统奈何？曰：正赤统者，历正日月朔于牵牛，斗建子。天统气始施化物，物始动，其色赤。……亲白统，故日月分夜半，夜半朝正。……改正之义，奉元而起。……三统之变，近夷遐方无有，生煞者独中国。然而三代改正，必以三统天下。曰：三统五端，化四方之本也。……其谓统三正者，曰：统者，正也。统致其气，万物皆应而正；统正，其余皆正。凡岁之要，在正月也。法正之道，正本而末应，正内而外应。动作举措，靡不变化随从，可谓法正也。故君子曰："武王其似正月矣。"……《春秋》作新王之事，变周之制，当正黑统。而殷、周为王者之后，绌夏改号禹谓之帝，录其后以小国。故曰：绌夏、存周，以《春秋》当新王。不以杞侯，弗同王者之后也。称子又称伯何？见殊之小国也
《白虎通义》	王者受命必改朔何？明易姓，示不相袭也。明受之于天，不受之于人，所以变易民心，革其耳目，以助化也①
	正朔有三何本？天有三统，谓三微之月也。明王者当奉顺而成之，故受命各统一正也。敬始重本也。朔者，苏也，革也。言万物革更于是，故统焉。《礼·三正记》曰："正朔三而改，文质再而复也。"三微者，何谓也？阳气始施黄泉，动微而未著也。十一月之时，阳气始养根株黄泉之下，万物皆赤，赤者，盛阳之气也。故周为天正，色尚赤也。十二月之时，万物始牙而白，白者，阴气，故殷为地正，色尚白也。十三月之时，万物始达，孚甲而出，皆黑，人得加功，故夏为人正，色尚黑。……三正之相承，若顺连环也。孔子承周之弊，行夏之时，知继十一月正者，当用十三月也②
	王者所以存二王之后何也？所以尊先王，通天下之三统也。明天下非一家之有，谨敬谦让之至也。故封之百里，使得服其正色，行其礼乐，永事先祖。……二王之后，若有圣德受命而王，当因其改之耶，天下之所安得受命也，非其运次者③

　　表8-1、8-2、8-3所列内容表明，最晚从战国开始直至东汉时期，"三统说"在儒家今文经学者中被普遍传播、广泛认可。可以看出，"三统说"不仅存在于两汉纬书当中，而且是当时今文经学家所持的重要理论。如果说谶纬书中主要体现按照"三统说"编排历史序列的话，那么《春秋

---

① 陈立撰：《白虎通疏证》卷8《三正》，吴则虞点校，中华书局1994年版，第360页。
② 陈立撰：《白虎通疏证》卷8《三正》，吴则虞点校，第362—364页。
③ 陈立撰：《白虎通疏证》卷8《三正》，吴则虞点校，第366—367页。

经》及相关今文经学著作中反复申论的则是"三统说"的理论。基于"三统说"在先秦时期已有丰富的实践和理论传统，在《春秋经》《尚书大传》中已表现得颇为成熟，而纬书则相对晚出，似乎可以推测："三统说"最初是一种流行于儒家当中的历史理论和政治理论，随着儒家的神学化才进入谶纬之中，得到进一步丰富和完善。

由以上三表还可以发现，"三统说"包括"通三统"和"大一统"两个层面内容。其核心是：历史按照黑、白、赤三种颜色为象征的政权次序循环变化，各政权依次以子、丑、寅三月为序确立岁首、日始及相关历法；新政权建立之后，容许此前两个政权的继承者、统绪和历法继续存在，与自身相加为三，是为"三统"。"三统说"既主张"通三统"，也主张"大一统"。"通三统"是指新政权的统治者在改制和治理天下时除依据自己独有的一统之外，还须在一定程度上承认和参照其他两个政权统系的合法性。[①]"大一统"则是指在三个并存的统系中，更要尊崇新政权的合法性和权威性。

(三) "通三统"与"大一统"的辩证关系

所谓"通三统"的内容大体如上所述。那么，"通三统"与"大一统"有什么关系呢？首先，"通三统"和"大一统"是"三统说"的两项主要内容，不可分离，只有将两者结合起来才能准确理解公羊学所阐发的《春秋》相关微言大义。先看何休关于"大一统"的解释。《公羊传》隐公元年："何言乎王正月？大一统也。"何休注："统者始也，总系之辞。夫王者始受命改制，布政施教于天下，自公侯至于庶人，自山川至于草木昆虫，莫不一一系于正月，故云政教之始。"[②] 如何理解"统"字的所指，是准确理解"大一统"的关键，因此何休重点解释的就是这个"统"字。据何氏，"大一统"之"统"含义有二：一是"始也""政教之始"，即国家政治生活的开端；其二是"总系"，即国家诸多事物的总体。显然，"通三统"之中的"统"也应作如是解，而"大一统"就是尊崇一个"政教之始"、尊崇一个"总系"、尊重一个"端绪"的意思。

其次，"通三统"与"大一统"之间辩证统一。既主张"尊先圣，通三统"，又主张"大一统"，这是不是自相矛盾呢？笔者认为，这种形式上的"矛盾"恰好体现了公羊学家深刻的辩证法思想，正是"三统说"历史理论的特色和高明之处。这是因为，就先秦时期的政治现实而言，以"存

[①] 参见蒋庆《公羊学引论：儒家的政治智慧与历史信仰》，第243页。
[②] 何休解诂，徐彦疏：《春秋公羊传注疏》上，刁小龙整理，第12页。

三正""存二王之后"等为内容的"通三统"说一方面为周人政权的合法性找到了历史依据,另一方面也妥善化解了现实中的政治危机,使以古圣王之后为代表的血缘政治组织服务于周王室的统治。与此同时,"三统说"为历史的发展和变化赋予能动性。准此,历史并不以其中某一统的当政作为"终点",而是周而复始、永无止息的。这种能动性告诉统治者一个道理,即"天命靡常,惟德是辅"。就这样,"通三统"以承认三统并存具有合理性的方式,将历史的发展解释为按照一定秩序循环演变的过程,为新政权找到了传统根据和历史合法性;与此同时,"大一统"以凸显"三统"之中"一统"优先的方式,赋予新政权以现实统治的合法性。所以说,"通三统"是"大一统"的前提,只有在承认三统的前提下凸显一统的地位,才能增强其权威性;"大一统"是"通三统"的目的,只有一统既张,三统并存的秩序才能得到更好的维系。

值得注意的是,关于"大一统"与"通三统"之间的上述辩证关系,在两汉时期的公羊学著作中并没有明确揭示。在各自的讨论中,董仲舒、何休都是分别阐释这两个概念的所指,而没有明确点出两者之间的逻辑关联。这或许是因为,在今文经学成为显学的背景下,这种关联是公羊学理论的题中应有之义,不难为时人理解,因此无须特别阐释。不过这也为后人理解"大一统"理论的内涵造成一定障碍。据笔者所知,历史上明确指出"大一统"与"通三统"辩证关系的是清人刘逢禄以及今人蒋庆。刘逢禄说:"大一统者,通三统为一统。周监夏商而建天统,《春秋》监商周而建人统。"[1] 蒋庆也说:"通三统,是将新王之一统,通王者后之二统,故新王之一统在三统中占主导地位。要体现新王之一统在三统中占主导地位,就必须使新王这一统与王者后之二统区别开来,表明新王兴起虽尊重师法前王,但必须自成一统以示天命开一新时代,有其统治的合法性。故通三统非是将三统机械地拼凑在一起,而是以新王之一统为主导地位来统三通。"[2] 刘、蒋二人具有崇仰今文经学的明显倾向,相关论述带有明显的感情色彩,但他们"三统"与"一统"辩证关系的论断则是确然可信、与史有征的。

总之,在先秦(尤其是两周)时期的现实及理论中,"三统"与"一统"是一个互为依存的整体。只有在"通三统"的前提下,才有可能"大

---

[1] 刘逢禄:《春秋公羊何氏解诂笺》,《清经解》第 7 册,上海书店出版社 2014 年影印本,第 419 页。
[2] 蒋庆:《公羊学引论:儒家的政治智慧与历史信仰》,第 248 页。

一统";也只有通过"大一统",才能进一步保障"存三统"。因此,基于当时的政治实际,以公羊学为代表的今文经学者自然既要强调"通三统",又要强调"大一统"。

第二节 "三统说"在秦汉之际的遭遇

(一)"三统说"面临现实困境

东周以降,"三统说"同《春秋经》的其他"微言大义"一样长期被公羊学家口头传授,直至西汉景帝时才著之书帛。武帝之后,尽管有董仲舒等为代表的今文经学大家努力鼓吹,"三统说"却始终未能成为统治者所崇信的历史理论。相反地,我们只能在公羊学相关著作或谶纬家的作品中看到关于这一历史理论的演绎和铺陈。之所以如此,与"三统说"未能适应秦汉之际政治环境的剧烈变革直接相关。

首先,秦汉之后中国政治的特质和运行规则发生了重大改变,从而使得"通三统"历史理论失去了适宜的生存基础。如前所述,与西方古典国家的起源和发展形成鲜明对比的是,血缘组织在中国古代国家的起源过程中不但没有遭到破坏,相反发挥了重要作用,成为早期国家的社会基础。一方面,国家的组织结构是按照血缘组织的结构建立起来的;另一方面,血缘组织的组织原则、伦理规范被借鉴并强化于国家政治生活当中。正因为如此,中国古代国家(夏商周)的政治生活具有浓厚的血缘性色彩。由于具备这种特点,侯外庐先生借用了马克思主义经典作家的术语,称中国古代文明为"早熟的"文明"小孩"[1]。周人所鼓吹和实施的所谓"存二王之后"以及褒封古圣王之后,表面上体现了周人强调德制的治国理念,但根本上体现的其实是将大量以血缘组织为基础的政治力量团结在一起的现实需要。这种现实需要,就是"通三统"政治理论和历史哲学的社会基础。

秦汉之后,随着地缘因素取代血缘因素成为国家政治生活的核心组织力,郡县制取代了传统的封建制。在郡县制下,已经没有必要通过"存二王之后"或褒封古圣王之后的办法巩固新政权,因此无论是秦始皇时期还是汉高祖时期,有关立封建、"存三统"的动议都遭到否决。秦始皇要求

---

[1] 参见侯外庐、赵纪彬、杜国庠《中国古代思想通史》第1卷,人民出版社2011年版,第5页。

群臣讨论封建与郡县优劣,宰相王绾与廷尉李斯展开激烈争论,最终采取后者建议"废封建,行郡县"的事实众所共知,毋庸赘论。此处我们不妨通过前引汉高祖时期关于封建功臣的一次讨论来看看"通三统"何以失去了现实基础。汉三年,汉王与郦食其谋削弱楚权之策。食其建议刘邦封建六国之后,理由是:"昔汤伐桀,封其后于杞。武王伐纣,封其后于宋。今秦失德弃义,侵伐诸侯社稷,灭六国之后,使无立锥之地。陛下诚能复立六国后世,毕已受印,此其君臣百姓必皆戴陛下之德,莫不向风慕义,愿为臣妾。德义已行,陛下南向称霸,楚必敛衽而朝。"张良以为不可,举出八条反对理由。汉王听后辍食吐哺,如梦初醒,痛骂郦食其"竖儒,几败而公事",令趣销印。① 封建六国之后事遂罢。封建之议在秦汉之后一再遭到否决,表面上是群臣争辩(如宰相王绾与廷尉李斯之争、张良与郦食其之争)的结果,实则是当时的政治环境使然。盖在地缘组织基础之上的国家政治生活中已经有了更有效的国家治理方式,因此既没有必要,也没有可能通过以笼络古圣王之后的名义控制地方了。前代政权的后人既然没有必要存续,就谈不上"通三统"了。

其次,"通三统"无法对秦汉之后的历史和现实作出令人信服的阐释。按照"通三统"的理论,黑、白、赤三统随着政权德运的兴衰而依次发生更替。在儒家看来,以周人为代表的赤统在春秋晚期已出现天命转移的明显迹象,然而周政权的合法继承者"黑统"作为一个实体却还没有出现。怎么弥缝理论与现实之间的这种矛盾呢?儒家提出所谓"以《春秋》当新王"等一系列"非常异义可怪之论"。用孟子、司马迁等人相对平实的表达,也就是:"世衰道微,邪说暴行有作,臣弑其君者有之,子弑其父者有之。孔子惧,作《春秋》。《春秋》,天子之事也"(《孟子·滕文公下》),"王者之迹熄而《诗》亡,《诗》亡然后《春秋》作"(《孟子·离娄下》)。或者是:"桀纣失其道而汤武作,周失其道而《春秋》作。"②"夫周室衰而《关雎》作,幽厉微而礼乐坏,诸侯恣行,政由强国。故孔子闵王路废而邪道兴……故因史记作《春秋》,以当王法。"③ 具体而言,就是以《春秋》当黑统、作新王,以便行天子褒贬进退、存亡继绝之权。按照"通三统"说,《春秋》这个所谓"新王"正是继周之赤统而来,故为黑统。故而董仲舒说:"《春秋》作新王之事,变周之制,当正黑统。而

---

① 参见《史记》卷55《留侯世家》,第2040—2041页。
② 《史记》卷130《太史公自序》,第3310页。
③ 《史记》卷121《儒林列传》,第3115页。

殷、周为王者之后,绌夏改号禹谓之帝,录其后以小国。故曰:绌夏、存周,以《春秋》当新王。不以杞侯,弗同王者之后也。称子又称伯何?见殊之小国也。"①

问题在于,"以《春秋》当新王说"虽然符合"通三统"的理论,而且给后世儒家提供了"托古改制"的依据,却与秦汉时期的政治现实严重脱节。最突出的问题之一,就是东周之后并未如儒家所愿由"不嗜杀人者"(孟子语)完成统一,相反却由"执敲扑而鞭笞天下"(贾谊语)的秦人建立了统一的中央集权国家。人类社会以这种诡异的方式实现了进步,在今人看来这本来是历史的辩证法使然,但却是"通三统"历史理论的拥趸们所不能理解的。秦王朝显然不是公羊学家所理想的政权,公羊学理论同样不是秦统治者喜欢的意识形态。既然如此,秦统一之后不采用"通三统"作为历史理论或意识形态自属理所当然。汉代建立之后,解决理论与现实之间冲突的挑战就留给了当时的今文经学家。② 汉代公羊学家采取的办法之一,是视秦朝的出现为历史的意外,不承认秦作为一个合法朝代的存在(称为"闰位")。③ 因此,在秦汉时期的"三统论"当中,并没有秦的位置(参见前文表8-1、8-2)。同样地,在如何给汉政权定位的问题上,公羊学家也面临类似的两难选择。最简单可取的办法,当然是否定秦的合法性而以汉统直接继承此前的正统了事。不过,汉政权应该继承的是周人的赤统?抑或继承《春秋》的黑统?按照前者,汉政权当为黑统;按照后者,汉政权则为白统。无论何种策略,都显得迂曲难通。公羊学所采取的办法,一方面是尽力在书本上铺陈"三统说"的理论,另一方面提出"孔子为汉立法"的调停之说。然而这种说法,又因为得到谶纬家的渲染而更加神秘难解。④ 至于汉政权究竟是何统,这个难以回答的问题至少在文帝之前国家没有意识形态构建兴趣的前提下被搁置起来或敷衍过

---

① 苏舆撰:《春秋繁露》卷7《三代改制质文》,钟哲点校,中华书局1992年版,第199—200页。
② 有证据表明,西汉时期的儒家曾经在"三统说"与"五德终始说"之间进行了痛苦的选择。比如荀悦说道:"汉兴继尧之胄,承周之运,接秦之弊。汉祖初定天下,则从火德。斩蛇着符,旗帜尚赤。自然之应。得天统矣。其后张苍谓汉为水德。而贾谊、公孙弘以为土德。及至刘向父子,乃推五行之运,以子承母,始自伏羲,以迄于汉,宜为火德。其序之也。"荀悦、袁宏:《两汉纪》,中华书局2002年版。
③ 司马光说:"秦焚书坑儒,汉兴,学者始推五德生、胜,以秦为闰位,在木火之间,霸而不王,于是正闰之论兴矣。"(《资治通鉴》卷69《魏纪一》文帝黄初二年"臣光曰",中华书局2011年版,第2230页)所谓"(学者)以秦为闰位","霸而不王"云云,表明否定秦的正统地位曾是汉代一度流行的看法。
④ 参见杨权《玄圣孔子为汉赤制》,《深圳大学学报》2008年第4期。

去了。总之，即使在公羊学家和谶纬家的共同努力下，"三统说"对于秦和汉政权的建立这两大重要历史事件不能作出令人信服的解释，则其价值自然就值得怀疑了。

另外，作为一种历史理论，"三统说"在逻辑上具有诸多难以自洽的缺点。由前面的讨论我们大体可以看出，"通三统"说其实是儒家将先秦时期多种不同理论套用而成的一个组合体。这三种理论分别是"受命说""质文互变说"以及"三正说"。"受命说"讲的是，当旧的王朝丧失天命，新的政权为德运所系，有"受命"之兆（如"文王断虞芮之讼"）时，就代表一个新的统系开启了。"质文互变说"讲的是，每一个政权在礼乐文化的特质上或文或质，各有不同。当其中一种特质走向极端时，就会转向另一方面。都有其文化上的特质，当这种特质的发展走向极端时，就会失去活力。《论语·为政》子曰："殷因于夏礼，所损益，可知也；周因于殷礼，所损益，可知也。其或继周者，虽百世可知也。"《论语·八佾》子曰："周监于二代，郁郁乎文哉！吾从周。"《论语·卫灵公》子曰："行夏之时，乘殷之辂，服周之冕，乐则韶舞。"因而《尚书大传》说："王者一质一文，据天地之道。三王之治，循环之无端，如水之胜火。"[①]《白虎通德论》引《礼·三正记》曰："正朔三而改，文质再而复。""三正说"的内容已如前文所示，讲的是不同一年的开始之月、一日的开始之时可以有三种选择，即建寅、建丑、建子。这是"通三统"理论中最具有事实依据的理论，因为它是建立在古代天文历法与自然现象知识基础之上的认识，最具有现实价值。

"通三统"说集合了先秦时期儒家多种政治和历史观念于一体，看上去似乎具有丰富的理论内涵以及合理的内在关联。比如说，就"受命说""质文互变说"以及"三正说"三者而言，似乎质文互变是导致天命转移、新王受命的原因，而新王受命之后确定正统的依据便是来自自然秩序的三正。这种解释似乎是符合情理的。然而，质文互变说并不能作为解释历史变化的动力。从先秦儒家思想中看，质文互变最主要的依据似乎来源于孔子的两句话，即《礼记·表记》："虞夏之质，殷周之文，至矣。虞夏之文，不胜其质；殷周之质，不胜其文；文质得中，岂易言哉？"《论语·雍也》："质胜文则野，文胜质则史，文质彬彬，然后君子。"这两句话具有辩证的思维，强调礼乐文化应该在质朴与粗野之间取其中道，而不能畸轻畸重。然而，要将这种文质之辨上升到政权变革高度并推导出"王者一

[①] 《尚书大传》卷3《夏传五·甘誓》，郑玄注，王闿运补注，第23—24页。

质一文""文质再而复"的历史动力说,似乎还是颇为牵强的。① 另外,为了表示不同的正统而采取"三微"之月中的一个作为正月,这种做法不仅有违"夏时得天"之嫌,而且过于质朴,实在不足以满足统治者"神道设教"的目的。

综合以上三点可以看出,在社会政治环境发生剧烈变化的背景下,作为一种历史理论和意识形态的"三统说"既不能合理解释秦汉之际的历史和现实,又不能在逻辑上实现理论的自洽。这就是虽然有大量儒家学者加以鼓吹,但这种理论始终未能得到当时统治者青睐,而只能成为一种纸面上学问的根本原因所在。②

(二)"三统五运说"取代"三统说"

与"三统说"面临理论与现实的冲突遭遇不同,"五德终始说"自战国末期被齐人邹衍发明之后便得到很多政治家的信奉。《史记·孟子荀卿列传》说:

> 驺衍睹有国者益淫侈,不能尚德……乃深观阴阳消息而作怪迂之变,《终始》、《大圣》之篇十余万言。其语闳大不经,必先验小物,推而大之,至于无垠。先序今以上至黄帝,学者所共术,大并世盛衰。因载其禨祥度制,推而远之,至天地未生,窈冥不可考而原也。……称引天地剖判以来,五德转移,治各有宜,而符应若兹。……王公大人初见其术,惧然顾化,其后不能行之。③

邹衍用此前已存在的五行思想解释历史时期政权的更替,其目的在于告诉统治者"五德转移,治各有宜,而符应若兹",劝导他们摒弃淫侈,转而"尚德"。邹衍所提倡的是一套五行与历史时期不同政权相配,后一

---

① 以循环论的质文之变解释历史发展,是春秋晚期至西汉中期具有儒家思想倾向的许多学者共同的思维习惯。除上文所举,司马迁在《史记·高祖本纪》赞中也曾以"忠、敬、文"概括三代政治文化的特点,并赞同一种类似循环论的历史观。其文略云:"夏之政忠;忠之敝,小人以野,故殷人承之以敬。敬之敝,小人以鬼,故周人承之以文。文之敝,小人以僿,故救僿莫若以忠。三王之道若循环,终而复始。周秦之间,可谓文敝矣。秦政不改,反酷刑法,岂不谬乎!故汉兴,承敝易变,使人不倦,得天统矣。"(第292—294页)

② 秦祚短暂,崇法抑儒,焚书坑儒,摒弃"三统说"自在情理之中。即使汉代而言,尽管武帝之后儒家逐渐确立"独尊"地位,今文经学又垄断了当时的儒学领域,公羊学家所鼓吹的"三统说"也仍始终没有获得统治者认可成为官方通行的历史理论和意识形态。

③ 《史记》卷74《孟子荀卿列传》,第2344页。

政权与前一政权在属性上存在相克（相胜）关系的理论。邹子原书已佚，其思想片段则如《吕氏春秋·应同》所云："凡帝王者之将兴也，天必先见祥乎下民。黄帝之时……土气胜，故其色尚黄，其事则土。及禹之时……木气胜，故其色尚青，其事则木。及汤之时……金气胜，故其色尚白，其事则金。及文王之时……火气胜，故其色尚赤，其事则火。"这是将黄帝至西周等五个政权分别对应于五行，并以相克（即后者胜前者）关系解释它们之间的更替。故而形成以下链条：

　　土（黄帝，尚黄）→木（禹，代表夏，尚青）→金（汤，代表商，尚白）→火（文王，代表周，尚赤）

作者没有列出西周以下政权的属性，不过从后来秦朝统治者以水德自居，崇尚黑色的举措来看，秦人的确是深受神仙术士影响，对于邹衍的"五德终始说"信从不疑。关于此事的明确记载见于《史记·秦始皇本纪》："始皇推终始五德之传，以为周得火德，秦代周德，从所不胜。方今水德之始，改年始，朝贺皆自十月朔。衣服旄旌节旗皆上黑。数以六为纪，符、法冠皆六寸，而舆六尺，六尺为步，乘六马。更名河曰德水，以为水德之始。刚毅戾深，事皆决于法，刻削毋仁恩和义，然后合五德之数。于是急法，久者不赦。"① 秦代的统治者不仅严格遵循了邹衍理论中的五行相克、尚黑等内容，更将这一原则延伸到衣服、旄旌、节旗、数字、仪仗、命名以及治国理念等几乎所有领域，堪称中国历史上首次也是最彻底地贯彻邹衍理论的一次社会改革。

顾颉刚先生指出："在西元前三世纪的前半世纪中，帝制运动是一件最大的事，因为帝制定了，就立刻开展一个新局面了。……邹衍的时代，正是帝制运动的时代。……五德终始说没有别的作用，只在说明如何才可有真命天子出来，真命天子的根据是些什么。"② 与邹衍的期望不同，战国后期的君主真正关心的只是自己能否成为"五德终始说"所预言的那个真命天子，而并不愿意"尚德"。结果是，秦朝虽然严格遵守了"五德终始说"所指出的"历史规律"，但具有讽刺意味的是，这个政权并没有以邹衍所期望的"尚德"的面目出现，相反迅速灭亡了。

统治者不能体会邹衍学说良苦用意，以水德自居的秦也很快土崩瓦解

---

① 《史记》卷6《秦始皇本纪》，第237—238页。
② 顾颉刚：《五德终始说下的政治和历史》，顾颉刚编著《古史辨》第5册，第414—415页。

了，然而这似乎并没有影响"五德终始说"的生命力。一方面，这是因为走向统一的中国历史的确需要一套具有足够说服力的历史理论和意识形态；另一方面，"五德终始说"不像当时流行的其他历史理论（如"三统说"）那样脱离实际、迂曲难通，相反逻辑清晰、便于发挥，也容易被统治者所理解和接受。因此，暴秦虽亡，而围绕"五德终始说"做文章的牵强附会、怪迂阿谀之徒大兴。《史记·封禅书》："自齐威、宣之时，邹子之徒论著终始五德之运。及秦帝而齐人奏之，故始皇采用之。……邹衍以阴阳《主运》显于诸侯，而燕齐海上之方士传其术不能通，然则怪迂阿谀苟合之徒自此兴，不可胜数也。"[1] 西汉建立之后，燕齐方士的造神运动并没有停止，统治者对于神仙术的信仰更是日甚一日。[2] "五德终始说"也长期在阴阳家阶层中流行，表现出强劲的生命力。[3] 随着儒家独尊地位的逐渐确立，如何将"五德终始说"与"三统说"结合起来，形成一种符合时代要求的历史理论和意识形态，成为当务之急。

　　从启动到完成，这一任务前后历时两百余年。关于秦汉之际儒生逐渐将"三统说"与"五德终始说"加以结合的历史，《汉书·律历志》《郊祀志》所载最为清楚。《律历志》说：

> 战国扰攘，秦兼天下，未皇暇也；亦颇推五胜，而自以为获水德，乃以十月为正，色上黑。汉兴，方纲纪大基，庶事草创，袭秦正朔。以北平侯张苍言，用《颛顼历》。……至武帝元封七年，汉兴百二岁矣。大中大夫公孙卿、壶遂、太史令司马迁等言："历纪坏废，宜改正朔。"……（倪）宽与博士赐等议，皆曰："帝王必改正朔，易服色，所以明受命于天也。创业变改，制不相复。推传序文，则今夏时也……臣愚以为三统之制，后圣复前圣者，二代在前也。今二代之统绝而不序矣，唯陛下发圣德，宣考天地四时之极，则顺阴阳以定大明之制，为万世则！"[4]

又《郊祀志》赞云：

---

[1] 《史记》卷28《封禅书》，第1368—1369页。
[2] 参见常金仓《〈山海经〉与战国时期的造神运动》，《中国社会科学》2000年第6期。
[3] 关于"五德终始说"的内容、流变及其与战国秦汉政治的关系，参见顾颉刚《五德终始说下的政治和历史》，顾颉刚编著《古史辨》第5册，第404—616页。
[4] 《汉书》卷21上《律历志第一上》，第973—975页。

第八章 "大一统"含义流变的历史阐释 365

  汉兴之初，庶事草创，唯一叔孙生略定朝廷之仪。若乃正朔、服色、郊望之事，数世犹未章焉。至于孝文，始以夏郊。而张苍据水德，公孙臣、贾谊更以土德，卒不能明。孝武之时，文章为盛。太初改制，而倪宽、司马迁等犹从臣、谊之言，服色数度遂顺黄德。彼以五德之传从所不胜，秦在水德，故谓汉据土而克之。①

  综合以上两段材料可以得出以下几点。第一，西汉前期诸事草定，对于构建意识形态之事尚不十分措意，故或以秦之继体自居，自认为是水德，尚黑。第二，然而继秦者何以仍为水德？这与"五德终始说"的理论其实是相悖的，因此在逻辑上陷于自相矛盾。第三，文帝时期群臣围绕汉为水德还是土德的问题展开争论，公孙臣、贾谊持土德说，表明儒生已开始自觉、主动地吸收来自阴阳家之流的五德相胜说。第四，武帝时期今文经学势力增强，倪宽、司马迁试图将"五德终始说"与"三统说"协调起来，一方面根据"三统说"确定汉建寅正（"推传序文，则今夏时也"），另一方面则根据五行说确定汉为土德（"秦在水德，故谓汉据土而克之"），尚黄（"服色数度遂顺黄德"）。

  "三统说"与"五德终始说"的结合，并非一蹴而就、一帆风顺的。首先，两者的结合过程经过了不断尝试的过程。我们知道，先秦时期"五行"虽已与"三正"并举（如《尚书·甘誓》："有扈氏威侮五行，怠弃三正。"），但涉及的只是五行说，而不是作为历史理论的"五德终始说"。因此，战国至汉武帝时期"三统说"与"五德终始说"各自传播，尚未发生融合。一个明显的证据，就是秦时博士伏胜《尚书大传》中对"三统说"和"五行说"（不是"五德终始说"）各自铺陈阐释，没有在两者之间建立任何联系。② 其次，对于两种理论的结合，即使在儒家内部也存在不同看法。尽管武帝时期倪宽、司马迁已将"五德终始说"与"三统说"协调起来，但这并不是今文经学家内部的一致意见。比如说，武帝时期的今文经学大师董仲舒在《春秋繁露》中，既用大量篇幅阐释"三统说"（《三代改制质文》），又用多个篇章讨论五行（《五行对》《五行之义》《五行相生》《五行相胜》《治水五行》《治乱五行》《五行变救》《五行五

---

① 《汉书》卷25夏《郊祀志第五下》，第1270页。
② 《尚书大传》卷5《洪范》："水火者，百姓之所饮食也；金木者，百姓之所兴作也；土者，万物之所资生也。是为人用。……貌属木，音属金，视属火，听属水，思属土。火发于密，水泄于深。"（郑玄注，王闿运补注，第33—34页）以五行解释灾异的思想又见该书卷7《洪范五行传》，文繁不引。

事》），但并未涉及"五德终始说"，更没有将"三统说"与"五德终始说"加以结合的迹象。董仲舒的做法与伏胜相似，但背景不同，尤其说明儒家内部对"五德终始说"与"三统说"的结合存在分歧。

最终实现儒家关于"三统说"与"五德终始说"完全统一的，是西汉末年的经古文学家刘歆。据《汉书·律历志》记载，刘歆通过改造"五德终始说"（以"相生说"替代"相胜说"），使之与"三统说"合二为一。他的根据是：

> 夏数得天，得四时之正也。三代各据一统，明三统常合，而迭为首，登降三统之首，周还五行之道也。故三五相包而生。天统之正，始施于子半，日萌色赤。地统受之于丑初，日肇化而黄；至丑半，日牙化而白。人统受之于寅初，日孽成而黑；至寅半，日生成而青。天施复于子，地化自丑毕于辰，人生自寅成于申。故历数三统：天以甲子，地以甲辰，人以甲申。孟仲季迭用事为统首。三微之统既著，而五行自青始，其序亦如之。五行与三统相错。①

与西汉初期的伏胜、中期的董仲舒明显不同，刘歆同时信仰"五德终始说"和"三统说"，并试图将两者统一起来。他的办法是"三五相包""五行与三统相错"。所谓"登降三统之首，周还五行之道也"，是说政权的更替既遵循"三统说"，也遵循"五德终始说"，两者并行不悖，互为补充。按照刘歆的解释，汉朝于三统中属黑统，建寅，于五德中属火德，尚赤。刘歆创造性地将五行与三统相匹配（"三五相包"），从而实现了理论上的自洽。具体办法是，将建子为正月的赤统，归属于五德中的火德；将建丑为正月的白统，归属于五德中的金德；将建子为正月的黑统，归属于五德中的水德。这种处理策略将两套本来抵触的理论加以折中调和，从而形成表8-4所示内容。

经过刘歆的努力，儒家终于打通了"三统说"与"五德终始说"两种历史理论和意识形态之间的障碍。东汉时期，"三统说"已完全融合于"五德终始说"。比如王符就认为："自古在昔，天地开辟，三皇殊制，各树号谥，以纪其世。天命五代，正朔三复。"②又如《汉书·律历志》说：

---

① 《汉书》卷21上《律历志第一上》引，第984—985页。
② 王符著，汪继培笺，彭铎校正：《潜夫论笺校正》卷8《五德志》，中华书局1985年版，第382页。

表8-4　　　　刘歆整合"三统说"与"五德终始说"的结果①

三统说			五德终始说	
三才	建正	三色	五色	五行
天统	建子	赤	赤	火
地统	建丑	白	黄	土
			白	金
人统	建寅	黑	黑	水
			青	木

"太极运三辰五星于上，而元气转三统五行于下。"② 关于这套理论，宋人欧阳修称作"三统五运之论"，并从正统论角度作了批判性总结：

> 正统之说，肇于谁乎？始于《春秋》之作也。……圣人之意，在于尊周，以周之正统诸侯也。至秦之帝，既非至公大义，因悖弃先王之道，而自为五胜之说。汉兴，诸儒既不明《春秋》正统之旨，又习秦世不经之说，乃欲尊汉而黜秦，无所据依。遂为三统五运之论，诋秦为闰而黜之。夫汉所以有天下者，以至公大义而起也，而说者直曰以火德当天统而已，甚者至引蛇龙之妖以为左验。至于王莽魏晋，直用五行相胜而已。故曰昧者之论也。③

这是说，汉代力图建立自己的历史理论和政治意识形态，不过由于儒生昧于《春秋》"三统说"的"尊周"之旨，复受阴阳家五行"不经之说"影响，因此陷入自相矛盾，无所据依，最终附会出兼顾两套理论特点的"三统五运之论"。种种纷乱，遂由此兴。欧阳修极力贬低"三统五运之论"，是因为这套理论到了宋代又失去了说服力，因此需要新的革命所致。然而总体来说，自秦汉至于北宋之间，我们不妨视为"三统五运说之论"占据主导地位的时期。在此期间，五德终始说中的相生说成为政治家解释历史演变以及确立自身合法性的主要工具，"三统说"则逐渐萎缩为一种计时方法，其历史理论和意识形态功能则趋于淡化。

总之，公羊学"三统说"中包括"通三统"和"大一统"两个方面

---

① 参见顾颉刚《三统说的演变》，吕思勉、童书业编著《古史辨》第7册中，第284—285页。
② 《汉书》卷21上《律历志第一上》，第985页。
③ 欧阳修：《正统论》，《欧阳修全集》，李逸安点校，中华书局2001年版，第276—277页。

的内容。秦汉及其之后,一方面是现实政治中只有一统而无"三统"("二代之统绝而不序"),另一方面是"三统五运之论"彻底改造了公羊学"三统说"。正所谓皮之不存毛将焉附,"通三统"作为一种社会现实既然不复存在,作为一种历史理论的"大一统"自然最终被人遗忘。①

第三节　作为"大统一"的"大一统"及其合理性

(一) 从"大一统"到"大统一"

由以上考察不难看出,曾一度流传于儒家学派中的"三统说"经过秦汉时期的斗争最终与带有神秘主义色彩的"五德终始说"融合为"三统五运说"。秦汉之后的统治者不再像西周时期的统治者一样温情脉脉,也不寄望于靠那种"存二王之后"的迂腐办法证明政权的合法性。他们更加笃信的是"(天下乃)居马上而得之,安事《诗》、《书》"②,"天子宁有种耶?兵强马壮者为之尔"之类的暴力强权理论。③ 对这些人讲"通三统""大一统",无异于对牛弹琴,如果有人真的实行这套理论,也一定与宋襄公之流所谓"蠢猪式的仁义"一样迂腐可笑。在这种环境下,一度被儒家奉为金科玉律的"三统说"必然成为一种游离于现实之外、停留于纸面之上的理论。

就儒家经学自身的发展而言,西汉时期今文经学受到统治者的青睐,而到西汉末年古文经学兴起之后则对包括公羊学在内的今文经学产生巨大冲击作用。东汉时期,统治者竭力协调今古文经学的关系,使之共同服务于政治统治。直至东汉后期,在郑玄等人的推动下,今古文经学走向融合,同时开启了今文经学自汉末之晚清长达一千余年的萧条时期。在这一

---

① 关于"五德终始说"与"三统说"的关系,笔者持论与近代其他学者不同。顾颉刚认为,"三统说"是由"五德终始说""蜕化出来的"(参见顾颉刚《五德终始说下的政治和历史》,顾颉刚编著《古史辨》第5册,第443—444页)。实际上,种种史料表明这两种历史理论同时并存,在西汉后期才逐步被儒家整合为一套理论体系。蒋庆认为:"三统说是改制之说,终始五德说则是意识形态,二说在性质上有根本的区别,决不能混为一谈。"(蒋庆:《公羊学引论:儒家的政治智慧与历史信仰》,第255—256页)笔者认为,"五德终始说"与"三统说"起源不同、鼓吹者不同,但二者都兼具历史理论和意识形态的属性。正因为属性相同,二者才会发生融合。
② 《史记》卷97《郦生陆贾列传》,第2699页。
③ 《新五代史》卷51《安重荣传》,第583页。

千多年当中，儒家学说无疑在每一个王朝统治时期都是主导性的意识形态，但其中真正受青睐的则是儒家中的古文经传统。至于以强调托古改制，且以"非常异义可怪之论"知名的公羊学思想，则几乎淡出了政治家的视野。因此，尽管与《公羊传》与《春秋经》等今文经学文本一直存在于所谓"九经""十二经""十三经"当中，但其中如"大一统"之类的微言大义却始终没有得到真正重视，更不用说发掘新义，付诸实践了。公羊学在千余年间这种惨淡经营的局面，当然不是统治者或经学家个人好恶等偶然因素导致的结果，同样是整个政治环境和现实需要使然。

文本虽然一经产生就成为一种恒定的存在，但是它本身并不会说话，它也决定不了自己说什么话。相反地，文本是否"说话"，以及用怎样的方式"说话"、说什么样的话，不仅取决于文本本身，更取决于时代需要。在沉寂一千多年之后，时代需要以公羊学为代表的今文经学"说话"了。然而提出这种要求的晚清时期的环境，则与西汉时期并不相同了。因此，西汉统治者需要的是借助公羊学历史理论构建政治合法性，说明自身的历史合理性和现实合法性。而对于晚清统治者来说，亟待处理的一方面是国内统治的危机，另一方面则是国外势力的威胁和压制。在内忧外患的双重压力下，如何凝聚整个国家的理论，维护领土与主权的完整，便成为晚清以来中国人长期面临的历史使命。在此背景下，"大一统"再次出现在人们的笔端或口中，然而却是以另外一种含义即"大规模统一"的面目被理解和使用的。

从元代开始，知识阶层当中就已出现将"大一统"理解为"大规模统一"的现象。如小兰禧、岳铉等纂修的《大元一统志》，又称《大元大一统志》。所谓"大元大一统志"，显然应当理解为"体现元代大规模统一的志书"。《元史·文宗本纪》诏曰："世祖皇帝既大一统，即建储贰，而我裕皇天不假年，成宗入继，才十余载。"[1] "既大一统"，以理解为"已经完成大规模的统一"较妥。同书《伯颜列传》："国家之业大一统，海岳必明主之归；帝王之兵出万全，蛮夷敢天威之抗。"[2] 其中"国家之大一统"显然当指元代实现了大规模统一。

近代以来，在内忧外患的冲击下，实现国家统一、维护民族团结成为众多知识精英阶层的共识。故而在"大规模统一"层面使用"大一统"概念者数不胜数。其中具代表性者如梁启超、顾颉刚、傅斯年、郭沫若、钱

---

[1] 《元史》卷33《文宗本纪》，中华书局1976年版，第737页。
[2] 《元史》卷127《伯颜列传》，第3111页。

穆、杨向奎等人。如梁启超在作于1902年的《中国地理大势论》中就曾感叹:"美哉中国之山河! 美哉中国之山河! 中国者,天然大一统之国也,人种一统、言语一统、文学一统、教义一统、风俗一统,而其根原莫不由于地势。""中国为天然一统之地,固也。然以政治地理细校之,其稍具独立之资格者有二地:一曰蜀,二曰粤。"① 是将"大一统"之"大",理解为人种、言语、文学、教义、风俗等多项内容之"大",以"稍具独立之资格"反比"大一统",可见他是将"大一统"之"一统"理解为"统一"无疑。

1926年,顾颉刚从疑古的角度提出关于中国古代疆域观念的如下看法:"我们往往有一种误解,以为中国汉族人所居的十八省从古以来就是这样一统的。这实在是误用了秦汉以后的眼光来定秦汉以前的疆域。我这一次讲话,要说明的意思,就是:秦汉以前的中国只是没有统一的许多小国;它们争战并吞的结果,从小国变成了大国,才激起统一的意志;在这个意志之下,才有秦始皇的建立四十郡的事业。"② 其中将"一统"与"统一"对举,可见作者是在同一意义上使用两个概念的。

1935年,傅斯年刊文强调中国自从春秋战国,"大一统思想深入人心","我们中华民族,说一种话,写一种字,据同一的文化,行同一的伦理,俨然是一个家族"③。如果说傅氏的前半句话尚可以从"大一统"本义角度理解的话,结合后半句就可以发现他指的实际上是"大统一"(即所谓"说一种话,写一种字,据同一的文化,行同一的伦理")。无独有偶,郭沫若先生在创作于1942年的《屈原》第二幕中,也将"大一统"理解为"大统一"。屈原对楚怀王说:"老百姓都希望中国结束分裂的局面,形成大一统的山河。……你如果照着这样继续下去,中国的大一统是会在你的手里完成的。"④ 作者显然是在以今况古,其中"大一统的山河"与"分裂的局面"相比,可见"大一统"指的是政权、领土的完全统一。

钱穆在发表于20世纪60年代的《中国历史研究法》中也提出:"(中国人)能创建优良的政治制度来完成其大一统之局面,且能维持此大一统之局面历数千年之久而不败。直到今天,我们得拥有这样一个广土众民的

---

① 梁启超:《中国地理大势论》,《饮冰室文集》卷10,《饮冰室合集》第2册,中华书局1989年版,第77、84页。
② 顾颉刚:《秦汉统一的由来和战国人对于世界的想像》,顾颉刚编著《古史辨》第2册,第1页。
③ 傅斯年:《中华民族是整个的》,《独立评论》第181号。
④ 郭沫若:《郭沫若全集·文学编》第6卷,人民文学出版社1986年版,第323页。

大国家，举世莫匹，这是中国历史之结晶品，是中国历史之无上成绩。"
"就空间讲，能完成而统治此广大的国土。以时间言，能绵延此一大一统规模达于几千年之久而不坠。"① 与此前诸位先生所指有所不同，钱先生所谓"大一统"除了包括"广土众民""举世莫匹"等要素外，似乎还包括时间之久远——"大一统规模达于几千年之久而不坠"。

如果说以上学者只是在不同于本义的层面上偶尔使用"大一统"这个概念，而未深入经典本身的话，杨向奎先生则直接从这个概念的出处即《春秋经》及《公羊传》入手，将"大一统"解释为本义与引申义并存。在《大一统与儒家思想》一书中，杨先生对于"大一统"的解释时而紧贴公羊学理论，时而干脆抛开公羊学理论，径直将它解释为国家和领土的高度统一。比如，以下论述尚可理解为是在本义层面上使用"大一统"或"一统"这个概念：

> 一统和大一统的思想，三千年来浸润着我国人民的思想感情，这是一种向心力，是一种回归的力量。这种力量的源泉不是狭隘的民族观念，而是一种内容丰富，包括有政治、经济、文化各种要素在内的"实体"。而文化的要素有时更占重要地位。
>
> 《公羊》虽属齐学不尚兵刑而尚文教，我们可以说《公羊》思想集齐鲁两派之大成，立大一统是齐学一统学说之发展，而尚文教是鲁学传统的礼乐文明。②

引文关于"一统""大一统""立大一统""齐学一统学说"的使用，大体符合（其实适当发挥了）公羊学原义（即"推崇一统"）。以下几条，则显然是在引申义即"大规模统一"的层面上理解和使用"大一统"概念。比如：

> 《周礼》、《仪礼》表现了宗周以来的礼乐文明……其中《礼运》一篇，经清末康有为以之与《公羊》三世学说相结合，其中之大同学说，遂为大一统思想之极致。
>
> 《公羊》三世，以传闻世为据乱世，所闻世为升平世，而所见世为太平世。……"中国"是庄严的称号，但是可变的称号，所传闻

---

① 钱穆：《中国历史研究法》，生活·读书·新知三联书店2001年版，第21、34页。
② 杨向奎：《大一统与儒家思想》，北京出版社2011年版，第1、35、39页。

世，以王室为中国，诸夏为外；所闻世以诸夏为中国而外夷狄；所见世则夷狄进于爵而王者无外，无外为大，是为"大中国"，亦即大一统。

以上两条引文，旨在以公羊学三世说来解释"大一统"。其理论逻辑是，按照公羊学所传孔子的主张，人类社会的发展遵循着由衰乱之世到升平之世，最后到太平之世的演进过程。伴随这一过程的，是诸夏乃至夷狄逐渐接受以王室为代表的"中国"礼乐文化，从而形成"大中国"，实现"大一统"。按照作者的解释，"大中国"亦即"大一统"，可见是将后者理解为"大规模的统一"。论者的这一解释引经据典、条分缕析，看似合情合理、无可挑剔，但如果我们仔细研读相关古籍的话，就会发现它其实并不符合公羊学家所阐述的"微言大义"，相反倒是歪曲了"大一统"的本义。

在引申义层面使用"大一统"概念者还有如下文字："社会的发展，封建割据逐渐萎缩，天下趋于一统，新兴的地主阶级要建立大一统的天下取代诸侯之割据，《公羊》代表了这种倾向，充分肯定了这种理想……"① 与其他学者宽泛笼统地谈论"大一统"、将其理解为"大统一"不同，杨向奎由"大一统"本义推导出国家统一、思想统一等新义，从而为引申义赋予了具有"经典来源"的合法性。这种做法恰如"入其室而操其戈"，最具感召力和说服性，也最容易引起这个概念的混乱。由于这一解释从源头上将两个类似的概念彻底混同起来，引起人们对经典本义的误解，因而难免引起一些今文经学信仰者和研习者的不满。

(二)"大统一"理解的合理性

"大一统"含义的流变，有助于我们思考几个与历史认识论或历史阐释相关的理论问题。第一，对于理解者而言，是不是只有一种"真相"？或者说所谓"历史真相"是否具有可以为我们所把握的唯一确定性、固定性？第二，为何会产生多种关于"历史真相"的理解？或者说导致对"历史真相"认识发生变化的根本原因是什么？第三，对"历史真相"的晚起的理解，是否与早期人们所持对它的理解具有同样的合理性？

第一个问题，即对于历史学家而言，某一历史真实是否只有一种"真相"？或者说所谓"历史真相"是否具有可以为我们所把握的唯一确定性、固定性？在19世纪的客观主义史学家看来，这个问题是荒唐的。他们认为，历史事实一旦发生便确定不移了，剩下的事情就是历史学家设法寻找

① 杨向奎：《大一统与儒家思想》，第39、62、64、68页。

证据，如实恢复其真实面目而已。因此客观主义史学家的答案是：历史只有一个真相。不过到了20世纪初期以来，人们逐渐发现问题并没有这样简单。比如说，就本书所讨论"大一统"这个概念来说，什么才是它的本义或"历史真相"呢？回到传统典籍中加以考察我们就不难发现，不同时代的人所理解的"大一统"其实不尽相同，甚至相去霄壤。就我们所知，中国历史上至少有五种关于"大一统"的表述。第一种是春秋晚期孔子所持的"大一统"，表现在文本中就是《春秋经》隐公元年的"元年春，王正月"。第二种是七十子后学尤其是公羊学家所说的"大一统"，文献上的证据就是《公羊传》所谓："何言乎王正月？大一统也。"第三种是西汉中期董仲舒所说的"大一统"，即："春秋大一统者，天地之常经，古今之通谊也。今师异道，人异论，百家殊方，指意不同，是以上亡以持一统；法制数变，下不知所守。臣愚以为诸不在六艺之科孔子之术者，皆绝其道，勿使并进。邪辟之说灭息，然后统纪可一而法度可明，民知所从矣。"① 第四种是东汉何休所理解的"大一统"："统者始也，总系之辞。夫王者始受命改制，布政施教于天下，自公侯至于庶人，自山川至于草木昆虫，莫不一一系于正月，故云政教之始。"② 第五种则是晚近以来人们所理解的"大一统"（即"大统一"），如前引钱穆所谓："（中国人）能创建优良的政治制度来完成其大一统之局面，且能维持此大一统之局面历数千年之久而不败。"③ 以上五种，只是举起荦荦大者而已，自古及今每一个时代人的心目中，乃至每一个学者心目中都有其所理解的"大一统"。我们相信，除了那些别有用心、恶意歪曲者之外，大家都认为自己的理解最符合经典原义，也最符合历史的真实。

1926年，顾颉刚先生在讨论"春秋时的孔子和汉代的孔子"时便认识到类似的问题。他说：

> 今天讲演这个题目，似乎是很可笑的，孔子只有一个，为什么会变做两个呢？哎，孔子哪里止两个，各时代有各时代的孔子，即在一个时代中也有种种不同的孔子呢（例如战国时的孟子和荀子所说的，宋代的朱熹和陆九渊所说的。）各时代的人，他们心中怎样想，便怎样说，孔子的人格也就跟着他们变个不歇。害得一般人永远摸不清头

---

① 《汉书》卷56《董仲舒传》，第2523页。
② 何休解诂，徐彦疏：《春秋公羊传注疏》上，刁小龙整理，第12页。
③ 钱穆：《中国历史研究法》，生活·读书·新知三联书店2001年版，第21页。

路，不知道孔子的真面目究竟是怎样的。

顾先生的结论是："春秋时的孔子是君子，战国时的孔子是圣人，西汉时的孔子是教主，东汉后的孔子又成了圣人，到现在又快要成君子了。"① 顾颉刚用"层累构成的中国古史"观看待历史，其结论可谓贴近事实，因此得到傅斯年、张荫麟、周予同等人的一致赞同。② 从阐释学角度看，顾先生的认识也是完全可以成立的。由此可知，传统观念中那种所谓完全确定、毫无变化的文本"本义""历史真相"其实恐怕是不存在的。一个概念一旦经由作者加以表达或创作，便形成了一个有生命的文本。这个文本自然而然会随着时代和环境的变迁而展现出其或弱或强的生命力，而不是僵尸一块。对于一桩历史事件而言，道理也是如此。

所以说，"历史真相"并非像客观主义史学家所认为的那样，仿佛是一个扁平的、单一的、固定的存在。相反地，历史事件一经发生便瞬时成为永久的过去。至于如何理解和解释这桩过去的事实，则随之成为历史学家永无休止的话题，并进而会在不同时代历史学家的心中和笔端留下不同结果。为了准确说明历史认识的这种复杂性，我们有必要把那种一去不复返的历史事件称作"历史真实"，而将历史学家认知的结果称作"历史事实"。显而易见，历史真实与历史事实不同：前者是一去不复返的客体本身，后者是人们对这一客体的认知；前者是确凿不变的，后者则是不同时代、不同认识主体依据客体加以构建的结果；前者是唯一的然而却是不可完全吻合的，后者则是多样的然而却是可以无限逼近真实的。③ 因此，在我们讨论"大一统"这个概念，或者孔子这个人物时，就一定要搞清楚我们所说的是哪个时代、哪些人物心目中的"大一统"或孔子。事实上，19世纪以来客观主义史学家的实践已经证明了他们理想中那种绝对的客观主义认识目标这个"高尚的梦想"其实并不能实现。正因为如此，在后现代主义、相对主义思潮的推动下，20世纪前半期以来逐渐出现了对历史认识客观性那个"高尚的梦想"的强烈质疑。④

第二个问题，为何会产生多种关于"历史真相"的理解？或者说导致

---

① 顾颉刚：《春秋时的孔子和汉代的孔子》，顾颉刚编著《古史辨》第 2 册，第 131、139 页。
② 参见傅斯年《评"春秋时的孔子和汉代的孔子"》，张荫麟《评顾颉刚"春秋时的孔子和汉代的孔子"》，周予同《与顾颉刚书》，均见顾颉刚编著《古史辨》第 2 册，第 139—143 页。
③ 参见晁天义《浅论历史事实》，《南京社会科学》2008 年第 4 期。
④ 参见晁天义《阐释学对历史研究的启示》，《史学理论研究》2020 年第 3 期。

对"历史真相"认识发生变化的根本原因是什么？对于这个问题，传统认识论的回答是：这是由于客观原因造成认识者对"历史真相"的"误解"。这种解释，自古而然。比如说，古人就曾将儒家经学"微言大义"的丧失归结为作者之死。如《汉书·艺文志》说："昔仲尼没而微言绝，七十子丧而大义乖。"① 这种解释显然旨在强调经典作家的作用，却忽视了时代环境变化对理解造成更为本质的影响。

从上文关于"三统说"如何由于秦汉及其之后政治体制的变化而丧失合理性，并最终导致"大一统"思想流变的讨论可以看出，导致文本含义流变的最根本因素其实正是时代环境，亦即理解者的处境。比如说，孔子对"大一统"的理解一定是从他所处的春秋晚期礼坏乐崩、王权凌夷的社会相一致的。孔子去世之后，七十子后学关于"大一统"的传承和阐释，则体现了战国秦汉时期的社会要求和时代主题。同样的道理，秦汉时期的政治发生了前所未有的巨变，历史上一度存在且为儒家所向往的"存三统""大一统"变得不合时宜。对于汉代的儒生来说，就只能在"罢黜百家，表章六经"的层面发挥"大一统"学说。至于晚近，在国家主权、领土面临内忧外患的情况下，"大一统"自然就被解读为"大规模的统一"。不仅如此，这种解读还会被倒退到此前数千年的历史时期，以便加强这种理解的说服力和可信性。

正如德国哲学家伽达默尔所说："真正的历史对象根本就不是对象，而是自己和他者的统一体，或一种关系，在这种关系中同时存在着历史的实在以及历史理解的实在。"② 任何一种理解都是处境化的理解，没有人能超出特定的环境开展理解。历史研究也是如此。对于"大一统"的理解而言，春秋晚期的人与西汉时期的人不尽相同，而东汉时期的人也势必与西汉时期的人相去甚远，晚近以来的人们与此前人们的理解结果仅有形式上的相似之处……尽管每一种理解都自认为最符合"大一统"的本义，但其实都直接或间接、明显或隐晦地表达了理解者所处环境的要求和理想，因而带有特定的时代印记。这就是一种处境化的理解。可见，"历史事实"之所以有多重、文本含义之所以不断变化，根本上是由于理解者处境的变化使然。

第三个问题，对"历史真相"的不同理解，是否具有同等的价值或合理性？持客观主义立场的历史认识论认为：由于历史的真实只有一种，因

---

① 《汉书》卷30《艺文志》，第1701页。
② 〔德〕汉斯-格奥尔格·伽达默尔：《诠释学》Ⅰ《真理与方法——哲学诠释学的基本特征》，洪汉鼎译，第424页。

此其他各种关于历史真相的理解都是"误解"。既然如此,"误解"显然不具有认识论上的价值或合理性。这实际上是一种偏狭的观念。事实正好相反,任何一种理解都不可能离开特定的立场和前见。必须承认,如果我们固守客观主义史学认识论的话,就会发现每一次处境化的理解其实都是对文本原义和作者本义的"背离"。按照绝对客观主义的标准来说的话,这种背离显然是不可饶恕的,因为它意味着关于一个历史对象的理解竟然有多个答案。实际上,这种认识如果说在一定程度上符合自然科学的研究机制的话,对于人文学科领域而言则很不适合。理解者不可能离开自身特定的理解处境,也不可能完全抛开自己的知识结构、价值观念等一系列"前见"。正是由于必然陷于不同的理解处境、具有不同的理解"前见",每一个理解者对相同的研究对象必然得出不同的甚至截然相反的认识结论。宋人苏东坡有诗《题西林壁》云:"横看成岭侧成峰,远近高低各不同。不识庐山真面目,只缘身在此山中。"对于同样的事物,理解者之所以有不同看法,就是因为他们的处境存在差异。因为处境不同,故而每一种认识必然具有其他认识所缺少的独特优势。

因此,任何一种理解都在某种程度上享有真理的同时,也具有某种确定的缺陷;同样地,任何一种被称为"真理"的认识结论,也具有其相对性。这就是何以历史研究不会有一个绝对的终点,历史学在不同视域的交融中不断趋于前进的原因所在。就"大一统"这个概念而言,《春秋经》《公羊传》《春秋繁露》《春秋公羊传解诂》的记录和表述都不完全相同。然而,我们不能笼统地以时代早晚判断哪种解释更加合理,更具价值。这是因为每种解释都立足于其特定的历史环境,代入了特定的时代命题,因而都有其自身的合理性。当然,承认多样性理解的价值并不否认历史认识的客观性,而只是防止了那种绝对的客观主义倾向。总之,历史研究者应该在防止绝对客观主义与防止相对主义的两条战线上战斗,坚持一项"中间方案",即将历史认识同历史客体一样视为一个不断展开,永无止境的过程。在这个过程中,不仅历史客体本身的价值得到了发掘,历史学自身的价值也会随着时代处境的变化历久弥新。

后 记

　　本书是笔者 20 多年来从事先秦史和史学理论及史学史学习相关认识的一个小结。书稿主要思想及内容的形成并非一蹴而就，而是经过了一个曲折反复的过程。

　　1997 年，我从宁夏大学历史系毕业之后，来到陕西师范大学历史文化学院师从常金仓教授学习中国古代文化史。常先生是我国著名古史学家、吉林大学金景芳教授的弟子，深得金老学术之精髓，擅长于周代礼俗、中国古代神话研究，而在文化史学理论构建和实践方面的原创性贡献尤其引人瞩目。在我受业于常先生门下的 1997 年至 2007 年间，正是先生学术锋芒不断展露，学术创造力最为强盛，学术之花充分绽放的时期。

　　文化史学的理论与实践，是常先生在那个时期念兹在兹、须臾不忘的事情。我至今仍然清晰地记得，常先生讲课中循循善诱，时而引经据典，时而陷入沉思，时而谈笑风生……每当思想的火花随着他的讲述迸射而出时，他总是兴奋地提醒大家马上把它记下来。他曾不止一次以带有浓厚山西原平地区口音的普通话询问学生："你们读书时有没有心惊肉跳的感觉？"他也曾喟然而叹："人一生如果能开一朵灿烂的花儿就足够了！"先生所论所叹者，大体都与文化史学的理论与实践有关。常先生毕生以推进历史学的科学化为追求，以历史哲学为思维工具，将人类学相关成就与先秦史研究有机结合，提出自成一家之言的文化史学理论体系。

　　与 20 世纪 80 年代以来"文化热"背景下涌现的许多文化史不同，常先生所倡导的文化史学理论不是通常意义上的一个研究领域，而是一个具有自身本体论、认识论和方法论的史学体系。它的目的，在于将人类学、社会学等社会科学中已发展成熟、行之有效的研究方法引入历史学，使之成为一门以历史时期文化现象为研究对象，以揭示历史文化规律为目的，以科学理性方式服务现实为目的的、真正意义上的历史科学。在常先生看来，从文化史学的理论和方法看，历史学虽然在研究策略上有自己的特殊性，但就研究目的、研究主体所发挥的作用、研究对象、研究手段的本质以及学科性质来说，它都与自然科学毫无二致。

在先生的指导尤其是在其学术理念的熏陶下，我一方面研读先秦文献，一方面学习人类学、社会学和历史理论的相关知识，力争将文化史学的诉求落到实处。这就是我何以讨论"何为历史事实""拒斥形而上学与历史学的科学化""实验方法在历史研究中的价值"等问题的原因所在。相应地，我在关于"走出古典：从人类学角度看中国国家起源的独特性""文明'早熟'与中国古代亲属称谓的泛化""用社会学方法阐释中国古代文明特质"等问题的讨论中，试图将社会科学的方法论、认识论贯彻下去。在我看来，这些个案研究有助于我们对先秦历史发展道路以及先秦文化的特性有比较准确的认识。

我对"先秦历史与文化的多维度思考"这个问题的持续关注，与2007年之后到北京师范大学历史学院追随著名历史学家陈其泰教授开展博士后研究工作有直接关系。入站伊始，陈先生就根据我的研究基础和兴趣，把"新时期中国古史的跨学科研究"确定为我出站报告的题目，其中所谓"古史"按照惯例指的其实就是先秦史。此后两年时间中，我在陈先生指导下对20世纪80年代以来文化学、社会学等学科推动先秦史研究的情况进行了考察。由于这一研究正好接续了此前的思考，而且有助于解答我心中许多关于史学认识论、方法论的疑惑，因此研究开展得十分顺利。借助于陈先生所教授的史学史研究方法，我认识到多学科知识、跨学科视野是我们认识历史的得力工具，对于具体研究往往扮演类似"催化剂""显影仪"的神奇角色。

陈其泰先生是我国著名历史学家白寿彝先生的弟子，是白先生所开创的中国史学史学术传统的重要继承者和弘扬者。在得益于陈先生所践行的史学史研究路径的同时，我也清晰地感觉到这是一条更趋近传统，而与常金仓先生所倡导的文化史学研究大不相同的道路。按照这种传统的认识，历史研究并不一定非要遵循类似自然科学那样的方法论路径，而是更多强调其中人文学科的因素和内容，更加强调理解和阐释的重要性。在一系列论著中，陈其泰先生以自己的实践反复证明了理解和阐释在历史研究中不可或缺的重要地位。近年来，先生大力倡导中国史学优秀传统的"创造性阐释"，并认为"创造性阐释"的传统可以追溯到历代公羊学家关于《春秋经》的理解和阐释。在陈先生的指导和启发下，我除了顺利完成出站报告外，还撰写了本书中"新旧人类学理论影响下的宗教、图腾与巫术研究""历史神话化：中国古代神话的基本形成路径"等篇章。

以上两个阶段的学习，一方面让我分别体验到社会科学和人文学科的方法对于历史研究的价值,一方面也促使我去思考近代以来历史学所面临的认识论、方法论分裂。那就是,19世纪以来的许多历史学家分别依据自然科学或人文科学的方法,将历史学撕裂为相互对立,甚至"老死不相往来"的两个阵营。那么,历史学是否必须将自然科学方法和人文科学的方法视为完全对立的两种事物呢?两者究竟有没有"和平共处"的可能呢?在中国社会科学院大学张江教授,中国社会科学杂志社副总编辑李红岩研究员,以及北京师范大学资深教授刘家和先生的启发和鼓励下,我开始思考"强制阐释""公共阐释""阐释学循环""视域融合""效果历史"等阐释学理论对历史研究的启示。思考的结果,形成本书第二章"理论与方法(下):阐释学的视角"的内容。在收入本书前,这部分内容在中国社会科学院历史理论研究所杨艳秋研究员的鼓励和支持下,以"阐释学对历史研究的启示"为题刊发于《史学理论研究》2020年第3期。通过这篇文章的写作,我意识到阐释学可以为破解历史研究中的认识论、方法论分裂难题提供重要的启示和方案。在我看来,这个方案的意义不仅在于为阐释学方法在历史研究中的运用张目,而且在于部分回应和批评了历史研究中的极端"科学主义"倾向。当然,这个方案是否真正有效,还有待学界同仁的检验和批判。

　　以上就是我围绕本书主题的思考走过的心路历程。我深知这是一个不成熟的尝试。不过这个尝试恰好契合了人类思维和认识能力"正—反—合"的发展演进规律。阐释学告诉我们,正如任何一种理解都有其合理之处,同样地,没有一种知识是认识的绝对终点,即使真理也必然有其相对性。因此,没有人敢断言自己的观点代表了认识的终结。尽管如此,我相信经过这样一番从肯定到否定,再到否定之否定的批判,每个人的认识水平都会有一定程度的提高。

　　以上提到的诸位老师、领导和朋友,都是我所要重点表示感谢的。生活在这样一个可以有所作为的时代,能遇到这样一批阅历丰富、道德高尚的人生领路人和学术指导者,可谓人生之大幸。在这些人当中,我的父亲母亲,还有我学术上的第一位导师常金仓先生都已离世多年,然而他们的精神却永远活在我心中,他们的意志和思想更待我辈努力传承、发扬光大。每念及此,岂不令人伤悼悚惧!

　　感谢国家社会科学基金项目的资助,感谢在项目评审过程中提出宝贵意见的专家(他们的宝贵意见已尽可能在修改中加以吸收)。从申请立项到编辑出版,中国社会科学出版社的魏长宝总编辑和责编刘芳老师等人都付出了辛勤而默默无闻的劳动,使我的浅陋思考能够以体面的形式跟读者见面，在此向他们表示衷心感谢。我曾先后供职于北方民族大学和中国社会科学杂志社，担任教师、编辑的这两段工作经历，给了我丰富的人生体验，让我开阔了视野，增长了见闻。对两个单位的领导、同事，我心存感激。

感谢我的家人。在这么多年的风风雨雨中我们始终不离不弃、迎难而上，在坚守的同时每个人都收获了甜蜜，成就了自我。这是仁者的选择，也是智者的坚守。人生在世，总要力争真诚勤谨，做一些有意义的事情。在新的起点上，让我们共同期待更加美好的未来，庶几不负韶华，无愧这个伟大的时代！

晁天义

2020 年 6 月 6 日